Alejo Carpentier y la cultura del surrealismo en América Latina

Anke Birkenmaier

Colección nexos y diferencias
Estudios culturales latinoamericanos

Enfrentada a los desafíos de la globalización y a los acelerados procesos de transformación de sus sociedades, pero con una creativa capacidad de asimilación, sincretismo y mestizaje de la que sus múltiples expresiones artísticas son su mejor prueba, los estudios culturales sobre América Latina necesitan de renovadas aproximaciones críticas. Una renovación capaz de superar las tradicionales dicotomías con que se representan los paradigmas del continente: civilización-barbarie, campo-ciudad, centro-periferia y las más recientes que oponen norte-sur y el discurso hegemónico al subordinado.

La realidad cultural latinoamericana más compleja, polimorfa, integrada por identidades múltiples en constante mutación e inevitablemente abiertas a los nuevos imaginarios planetarios y a los procesos interculturales que conllevan, invita a proponer nuevos espacios de mediación crítica. Espacios de mediación que, sin olvidar los nexos que histórica y culturalmente han unido las naciones entre sí, tengan en cuenta la diversidad que las diferencian y las que existen en el propio seno de sus sociedades multiculturales y de sus originales reductos identitarios, no siempre debidamente reconocidos y protegidos.

La **Colección nexos y diferencias** se propone, a través de la publicación de estudios sobre los aspectos más polémicos y apasionantes de este ineludible debate, contribuir a la apertura de nuevas fronteras críticas en el campo de los **estudios culturales latinoamericanos**.

Directores	Consejo asesor
Fernando Ainsa	Jens Andermann
Lucia Costigan	Santiago Castro-Gómez
Frauke Gewecke	Nuria Girona
Margo Glantz	Esperanza López Parada
Beatriz González-Stephan	Kirsten Nigro
Jesús Martín-Barbero	Sylvia Saítta
Sonia Mattalia	
Kemy Oyarzún	
Andrea Pagni	
Mary Louise Pratt	
Beatriz J. Rizk	

Alejo Carpentier y la cultura del surrealismo en América Latina

Anke Birkenmaier

Iberoamericana • Vervuert • 2006

Bibliographic information published by Die Deutsche Bibliothek
Die Deutsche Bibliothek lists this publication in the Deutsche Nationalbibliografie; detailed bibliographic data are available on the Internet at <http://dnb.ddb.de>.

Reservados todos los derechos

© Iberoamericana, 2006
Amor de Dios, 1 – E-28014 Madrid
Tel.: +34 91 429 35 22
Fax: +34 91 429 53 97
info@iberoamericanalibros.com
www.ibero-americana.net

© Vervuert, 2006
Wielandstr. 40 – D-60318 Frankfurt am Main
Tel.: +49 69 597 46 17
Fax: +49 69 597 87 43
info@iberoamericanalibros.com
www.ibero-americana.net

ISBN 84-8489-195-X (Iberoamericana)
ISBN 3-86527-233-9 (Vervuert)

Depósito Legal: SE-1726-2009

Cubierta: Juan Carlos García
Fotografía: *La silla* (1943), Colección Museo Nacional de Bellas Artes, La Habana.
© Artists Rights Society (ARS), Nueva York / ADAGP, París.

Impreso en España por Publidisa
The paper on which this book is printed meets the requirements of ISO 9706

ÍNDICE

Reconocimientos 9
I. **Introducción** 11
II. **El etnógrafo surrealista: traducción para dos** 25
    II.1. Esbozos surrealistas:
        «El milagro del Ascensor» y «El estudiante» 27
    II.2. Entre cubanos y franceses: escribiendo en dos lenguas 33
    II.3. Surrealismo y vanguardia en Latinoamérica 48
    II.4. ¡*Écue-Yamba-Ó!*: el museo surrealista 53
    II.5. Histoire de lunes: choque y metamorfosis 79
III. **Collège de Sociologie, Carpentier y el mito moderno** 87
    III.1. Collège de Sociologie 93
    III.2. Carpentier y el Bureau d'Ethnologie Haitienne.
        Los cantos vudú de *El reino de este mundo* 100
    III.3. Negociaciones para un arte revolucionario:
        Carpentier, Lam y Orígenes 116
    III.4. Del mito moderno a lo real maravilloso:
        epifanías de los años treinta 132
    III.5. Hacia un ritmo latinoamericano:
        la música en *Guerra del tiempo* 138
IV. **Entre surrealismo y arte popular: los años de oro de la radio** 155
    IV.1. Teorías en pro y en contra del arte popular 156
    IV.2. Contra el libro: Desnos y la poesía popular de los anuncios............170
    IV.3. Resistencia contra la voz:
        «The One All Alone» y *La Passion noire* 181
    IV.4. El auge de la música popular: Carpentier vs. Adorno....................196
    IV.5. De vuelta en Latinoamérica:
        la radio cubana vista con un ojo surreal 203
    IV.6. Voces lejanas: La radio
        y el gramófono en las novelas americanas de Carpentier 216
V. **Conclusión: Carpentier hoy**..235
    Bibliografía..259
    Índice onomástico 287

A mis padres

Reconocimientos

Este libro es resultado de un largo viaje que emprendí en 1998. Agradezco el apoyo de todos los que me alentaron y me ayudaron en el camino, muy especialmente el de mis padres, siempre presentes desde lejos, y el de mi consejero de tesis en Yale, Roberto González Echevarría, quien me motivó en cada etapa y editó mi trabajo como nadie. También le agradezco su generosidad extraordinaria al poner a mi disposición su archivo personal sobre Carpentier. No quiero olvidar tampoco a los que me dieron los primeros impulsos en mis indagaciones en la cultura francocubana de Alejo Carpentier, los profesores Max Grosse y Axel Wasmuth, de Tubinga.

Las tres lectoras de la tesis, las profesoras Rolena Adorno, Josefina Ludmer y Vera Kutzinski, ahora en Vanderbilt University, me encaminaron hacia revisiones importantes del manuscrito. Manuel Moreno Fraginals y Dudley Andrew impartieron cursos memorables. José Bunsen Cárdenas leyó partes del manuscrito y me hizo sugerencias estilísticas valiosas. Curtis Wasson me brindó ayuda informática imprescindible. Brad Anderson y Moira Fradinger hicieron comentarios importantes. Rafael Saumell, escritor y catedrático de Sam Houston University y gran especialista en la radio cubana, hizo una lectura a fondo del capítulo sobre radio. Rafael también me proporcionó el contacto con Reynaldo González en Cuba, cuya correspondencia electrónica sobre Carpentier y la radio agradezco. A Carmen Vásquez, catedrática de la Universidad de Amiens, Francia, gracias por su valiosísima ayuda e indicaciones bibliográficas. A Rita de Maeseneer, de la Universidad de Amberes, Bélgica, por su apoyo entusiasta. A Ottmar Ette, de la Universidad de Potsdam, le agradezco su invitación a dar una charla sobre el mundo del vudú. En Columbia University me estimuló la conversación con Gustavo Pérez Firmat, Carlos Riobó y Alfred Mac Adam, con ocasión de un panel, organizado por este último, a propósito del centenario de Carpentier, en marzo del 2005.

Las becas generosas del Yale Center for International and Area Studies y la Whiting Foundation hicieron posible varios viajes y un año de escritura intensa.

De la Sterling Memorial Library en Yale, César Rodríguez, Jeffry Larson, Tobin Nellhaus y Suzanne Eggleston Lovejoy me asesoraron. Desde París, el equipo del Departamento de Música de la Biblioteca Nacional me facilitó manuscritos. El acceso al archivo de Edgar Varèse en Nueva York se lo debo a la hospitalidad de Chou Wen-chung y de su esposa. El doctor Felix Meyer de la Fundación Paul Sacher en Basilea me hizo llegar con gran prontitud dos reproducciones de la primera página del libreto de Varèse. Pamela Graham, bibliotecaria de Columbia University, y Kurt Eldridge, de CCNMTL en la Biblioteca de Butler, estuvieron prontos en asistirme en mis cavilaciones de los últimos detalles. Decisiva fue, por supuesto, mi visita a Cuba en el verano de 2001, que me hizo conocer a las bibliotecarias Araceli García Carranza e Ileana Ortega, de la Biblioteca Nacional José Martí, las cuales hicieron todo lo posible para ayudarme en mi investigación sobre Carpentier como jefe de la Editorial Nacional. Con gratitud especial recuerdo a Víctor Fowler, poeta, ensayista y entonces también bibliotecario de la Biblioteca Nacional.

Dos apartados del segundo capítulo se publicaron por separado en los siguientes lugares: «Carpentier y el Bureau d'Ethnologie Haitienne. Los cantos vodú de *El reino de este mundo*» apareció en *Foro Hispánico*[1]; y «Negociaciones para un arte revolucionario: Carpentier, Lam y Lezama» en *Cuba: un siglo de literatura (1902-2002)*[2]. Agradezco a los editores su permiso de reproducción.

A mi editor, Klaus K. Vervuert, por su interés desde el principio, y a Waldo Pérez Cino por su lectura cuidadosa y gran trabajo: muchas gracias.

Nueva York, junio de 2005

---

[1] Birkenmaier 2004: 17-33
[2] Birkenmaier & González Echevarría (eds.) 2004: 71-90.

I

Introducción

En los años 2001 y 2002 hubo dos grandes exposiciones sobre el movimiento surrealista, una en la londinense Tate Modern Gallery, que viajó después al Metropolitan Museum de Nueva York, la otra en el Centre Georges Pompidou en París. Ambas exposiciones eran exhaustivas –comprendían tanto pintura como esculturas y objetos, libros y abundantes fotografías–. Después del 11 de septiembre del 2001 los museos habían tenido dificultades para financiar grandes muestras internacionales, pero para estas dos exposiciones se habían conseguido los fondos necesarios. Como destacaron entonces los críticos, el surrealismo había conservado su atractivo para el público. No sólo resultaba que una vez más una exposición sobre el surrealismo iba a tener un éxito seguro, sino también que todos, tanto en Inglaterra y Estados Unidos como en Francia, donde se había originado el movimiento, estaban de acuerdo sobre su importancia (Saltz 2002: 47; Colonna-Césari 2002: 37; Wiegand 2002: 49). El surrealismo, cuya repercusión internacional se remonta a sus comienzos, había seguido expandiendo su fama, y el interés hacia él en otros ámbitos culturales había crecido[1]. Desde la muerte en 1966 de André Breton, el principal promotor del movimiento, han venido organizándose cada cierto tiempo retrospectivas en los grandes museos del mundo (entre ellos los de París, Nueva York, Chicago, Londres, Copenhague o Gran Canarias; y hasta en Sydney, Australia)[2].

De todos los movimientos de vanguardia surgidos en los años veinte y treinta, la estética surrealista ha sido la que mejor ha sobrevivido hasta hoy: forma parte del inventario *sine qua non* de la pintura, de la fotografía y de la escritura del siglo veinte. El estatus de un movimiento devenido clásico se

---

[1] Entre los hitos tempranos del reconocimiento internacional del surrealismo se cuentan una primera exposición surrealista en Estados Unidos (1931), luego la consagratoria exposición «Fantastic Art Dada Surrealism» en el Museum of Modern Art de Nueva York (1936), y la «Exposición Internacional del Surrealismo», organizada por André Breton, Wolfgang Paalen y César Moro en 1940, en la Galería de Arte de Ciudad de México, por no mencionar los contactos europeos del grupo de Breton.

[2] Véase Ades & Matthew 2004.

manifiesta, aparte de en las exposiciones de arte, en el hecho de que los libros de André Breton se estén reeditando en nuevas traducciones, por no hablar de la crítica literaria, que cada año sigue publicando decenas de títulos sobre el surrealismo[3].

En el mismo año 2002, sin embargo, los herederos de André Breton y de su viuda habían puesto en subasta la colección de arte, pintura, objetos, fotografías y papeles del poeta porque no se habían encontrado los fondos necesarios para crear una fundación André Breton o una fundación surrealista (Riding 2002: E1; E3). La pared tras el escritorio de Breton, la pieza más famosa de la colección, se regaló al Centre Pompidou; el resto –pinturas, dibujos, esculturas de Oceanía, de México y de otros lugares, documentos, objetos comprados en el mercado de pulgas, objetos encontrados en la calle, fotos personales y de artistas mayores–, se vendió a los coleccionistas de arte después de inventariarse y conservarse en soporte digital.

Esta dispersión de la colección más grande del movimiento surrealista es simbólica. Sugiere que, a pesar de ser un favorito del gran público o tal vez precisamente por ello, el surrealismo sigue siendo, al menos en Francia, un movimiento problemático, y no del todo merecedor de la apelación de «patrimonio nacional»[4]. La estética surrealista, parece, no representa un perfil definido históricamente a escala nacional, sino que ha llegado a ser un lugar común de nuestra era moderna, un estilo que ha trascendido el ámbito de la alta cultura y se aplica tanto en la publicidad como en la música popular, sin que haga falta el conocimiento detallado y la conservación en archivos de sus fundadores. Se ha creado una cultura del surrealismo que ni siquiera tiene que ser consciente de su historia para hacer uso de la palabra «surreal»[5]. Es por eso que las expo-

---

[3] Véase, por ejemplo, sobre la nueva traducción de *Nadja* al alemán, Altwegg 2002. Altwegg habla de *Nadja* de Breton como de una de las mejores obras del siglo XX –un «Jahrhundertwerk»–. Algunos de los títulos más llamativos sobre el surrealismo aparecidos en los últimos diez años (véase bibliografía): Frank (ed.) 2003; Richardson & Fijalkowski (eds.) 2001; Levitt 1999; Chadwick (ed.) 1998; Rosemont (ed.) 1998; Martin, R. 1996; Viola 1996; Bataille 1994; Cohen 1993.

[4] Cito del texto de la protesta organizada en la red y firmada por más de 3200 personas: «Il reste un mois pour une décision politique. Elle est symbolique, elle ne coûtera pas un centime à l'état. Cette décision ne lèsera pas d'un euro les proches d'André Breton: décréter simplement cette collection, dans son emsemble, comme 'patrimoine national'». A pesar de esta carta de protesta, el gobierno francés continuó negándose a conferir este estatus oficial al conjunto de las pertenencias de Breton. Cfr. Bénézet, Bon & Margantin 2002.

[5] El artículo de Saltz (2002) describe cabalmente el uso indiscriminado de la palabra: «"This is so surreal", said Kiefer Sutherland, accepting his Golden Globe award. Everyone knew what he meant. They wouldn't have had he said, "This is so cubist". Similarly, when-

siciones de la Tate Modern y del Metropolitan se habían dirigido a un público que no tenía necesariamente conciencia de la historia del movimiento ni de su fundador francés. Se exploró el escándalo surrealista a nivel anecdótico más que su historia de entreguerras, su dificultad y su originalidad formal frente a otras vanguardias. El título, «Desire unbound», sugería un denominador común entre la actualidad y el movimiento surrealista mismo. Como resumían algunos críticos americanos (Schjeldahl 2002: 184-87; Kimmelmann 2002: E31): «It was all about sex».

El debate sobre la dispersión de la colección de Breton en el mercado internacional del arte pone una vez más de manifiesto que no sólo se ha desarrollado una cultura popular del surrealismo, sino que en realidad el movimiento surrealista ha dejado de pertenecer a los franceses desde hace tiempo. Ya antes se habían vendido por subasta las obras de otros surrealistas franceses, como Benjamin Péret y Francis Picabia, en el último caso por decisión de su amigo Marcel Duchamp. También en las exposiciones recientes el perfil internacional del surrealismo se ha hecho más nítido que nunca, con figuras del surrealismo americano, inglés o latinoamericano, entre otros Hans Bellmer, Joseph Cornell, Louise Bourgeois y Leonora Carrington, Frida Kahlo y Remedios Varo. Más allá de la dispersión geográfica de las colecciones surrealistas hay, además, cierta noción de «azar objetivo» en la idea de que las obras atesoradas por Breton y sus amigos en sus visitas a rastros y casas de empeño se vendan en subasta[6].

El presente libro considera la cultura latinoamericana, y particularmente la obra de Alejo Carpentier, como un espacio donde se evidencia la trascendencia del surrealismo en ámbitos culturales distintos al francés. Como muchos de los artistas mencionados, Carpentier hizo contacto con Breton y se distanció de él luego, pero desarrolló su obra periodística y literaria en continuo roce y confrontación, en Francia y tras su vuelta a Cuba, con un ambiente surrealista que se había hecho ineludible. Es decir: no sólo en los años treinta

---

ever former Spice Girl Geri Halliwell got excited, she'd squeal, "Reeeally surreeeeeal", never –although it might have been more interesting– : "Reeeally fauuuve"».

[6] Así escribe Jean-Michel Goutier en su explicación de parte de la organización encargada de la venta en subasta de la colección Breton: «Les salles des ventes de l'Hôtel Drouot comme les salles des pas perdus ou les marchés aux puces de Saint-Quen, de Mexico ou de New York, tous ces lieux où le hasard a encores son mot à dire attiraient Breton toujours en quête de surprise… Dans le labyrinthe du jeu de l'oie de la postérité il y a comme un malin plaisir du 'sphinx blanc du hasard objectif' à faire retourner Breton post mortem à la case hôtel des ventes, lieu qu'il a si souvent fréquenté de son vivant». «Les raisons de la vente»: 20 de enero 2005. *http://breton.calmelscohen.com/index.cfm?fuseaction=coll.*

tuvo Carpentier un contacto decisivo, que impulsó su labor profesional y artística, con el movimiento surrealista francés; sino que paralelamente se había creado en Latinoamérica una suerte de cultura popular surrealista, en gran medida alimentada por la aceleración y la superimposición de imágenes y sonidos en los nuevos medios masivos. La radio y la industria del disco y el gramófono crearon nuevas disciplinas como la publicidad y la ingeniería de sonido —con las que Carpentier experimentó como profesional, trabajando en ellas— y cambiaron la relación entre el individuo y su mundo. Esta revolución surrealista y mediática a la vez tenía que reflejarse también en la literatura, como se ve en la obra de Carpentier producida a partir de los años cuarenta.

Carpentier fue uno de muchos artistas e intelectuales latinoamericanos que vivieron en París durante los años treinta —lo hicieron también, entre otros, Miguel Angel Asturias, Adolfo Uslar Pietri, Lydia Cabrera o Wifredo Lam—. Pero Carpentier, por su bilingüismo —de padre francés y de madre rusa, se había criado en Cuba hablando francés—, mantuvo un contacto más sostenido, y más desde dentro, con cierto ambiente intelectual francés. Una vez en París, empezó a escribir en dos idiomas, el francés y el español, y su oscilación entre ambos le permitió adoptar una perspectiva narrativa que mediaba entre culturas diferentes, la afrocubana, la cubana blanca y la francesa. Entre sus amigos se contaban especialmente los «disidentes» del surrealismo, acabados de separar de André Breton en 1930. Recién llegado a París, Carpentier colaboró con ellos en la revista etnológica *Documents*, cuyo equipo iba a fundar años más tarde el famoso Collège de Sociologie (Georges Bataille, Roger Caillois, Michel Leiris). Más sostenido aún fue su trabajo para la radio. El cubano estuvo involucrado en Francia en la vanguardia del nuevo medio —entre sus colegas se contaban los pioneros de la radio Paul Deharme y Robert Desnos— y reconoció muy temprano su potencial poético y didáctico. La radio no sólo «sincronizaba» a una sociedad entera, sino que también permitía poner en relación el lenguaje con la música, y llegaba, sobre todo, a una cantidad hasta entonces inimaginable de personas. Los primeros profesionales de la radio consideraban el poder de la voz radial sobre las multitudes afín a la hipnosis, y «surrealista» en la medida en que la incidencia de una voz radial sobre el subconsciente colectivo se aproximaba a la práctica surrealista de la escritura automática[7]. Este poder

---

[7] Philippe Audoin nos da una definición sugestiva de la escritura automática: «L'automatisme c'est surtout, si l'on presse l'allure, la voix sauvage ou curieusement maniérée de l'informulable, le discours solennel et absurde, imitant le rêve et résistant à l'investigation du parleur comme le rêve à celle du rêveur. Et pas plus que le rêve, le

hipnótico de una voz anónima tuvo su aplicación también en la literatura. En las novelas de Carpentier a partir de los años cuarenta, como en las de otros novelistas latinoamericanos, vemos surgir voces del inconsciente que tienden a asociarse con la música escuchada por los personajes en la radio o en discos. Se crea en la literatura misma una nueva noción de oralidad, mecanizada o «mediatizada» por el aparato.

El surrealismo revistió una importancia profunda, si bien a veces poco visible, para las novelas de Carpentier, y a partir de ahí para la ficción del llamado *boom* de la literatura latinoamericana. No fue tanto la lectura de los manifiestos surrealistas entre los escritores y artistas latinoamericanos lo que provocó un cambio en su producción de textos. José Donoso, por ejemplo, no reconoce en su historia del *boom* (Donoso 1972: 32) ningún impacto directo del surrealismo sobre su generación. Se había creado, más bien, un ambiente general marcado por el surrealismo y concomitante con el auge de los medios masivos[8]. La conexión del surrealismo con la cultura de masas ha sido vista con mucha perspicacia por Robin Walz (2000). Walz observa y detalla la afinidad de los surrealistas con lo efímero y lo aterrador de la cultura popular de las historietas y novelas policíacas. Más allá de eso, algunos surrealistas quedaron fascinados con el alcance mundial de los medios masivos, que extendía a nivel global las dimensiones de esta cultura popular irreverente. A través de los nuevos medios de la radio y el cine uno se podía aliar y conectar con otros, independientemente de la distancia geográfica –de ahí la expresión famosa de Marshal McLuhan sobre la sociedad de los medios masivos como *global village*. De esta manera, Latinoamérica se fue acercando culturalmente, mucho más de lo que ya lo estaba, a los Estados Unidos y a Europa, y los anuncios, la moda y el estilo de vida cosmopolita de las clases media y alta literalmente se sincronizaron a ambos lados del Atlántico[9]. En los años cuarenta, además, los exiliados franceses próximos al surrealismo –Roger Caillois en Argentina, Benjamin Péret en Brasil o los españoles exiliados del régimen de Franco, como Luis Buñuel en México– contribuyeron a la presencia de las ideas surrealistas

---

discours automatique n'est pur. Celui qui, depuis les profondeurs, parle, n'est pas seul». Audoin 1971: 23.

[8] En cuanto a teorías sobre sincronía en la física, filosofía, matemática y en las artes en la época antes de la Primera Guerra Mundial, véase Kern 1982.

[9] Carpentier escribió en los años veinte una serie de artículos sobre moda francesa, firmados con el pseudónimo de Jacqueline. James Pancrazio, en su libro reciente sobre la lógica del fetichismo en la obra de Carpentier, analiza estos textos como parte del esfuerzo general de la sociedad cubana por transgredir las fronteras étnicas, nacionales y de sexo que la separaban del resto del mundo. Cfr. Pancrazio 2004: 86-102.

en Latinoamérica. Por otra parte, a través de los medios modernos también se hacían más visibles las diferencias raciales y sociales latinoamericanas. La radio era radicalmente democrática en la medida en que todo el mundo tenía acceso a ella, si bien las desigualdades sociales y raciales seguían existiendo a pesar de escuchar un mismo programa o leer el mismo periódico.

Un concepto surrealista especialmente útil en Latinoamérica fue la práctica de la «observación participante», que provenía de la connivencia entre etnología y surrealismo, como detalla James Clifford[10]. La idea de hacerse parte de la «tribu» para observarla mejor, de tomar un punto de vista a la vez desde fuera y desde adentro, sirvió para definir las relaciones entre los europeos y su «otro» –los indígenas o los negros— no sólo en Europa sino también en Latinoamérica. Los surrealistas habían usado el concepto de la observación participante para desjerarquizar las culturas del mundo y concederles a las llamadas «primitivas» el mismo rango que a las «civilizaciones» europeas, cuyas tendencias autodestructivas se acababan de poner de manifiesto en la Primera Guerra Mundial. Esta crítica cultural atraía obviamente a los que abogaban, como Carpentier, por incluir lo africano o lo indígena en la propia cultura nacional. A los latinoamericanos, la mirada surrealista sobre «el otro» les permitió asumir su propia sociedad como una sociedad moderna, heterogénea y llena de tensiones, pero en un mismo campo discursivo con las europeas. Esto se lo deben en no poca medida a lo que llamo aquí la cultura del surrealismo.

Para darle precisión conceptual a mi análisis de la incidencia del surrealismo en la literatura latinoamericana quiero proponer en este libro la noción de una «oralidad mediatizada» como innovación narrativa crucial para el desarrollo de la literatura latinoamericana después de las dos guerras mundiales. Se trata de una oralidad trasferida a la misma escritura, o en otras palabras, de una oralidad en medio de la literatura. No se encuentra en el discurso directo de los personajes, ni en las citas directas de letras musicales: me refiero más bien a una noción psicológica de oralidad, representada en la voz del subconsciente colectivo o individual, pero como voz anónima que sorprende y aterra al sujeto[11]. La novela latinoamericana de Carpentier y de otros escritores lati-

---

[10] James Clifford 1981 [1988: 117-152].

[11] La «oralidad secundaria» de Walter Ong en su clásico *Orality and Literacy. The Technologizing of the Word* (Ong 1982) es importante para mi propósito, pero sólo en la medida en que nos da el marco histórico para lo que ocurre en el medio de la literatura. La «oralidad secundaria» es, según Ong, lo que define la mayoría de las sociedades de nuestra era, que son dominadas por el teléfono, la radio, la televisión y los medios de reproducción de sonido, pero que dependen de todas maneras de la existencia de la escritura. La «oralidad primaria» sería la de sociedades que no conocen sistemas de escritura, y cuya

noamericanos después de él incluye voces que se inspiran por una parte en la cultura oral del «otro» latinoamericano, es decir, en el habla y la música de los negros o de los indígenas, y por otra en los nuevos medios que, desde el lado opuesto de la cultura urbana, hacían sentir una misma idea de realismo «oral», que pasa por la voz. El énfasis en voces pasadas por los aparatos –en etnología la grabadora que registra voces indígenas o en la vida cotidiana un radio o tocadiscos que transmite las noticias y la nueva música popular– se hizo especialmente productivo en la literatura latinoamericana. A diferencia de la literatura europea, donde la novela moderna atravesaba entonces una crisis, los escritores latinoamericanos hacen a partir de los años cuarenta de la novela un género «total», que incorpora todas estas voces nuevas a lo que ya existe –las voces del «otro» a las conocidas en la narrativa occidental, la investigación etnográfica y los mitos americanos a los modelos europeos del *bildungsroman* y de la picaresca–, y que se alimenta tanto de la radio y el melodrama como del *Ulysses* de Joyce. Fue para poder competir por un público más interesado en la radio y la televisión que por el libro que los escritores latinoamericanos convirtieron la novela en el escenario de las nuevas voces mediatizadas[12]. Esta competencia con la cultura audiovisual de los medios masivos les dio a los autores latinoamericanos aliento político y artístico para desarrollar una ficción que no se plegaba a los preceptos conocidos del realismo socialista o al naturalismo de la novela regionalista, sino que se profesionalizó y creó una estética propia.

La reflexión sobre la voz oral en competencia con la letra impresa se nutría en el caso de Carpentier de la radio francesa de los años treinta. Sus ideas sobre música y lenguaje, y en general sobre la transmisión eléctrica del sonido, se insertan así en las teorías de la época sobre la radio y la reproducción mecánica, cuyos representantes son, entre otros, el maestro de Carpentier en radiofonía, Paul Deharme, y los pensadores alemanes Walter Benjamin, Rudolf Arnheim y Theodor W. Adorno (Deharme 1930). Benjamin y Arnheim trabajaban en la misma época para la radio, y Adorno empezó a escribir sobre ella desde el exilio newyorkino, en los años cuarenta. Sus preocupaciones, ligadas sobre todo a la creciente manipulación política de la radio, reflejan el entusiasmo general

---

información y memoria depende por entero de la comunicación oral (133-135). La novela de Mario Vargas Llosa, *El hablador* (1987) –analizada en mi conclusión–, describe una tribu peruana que tiene una cultura de «oralidad primaria».

[12] Philip Swanson (1995) habla del «peligro» de la cultura de masas y de la necesidad de la novela latinoamericana de distinguirse de sus estereotipos (17); para Swanson, sin embargo, esta lucha de la novela contra la cultura popular empieza sólo después de la Revolución cubana y después de las novelas del *boom*.

hacia un arte genuinamente popular, y su decepción por estar limitados a un presente efímero, al que se sacrificaba la escritura[13].

La presencia de Carpentier en Francia a fines de los veinte y en la década de los treinta, sus amistades surrealistas y su trabajo para la radio son vistos aquí como emblemáticos del desarrollo de toda la cultura del surrealismo en Latinoamérica. Además de su vinculación con el surrealismo y la radio, también se trata de reivindicar al musicólogo que fue Carpentier antes de hacerse famoso como novelista, y verlo así como el intelectual y el versátil profesional de la música que fue en la vida real. La obra temprana de Carpentier –artículos sobre música, poemas y libretos– nos brinda por eso una clave de interpretación para su obra escrita ulterior. Ya en La Habana de los años veinte había organizado conciertos de música moderna que presentaron por primera vez la obra de Erik Satie y de Artur Honegger en la capital cubana. Su participación posterior en el movimiento afrocubano estuvo marcada por sus intereses musicales, sus poemas fueron usados como letras de canciones por sus amigos Amadeo Roldán y Alejandro García Caturla, y sus libretos para los compositores Marius-François Gaillard y Edgar Varèse estaban impulsados por una teoría propia sobre la complementariedad del lenguaje y la música. Este aspecto musicológico de Carpentier no se ha investigado lo suficiente. Sobre la obra en prosa, incluyendo la novela afrocubana *¡Écue-Yamba-Ó!* y los escenarios de ballets, tenemos el libro ya clásico de Roberto González Echevarría, *Alejo Carpentier: The Pilgrim At Home* (1977)[14]. Pero, además de los cuentos y fragmentos publicados después del libro de González Echevarría, no se han tomado en consideración hasta ahora los poemas que Carpentier llevó en 1928 de Cuba a Francia, ni los poemas y los libretos que escribió en París. Estos últimos son, obviamente, textos híbridos, difíciles de integrar en la literatura por su idioma y contexto musical, pero anuncian ya la incorporación de canciones y otros textos musicales en las novelas posteriores de Carpentier, como por ejemplo los cantos vodú en *El reino de este mundo*, que estudio aquí. Como vimos más arriba, Carpentier desarrollaría esta estética musical en su trabajo para la radio, donde siguió reflexionando sobre las posibles relaciones entre la música y la palabra. Existe, por lo tanto, continuidad entre los primeros poemas y libretos de Carpentier, su trabajo radiofónico y sus novelas más tardías. En estos textos musicales (algunos previamente desconocidos) se nos ofrece un

---

[13] Hollier 1996: 3-20.

[14] Existen ahora cuatro ediciones del libro de González Echevarría (véase bibliografía). Usaré en mi texto la primera edición en español, publicada por la UNAM de México en 1993.

Carpentier más orgánico, un *homme de lettres* versado en música tanto como en literatura, y en los géneros populares tanto como en la mal llamada «alta cultura»; esto ayuda luego a entender la novedad de su escritura y su influencia sobre otros escritores a partir de los años cuarenta. Novedad que reside, según indica este material, no sólo en la incorporación carpenteriana de la historia latinoamericana a la literatura (como estudia González Echevarría), sino también, ya a un nivel conceptual, en su capacidad para incluir estructuras musicales y orales en el texto.

Con respecto a la crítica literaria anterior, mi tesis contextualiza a Carpentier fuera del ámbito exclusivamente nacional. Complementar las (mal llamadas) *Obras completas*, publicadas por la Editorial Siglo Veintiuno en México, con la adición de los textos escritos en francés y para un público francés no hace a Carpentier menos cubano ni rebaja su genio, pero sí lo hace más «traducible» desde un contexto latinoamericano. Como otros latinoamericanos que vivieron en París en diálogo con las vanguardias del momento –Vicente Huidobro probablemente sea el más famoso de ellos– hay que considerar a Carpentier en el marco de un ambiente intelectual francés, con el que mantuvo relaciones cordiales, pero no simplemente para imitar y adaptar su propia escritura a aquel ámbito. Fue precisamente en Francia que Carpentier empezó a escribir literatura al servicio de Cuba, un arte cubano revolucionario *avant la lettre*, si se quiere, comprometido con la idea de devolver la literatura cubana a su historia y particularidad cultural. Esta empresa, por otra parte, no hubiera sido posible sin sus experiencias europeas y sobre todo sin su contacto con el surrealismo. En este sentido mi estudio es una propuesta para desjerarquizar la tempestuosa relación de los escritores latinoamericanos con sus interlocutores europeos y especialmente franceses. Si esta relación generalmente se concibe en términos de «influencia» de los modelos europeos sobre la escritura latinoamericana, se ve claramente en el caso del contacto de Carpentier con el surrealismo cómo la idea de un vínculo asimétrico entre ambos lados caduca, por lo menos desde finales de los años veinte. Como ha mostrado Vera Kutzinski, establecer una conexión sin jerarquías entre culturas es una idea característica de la tradición del «New World Writing», a la que pertenecen tanto Carpentier como William Carlos Williams, Jay Wright y Nicolás Guillén, entre otros. Kutzinski argumenta en su libro *Against the American Grain* (1987) que el mito de la virginidad e inocencia del Nuevo Mundo, que implica su dependencia del «viejo mundo» europeo, fue puesto en tela de juicio ya a principios del siglo veinte por escritores que concebían su propia escritura no como perteneciente a cierta nación, grupo étnico o sistema político, sino como parte de una negociación multicultural y simultánea por la historia y el mito de «América» (Kutzinski 1987: 13-15). En el caso de Carpentier fue el surrealismo –y no, como en el de William Carlos Williams, el modernismo americano– el que actuó como catalizador cultural en los años treinta y avanzó la idea de una conexión artística moderna entre escritores de diversas procedencias culturales. No había, por tanto, contradicción entre la renovación de la cultura cubana intentada por Carpentier y otros en los años cuarenta y su contacto con el surrealismo francés. El distanciamiento carpenteriano del surrealismo en su famoso prólogo a *El reino de este mundo*[15] fue, más bien, nominal, un gesto retórico que sirvió para formular una estética explícitamente latinoamericana que, sin embargo, se había desarrollado en diálogo con el ambiente intelectual francés. Es, tal vez, un residuo del nacionalismo político de estos años el hecho paradójico de que la conexión histórica entre las culturas surrealistas europeas y latinoamericanas se haya vinculado con la necesidad de negar este vínculo en Latinoamérica. En realidad los intelectuales latinoamericanos viajaron y dialogaron con Europa más en el siglo veinte que en el diecinueve. Todos ellos estaban fuera y dentro a la vez, y vivían de la dialéctica entre cercanía y distancia de Latinoamérica[16].

La dimensión más generalmente estética de esta relación «etnográfica» del artista con su país, que en el caso de Carpentier y de sus contemporáneos había tenido un contexto inmediato en el interés surrealista por las culturas primitivas, se me hizo evidente de manera inesperada al visitar el Archivo de Edgar Varèse en Nueva York para estudiar allí el libreto de «The One All Alone», que Carpentier y Desnos habían escrito juntos. En ese momento, el archivo pertenecía al que había sido su alumno, el compositor y profesor de la Universidad de Columbia Chou Wen-chung. El archivo está en su domicilio privado en el Greenwich Village, que fue la casa de Varèse hasta su muerte en 1967. En mi última visita, y después de haber hablado mucho del interés que Varèse podía haber tenido por Latinoamérica, el compositor chino insistió en mostrarme su propio estudio. Me quedé sorprendida. Era un salón de puntal alto, repleto de objetos extraños. Lo único que reconocía era un piano de cola y una máscara con las facciones de Varèse en medio del salón –su mascarilla mortuoria. El cuarto estaba lleno de máscaras, colgadas una sobre la otra, de esculturas y de instrumentos primitivos. En una pared se veían alrededor de diez gongs diferentes. Luego había una colección de piedras planas en forma de

---

[15] Publicado un año antes en *El Nacional* de Caracas, y conocido como «De lo real maravilloso americano» (Carpentier 1948).

[16] Sobre los viajes de escritores latinoamericanos a París, véase Weiss 2003 y Nelle 1994.

Ilustración 1. El estudio del profesor Chou Wen-chung.

percheros, de las que supe luego que eran también instrumentos. El compositor me explicó que había traído todos estos instrumentos de China, y que había iniciado un proyecto de «intercambio de arte» entre China y Estados Unidos para poder conservar la música tradicional de los pueblos de la provincias más remotas de su país. Wen-chung quiere preservar, hasta donde le sea posible, una música que viene de una cultura totalmente ajena a la cultura occidental, pero que usa tonalidades parecidas a las de la música folklórica europea, por ejemplo. En la comparación se ven también algunos principios de esta música aparentemente universales, como, por ejemplo, las escalas chinas establecidas de manera parecida a nuestro sistema «temperado».

Chou Wen-chung me recuerda al curador de *Los pasos perdidos* que envía al protagonista a la selva en busca de los orígenes de la música. La colección que ha reunido es tan rara como la colección de instrumentos primitivos del curador, y también nos recuerda la heterogénea colección de Breton, mencionada más arriba. Algunos de los instrumentos que vi entonces eran muy primitivos, piedras casi sin labrar pero que sonaban al percutirlas. Otros, en cambio, muy sofisticados. Se notaba, por ejemplo, la complicada técnica requerida para fabricar un gong. Diferentes épocas y diferentes tipos de conocimiento están reunidos en una colección de instrumentos cuyo uso sólo el especialista puede explicar, pero que tienen un aura especial además de un sonido único.

La música de Chou Wen-chung se inspira en estos instrumentos y en su tonalidad. El viaje, para este «etnólogo» de la música, es esencial tanto para reconstruir la historia de la música china como para orientar su propia labor creativa, que se ha desarrollado en contacto con Varèse por una parte, con la música popular china por otra. Pero además, Chou Wen-chung sintetizaba para mí una experiencia esencialmente moderna en que, a través de la yuxtaposición de lo insólito con lo familiar, llegaba a formulaciones originales de la propia experiencia contemporánea. Este hábito «surrealista» sigue siendo así hábito moderno y estética productiva.

El presente libro se divide en tres partes organizadas en un orden vagamente cronológico. En la primera se analizan los comienzos de Carpentier en Francia, y más específicamente el modo en que la confrontación con el surrealismo etnográfico lleva a Carpentier a traducir al «otro» para dos públicos a la vez, tanto el francés como el público cubano blanco. Para ambos públicos, la cultura afrocubana representa lo desconocido, lo raro y lo exótico. El concepto surrealista del «museo» afrocubano marca su novela *¡Écue-Yamba-Ó!* y el ciclo de poemas *Poèmes des Antilles*. Pero a la vez Carpentier invierte la mirada y muestra las carencias de un mundo europeo que necesita proyectarse hacia lo «primitivo». En su estética de lo raro y de las transformaciones repentinas que desestabilizan las fronteras entre cultura primitiva y civilizada se nota el diálogo de Carpentier con el grupo de la revista *Documents*, Georges Bataille, Michel Leiris y otros, a su vez muy interesados en lo que el cubano tenía que decir sobre música y religión en Cuba.

En la segunda parte me interesa la actitud de Carpentier hacia Cuba a su vuelta a La Habana en 1939. De traductor ambidextro se convierte en ideólogo de una nueva poética latinoamericana, desarrollada principalmente en su teoría de lo real maravilloso y en los relatos recogidos luego en el volumen *Guerra del Tiempo*. Muestro como Carpentier empezó a renovar la narrativa cubana y latinoamericana desde cierta distancia crítica hacia los proyectos nacionalistas y abogando por una sociología de lo sagrado consciente de la vitalidad, sobre todo, de la cultura afrocubana. Sus ideas dialogan en ello con las del Collège de Sociologie en Francia por un lado, y por el otro con las del Bureau d'Ethnologie Haitienne, institución poco conocida hoy. Fueron ellos los que le hicieron repensar las ideas de metamorfosis y epifanía como principios fundamentales de su narrativa. Muestro luego como Carpentier trató, como otros artistas cubanos de entonces –el pintor Wifredo Lam y el grupo Orígenes entre ellos– de cambiar y hasta revolucionar con su literatura y pintura la cultura cubana de los años cuarenta, para que el arte y la literatura se aceptaran como parte vital de la sociedad cubana.

En el tercer capítulo se da un paso atrás en la cronología para analizar lo que, desde mi punto de vista, resultó ser la innovación más importante de la estética carpenteriana: su incorporación a la propia escritura novelística de técnicas aprendidas en la radio y trabajando como libretista. Muestro cómo la experiencia profesional carpenteriana con la radio francesa de los años treinta le permitió explorar la relación entre lenguaje, música y escritura, y le hizo introducir una práctica de oralidad mediatizada en sus novelas *El reino de este mundo*, *Los pasos perdidos* y *El acoso*. La voz del otro aparece en estas novelas como mediada por el radio o el gramófono, aparatos que revelan el estatus problemático y a la vez productivo de la cultura oral de los medios masivos. La omnipresencia de la radio también se hace evidente en la colaboración de Carpentier en el libreto de la ópera inconclusa de Edgar Varèse «The One All Alone», y en su libreto de una cantata musical, *La passion noire* de Marius-François Gaillard, que se estudian aquí por primera vez.

La conclusión propone las líneas a seguir en la estela de Carpentier. Tres textos de escritores asociados con el *boom* de la novela latinoamericana sirven de ejemplo para sugerir a dónde condujo la apertura de la literatura latinoamericana hacia lo no literario. «El perseguidor» de Julio Cortázar es, como *Los pasos perdidos*, un relato sobre un músico de jazz y su biógrafo que a la vez discute la rivalidad entre música y escritura. *Tres tristes tigres*, de Guillermo Cabrera Infante, ofrece un repaso de la nueva cultura popular de la radio y de la televisión en La Habana, y acoge un nuevo idioma hablado en la escritura misma. *El hablador* de Mario Vargas Llosa, por último, retoma el interés etnográfico por los indígenas latinoamericanos para confrontar cultura oral y cultura escrita.

II

EL ETNÓGRAFO SURREALISTA: TRADUCCIÓN PARA DOS

El contacto más inmediato entre Carpentier y los diferentes grupos surrealistas tuvo lugar durante sus primeros cinco años de estadía en Francia, o sea, entre 1928, el año de su arribo a París, y 1933, cuando empezó a trabajar para la radio a tiempo completo. Son años en los que traduce de una cultura a otra: la cultura cubana al ambiente francés, y las tendencias artísticas e intelectuales francesas a Cuba, a través, sobre todo, del semanario ilustrado *Carteles*.

Carpentier se encuentra con una coyuntura curiosa: viniendo del ambiente de escritores y artistas de la vanguardia cubana, que se inspira sobre todo de las vanguardias europeas, al llegar a París se da cuenta de que la misma vanguardia francesa está ávida por saber de Cuba –pero de la Cuba negra de la santería, de los bongóes y las maracas.

Empieza entonces a escribir para dos públicos sorprendentemente similares, los cubanos blancos y los europeos, con la intención de acercar a ambos la cultura tradicional afrocubana[1]. De esta manera entra en diálogo a la vez con el movimiento afrocubano, cuyos poetas Nicolás Guillén y Emilio Ballagas habían justo empezado a publicar su poesía en Cuba, y con la «negrofilia» de las vanguardias francesas[2]. Los franceses compartían con los cubanos blancos el desconocimiento de la cultura afrocubana, y Carpentier en estos años intentaba, amén de su evocación poética y musical, una integración política de lo afrocubano en la cultura cubana.

---

[1] Para Vicky Unruh, el deseo de construirse un nuevo público más amplio define a las vanguardias latinoamericanas. Éstas intentan a la vez conquistar a un público de masas y dialogar con otros artistas y críticos sobre su propia práctica estética (Unruh 1994: 70). Para Carpentier, esta tarea se complicó además por querer responder a demandas cubanas y francesas.

[2] Petrine Archer-Straw (2000) define el término «negrofilia» en oposición a la noción de «primitivismo» que se usa para el arte. Según ella, las vanguardias francesas de los años veinte estaban fascinadas con la cultura negra, por ofrecer una pantalla de proyección en contra del nacionalismo cundente de la época, y por representar una cultura «otra». Esta fascinación se manifestó en todos los aspectos de la vida parisina de entonces, en la moda, en el music-hall, en el jazz, en los periódicos y en las fiestas.

Su idea de dirigirse a dos públicos a la vez resultaba problemática para muchos, e incluso, en retrospectiva, para el mismo Carpentier. Juan Marinello vio en ello una contradicción interna de la incipiente obra de Carpentier. Para el crítico cubano –de orientación comunista– Carpentier había representado al negro como objeto etnográfico en vez de como hombre cabal y trágico, y por tanto su mediación había sido parcial[3]. Carpentier mismo parece tender a culpar no a la etnología en sí, sino a la superficialidad de su propio método de observación en los años veinte. El escritor concede en su prólogo a la segunda edición de *¡Écue-Yamba-Ó!* que el problema principal de su primera novela radicaba en no haber comprendido a fondo la cultura afrocubana y haberla observado «desde fuera»[4].

Es cierto que aún cuando los cubanos blancos habían convivido desde siempre con los cubanos mulatos y negros, se grado de familiaridad y su perspectiva sobre ellos no difería mucho de la de los etnólogos europeos o norteamericanos. Los tempranos cuentos, poemas y libretos de Carpentier experimentan, por ello, con diferentes maneras de traducir lo autóctono desde una perspectiva etnográfica necesariamente incómoda.

Una vez en París, Carpentier empezó a escribir tanto en francés como en español, según la ocasión. En función del idioma en el que escribe se dirige a un público diferente, y se nota que el esfuerzo por traducir cuando escribe en francés es más grande pero también más efectivo, mientras que en español, y al tratar de no traducir, Carpentier parece tener dificultades para formular un mensaje propio.

La etnología era en Cuba una disciplina controversial, y la cuestión de cómo «traducir» la cultura afrocubana para un público blanco, sin denigrarla o tratarla como «primitiva», era engorrosa. La etnografía surrealista parecía ofrecer una salida científica al conflicto entre una perspectiva desde fuera y una perspectiva desde adentro[5]. El principio de la «observación participante» apuntaba hacia

---

[3] Marinello 1937: 177-178. Marinello dedica las últimas páginas de su ensayo a hablar de la traducción y sostiene que las grandes novelas de la tierra, Don Segundo Sombra y Doña Bárbara, se prestan a ella, porque lo profundo de éstas no reside en la lengua particular en la que están escritas. A Carpentier le confía la capacidad de escribir épicas futuras que sean igualmente «traducibles».

[4] «Creí conocer a mis personajes, pero con el tiempo vi que, observándolos superficialmente, desde fuera, se me habían escurrido en alma profunda, en dolor amordazado, en recónditas pulsiones de rebeldía: en creencias y prácticas que significaban, en realidad, una resistencia contra el poder disolvente de factores externos». Carpentier 1979: 27.

[5] Uso los términos de «etnología» y de «etnografía» como sinónimos. Según Marcel Augé, los dos términos datan de fines del siglo diecinueve y del principio del siglo veinte.

una actitud empática del observador, sin necesidad de que éste tuviera que elegir entre uno u otro lado. Como ha escrito James Clifford, el contacto entre etnógrafos y surrealistas parisinos llevó además a apreciar la importación y la exportación de culturas como fuente de enriquecimiento mutuo, sin que esto implicara una jerarquía contrapuesta de valores «primitivos» y «civilizados»[6]. La idea de la yuxtaposición de lo heteróclito, tomada de las vanguardias, hizo posible incorporar lo afrocubano a lo cubano y lo francés en términos de igualdad cultural. La agenda política del movimiento afrocubano –crear una cultura cubana integrada y distinta de la cultura segregada estadounidense– coincidió así, de manera insospechada, con la «negrofilia» surrealista[7].

II.1. Esbozos surrealistas: «El milagro del Ascensor» y «El estudiante»

Los dos primeros cuentos de Carpentier escritos en París son de índole claramente surrealista. Aunque los dos tengan lugar en ciudades genéricamente modernas, el asunto del primero de ellos es, si no cubano, al menos muy hispánico: «El milagro del ascensor» es la historia de un santo en un mundo radicalmente moderno. Fragmento el uno, el otro un cuento de ciencia ficción, los dos fueron publicados recientemente. Probablemente Carpentier haya escrito los dos cuentos originalmente en francés[8], pero las versiones póstumas

---

La etnografía era entonces la «descripción de los usos y de las costumbres de los pueblos considerados "primitivos"», y la etnología, como subdisciplina de la sociología, describía los conocimientos enciclopédicos que se podían deducir de la etnografía. Augé & Colleyn 2004: 11. Sin embargo, me parece que en la práctica ambos conceptos pueden referirse al mismo tipo de estudio. Fernando Ortiz, por ejemplo, usa en *Los negros brujos* el término «etnología», y en el *Contrapunteo cubano* el de «etnografía». En los escritos franceses que he consultado se tiende a usar el término «etnografía» a partir de los años veinte.

[6] Clifford describe la relación entre etnografía y surrealismo desde el punto de vista francés: «Ethnography combined with surrealism can no longer be seen as the empirical, descriptive dimension of anthropology, a general science of the human. Nor is it the interpretation of cultures, for the planet cannot be seen as divided into distinct, textualized ways of life. Ethnography cut with surrealism emerges as the theory and practice of juxtaposition. It studies, and is part of, the invention and interruption of meaningful wholes in works of cultural import-export» (Clifford 1988: 147).

[7] Véase el iluminador resumen de Frank Janney sobre el primitivismo en Europa y en Cuba (Janney 1980: 11-25). Vera Kutzinski detalla el contexto político del movimiento afrocubano y apunta que «for many of the mostly white Cuban intelligentsia, Afro-Cuban culture was a talismanic presence that would transcend the dangers posed by Wall Street» (Kutzinski 1993: 142).

[8] En su entrevista en Radio Televisión Francesa, Carpentier dice lo siguiente sobre este relato, que al parecer formó parte de una serie: «He sentido la tentación de hacer sur-

publicadas en 1989 y 1997 en Cuba, en todo caso, están escritas en español, sin indicación de un posible traductor del francés[9]. «El milagro del Ascensor» tiene fecha de mayo de 1929; «El estudiante», aun cuando no está fechado, es indudablemente de la misma época. También la ubicación geográfica de los dos cuentos queda en el aire: como veremos, «El milagro del ascensor» ocurre en una gran ciudad de la cual no podemos decir con seguridad si es Nueva York o una ciudad latinoamericana. En «El estudiante» el único indicio de que se trata de París es la alusión al «Hôtel-Dieu», si bien el término puede designar también de manera genérica el hospital principal de una ciudad.

A pesar de su estilo experimental, sobre todo «El milagro del Ascensor (Cuento para un Apéndice a la Leyenda Áurea)» revela preocupaciones que reaparecerán después en las obras más conocidas del escritor. El escenario de «El milagro del Ascensor» es de ciencia ficción: el lugar es la gran ciudad moderna, con rascacielos y múltiples letreros luminosos en inglés. El protagonista, Fray Domenico (sic!), vive en el piso 65 de un rascacielos, donde trabaja además como portero en un ascensor. En ese mundo del futuro la religión ha sido declarada cosa superflua y la acción de Dios en la vida diaria relegada a algo anacrónico. El cuento, sin embargo, es, como sugiere el subtítulo, una hagiografía –es decir, cuenta la vida ejemplar que a pesar de las circunstancias adversas lleva el fraile, y que termina con un milagro–. Milagro que consiste en la elevación del fraile, quien, después de haber sido apedreado por la multitud por haber roto la huelga, continúa subiendo hasta el paraíso en el ascensor. Carpentier establece un contraste entre un mundo absolutamente moderno, donde la utopía comunista se ha cumplido sólo a medias –es un «gobierno comunista de derecha, conservador y lleno de coqueterías con el viejo régimen» (45)– y un mundo religioso en la tradición de los Padres del Desierto. En el «desierto» de la urbe moderna los únicos compañeros de Domenico son las figuras de los letreros luminosos que ve desde su ventana. El cuento sigue al fraile en su intento de interpretar los letreros como alegorías de Dios, sugiriendo que el capitalismo y las dinámicas multitudinarias de la gran ciudad no logran anular la posibilidad del milagro, aún cuando su intención sea la de romper con la tradición.

---

realismo, incluso comencé a escribir una serie de relatos con el título «L'étudiant» («El estudiante»), que era una transposición al español del surrealismo, pero lo dejé» (Carpentier 1985: 79). Carpentier parece indicar aquí que escribió en francés, pero tratando de «traducir» el surrealismo a un ambiente español.

[9] «El estudiante» en *La Gaceta de Cuba* y «El milagro del ascensor (cuento para un apéndice de la leyenda áurea)» en *Unión* (véase Carpentier 1929b y 1929c).

En cierta medida, Carpentier trabaja aquí, mucho antes de su famoso «Prólogo» a *El reino de este mundo*, con elementos afines a la que formulará luego como su noción de lo real maravilloso, pero en este caso se la ubica en el lugar idóneo de la modernidad, es decir, en la gran urbe. Más tarde, en *El reino de este mundo*, desplazará lo real maravilloso hacia Latinoamérica –a un contexto histórico–. En «El milagro del ascensor», sin embargo, se trata de mostrar la irrupción repentina e inexplicable de un milagro y los vestigios de una fe antigua en el seno de la sociedad moderna. La fe católica aparece como la única institución apta para conservar la historia y las leyendas del pasado, un motivo que reaparecerá en *El arpa y la sombra*, y que está en contraste con la actitud blasfema de las películas surrealistas francesas de la misma época, como *L'âge d'or* (1930). Parece como si la religión fuera el elemento más distintivo del contexto hispánico en el que escribe Carpentier. Esta visión positiva de la religión se complementa por un relativismo político sorprendente, que niega a los comunistas la posibilidad de un cambio radical de la sociedad, y deja aparecer la Leyenda Áurea, colección de historias de vidas santas, como un libro más perdurable que el mismo Manifiesto Comunista. Pero la visión general del cuento es pesimista en tanto representa el triunfo definitivo del modelo imperialista estadounidense: la arquitectura, las ropas, las profesiones y los letreros luminosos, todos llevan nombres norteamericanos que chocan en español. Las palabras inglesas usadas ya no son, como en el idioma modernista de un Rubén Darío, genéricas –*sports, way of life*, etc.–, sino que se refieren a la vida de los obreros en una sociedad gobernada por grandes compañías (*groom, janitor, overall*, el nombre *Johnny*).

A pesar de que el lugar del cuento parece ser una metrópolis cualquiera, hay indicios que sugieren el trópico, aunque siempre permanezca cierta ambigüedad: la *lingua franca* es claramente el inglés, las compañías son norteamericanas, el ascensor mismo parece ser un producto norteamericano. Por otra parte, la arquitectura y el ambiente de la ciudad hacen pensar en un país tropical. Por ejemplo, la perspectiva preferida sobre la ciudad es la terraza de Domenico, descrita también como «azotea», desde donde Domenico maldice la ciudad y donde pasa noches enteras. Ese tipo de vida es menos característico de Nueva York que de una ciudad como La Habana.

El cuento está así muy a tono con la preocupación cubana por la influencia política y económica estadounidense en la isla. Justo a fines de los años veinte, el gobierno de Gerardo Machado sobrevivía económicamente gracias a los generosos préstamos estadounidenses, pero políticamente estaba recurriendo al terror y el asesinato de opositores políticos. También eran frecuentes las acusaciones contra los organizadores de sindicatos y los partidos de oposición, a los que se tildaba indiscriminadamente de comunistas y por ello de antipatrióticos. En marzo de 1928 ya habían sido asesinado cuatro estudiantes acusados de comunistas –lanzados al mar desde la fortaleza-prisión del Morro, amarrados a pesos para que se hundieran y fueran devorados por los tiburones. Y en enero de 1929, Julio Antonio Mella, el carismático líder del movimiento estudiantil, había sido asesinado en su exilio mexicano por agentes de Machado. Los Estados Unidos tardaron en reaccionar contra las violaciones de los derechos humanos y la oposición estaba dividida entre pedir otra intervención norteamericana u organizar un movimiento unido desde la izquierda. Es decir, que los Estados Unidos y la Enmienda Platt –el apéndice a la constitución cubana que permitía la intervención en caso de inestabilidad política– estaban en el centro de las discusiones políticas del momento, y en los círculos intelectuales se criticaba amargamente la tolerancia estadounidense hacia la dictadura de Machado. Ésta, entretanto, había dejado florecer un ambiente de corrupción general y un tono festivo y frívolo en la clase alta que favoreció la construcción de mansiones y grandes edificios[10]. A la luz de este trasfondo, el estilo megalómano de las nuevas construcciones descritas en el cuento adquiere un referente político concreto en cierta sociedad y arquitectura habanera del momento. El cuento ofrece un comentario irónico sobre un sistema donde ambos lados, el comunista y el capitalista, ya no tienen remedio, y donde sólo la religión y la fe en milagros ofrecen una solución improbable y absurda al aislamiento del individuo en la ciudad.

Esto dicho, la americanización se confunde en el texto con la industrialización generalizada de las sociedades modernas, que crea cambios profundos: ejércitos de empleados y un exceso de técnica manifiesta en los sonidos mecánicos de los martillos neumáticos y en las formas geométricas de las rejas del ascensor y los pasillos entre oficinas.

La estructura del cuento es maniquea[11]: para Fray Domenico, la modernidad es la gran tentadora, la fuerza diabólica que casi lo vence y le quita las ganas de vivir. El ruido y las luces intermitentes de los anuncios lo torturan y distraen de sus prácticas ascéticas. La modernidad logra engañar al fraile por lo menos

---

[10] Sobre la época de la dictadura de Gerardo Machado a fines de los años veinte véase Thomas 1971 (1998: 569-602).

[11] Vicky Unruh nota una estructura maniquea semejante en el escenario para ballet «El milagro de Anaquillé», terminado por Carpentier en Cuba en 1928, antes de su salida a París. Para Unruh, este maniqueísmo es típico de las vanguardias. Unruh escribe: «This manifesto-style polemical scheme assumes almost Manichaean proportions, for in each work the condition for one kind of art's emergence is the demolition of the other, a nihilistic-futuristic dynamic typical of vanguardist discourse» (Unruh 1994: 70).

una vez, cuando imagina que las figuras de los letreros luminosos se han convertido en animales verdaderos y les predica. La tentación, a su vez, le enseña la humildad; en el marco de la hagiografía es un paso necesario en el camino hacia la santidad. El milagro del ascensor que sale disparado del edificio para llevar al fraile hacia el más allá muestra que al final la gracia divina culmina sus esfuerzos. Esta intervención divina se asocia con la cultura hispánica. No es casual la elección del nombre del fundador de una de las ordenes religiosas más importantes en la historia colonial latinoamericana. La orden de santo Domingo, fundada por santo Domingo de Guzmán en 1215, fue la orden española que acompañó a los primeros conquistadores al nuevo mundo, fuerza motriz de las conversiones de indígenas y luego de la Inquisición española. «El milagro del ascensor» identifica a Fray Domenico con lo hispánico, con todo su arrastre de un pasado colonial violento, mientras que la ciudad moderna se asocia con lo norteamericano, y con una ideología más bien protestante del trabajo. De esta manera, Carpentier representa una oposición cultural y religiosa entre lo hispánico y lo norteamericano que es afín a la que presenta el famoso ensayo de José Enrique Rodó, *Ariel* (1900), donde Rodó había hablado de una diferencia fundamental entre la espiritualidad de los pueblos latinos y el pragmatismo norteamericano.

La descripción de la urbe está llena de listas caóticas de artículos modernos, que recuerdan cuadros surrealistas. La más impresionante tiene lugar desde la perspectiva de la azotea de Fray Domenico:

> A sus pies la urbe vivía, con algo del hervor monstruoso que llena el ombligo de un becerro invadido por los gusanos. Las calles rectísimas que escalan el horizonte, la cortina de tul en ventana cerrada, el maniquí de cera que os muestra la pierna, el fruto abierto, el cigarrillo tinto de carmín, el chasquido del hielo batido en los *bars*, el brazo que busca el vuestro en calle poco transitada, el mozo pintado, el saxofón y el gramófono, el perro que lame el litro de leche mañanero, la caricia de la luz al film, la carnicería que muestra filetes caros en encajes de papel, la ostra y la media, la mostaza y la joya, el lóbulo y la nave: todo esto era motivo de espanto para Fray Domenico. (46)

La enumeración aparece como un ejercicio surrealista de combinación arbitraria para crear efectos sorprendentes de belleza. La distancia del ojo, el punto de vista muy elevado de Fray Domenico, crea la posibilidad de esta yuxtaposición sorprendente de objetos, que en realidad no se podrían ver desde tan lejos, es decir, que representan una colección a la vez vista e imaginada por el fraile. La descripción es, sin embargo, menos arbitraria de lo que parece: son los artículos y las costumbres nuevas para los cubanos de los años veinte. Así, «las calles rectísimas» recuerdan el hecho de que el ministro del interior de Machado había prometido modernizar la estructura de las calles de La Habana vieja, a la manera de un baron Haussmann cubano, y que iba a crear calles rectas y anchas. Luego, la «cortina de tul en ventana cerrada» remite al reciente aire acondicionado, que hace cerrar las ventanas de las casas tropicales; la nueva vida nocturna, de la que participan las mujeres tanto como los hombres, se nota en la descripción de los bares y su música; los productos raros para el ambiente de Cuba como las ostras, la mostaza y los filetes en encajes de papel puede que aludan al manierismo de la nueva cocina y de los escaparates extravagantes de los almacenes cubanos de los veinte. Carpentier carga así el principio estético de la yuxtaposición arbitraria de su crítica social de los nuevos fastos públicos en Cuba. La indignación de Fray Domenico frente al despilfarro inútil representa un escepticismo más general ante la influencia norteamericana sobre la modernización cubana.

Esto no quiere decir que estos elementos se refieran exclusivamente a Cuba; como vimos, la descripción puede referirse a un contexto más general de la modernización americanizada de los países hispánicos, o incluso de otros países. Los temas aludidos, sin embargo –la religión católica, la influencia inmediata del capitalismo norteamericano, el clima cálido– permiten por lo menos conjeturas en esa dirección. Más que nada Carpentier trabaja ya en este primer cuento con los motivos principales de su obra posterior: lo maravilloso –la escena de Fray Domenico hablándole a los letreros luminosos– y la yuxtaposición arbitraria de objetos. Aún escribiendo dentro de las convenciones de la vanguardia francesa, su narrativa tiene un punto de referencia local y preciso, que es Cuba y no Francia.

En cuanto a «El estudiante», el relato fragmentario que tenemos de la primera época de Carpentier en París, los motivos surrealistas están presentes de modo mucho más elemental. Un estudiante entra al hospital Hôtel-Dieu y se encuentra con una serie de pacientes y médicos que están efectuando operaciones rápidas e incomprensibles sobre cuerpos inertes. Termina en un anfiteatro quirúrgico, con una mesa de operaciones en el centro que se transforma en escena de teatro griego, donde aparecen un coro y varios personajes mitológicos. Estos llevan a cabo una operación sobre una masa humana que resulta ser un bacalao.

La mesa de operaciones hace pensar, por supuesto, en el *dictum* famoso de Lautréamont sobre la belleza del encuentro fortuito entre una máquina de coser y un paraguas sobre una mesa de operaciones. El ambiente es siniestro y enigmático, y el estudiante carece de individualidad. La tragedia griega que vagamente se pinta como núcleo dramático de una lucha entre guerreros titánicos contrasta con la arbitrariedad de lo que está ocurriendo en el hospital. Pero incluso la acción de los titanes no conduce a ninguna parte. Se ve por qué el cuento quedó inconcluso; traducir la poética de Lautréamont a la prosa no crea un idioma viable para Carpentier. Él necesita de un contexto local cubano o hispano al cual traducir el surrealismo, no puede participar del surrealismo salvo en sus propios términos[12]. A partir de entonces escribe desde el punto de vista afrocubano y ubica sus textos en las Antillas. Su voz será vernácula.

II.2. Entre cubanos y franceses: escribiendo en dos lenguas

En *La consagración de la primavera* (1979), la última novela de Carpentier, el protagonista –Enrique– recuerda los años pasados en el París de los años treinta[13]. Describiendo la politización de los surrealistas, se queja amargamente de su ortodoxia. Había llegado a París lleno de entusiasmo por la vanguardia, sobre todo los nuevos motivos de la mecanización y la velocidad en el arte, pero pronto se da cuenta de que ha surgido entre los artistas lo que Enrique llama en tono nada elogioso un «nuevo romanticismo». En una sociedad alienada de sí misma, la poesía se ofrece como única alternativa y el *poeta vates* aparece como un sacerdote moderno:

> El Romanticismo había vuelto a instalarse entre nosotros, en círculos donde los términos de *inspiración, videncia, sueño, hipnosis, pasión, delirio poético*, cobraban una vigencia nueva: mundo de instintos liberados, de voliciones desatadas, de anhelo de tempestades, en total entrega a la emoción, al amor-mito, al sexo-mito, a la pulsión mitificante; mundo rehabilitador del numen, de la iluminación, del delirio adivinatorio, del estado profético, del verbo nacido de brotes subconscientes; exaltación del poeta-mago, del poeta-sibila, que había devuelto una perdida mayúscula a la palabra Poeta. (167)

Esta actitud mística de los surrealistas, pues son ellos a los que alude Enrique, se convierte en fanatismo político cuando todos se hacen de repente miembros del partido comunista; con todo, sus discusiones de entonces son tan poco auténticas como las de antes. Enrique descree y critica radicalmente

---

[12] Este cuento estaba destinado a ser una colaboración (en francés) para la revista *Révolution Surréaliste*. Sin embargo, no se encuentra en la revista. Carpentier mismo dice que había sido invitado a colaborar, pero que no lo hizo porque «no iba a añadir nada a este movimiento». Leante 1964 [en Arias (ed.) 1997: 63].

[13] Cito según la edición más reciente (1998: Madrid: Clásicos Castalia).

el afán de modas y el dogmatismo inherente al ambiente parisino de la época, cuyos protagonistas principales eran los surrealistas.

Es materia de disputa cuándo haya comenzado Carpentier a distanciarse realmente del movimiento surrealista. Para muchos, la ruptura ocurrió algo más tarde en su carrera, es decir, después de haber vuelto a Cuba, pero no todavía durante sus años parisinos, como podría sugerir el pasaje citado de *La consagración de la primavera*. El cómo y el cuando de este corte con el surrealismo, ya explícito en su ensayo sobre lo real maravilloso americano (1948; difundido sobre todo a raíz de su aparición en 1949 como prólogo a *El reino de este mundo*), se hizo notorio porque parecía ofrecer un punto de partida claro para su carrera como escritor latinoamericano[14]. *El reino de este mundo* fue la novela que lo hizo famoso, no lo que había escrito antes en París o en Cuba. En este «Prólogo» Carpentier se queja –como su protagonista Enrique– amargamente de los dogmáticos de la escritura automática, proclamando lo real maravilloso del mundo americano como más auténtico. *Los pasos perdidos* (1953), la segunda novela que ayudó a establecerlo como escritor latinoamericano, es otra instancia de la ruptura explícita con el movimiento: la amante del protagonista, Mouche, ejemplifica el espíritu decadente del movimiento surrealista; a ella se le opone la mestiza Rosario, latinoamericana y símbolo de la madre naturaleza. Karsten Garscha (1991: 511-519) ve por eso coherencia en la postura de Carpentier con respecto al surrealismo a todo lo largo de su obra novelística a partir de *El reino de este mundo*. Según él, Breton representaba siempre para Carpentier el cartesianismo y eurocentrismo francés que tanto parodiaría en *El recurso del método*. Para Garscha y otros, el surrealismo es, por tanto, una etapa preliminar del aprendizaje de Carpentier, que deja atrás a medida que va encontrando su vocación americana. Carpentier nunca negó haber sido marcado por el surrealismo, a pesar de haberlo descrito en sus novelas como un movimiento en decadencia[15]. Los argumentos avanzados hasta hoy por la crítica literaria, por su parte, no

---

[14] En este sentido véanse Müller-Bergh 1972: 13-38; Rodríguez Monegal 1972b: 101-132; y Chiampi 1981: 2-10.

[15] En sus entrevistas Carpentier destacó muchas veces la importancia del surrealismo. Cito una entre muchas menciones positivas (en respuesta a Radio France, París, 1977): «Si el surrealismo no hubiese existido, habría sido necesario inventarlo, porque las puertas que nos abrió el surrealismo en cuanto a mostrarnos la magia de la vida cotidiana, cosas que se reflejan incluso en la publicidad, en el afiche, en el adorno de las vitrinas, en todo hoy día» (Carpentier 1985: 355). Carpentier también adoptó el canon surrealista para sí. En un artículo dedicado al aniversario de la publicación del primer manifiesto surrealista de André Breton, celebra a los escritores pertenecientes al «castillo surrealista» de Breton como canon clásico (Carpentier 1964).

han logrado responder del todo a la pregunta de cómo el estrecho contacto de Carpentier con el ambiente surrealista haya influido sobre su obra posterior. En vez de dar por contado un corte a partir de su vuelta a Latinoamérica en 1939, me parece más lógico asumir que hubo un período más largo de asimilación y de incorporación ecléctica del ideario surrealista por Carpentier, sobre todo dado el hecho de que los surrealistas, con todas sus ramificaciones y disputas, seguían siendo en los años treinta el grupo intelectual dominante en París.

En lo que sigue intento concentrarme en textos carpenterianos que no tratan el surrealismo en retrospectiva, sino que son de los años formativos pasados en París y luego de vuelta en Cuba, o sea, del período de transición de Carpentier hacia una poética propia de lo latinoamericano. Sostengo que existe una práctica surrealista de Carpentier que se puede confrontar con sus afirmaciones más tardías sobre el movimiento.

Considerando el período inicial de París, los tres artículos que se refieren específicamente al surrealismo dan una impresión bastante cabal de la actitud de Carpentier hacia los surrealistas en esos primeros años. Carpentier está fascinado por la novedad y la originalidad del movimiento. En su artículo «En la extrema avanzada. Algunas actitudes del "surrealismo"» (1928), Carpentier indica que el surrealista es el que mejor representa para él el nuevo espíritu de la vanguardia, caracterizado no sólo por el culto a la velocidad y al cinematógrafo, sino también por una «actitud de fe en realidades superiores». En el artículo de 1930 sobre «El escándalo de Maldoror» empieza a comparar las de los surrealistas parisinos con las actividades de la vanguardia cubana, fundamentalmente las del grupo minorista y el de la *Revista de Avance*. Carpentier menciona las peleas y rupturas constantes de los surrealistas, pero alaba al mismo tiempo el entusiasmo de todos por la «poesía pura», y se muestra maravillado frente al respeto que las autoridades del estado profesan a los jóvenes artistas. Según Carpentier, en un país latinoamericano una actitud similar de un grupo de artistas determinados a provocar escándalos los hubiera conducido a la cárcel. Los surrealistas forman, para Carpentier, parte del «arte nuevo». El espíritu moderno, según él, se relaciona con el entusiasmo por renovar los «conceptos artísticos», y con un «nuevo romanticismo» presente en toda Europa[16]. Este calificativo es, en este caso, elogioso. Ya en 1928 había

---

[16] Carpentier no fue el único en llamar la atención sobre la afinidad entre romanticismo y vanguardia. La revista *Transition*, publicada entre 1927 y 1938 por Eugene Jolas, se dedicaba a destacar la cercanía de espíritu entre los poetas románticos y las vanguardias del mundo occidental, entre ellas Dadá y el surrealismo. Jolas escribe: «If there exists a single unifying line traversing the entire activity of *Transition*, it might be called panromanticism» (Jolas 1949: 393). *Transition*, por cierto, publicó un artículo de Carpentier

destacado en *Carteles* que el nuevo espíritu romántico se caracteriza por su interés teórico y político más que por su arte: «En los años veinte aparece en Europa un nuevo espíritu romántico. Los jóvenes no le prestan demasiado importancia al arte, pero creen firmemente en la necesidad de renovar los conceptos» (Carpentier 1928: 16 [2003: 46]). Según Carpentier, los «nuevos románticos», como son eternos idealistas, tomaron o la vía del comunismo inspirado por Trotski o se convirtieron a la fe religiosa, siguiendo el modelo del filósofo católico Jacques Maritain[17]. Otros artículos publicados en *Carteles* mencionan entrevistas con escritores conocidos como Jean Cocteau, fotógrafos surrealistas como Man Ray, películas, ballets y conciertos a los que asiste. Por cierto, en estos artículos periodísticos sobre el París de los treinta el énfasis no recae sobre la literatura. Si bien dice haber sido invitado a colaborar con *La révolution surréaliste*, lo cierto es que no lo hizo nunca, y los artículos publicados –en francés– en las revistas *Bifur* y *Documents* tratan de la música y la cultura cubana, no de su literatura[18]. Lo que le interesaba en este momento eran los nuevos géneros del arte moderno, la danza moderna de los *Ballets russes* de Diaghilev, los pintores Picasso, Lipchitz o de Chirico, el *music-hall* y la música de Honegger, Satie y Varèse[19]. Más que sobre un movimiento determinado, Carpentier escribió artículos sobre la bullente y variada vida musical y teatral de París en los años treinta.

–«Cuban Magic» (Carpentier 1930: 384-390)– que es una versión en inglés de *Lettre des Antilles*, escrito por Carpentier para *Bifur* (1929: 91-105).

[17] Jean Cocteau, presencia constante en las lecturas y los ensayos del Carpentier de la época, pertenece a esta vertiente intelectual católica, junto con Paul Claudel. El contraste con el compromiso político de los surrealistas le sirve a Carpentier para subrayar la analogía de los representantes del *esprit moderne* con el romanticismo.

[18] La única excepción es su artículo «Les points cardinaux du roman en Amérique latine», publicado en noviembre de 1931 en *Le Cahier* (Carpentier 2003: 239-248). El artículo se publicó en 1999 en traducción española: «Puntos cardinales de la novela en América latina» (en *La Gaceta de Cuba* 6: 39-42).

[19] Al llegar a París, Carpentier estaba interesado sobre todo en la música y el ballet. Cito algunos de sus artículos, anteriores al viaje, sobre los músicos del espíritu moderno: «Honegger y el canto a la velocidad». *Social*, 12(8), agosto de 1927; «Erik Satie, profeta y renovador». *Social*, 12(9), septiembre de 1927; «Música nueva: Stravinsky última hora». *Diario de la Marina* (Habana), 5 de junio, 1927; «Música nueva: Francis Poulenc». *Diario de la Marina*, 23 de octubre, 1927. Sobre ballet: «La evolución estética de los Ballets Rusos». *Social*, 14(4), abril de 1929. Carpentier mismo escribió dos escenarios de ballets a fines de los años veinte: *La rebambaramba. Ballet afrocubano en un acto y dos cuadros* (1927) y *El milagro de Anaquillé. Misterio coreográfico afrocubano en un acto* (1927) –ambos en *Obras Completas* vol 1: 195-207 y 263-277.

A partir de 1931, o sea, tres años después de su llegada a París, los tonos críticos se entreveran con la fascinación por el arte moderno. El tren de vida en la capital francesa pesa sobre Carpentier. Alude a estos problemas en su artículo sobre André Malraux, con quien se identifica Carpentier en su rebelión ante una «sociedad que nos encarcela, que nos relega a la masa gris y amorfa»[20]. Al mismo tiempo empieza a tomar distancia del ambiente bohemio de los artistas de Montparnasse –a la par de los surrealistas que se refugian en Montmartre (Audoin 1973: 36-37), donde se encuentra el famoso apartamento de Breton en la rue Fontaine. En «La agonía de Montparnasse» (1933b) Carpentier habla de la decadencia del barrio desde el año 1930, y critica la autosuficiencia de los artistas que quedan y el culto alrededor de sus maestros. Aunque esto puede implicar una crítica al grupo de Breton, Carpentier en aquellos años nunca la hizo explícita. Firma en 1928, eso sí, el manifiesto escrito en contra de Breton, «Un cadavre». Desde entonces, sin embargo, se vincula con Robert Desnos y otros del entorno surrealista, y lleva hasta 1939 una vida perfectamente adaptada y normal en París, viviendo en los márgenes del surrealismo con un grupo de amigos profesionales, todavía imbuidos por el «espíritu moderno» de Apollinaire y por el surrealismo. Su queja sobre el egoísmo del ambiente intelectual forma parte del propio discurso intelectual francés, que se mueve hacia un ideal de literatura comprometida, o incluso hacia la ciencia o la acción directa. Es un discurso en contra del arte puro, que empieza en los años treinta y se agudiza con la creciente crisis económica y política, el auge del nazismo y la Guerra Civil española. No es nada original, entonces, si Carpentier dice tener el «ennui de l'Europe», estar cansado del escepticismo eterno del público parisino frente al arte, del trabajo mecánico y de la frialdad de los franceses. Al criticar la cultura europea no hace más que retomar las críticas de los propios franceses, y traslada sus esperanzas para un arte nuevo del ámbito de la vanguardia europea al ámbito latinoamericano. Buscaba ahora en América la «densidad del corazón» y la «faculté d'enthousiasme» que Jean Cocteau deseaba para el arte del futuro[21].

En los ensayos de los años cuarenta sobre la decadencia de Europa Carpentier condenará el ambiente antiintelectual en la Europa de los años treinta, la amenaza nazi, la impotencia de los pacifistas y la corrupción de los gobiernos franceses; pero no hay, en cambio, ninguna queja contra los surrealistas o los artistas que ha conocido. Si en *La consagración de la primavera* los protagonistas parecen radicalmente desilusionados con el

---

[20] 1931: «André Malraux o el anhelo de evasión». En: *Social* (mayo): 37.
[21] Carpentier 1940: 32 (en francés en Carpentier 2003: 123).

ambiente artístico parisino, su creador no se manifestó en este sentido en sus artículos de entonces[22].

Este largo período de asimilación del surrealismo se nota también en otro aspecto. Es notable que los comienzos de Carpentier como escritor se hayan hecho no sólo en el campo de la poesía, género preferido de los surrealistas que después no tocó más, sino también parcialmente en francés. El bilingüismo de la obra temprana de Carpentier es llamativo, pero ha pasado prácticamente inadvertido porque las *Obras completas de Alejo Carpentier* y otras publicaciones póstumas omiten algunos textos escritos en francés, o los traducen sin indicar que se trata de traducciones, como ya vimos. Este es el caso del cuento «Histoire de lunes», publicado en 1933 en la revista francesa *Cahiers du Sud* y en traducción en las *Obras completas*. Hay además muchos artículos periodísticos en publicaciones francesas, aparte de los ya mencionados de *Bifur* y *Documents*, que no figuran en las *Obras completas*. Algunos se han vuelto a publicar en francés en una compilación de ensayos literarios de Carpentier editada por Carmen Vásquez[23]; algún que otro artículo aislado fue publicado en traducción española en la prensa cubana, pero falta una visión de conjunto que tome en cuenta la obra carpenteriana escrita en francés.

No aparece tampoco en las *Obras completas* un conjunto de poemas tempranos escritos para el compositor Marius-François Gaillard, *Poèmes des Antilles*. Según Hilario González, editor del primer tomo de las *Obras completas* dedicado a la obra afrocubana, *Poemas de las Antillas* formaba parte, junto a otros cinco poemas publicados en español y musicalizados por separado, de un «poemario» que Carpentier llevó de Cuba a Francia[24]. El original de *Poèmes des Antilles* habría sido, por tanto, escrito en español. Sorprende, sin embargo, que González haya publicado en este tomo sólo los cinco poemas en español y no los nueve poemas de *Poèmes des Antilles*. Me parece más probable que Carpentier haya escrito el conjunto ya en Francia, porque el último poema de la serie menciona al compositor Gaillard, a quien Carpentier sólo pudo haber conocido en París. Al enfatizar la temprana fecha de creación de *Poèmes des Antilles* –en español– González quiere asentar a Carpentier como precursor del movimiento afrocubano en Cuba. González, de hecho, menciona los *Poemas*

---

[22] Fue hacia finales de la Segunda Guerra Mundial que en Francia Maurice Nadeau (1944) escribió la primera historia del surrealismo como un movimiento que ya había terminado. Jean-Paul Sartre (1948) hizo la primera crítica famosa del movimiento desde un punto de vista existencialista.

[23] Carpentier 2003. Véase la lista completa de las obras en francés de Carpentier en García Carranza 1984: 51-59.

[24] González 1983: 12.

de las Antillas en su introducción más que nada para poder sumarlos a los demás, y decir entonces de estos catorce poemas que son «asombrosamente anticipadores de la eclosión que dentro de ese estilo se produciría en la década siguiente, con la obra de Guillén, Ballagas, y tantos otros» (1983: 12). Eso no es estrictamente exacto en varios sentidos, ya que el movimiento afrocubano, más que empezar, culminó con las antologías de los años treinta. Es cierto que Carpentier había estado entre los primeros que publicaron poemas afrocubanos, pero sus poesías publicadas fueron pocas y no pueden compararse con los poemarios de sus contemporáneos Guillén y Ballagas[25].

En las obras escritas en francés se ve como Carpentier funde la experiencia surrealista con una perspectiva afrocubana, y *Poèmes des Antilles* es un ejemplo perfecto de ello. Es, que sepamos, la primera obra acabada de Carpentier después de su llegada a París, y a la vez uno de sus primeros libretos. El compositor Marius François Gaillard musicalizó los poemas y publicó en 1930 en París la partitura, que fue redescubierta por González Echevarría y mencionada en su *Alejo Carpentier. The Pilgrim at Home* (1977).

De nuevo vemos aquí que Carpentier presenta las Antillas desde un punto de vista antillano, aún cuando su idioma es el francés[26]. Desde el comienzo insiste en que vino a Europa más que nada para aprender «técnicas». Así en un artículo sobre Heitor Villa-Lobos: «Europa no trata de sojuzgarnos. En ella encontramos la disciplina secular que nos falta; en ella vemos desarrollarse las ecuaciones que permiten resolver los problemas del *métier*; en ella solemos hallarnos...»[27]. Carpentier escribe entonces valiéndose de estas nuevas «técnicas», pero aprovechándose de su conocimiento del folklore cubano[28].

---

[25] Los tres contribuyeron con poemas al suplemento literario del *Diario de la Marina*, «Ideales de una raza», que empezó a publicarse en 1928. Nicolás Guillén publicó luego sus poemarios *Motivos de Son* y *Sóngoro cosongo* (1931) y Ballagas publicó su *Cuaderno de poesía negra* en 1934. Véase al respecto la cronología del movimiento afrocubano establecida por Kutzinski 1993: 142-155.

[26] El primer idioma de Carpentier fue el francés, y luego el español. No está claro cuanto tiempo pasó de niño en Francia, pero hizo su carrera periodística en dos idiomas, primero en español, y a partir de 1928 en francés. Pretendió que tenía dificultades al escribir en francés, lo cual no parece plausible dado su trabajo de periodista, libretista y cuentista en francés. Es cierto, sin embargo, que después de la publicación del cuento «Histoire de lunes», hizo del español su idioma literario. Sobre el lugar del nacimiento de Carpentier y la controversia de su nacionalidad véase González Echevarría 2004: 9-41.

[27] «Heitor Villa-Lobos». *Gaceta Musical* (París), año 1 (julio-agosto 1928); recogido en: Vásquez 228.

[28] Véase el mencionado artículo sobre Villa-Lobos y luego «Les points cardinaux du roman en Amérique latine». *Le Cahier* (noviembre 1931).

El lenguaje de *Poèmes des Antilles* combina cierta sencillez en la expresión con una estética surrealista. Los nueve poemas que integran el conjunto tienen la calidad estática de imágenes instantáneas enmarcadas sólo por dos apóstrofes al público, en el primer canto y en el último. Asimismo prima una preferencia estilística por la enumeración y abundan las listas de objetos, como las ofrendas de miel, tabaco, pólvora y tres clavos oxidados en el primer poema; o en el segundo poema la descripción del pueblo centrada en los sustantivos *clocher, saint, cases, toit, comité politique, pasteur protestant, poteaux télégraphiques, fanfare, rosier*, etc. Hasta los objetos mismos están fragmentados: vemos el campanario del pueblo, pero no la iglesia; escuchamos el toque de clarín de la municipalidad, pero no vemos la alcaldía. También se alude a la naturaleza pero ésta no se pinta de manera completa: aparece un rosal, rocas, una colina, hojas de palma, bambúes, una fruta, una guayaba, un estanque, todo gobernado por el cielo, el sol y la luna, y la rítmica alternancia de la noche y el día.

Lo que llama la atención en estas listas es el carácter genérico de sus elementos, rocas, colinas, calor, hojas de palma, los techos de las casas, etc. La mención de la guayaba o del bambú se limita a aportar colorido tropical a la descripción. Lo único que es exótico en este ambiente es el nombre del lugar, las Antillas; el lenguaje mismo no lo es.

La impresión de lo nuevo consiste en la combinación rara e inesperada de elementos, no en su novedad o precisión descriptiva: ritos afrocubanos y un pastor protestante (no católico), bohíos y un poste telegráfico, un comité político en medio de una naturaleza tropical. Carpentier provoca así a un público ávido de estereotipos exóticos con lo que justamente no esperan: lo cotidiano mezclado con unos pocos elementos tropicales. Es del montaje de estos elementos, de por sí no muy notables, de donde surge una idea nueva sobre las Antillas, no a través de la evocación de lo exótico.

La omisión del individuo en estas instantáneas de la vida antillana es sistemática. Las únicas personas que aparecen son el *yo* o el *nosotros*. E incluso estas voces cambian constantemente de lugar de enunciación: un habitante cualquiera del pueblo que habla al público (II. «Village»), luego un enamorado dirigiéndose a su amada (VI. «L'Art d'aimer»), un curandero (V. «Les merveilles de la science»), bailadores de una fiesta (VII. «Fête») y por último el público mismo.

El cambio constante entre locutores anónimos da una imagen compleja de las actividades del pueblo antillano, cuya vida consiste en rituales o fiestas en las que el yo se disuelve en el grupo. Esta afirmación de la colectividad a expensas del individuo se aleja del surrealismo, cuyo punto de partida es más bien el del sujeto y sus sueños[29]. En un nivel metapoético, los nueve poemas constituyen un ejercicio de iniciación del público europeo a la cultura antillana, como si todas las ceremonias por las que pasa a lo largo de los poemas sirvieran para introducirlo y hacerlo miembro y parte de la cultura antillana.

Es sobre todo el caso de los poemas que enmarcan la colección. En el primero, *Ekoriofo*, se le indica a un «tú» –al público– lo que debe hacer para que «baje el santo»: qué ofrendas hacer, dónde hacerlas, etc. Luego se le presentan las figuras principales del pueblo, y las instancias en las cuales debe acudir al curandero. La iniciación, sin embargo, está llamada a fracasar: en la última canción un ciclón destruye el pueblo, el lugar de enunciación de los poemas deja de existir y el público tiene que volver a su propia vida cotidiana. Terminan los *Poèmes des Antilles*, entonces, con la queja del público:

> Nous ne verrons donc jamais ton village, ta fanfare, ton sorcier.
> La Seine coule dans la brume.
> La pluie glisse sur les toits gris.
> Si nous savions ton rosier épargné par tempête,
> il ferait peut-être moins froid ici.

La descripción del pueblo antillano le había prometido al público un mundo mejor. Ahora tiene que resignarse a no poder saber más sobre esta cultura que desapareció tan de repente como había aparecido. Se le agradece su trabajo al compositor, y se vuelve al trabajo. El arte no ha podido trascender a la realidad propia: «Gaillard, allumons le feu…». Los poemas se revelan aquí como construcciones ficticias, visiones parecidas al sueño o a una *fata morgana*.

La cultura afrocubana está así a la vez cerca y lejos, en momentos de iluminación que hacen presente y real a las Antillas aunque desaparezcan enseguida. El público francés, sin embargo, queda algo melancólico ante la imposibilidad de recibir una imagen más duradera sobre lo que son las Antillas. El texto parece sugerir que una traducción de valores de una cultura a otra es en el fondo imposible, porque el lenguaje es siempre impreciso y abstracto.

Sin embargo, hay resonancias entre la música y el lenguaje que hacen pensar en una forma de traducción mediante la encantación, y no tanto mediante la explicación. Así, las menciones de cantos son un *leitmotiv* en los cantos mismos («Ekoriofo»: «reviens sans te retourner en chantant très fort»; «Midi»: «le chanteur s'est endormi»; «L'Art d'aimer»: «les chansons qui chaque soir

---

[29] En general, Carpentier se muestra extrañado por la fascinación francesa con la escuela de Freud. Este disgusto pronunciado por el psicoanálisis se nota en un artículo de 1931, «Misticismos contemporáneos».

se lèvent sur le chemin de ta case»; «Fête»: «criez!»; «Llanto»: «Mes frères, chantez à l'oreille»). Pero más allá de la constante referencia del texto a la canción, algunas de las palabras describen exactamente lo que hace la música –como por ejemplo en «Midi», cuando el verso «au loin des doigts paresseux grattent une guitarre» es acompañado por arpegios en el piano que recuerdan música de guitarra. Y luego en «Les merveilles de la science», el verso «la danse de l'oiseau marche comme une crabe» es musicalizado sobre un motivo «en cangrejo», es decir, al revés del primer motivo de la canción. Hay, además, una tensión entre movimiento y suspensión en el texto y en la música, sobre todo de «Midi», que refleja la inmovilidad causada por el calor, y en general la calidad instantánea y fija de cada escena. También los instrumentos, sobre todo de percusión, que se mencionan en el texto (el tambor, los timbales), hacen énfasis en el ritmo de la música, que es fundamental en la afrocubana. La música puede también funcionar como *pars pro toto*; en «Village», por ejemplo, el toque de clarín representa la municipalidad. El texto imita así a la música y la música al texto en una verdadera simbiosis de ambos medios, sin que dejen por ello de estar diferenciados.

Carpentier había desarrollado su propia teoría sobre los textos escritos para música. Según una entrevista publicada bajo el título «El estreno de la Pasión Negra» por Demetrio Korsi en *Carteles* en 1932 y citada por Hilario González, Carpentier describía su trabajo de libretista de la siguiente manera:

> Según el compositor proyecte escribir un *lento* o un *allegro*, se elegirán palabras cortas o largas. Se cuidará de que los momentos de intensidad, en que el cantante debe producir el máximo de sonoridad con su garganta, sean construidos con palabras que incluyan vocales abiertas, propias para la emisión del sonido. Se emplearán términos sencillos y directos, que el oído perciba fácilmente a través de la música. Se eliminarán los adjetivos rebuscados, que sólo crean confusión en el verso musical, sin dotarlo de mayor sentido. Se abandonará el metro y la rima –inútiles, musicalmente hablando– por una prosa rítmica, cuyos acentos ayuden a escandir el texto (González 1983: 16).

Todo está dirigido a hacer complementarias la intención de la música y del texto, lo cual ayuda especialmente para la evocación de otra cultura que pasa más a través del oído que de la visión. Carpentier no quiere que queden simplemente palabras –«palma» o «bohío»–, sino que enseña al público una idea más compleja de las Antillas. El público tiene que desarrollar sensibilidad para los paralelos y las resonancias entre los diferentes idiomas, para entender lo que ambos tienen en común. *Poèmes des Antilles* es así uno de los ejemplos más tempranos y más interesantes de cómo Carpentier practica la traducción entre culturas usando «técnicas» surrealistas y combinándolas con su propia teoría musical[30].

¿Qué elementos concretos de la cultura afrocubana se perciben entonces en la obra francesa de Carpentier? Un rasgo típico de la realidad afrocubana, que ya encontramos en «El milagro del ascensor», es el contraste entre modernidad y tradición, que se suma al contraste entre política y religión. En las descripciones del pueblo antillano se mencionan máquinas, fábricas, postes telegráficos, linternas y periódicos en alegre contraposición con los bohíos y las ofrendas a los dioses afrocubanos. Lo afrocubano se asocia no tanto a lo arcaico y lo primitivo, sino a prácticas sincréticas entre la modernización y la tradición. Los políticos representan estructuras modernas que no logran imponerse del todo sobre una sociedad afrocubana con sus propias reglas y leyes.

Carpentier enfatiza la importancia del ritmo y de la percusión en la cultura negra como rasgo esencial y distintivo, un leitmotiv de su obra por lo menos hasta *Los pasos perdidos*, pero que tiene un relieve muy particular en la obra temprana. El lenguaje tiene un ritmo reforzado por la música que alude a cierto ideal órfico del primitivismo, a la idea de que a través de la música y el ritmo se le abre el mundo entero al hombre. También hay en los textos tempranos un énfasis en lo ceremonioso y lo mágico de la cultura afrocubana, pero que se basa en elementos arquetípicos y conocidos por el europeo como la natividad o la fiesta de iniciación. En general se nota el afán carpenteriano de traducir estas ceremonias a un nivel asequible para el foráneo.

El intento de traducir para el público francés se puede entender entonces como un esfuerzo por simplificar y reducir la narración a los elementos más distintivos y a la vez universales de la cultura afrocubana: la religión, el ritmo y la música, la magia y las fiestas. Los textos escritos en francés son un ejercicio de estilo tanto como uno de análisis cultural.

El estilo de los cinco poemas escritos en español es diferente. Aquí, Carpentier se dirige a un público cubano enterado. «Blue» se publicó en Cuba en el *Diario de la Marina* (1928) –es en este poema que se basa la fama de Carpentier como «precursor» del movimiento afrocubano–. Los otros aparecieron poco a poco en diferentes órganos: «Liturgia» en la *Revista de Avance* (1930), «Mari-Sabel» y «Juego Santo» en la partitura de Alejandro García Caturla intitulada *Dos poemas afro-cubanos* (París: M. Senart, 1930)[31]. Estos

---

[30] Otro tanto ocurre con el texto de Carpentier para una pieza musical de Darius Milhaud, *Incantations. Pour Choeur d'hommes* (Carpentier 1987).

[31] Según Hilario González, «Liturgia» y «Canción» se publicaron además en 1928 en la revista *Génesis* (París), pero no he podido ubicarlos y no aparecen tampoco en la

textos cortos, anteriores a *Poèmes des Antilles*, se aproximan más a la vanguardia latinoamericana, en la medida en que tratan menos de comunicar que de encontrar un idioma musical nuevo. No sólo aparecen muchas palabras en idioma lucumí o yoruba, que no se explican ni traducen, sino que también los poemas carecen de una ubicación precisa en el tiempo y el espacio. Son producciones radicales y poco amenas que no tratan de traducir nada para nadie. Se trata de poemas performativos, próximos al ritual. Aún más que en *Poèmes des Antilles*, las palabras parecen interesar más por su sonido y ritmo que por el significado que transmiten. En este sentido son experimentos de ingenua y auténtica participación en el movimiento afrocubano.

La música también tiene su papel en estos poemas, pero es un papel más bien rítmico, que no se refleja en la relación entre música y texto. En la música afrocubana Carpentier vio el núcleo de algo propio y exclusivamente cubano, que había resultado de la convivencia sincrética de la cultura africana con la europea. Más tarde, en *La música en Cuba*, su magistral estudio publicado en 1946, Carpentier elaboraría esta idea, describiendo la música litúrgica que había observado en los rituales ñáñigos –u otras ceremonias afines– y destacando su originalidad. En comparación con la música criolla, Carpentier concluyó que mientras ésta se basaba en la imitación del romance español, la música afrocubana estaba compuesta de la variación de ritmos africanos complejísimos. El futuro de la música cubana debía estar, según él, en la incorporación de esos ritmos, tomando en cuenta sus diferentes procedencias históricas. Carpentier lamentaba la falta de conocimiento científico de los ritmos afrocubanos, que resultaba, por ejemplo en Amadeo Roldán o en Alejandro García Caturla, en una mezcla, según él insostenible, de elementos del himno lucumí, del bembé o de la invocación ñáñiga. Aquí, sin embargo, su idea de una «traducción» entre culturas musicales era un tanto parcial, en tanto la música clásica debía siempre aprovecharse de los ritmos afrocubanos, pero sin comprometer su propio legado. Según Hilario González, «[Carpentier] aclaró que sus poemas eran útiles de trabajo para músicos, en una colaboración que permitiría elevar el nivel de las músicas 'de concierto' inspiradas en lo popular, o realizar con sensibilidad sintonizada en lo popular, el selectivo *lied* trabajado *a la europea*, con pocas excepciones» (1983: 13). Pero lo cierto es que no cumplen este propósito. La música de Alejandro García Caturla para los poemas «Mari-Sabel» y «Juego Santo» es más bien de tono popular y no se aviene con el lenguaje difícil de Carpentier. La idea

---

Biobibliografía de Araceli García Carranza, que es la bibliografía más completa y competente que tenemos.

de que la nueva música cubana lograra transponer lo popular a géneros más elevados como el *lied* europeo era un propósito un tanto cerebral, que no tuvo gran éxito[32].

El lenguaje de los poemas, aunque sea de mucha intensidad rítmica y musical, es enigmático en cuanto al hilo narrativo. Son vistazos a ceremonias que esta vez no se explican. El mejor ejemplo de esto son los dos poemas «Liturgia» y «Canción». «Liturgia» parece ser una ceremonia de iniciación de diez nuevos «ecobios» –véase la penúltima estrofa– que siguen los diferentes pasos necesarios para la iniciación. La canción empieza en medio de la ceremonia: ha bajado el santo, «la potencia rompió». También ha muerto ya el gallo, sacrificio típico a los *orishas* para conseguir su benevolencia. Hay conjuros («Endoko endiminoko, / efímere bongó…»), el incienso impregna el aire, una botija que hierve, huesos que teclean, tambores que suenan. El final es retrospectivo: ya se fue el diablito, ya cantó el gallo. Acompañan la ceremonia personajes folklóricos históricos como el diablito, Papá Montero y Arencibia. El objetivo principal del poema es el ritmo de los versos cortos, y la evocación sonora de palabras africanas sugiere un ambiente misterioso y mágico. Lo más saliente son las consonancias y armonías inesperadas del lenguaje: los versos son asonantados generalmente en *o* y *a*, retomando así el refrán «¡Yamba-O!». La estrofa africana,

> Endoko endiminoko
> efímere bongó
> enkiko bagarofia…
> ¡Yamba-O!

está marcada sobre todo por la repetición insistente y sonora de sílabas en *e* emparejadas con las consonantes sonoras *n*, *m* y *d*. Algo similar pasa con los versos de Papa Montero y Arencibia, que parecen estar en su lugar sobre todo en función de una sonoridad armoniosa:

> Papa Montero
> marimbulero,

---

[32] Alejandro García Caturla es típico de esta tendencia «culta» de hacer música afrocubana. Además de los poemas de Carpentier, García Caturla musicalizó poemas de otros poetas afrocubanos, como Nicolás Guillén, («Mulata», «Bito Manué», «Yambambó») y Emilio Ballagas («Berceuse para dormir a un negrito»). Una biografía reciente sobre García Caturla admite que después de su muerte, en 1940, el compositor cayó rápidamente en el olvido (White 2003: xi).

>   Arencibia
>   bongosero.

Aquí de nuevo la *a* y la *o* se repiten, alternándose con la *m* y la *b* / *p*.

En el poema «Canción» el juego de palabras se vuelve el propósito central del poema. Su pretexto son las fiestas del principio y del final de la vida, un bautizo y un funeral. Esta vez ni siquiera se indica un escenario fijo; aparecen la ciudad, una casa, y luego el monte. Los personajes son María y, otra vez, Papa Montero. Lo más coherente es, aquí de nuevo, la sonoridad. Los versos asonantados en *o* y *a*, las palabras que se funden y se separan cambiando libremente de asociación:

>   ¡Calicanto!
>   ¡Cal y canto!
>   Cálido canto,
>   con belfo y coba,
>   del diablo santo.

Se establecen así cadenas de palabras similares, calicanto-cálido canto, luego monte manigüero-montuno curandero-papa montero, que sólo en esta cadena tienen función estética, y que recuerdan las jitanjáforas de Mariano Brull. En esta canción Carpentier se apoya menos en palabras africanas, son pocas las imágenes que sugieren un contexto afrocubano: «con cáliz congo te sabe bautizado», «el diablo santo», «el monte manigüero.»

El último poema en la serie, «Juego Santo», es, como anuncia el título, el más juguetón. Recurre a rimas internas como «atabal» y «timbal» o «rumba» - «tumba» - «zumba»; tiene en los paralelismos su estructura fundamental. Las unidades sintácticas son cortas y siguen los versos, dándoles un carácter lacónico. El poema retoma los temas anteriores, enumerándolos en la quinta estrofa:

>   Ataron el chivo
>   mataron el gallo
>   asaron cangrejos,
>   sacaron el diablo…

El motivo principal es una invitación al baile cantada por una comparsa:

>   Por calles de Regla
>   lleva la comparsa

juego santo
en honor de Ecoriofó.

De tono alegre, aquí el contexto es coherente: la procesión de una comparsa. Los poemas «Blue» y «Mari-Sabel» tienen cierto parecido con los de Nicolás Guillén. Presentan más bien situaciones románticas. Un negro le propone a su amada irse en barca por el Mississippi, pero ella no quiere. En «Mari-Sabel» una mulata sale de su casa al mediodía mientras que un pregón anuncia maní por la calle. Carpentier usa aquí motivos sencillos y cotidianos pero típicos de Cuba, como la mulata, el silencio del mediodía –que, por cierto, será tema de «Midi» en los *Poèmes des Antilles*–, el vendedor de maní. En «Blue», donde el contexto es el Sur de los Estados Unidos, se sugiere la solidaridad con la cultura negra estadounidense, promovida en estos años por la amistad entre Guillén y Langston Hughes. Pero si comparamos el estilo carpenteriano con el de Guillén hay diferencias fundamentales. Por ejemplo, sus poemas generalmente se centran en ritos y ceremonias afrocubanas y no en la vida negra cotidiana, evocada por Guillén y otros. También Carpentier incorpora directamente palabras africanas a su poesía, mientras que Guillén se interesa más por construcciones onomatopéyicas que por la exactitud filológica de las palabras africanas. Y luego están las diferencias de perspectiva: los poemas de Carpentier distinguen entre el pasado y el presente. Muchas veces la ceremonia se observa sin que el narrador forme parte de ella: sólo en «Blue» y tal vez en «Juego Santo» hablan los negros mismos. Carpentier no capta, y no le interesa, la vida y el habla diaria de los negros, y mucho menos su pobreza ni la discriminación racial que sufren, que sí está representada en Guillén. En el fondo el interés de Carpentier, incluso en su poesía escrita en español, es el del etnólogo: una voluntad de representar mitos y ritos que tienen potencial para un público más amplio, como el baile, el sacrificio, fórmulas mágicas, un lenguaje mágico, ritos de pasaje y de iniciación. En eso se aproxima mucho más a Frazer y su *Golden Bough* que a los afrocubanos mismos, aunque sea hábil en la adopción de sus ideas. De ahí también que los poemas escritos en francés para un público imbuido del mismo interés por la observación etnográfica contengan un mensaje poético más claro que los poemas en español.

El afán vanguardista por revolucionar el lenguaje poético latinoamericano –y por cambiar el preciosismo y los neologismos modernistas por palabras vernáculas– se nota en la poesía del Carpentier de esos años. Como a otros vanguardistas latinoamericanos de la talla de Mariano Brull, César Vallejo o

Vicente Huidobro, le interesaba un lenguaje propio y vernáculo que se distinguiera de los modernismos hispanoamericanos y europeos anteriores.

II.3. Surrealismo y vanguardia en Latinoamérica

Carpentier no era el único latinoamericano vanguardista venido a París para conocer el «espíritu nuevo» de las artes. Los contactos entre las vanguardias latinoamericanas y el surrealismo francés fueron múltiples y contemporáneos a la llegada de Carpentier a París en 1928. Por ejemplo, Pablo Neruda en sus poemarios *Tentativa del hombre infinito* (1926) y *Residencia en la tierra* (1933) había usado técnicas de asociación libre afines a los surrealistas, y en Chile la revista *Mandrágora* se proclamaba surrealista escribiendo un tipo de «poesía negra» que representaba las fuerzas de lo irreal, la magia y la violencia. Entre otros surrealistas latinoamericanos se cuentan los peruanos César Moro y Emilio Adolfo Westphalen, y en Ecuador Alfredo Gangotena. Desde Latinoamérica el surrealismo se veía como el movimiento más importante de la época. El peruano José C. Mariátegui escribió en 1930 sobre él: «Ninguno de los movimientos literarios y artísticos de vanguardia de Europa occidental ha tenido, contra lo que baratas apariencias pueden sugerir, la significación ni el contenido histórico del suprarrealismo» (420)[33]. Mientras que el futurismo nunca salió de una actitud de disparate, terminando por adherirse al fascismo, el surrealismo, según Mariátegui, vivió una evolución intelectual que continuó más allá de los cismas que vivió. Ésta era sobre todo visible en su adhesión al marxismo y a la vez en su insistencia sobre la autonomía del arte[34]. César Vallejo, al contrario, había publicado ese mismo año un ataque furibundo contra el movimiento[35].

Esta recepción privilegiada del surrealismo en Latinoamérica se debe no sólo al compromiso comunista de muchos surrealistas sino también al hecho de que el surrealismo tuviera rasgos de una modernidad europea compartida, al menos en parte, por las sociedades latinoamericanas. Por ejemplo, la preocupación por el pasado inmediato caracteriza a los surrealistas tanto como a los intelectuales latinoamericanos. Mientras que otras vanguardias insistieron sobre la simultaneidad y el presente como principios modernos, la filosofía

---

[33] Mariátegui 1930 [Schwartz 1991: 431-433].

[34] También Jorge Schwartz en su introducción resume la importancia del surrealismo en términos de lo político: «Último de los *ismos* europeos, el surrealismo se distingue de todas las otras corrientes de vanguardia, pues propone un proyecto de liberación tanto individual como social» (1991: 414).

[35] Vallejo 1930 [Schwartz 1991: 433-437].

surrealista se orientaba a un pasado vivido como traumático. André Breton describe los orígenes del surrealismo desde el exilio newyorkino:

> Je me souviens d'un temps très vide où toutes sortes d'objet usuels, contrariés à dessein dans leur sens, dans leur application, rejetés du souvenir et comme calqués sur eux-mêmes, naissaient et mouraient sans cesse à plusieurs existences, où le mot qui jusqu'alors avait servi à les désigner ne semblait plus leur être adéquat, où les propriétés qu'on leur accorde généralement n'étaient plus de toute évidence les leurs, où une volonté de contrôle pessimiste, et que d'aucuns jugeront absurde, exigeait qu'on touchât ce qui suffit à se caractériser par la vue, qu'on cherchât à percevoir dans le plus extrême détail ce qui demande à ne se présenter que dans l'ensemble, qu'on ne sût plus distinguer le nécessaire de l'accidentel. C'était là, non seulement de ma part mais de celle de quelques autres, une disposition profonde et c'est peut-être elle qui m'a conduit au point où je suis.[36]

Breton describe aquí el «tiempo vacío» después de la Primera Guerra Mundial como una crisis del lenguaje similar a la que había anunciado el austríaco Hugo von Hofmannsthal en su «Carta de Lord Chandos» (1902), y que aún antes los escritores franceses decadentes habían percibido[37]. Consiste en la separación de la palabra de su referente y en una nueva mirada sobre los objetos cotidianos, separados de su contexto común. Estos objetos adquieren nuevos significados, se entremezclan y crean una visión fragmentaria, que privilegia el detalle y la coincidencia arbitraria en vez de lo convenido. Pero el origen de este proceso de deconstrucción del lenguaje convencional ya no es, como en el caso de Hofmannsthal o de los poetas decadentes, la opulencia, sino la Primera Guerra Mundial, por la que pasaron Breton, Paul Éluard, Louis Aragon, Benjamin Péret y Philippe Soupault. Los objetos «rechazados por el recuerdo» son objetos relacionados con la destrucción y la violencia masiva vivida en la guerra, huellas de memorias traumáticas que surgen sin que el sujeto pueda controlarlas. De ahí la «voluntad pesimista» del yo, que quiere controlar y tocar lo palpable para asegurarse de lo poco que queda[38].

---

[36] Breton 1945: 49. Esta parte del libro apareció por primera vez en 1928 en Francia, pero fue reeditado y aumentado para la edición de 1945, financiada por Peggy Guggenheim.

[37] Véase Bourget 1920, donde se da una descripción de la fragmentación del lenguaje de los poetas decadentes franceses muy similar a la de Breton (citado en Bernheimer 2002: 11).

[38] Eso no quita que los surrealistas en sus inicios se hayan imbuido de la *décadence* y el simbolismo francés. Pierre Audoin explica detalladamente la fascinación de los primeros

También en su creación de un canon de escritores y poetas los surrealistas fueron los que más sentido histórico mostraron entre las vanguardias. En vez de por una ruptura, abogaban por un cambio de perspectiva frente al pasado, revalorizando lo irracional y lo siniestro –las obras de Lautréamont, Rimbaud o las novelas góticas.

En Latinoamérica, la fascinación con lo moderno estuvo mediada por la ansiedad de sus propios orígenes y por el deseo de reescribir la propia historia[39]. Como las naciones latinoamericanas eran más jóvenes que las europeas, su arte se inscribía aún en el siglo veinte en la búsqueda esencialmente romántica de una identidad nacional. Esta conciencia histórica y a la vez su voluntad de participar en una modernidad devenida global reúne a las vanguardias latinoamericanas con el surrealismo.

No todos quisieron admitir el vínculo del surrealismo con el romanticismo[40]. Sin embargo, los autores latinoamericanos, sobre todo Carpentier y más tarde Octavio Paz, estaban en razón de su propia historia cultural mejor preparados para comprender el parentesco del surrealismo con el movimiento rebelde que había sido el romanticismo, sobre todo en cuanto a su estética de lo grotesco y lo siniestro. Para Paz, la continuidad desde el romanticismo de la experiencia del arte como transformación de la vida saltaba a la vista: «La más notable de las semejanzas entre el romanticismo y la vanguardia, la semejanza central, es la pretensión de unir vida y arte. Como el romanticismo, la vanguardia no fue únicamente una estética y un lenguaje; fue una erótica, una política, una visión del mundo, una acción: un estilo de vida» (1974: 148). De ahí que Paz caracterice a los surrealistas por el principio de la metamorfosis, el cambio de vida, y una experiencia semejante a la conversión espiritual.

En la forma estética, el concepto surrealista más importante tanto en Latinoamérica como en el resto del mundo resultó ser el principio del montaje, o de la yuxtaposición de lo dispar[41]. Lo nuevo del montaje surrealista no consis-

---

surrealistas Breton y Eluard con el movimiento simbolista, y muestra que sus primeros poemas son de inspiración simbolista (Audoin 1973: 13-19).

[39] Véase González Echevarría 1990, y más recientemente, Parkinson Zamora 1997.

[40] Maurice Nadeau, el primer exégeta del movimiento, es una notable excepción. Según Nadeau es el gusto por lo raro, lo inesperado, y el amor por lo feo, por el sueño además de la nostalgia por el pasado histórico, lo que relaciona a los románticos con los surrealistas (Nadeau 1944: 36).

[41] La confusión metonímica del surrealismo con el montaje ha llegado a tal extremo que Susan Sontag (2002: 93) escribe, en un artículo reciente sobre las fotografías de guerra, que para describir la belleza de las fotografías de las ruinas del World Trade Center se usaba el eufemismo «surrealista» para no tener que nombrar el por qué de esta sensación

tía, como sostiene Theodor W. Adorno en su ensayo «Rückblickend auf den Surrealismus», en el contenido inusual de las imágenes, muchas veces tomadas de la cotidianidad más banal, sino en la combinación disparatada y alienante de estas imágenes, que creaba efectos de choque de los que resultaba una idea o un recuerdo nuevo (1974: 102-103). Este choque a su vez origina momentos de magia, o de «iluminación profana» en palabras de Walter Benjamin, que confieren un nuevo aura religioso a la esfera del arte.

El atractivo del principio de la yuxtaposición para los autores latinoamericanos fue la asociación de estos momentos mágicos con un estado previo a la lengua, «salvaje», por así decir. Para André Breton, el ojo está antes que la lengua, y puede reconocer hechos «primitivos» no accesibles al lenguaje: «L'œil existe à l'état sauvage. Les Merveilles de la terre à trente mètres de hauteur, les Merveilles de la mer à trentes mètres de profondeur n'ont guère pour témoin que l'œl hagard qui pour les couleurs rapporte tout à l'arc-en-ciel. Il préside à l'échange conventionnel de signaux qu'exige, paraît-il, la navigation de l'esprit» (19). Como se ve en este pasaje de *Le surréalisme et la peinture*, a Breton le interesa sobre todo la focalización de la mirada, el aspecto diferente y maravilloso que pueden adoptar las cosas vistas desde la distancia, como si de esta manera revelaran su ser más profundo y primitivo. La mirada funciona así de manera parecida al «automatismo psicológico» del surrealismo, según el cual el pensamiento «real» de una persona se puede expresar a través de mecanismos asociativos y automáticos que provocan su subconsciente[42].

Los surrealistas desmontan así el concepto mismo de realidad, que cambia según la cercanía o distancia del observador. De ahí la relación intensa entre poetas surrealistas y fotógrafos. La lente fotográfica tiene el poder de revelar lo desconocido de una escena. A propósito de las fotografías de Man Ray, Breton anota, por ejemplo: «La photographie n'est pas ce qu'elle prétend être: représentation fidèle. Le cliché photographique exige une attitude propice des figures. Man Ray assignat à la photographie ses limites exactes et la fit servir à d'autres fins que celles pour lesquelles elle paraissait avoir été créée» (Breton 1945: 63). Es la ambigüedad inherente a la fotografía, que pretende ser mimética pero a la vez subvierte la «realidad»

---

de belleza absurda consistente en la yuxtaposición arbitraria de los desechos y ruinas que quedaban después del atentado.

[42] Recuerdo la definición de «surrealismo» en el *Primer Manifiesto* (1924): «Automatisme psychique pur par lequel on se propose d'exprimer, soit verbalement, soit par écrit, soit de toute autre manière, le fonctionnement réel de la pensée. Dictée de la pensée, en l'absence de tout contrôle exercé par la raison, en dehors de toute préoccupation esthétique ou morale» (Breton 1996: 36).

que supuestamente reproduce, lo que la hace atractiva para los surrealistas. En las fotos de la única novela de Breton, *Nadja,* las fotos no prueban lo que está descrito en el texto, sino que hacen contraste, confrontando la «objetividad» de la cámara con la voz del escritor. De esta manera, muchos textos surrealistas tienen o fotos o dibujos que acompañan y completan el texto, dándole a la mirada su propio valor de comentario[43]. Como la narración surrealista rechaza la ilusión teleológica del lenguaje novelesco, la fotografía rehúsa ser mera ilustración[44].

El salto abrupto de una imagen a otra hace que los surrealistas franceses prefieran la poesía sobre la novela. Lo maravilloso surrealista surge de esta revelación sorprendente de imágenes sin relación aparente entre ellas, o de una focalización iluminadora[45]. Si bien la literatura latinoamericana se hizo conocida más por su novelística que por su poesía, los latinoamericanos vieron en la estética surrealista un impulso importante, aunque fuera de manera indirecta. Juan Larrea en un análisis de 1944, que constituye el primer ensayo-comentario detallado sobre el surrealismo en Latinoamérica, escribe:

> Que sólo cuando llega a comprenderse trasmisiblemente, para sí y para los demás, cómo los dogmas cristianos son, así como los grandes mitos, verdades metafóricas, relativas, vestidas a la moda de cierto tiempo y de cierto espacio, cómo el hombre ha estado y está viviendo una metáfora transferidora, y sólo entonces, puede, de acuerdo con los métodos psicoanalíticos, librarse de las garras de la vieja

---

[43] Martin Jay, en su análisis de la complicada relación de los surrealistas –y específicamente de Georges Bataille– con el ojo y la visión, opone la fotografía surrealista y la pintura de René Magritte a las afirmaciones de Breton sobre pintura. Según él, la fotografía y la pintura surrealista cuestionan la visión como medio para reproducir «objetos interiores». Sin embargo, no me convence su conclusión de que la búsqueda surrealista de nuevas experiencias visuales haya contribuido a «la crisis del ocularcentrismo». A pesar de la insistencia en la calidad «impura», es decir, deceptiva de la visión, el surrealismo más que ningún otro movimiento se desarrolló en relación estrecha con la visión, aunque sea torcida o simbólica. Véase Jay 1993: 211-263.

[44] Los surrealistas aborrecen el realismo convencional de las novelas del siglo XIX, vinculado con la observación de lo trivial y cotidiano, y lo declaran como totalmente reaccionario. Escribe Breton en 1924: «L'attitude réaliste, inspirée du positivisme, de saint Thomas à Anatole France, m'a bien l'air hostile à tout essor intellectuel et moral. Je l'ai en horreur, car elle est faite de médiocrité, de haine et de plate suffisance... Une conséquence plaisante de cet état de choses, en littérature par exemple, est l'abondance des romans. Chacun y va de sa petite 'observation'» (Breton 1996: 16).

[45] Me refiero de nuevo al *Primer Manifiesto* de Breton, pp. 24-27. En el siguiente capítulo voy a analizar con más detenimiento el uso que Carpentier y otros autores latinoamericanos hicieron de lo maravilloso surrealista.

neurosis colectiva para despojar a la Realidad de sus velos ocasionales y llegar hasta su carne desnuda[46].

Como Carpentier en sus escritos tempranos, Larrea hace énfasis en el aspecto sagrado de la imagen surrealista. Para Larrea las imágenes surrealistas no se distinguen esencialmente de la alegoría cristiana, son velos para llegar a una realidad mítica. Sus raíces románticas y su fe en una realidad superior son, por ello, lo importante en el surrealismo. Esta realidad se ubica, según Larrea, en el Nuevo Mundo: «El surrealismo, último producto poético del mundo occidental en su tendencia a su superación futura, indica y revela que el reino de la Realidad se ubica en el Nuevo Mundo y se relaciona con el contenido de los sucesos españoles, con su 'mito inmenso'» (1944: 222).

El interés surrealista por el «otro» favorecía tales aproximaciones latinoamericanas al surrealismo. Como bien vio Larrea, el pensamiento surrealista se nutría del pesimismo cultural de los años veinte y las culturas «primitivas» parecían ofrecer alternativas a la propia, y sus ritos y fiestas revelaban presumiblemente una noción del hombre más cercana a sus orígenes, enraizada en lo colectivo. Carpentier cumplió y a la vez no cumplió en sus textos con esta expectativa surrealista: prometía y luego decepcionaba en sus poemas demasiado elegantes y abstractos.

En los años de la estadía de Carpentier en París, las discusiones, expediciones y exposiciones de interés etnográfico abundaban. A pesar de sus diferencias de perspectiva sobre la cultura afrocubana, Carpentier compartió con los surrealistas una fascinación genuina con la etnología como disciplina. Es de esta coyuntura entre etnología y surrealismo que nace la primera novela de Carpentier.

II.4. *¡Écue-Yamba-Ó!*: el museo surrealista

En las dos obras publicadas por Carpentier en 1933 –*¡Écue-Yamba-Ó!* e «Histoire de lunes»– la etnología funciona como un lente que permite enfocar la perspectiva sobre la cultura afrocubana. Ambos textos se dirigen a un público que podría ser cubano, francés o español. Como bien ha visto Amy Fass Emery (1993: 145-55), el tipo de novela al que pertenece *¡Écue-Yamba-Ó!* se aproxima al estilo de las revistas donde había publicado entonces, a *Bifur*, *Documents* o *Transition*, donde a los relatos de mitos y anécdotas de culturas «primitivas» se yuxtaponían indiscriminadamente fotografías de objetos rituales o cuadros

---

[46] Larrea 1944: 228.

surrealistas que venían a constituir un *collage* dentro del mismo marco de la revista. Y es cierto que la novela tiene algo de producto híbrido, inconcluso o chocante, en su tensión entre narrativa mítica, novela naturalista y documento científico con ilustraciones[47].

La crítica ha propuesto por ello diferentes contextos literarios. Algunos destacaron la importancia de la novela de la tierra para *¡Écue-Yamba-Ó!*, ya que el deseo por regresar a las raíces de lo americano parecía tan obvio[48]. Ahora bien, el tema de la deshumanización de los empleados por las máquinas del central y el ferrocarril resulta tan prominente en la novela que esta perspectiva no parece suficiente. También la novela de Carpentier fue interpretada como su respuesta a la crisis de la novela europea y su lucha en los años veinte y treinta por una «teología de la historia», donde el problema principal venía siendo cómo se podría seguir escribiendo historias basadas en un modelo evolutivo cuando la nueva estética era una de múltiples perspectivas y fragmentos[49]. Luego se podría avanzar que, en cuanto al compromiso social y político de la novela, se trata de una novela naturalista. Y es cierto que la denuncia contra la dependencia neocolonial cubana de los Estados Unidos, tanto en *¡Écue-Yamba-Ó!* como en «Histoire de lunes», debe mucho a una novela naturalista como *Germinal* de Emile Zola. El enfoque de Carpentier en la familia de Menegildo Cué y su propósito de narrar un fragmento de su historia muestra un interés científico por la genealogía familiar parecido al de Zola en su ciclo novelesco sobre la familia Rougon-Macquart[50].

En última instancia, sin embargo, la rareza de la novela en el contexto literario latinoamericano no se explica: es la primera y única novela afrocubana que tenemos, y no tuvo precedente ni sucesora. A ello hay que sumar las ilustraciones que, a manera de comentario, acompañan al texto.

---

[47] Carpentier escribe en su prólogo a la segunda edición del libro (1979: 26), cincuenta años después de la primera: «Había, pues, que ser 'nacionalista' tratándose, a la vez, de ser 'vanguardista' [...] De ahí que la ecuación de más y menos, de menos y más, de conciliación de los contrarios, se resolviera, para mi hamlético monólogo juvenil, en el producto híbrido –forzosamente híbrido, aunque no carente de pequeños aciertos, lo reconozco– que ahora va a leerse».

[48] Véanse los ensayos de Lastra (1971: 50-69) y Sommers (1974: 227-238).

[49] González Echevarría 2004: 102-03.

[50] Así dice Zola, comparándose siempre con Balzac: «Mon œuvre sera moins sociale que scientifique... Je ne veux pas peindre la société contemporaine, mais une seule famille, en montrant le jeu de la race modifiée par les milieux. Si j'accepte un cadre historique, c'est uniquement pour avoir un milieu qui réagisse; de même le métier, le lieu de résidence sont des milieux. Ma grande affaire est d'être purement naturaliste, purement physiologiste» (Zola 1869: 1737).

El referente más importante para Carpentier en los años de la escritura de la novela fue la etnología. Porque esta época no fue sólo la del auge de la novela regional latinoamericana y del movimiento afrocubano, sino también en Cuba la de mayor influencia de la etnología de Fernando Ortiz[51]. La primera versión de *¡Écue-Yamba-Ó!* había sido terminada en la cárcel de La Habana en 1927; el hecho de que esperase seis años para publicar el libro, firmándolo con las dos fechas, la de La Habana (1927) y la de París (1933), sugiere que ambos lugares fueron cruciales para la composición de la novela.

Lo que propongo como modelo de *¡Écue-Yamba-Ó!* es por eso no tanto el «arte negro» de la vanguardia europea, o la novela de la tierra en su versión afrocubana, sino el tratado etnográfico. Prefiero ver a Carpentier en estos años no tanto como novelista sino más bien como coleccionista de objetos de santería, etnógrafo y musicólogo[52]. La cantidad de fotografías etnográficas contenidas en la primera edición de la *¡Écue-Yamba-Ó!*, y luego el vacilante subtítulo de la obra, «historia afrocubana» una vez y «novela afrocubana» la otra, sugieren que Carpentier se ubica más bien en la tradición de los etnógrafos con ambiciones narrativas, una tradición que se remonta a principios del siglo veinte[53]. También sus publicaciones en *Documents* –revista de «Doctrinas, arqueología, bellas artes y etnografía»*,* como dice el subtítulo–, o en *Bifur* y *Transition* en los años 1929/30, eran las de un etnógrafo más que las de un literato[54].

Resulta sobre todo interesante el vínculo de Carpentier con *Documents*, porque es en esta revista donde más se aproximan la etnografía y el surrealismo. Era editada nada menos que por Georges Bataille, quien se había independizado con ella del grupo surrealista nucleado en torno a André Breton.

---

[51] La obra de Ortiz era ya considerable a principios de los años treinta. Los libros que había publicado eran, después de *Los negros brujos* (1906), *Los negros esclavos* (1916), *Los cabildos y la fiesta afrocubana del Día de Reyes* (1920), y dos diccionarios, el *Nuevo catauro de cubanismos* (1923) y el *Glosario de afronegrismos* (1924).

[52] En su artículo sobre la Exposición Internacional de París del año 1937, Carpentier todavía describe su emoción de coleccionista en la sala consagrada a las artes del pueblo: «Comprenderéis mi emoción ante tales *cosas* cuando os diga que, desde hace años, colecciono objetos del folklore, y que mi estudio, en París, está lleno de juguetes mexicanos, cerámicas andaluzas, botellones de Cuenca en forma de animales, barros de Badajoz, exvotos de marinos lusitanos, instrumentos musicales afrocubanos, marionetas javanesas y ponchos venezolanos, adquiridos por mí en distintos viajes, o regalados por amigos (Pablo Neruda, José Bergamín, Carlos Eduardo Frías) que conocen mis *debilidades*!» (Carpentier 1937: 38-39).

[53] Sobre esta tradición del etnógrafo que a la vez es narrador veáse Leo 2001: 17-18.

[54] Véase Carpentier 1929, 1930b y 1929e.

Sobre la etnografía escribe Michel Leiris en un artículo de *Documents* (Leiris 1930: 407):

> [l'ethnographie est une science] qui a ceci de magnifique que, plaçant toutes les civilisations sur le même pied et ne considérant aucune d'entre elles comme plus valable qu'une autre [...] Elle est la plus généralement humaine, parce que, non limitée [...] aux hommes blancs, à leur mentalité, à leurs intérêts, à leurs techniques, elle s'étend à la totalité des hommes, qu'elle étudie dans leurs rapports entre eux et non d'une autre manière arbitrairement individuelle.

Así, Leiris reivindica la etnografía como ciencia de lo humano en general y pone a todas las otras civilizaciones en un mismo nivel con respecto a la propia –es decir, la del etnógrafo–. Es interesante ver al respecto una discusión publicada en *Documents* sobre la nueva organización de los museos dedicados a las «ciencias del hombre» en París. El nuevo director del Museo de Etnografía, Georges-Henri Rivière, insiste mucho en separar el arte y la literatura de los objetos de estudio etnográfico para no hacer de ellos objetos exóticos, y explica que quiere eliminar específicamente la confusión del museo de Etnografía con el de Bellas Artes[55]. Rivière establece una clara distinción entre las culturas primitivas representadas en un Museo de Etnografía y las culturas «más avanzadas», que estarían representadas en varios museos, entre ellos uno de Bellas Artes. Es llamativo, sin embargo, que el concepto del museo se extienda de esta manera a todas las sociedades, que no represente únicamente a las del pasado o a las que están alejadas. Así el mundo entero llega a funcionar como un gigantesco escenario; el museo se convierte en el nuevo espacio del espectáculo, escribe Bataille, y en vez de ir al teatro, «la humanidad se contempla a sí misma en el museo» (Bataille 1930: 300). El museo sirve al deseo del hombre de reflejarse en todos los elementos del cosmos y así celebrarse a sí mismo. De hecho, el mismo impulso de celebrarse a sí mismo, anota Bataille con malicia en el mismo artículo, es un impulso primitivo. Bataille compara el entusiasmo de los visitantes del Museo con el entusiasmo de un indígena de la Côte d'Ivoire al celebrar un par de piedras que tiene por sagradas. Un efecto lateral de este atractivo de los museos es que así la misma frontera entre un museo etnográfico y otro

---

[55] «Si nous voulions céder à une logique rigoureuse, nous dirions que le Musée d'Ethnographie, commençant là où finirait le Musée d'Histoire Naturelle, devrait embrasser dans leur ensemble les civilisations primitives et archaïques; –tandis que les civilisations plus évoluées se partageraient entre le Musée des Beaux-Arts, le Musée de Folklore et une manière de Conservatoire des Arts et Métiers» (Rivière 1929: 58).

de culturas «avanzadas» pierde importancia. Según Paul Rivet, importa no tanto hacer un inventario de las diferentes culturas, como se solía hacer antes, sino hacer una comparación de colecciones de objetos materiales (Rivet 1929: 130). El modelo cartográfico propuesto por Rivet en *Documents* se concentra en la elaboración de mapas de la distribución de objetos a lo ancho del mundo entero. El tiempo histórico de la cultura ya no importa tanto, lo que cuenta es el parecido de sus artefactos. La tendencia a la yuxtaposición simultánea es notable en muchos artículos. En una reseña de un libro sobre arte primitivo, Bataille alaba por ejemplo el hecho de que se haya equiparado el arte de las cuevas con el arte de los niños, porque ambos tienen técnicas muy parecidas en cuanto al uso del arte figurativo.

La impresión que resulta de estas reflexiones etnográficas y museológicas expuestas en *Documents* es que el museo, lugar de encuentro en una misma escena de lo heteróclito e históricamente diverso, es también interesante para los latinoamericanos al estar ellos incluídos en el espectáculo de las culturas del mundo. El museo ha venido a ser el lugar cosmopolita parisino por excelencia, donde el público (francés, latinoamericano o cualquier otro) se encuentra a sí mismo a través de los otros. A la vez es un escenario surrealista en donde se goza la confrontación de lo disímil bajo criterios de funcionalidad, pero también de semejanza estética sorprendente.

En los Estados Unidos y en Cuba la etnografía tenía un propósito más político, que era el de probar la igualdad racial y cultural de blancos y negros. El antropólogo austríaco Franz Boas, y alumnos suyos como Margaret Mead, Melville Herskovits y Zora Neale Hurston en Estados Unidos, habían logrado mostrar con sus investigaciones la igualdad genética entre negros y blancos, si bien éstas no habían podido tener mucho efecto sobre la segregación racial en la sociedad estadounidense. También las investigaciones de Ortiz en Cuba apuntaban hacia una base científica que apoyara la inclusión del antiguo esclavo negro en una nueva cultura nacional cubana[56]. Fue en los años treinta, finalmente, cuando la etnografía cubana se hizo, no tanto museológica, sino panorámica: Ortiz fundó la Sociedad de Estudios Afrocubanos, con la revista *Estudios Afrocubanos*, cuyo primer número apareció en 1937. La implicación política de esta asociación era, como en Francia y en Estados Unidos, oponer a los prejuicios raciales –representados en la ideología nacionalsocialista de los años veinte y treinta– una ciencia del hombre que incluyera a todos y a todo. Ortiz afirma explícitamente, en su introducción a la versión castellana de los

---

[56] Un buen resumen de las actividades de Boas y de sus alumnos para el establecimiento científico de la igualdad de razas se encuentra en Claudia Roth Pierpont (2004: 48-63).

Cuentos negros de Lydia Cabrera, su intención de afirmar la propia cultura mestiza contra otras que proclamen una ideología «blanca», y enfatiza el hecho de que, como resultado del trabajo de edición y traducción de Lydia Cabrera, sus textos sean literatura folclórica «blanquinegra». Cabrera reconcilia, según Ortiz, la cultura negra con la blanca, a la vez que sus textos entroncan con las grandes culturas antiguas del mundo occidental. Concluye Ortiz, criticando a los que quieren excluir la cultura negra de la cubana: «Son muchos en Cuba los negativistas; pero la verdadera cultura y el positivo progreso están en las afirmaciones de las realidades y no en los reniegos. Todo pueblo que se niega a sí mismo está en trance de suicidio. Lo dice un proverbio afrocubano: «chivo que rompe tambor con su pellejo paga»» (34-35).

Enrique Camejo incluso aproxima la etnología a la Ilustración en su reseña de un tomo de la *Enciclopedia Francesa* dedicado a la «Especie humana», que apareció en el ya mencionado primer número de la revista, dirigida por Ortiz:

> Uno de los objetivos principales de esta obra es mostrar que el estudio del hombre, es decir la etnología, forma un todo al que no es posible llegar sin una ayuda mutua. Es necesario tender constantemente hacia la síntesis, pero no se puede representar a un pueblo si no se comprende en todas sus partes, caracteres físicos, culturales, lingüísticos. La definición misma de la etnografía, de todas las ciencias la que ignora más completamente los compartimentajes de los sabios y las disciplinas, indica que ella debe englobar a todas las otras ciencias que estudian al hombre… Así, la etnografía resulta el tipo mismo del trabajo enciclopédico.[57]

Camejo adopta así el punto de vista francés de que la etnología incorpora a todas las demás ciencias humanas y se ofrece como disciplina en la cual los diferentes países se tienen que «ayudar mutuamente». A la vez, hace énfasis en la importancia de las investigaciones de culturas particulares. Como vemos, aunque los etnólogos franceses y cubanos sigan la misma ideología, su enfoque es levemente diferente. Mientras que los franceses tienen la pretensión de hacer un trabajo enciclopédico de las culturas del mundo, los cubanos se dedican a la labor concreta de reconstruir la historia y las especificidades de la cultura afrocubana[58]. Esto conduce a producciones culturales diferentes

---

[57] Camejo 1937: 155.
[58] Esto no significa que Ortiz no se haya integrado en una idea enciclopédica de la etnografía. Como escribe di Leo, «Tanto Raymundo Nina Rodrigues como Fernando Ortiz llevaron a cabo, de modo autónomo e indirecto, el plan de la etnografía europea de dividir el mundo en 'provincias etnográficas'. El descubrimiento de África en América implicaba

en Francia y Cuba. En Francia, como vimos, el lugar idóneo de la etnología es el museo –significativamente el Musée d'Ethnographie cambió de nombre en 1937, y se llamó a partir de entonces Musée de l'Homme–, y luego la Exposición. Esta fue la época de las grandes exposiciones universales en París (en 1931 la Exposition Coloniale Internationale, en 1937 la Exposition des Arts et Techniques de la Vie Moderne, complementada en 1938 por la Exposition Internationale du Surréalisme)[59]. En Cuba, en cambio, la etnografía se articuló en formas menos espectaculares, con los estudios etnográficos de Ortiz, y luego con los *Cuentos negros* de Lydia Cabrera (publicado en francés en 1936, en español en 1940), un libro a medio camino entre literatura y folklore afrocubano.

El interés por la mitología universal que se veía en Cabrera y de cierta manera en la novela afrocubana de Carpentier, que asocia elementos actuales de la cultura afrocubana con otros mitos clásicos, había producido un género literario de por sí, popular desde principios del siglo tanto en el continente americano como en Europa. *Leyendas de Guatemala* (1930), de Miguel Angel Asturias, o la *Anthologie des mythes, légendes et contes populaires d'Amérique* (1942), de Benjamin Péret, son típicos de esta tendencia. En Alemania Leo Frobenius había publicado en 1910 su *Der schwarze Dekameron* (*Decamerón negro*) con leyendas negras africanas; en Inglaterra Sir William Frazer publicó en 1922 su *The Golden Bough* (*La rama dorada*), y en Estados Unidos William Seabrook, en 1929, *The Magic Island*.

El propósito fundamental de *¡Écue-Yamba-Ó!* es así hacer un estudio etnográfico de la cultura afrocubana en forma narrativa. La implicación política es, por supuesto, la de abogar, en diálogo sobre todo con la etnografía francesa y con el surrealismo, para que se dé realce a la cultura negra en

---

la integración de las nuevas repúblicas de Brasil y Cuba en la literatura etnográfica de fines del siglo XIX y principios del XX.»»» (Leo 2001: 29).

[59] Véase James, H. D. 1937. James describe muy bien cómo cada exposición y cada museo creaba sus suplementos. El deseo por representar la totalidad de la humanidad en una vidriera estuvo en el origen de esta eclosión de espacios museales.

Carpentier fue cronista para *Carteles* tanto de la Exposición Colonial de 1931 (véase 1931c y 1931d) como de la Exposición Internacional de 1937. Documenta en los artículos sobre la última el cambio de orientación de lo pintoresco a lo serio y duradero: «No se trata esta vez –como ocurrió en la Exposición Colonial de 1932– de una exposición figurativa con representaciones más o menos pintorescas y efímeras de naciones, comarcas o productos. Es una hermosísima exposición de piedra de talla, con pabellones grandiosos, que aporta a París embellecimientos duraderos, edificios como el nuevo Trocadero, el Museo de Arte Moderno, que por sí solos habrían bastado para determinar el éxito de una manifestación artística y técnica de gran envergadura» (Carpentier 1937).

Cuba y se reconozca el componente negro y sincrético de la cultura cubana. La prueba más importante del carácter etnográfico y a la vez surrealista de la novela es la serie de 11 ilustraciones incorporada a la primera edición de la obra. Se nota la voluntad de aislar los objetos religiosos, fotografiados contra un fondo absolutamente amorfo o neutro, como si estuvieran en la vitrina de un museo. La colección es heterogénea: un cuadro del pintor Landaluze, un dibujo del chino de la charada, la copia de un impreso de una oración y objetos litúrgicos de diversa ídole y procedencia. También es significativo que no haya ninguna foto de personas vivas. Hasta el disfraz de diablito está montado sobre un muñeco y aparece como una representación estática, casi abstracta. En esto hay una diferencia notable con las fotos de la revista *Documents*, por ejemplo, o con las fotos de *The Magic Island* de William Seabrook, donde la cámara produce retratos de personas al natural o de grupos de gente de otras culturas. La ausencia de lo humano en las fotos de Carpentier funciona como un rechazo de esta marca de diferencia entre el espectador blanco y el objeto negro, inscrita en las fotografías francesas o norteamericanas. En estas últimas lo vivo está captado y teatralizado, mientras que Carpentier, al no presentar personas vivas, evita su reificación. En ambos casos las fotos marcan ausencias a la vez que presencias, pero en el caso de Seabrook y de las fotos de Leiris es el observador blanco el que completa el cuadro, mientras que en Carpentier el espectador puede ser blanco, negro o chino, los objetos mismos no están enmarcados por un punto de referencia fijo. Lo que tienen en común es la idea misma de «exposición» y de explicación de un objeto material. Pero aún en ello el modo en que Carpentier aísla sus objetos difiere del trasfondo naturalista de las fotos francesas y norteamericanas, que parecen necesitar la representación de rituales y de movimiento para ser verosímiles. Las carpenterianas, al contrario, aparecen en el vacío, como si dieran por sentado que el contexto natural y social de estos objetos es algo ya conocido, o tal vez porque el texto mismo da el contexto de los objetos que observamos. Esta sensación de complementaridad entre texto e imagen está reforzada por el papel de estraza arrugado que hace las veces de fondo para los objetos: se inserta perfectamente en el relato, es una superficie sin relieve como el papel sobre el que está impreso el texto.

Otra manera de hacer los objetos parte del texto son sus pies de grabado, fragmentos del relato mismo, como si la foto fuera el «documento» o la prueba material de la verdad de lo dicho en la narrativa. En su libro sobre las renovaciones del Musée de L'Homme de París en 1937, James Herbert destaca la nueva importancia de las explicaciones de cada artefacto, que recreaban una *mise en scène*, o una escena social para los objetos en sus vidrieras. Herbert anota:

This reconstitution of an object's social context, however, allowed maps, graphics, and detailed texts to overwhelm the artifact, drawing away the attention of visitors...Surrounded by documentation, moreover, the artifact easily became a 'document' itself, presented not for its own intrinsic interest but as a 'witness' (témoin) of some distant culture. ...The new object of study –now the culture, not the artifact– receded into absence while only the method of explication –a product of French scientists, not indigenous peoples– remained present in the Musée de l'Homme (Herbert 1998: 56).

De manera parecida se podría decir que el texto de Carpentier tiene una calidad de suplemento explicativo, que hace de las fotos, no de la historia, su verdadero centro. Pero de la misma manera como la foto es a la vez representación excesivamente detallada y marca de lo ausente, es como si la nueva etnología, tal como se da en París y en Carpentier, se prestara especialmente al exceso narrativo, o a la representación narrativa de una cultura cuyo «otro» haría falta para completar la imagen de Cuba. La representación de lo afrocubano corre el riesgo de adquirir demasiada importancia sobre su puesta al servicio de una causa nacional o antillana, es decir, su activa integración a un proyecto político.

Creo que Carpentier era consciente de este peligro, inherente a la representación etnográfica de la cultura afrocubana. *¡Écue-Yamba-Ó!* puede leerse de manera irónica, porque el mismo exceso de representación en la política aparece como tema en la novela: así, por ejemplo, en el capítulo 39 la vida en la ciudad de los protagonistas Menegildo y Longina es una farsa, y sus amigos impostores o actores: Crescencio Peñalver quiere ser cantante de ópera en la Scala de Milán, Atilana quiere ser médium en el círculo esotérico de Cristalina Valdés, pero es siempre rechazada como falsa médium, y finalmente Menegildo consigue trabajo en el parque de diversiones donde hace el papel de «la salasión de uno que le arrancó la cabeza a un santo» –es decir, representa a un loco sin serlo (167)–. En general, todo el ambiente que Menegildo conoce en la ciudad está repleto de nombres falsos o que designan cosas ausentes: el chulo se llama Radamés, los cafés se llaman Versalles o Louvre, la cultura blanca es, como la negra, puro espectáculo. Eso no quita que Carpentier critique las injusticias raciales existentes tanto en el campo como en la ciudad cubana, donde los negros son siempre los más pobres mientras que los blancos forman parte de las clases medias y altas. Hay muchos pasajes en *¡Écue-Yamba-Ó!* donde la segregación racial es evidente y donde el campo está dominado por las máquinas del ingenio, donde se explota la mano de obra negra. También las fiestas se celebran por separado (cap. 15). El ambiente de farsantes y de «circo» es, por ello, una parodia del discurso esencialista etnográfico, que considera todo rito primitivo como algo auténtico y sagrado en vez de ver su función actual y su coexistencia violenta con la sociedad blanca cubana. Los artefactos modernos, tanto como los personajes «falsos», los tramposos y los actores, farsantes y músicos, representan parodias de sí mismos, de una cultura que vende estereotipos de ella misma que ya no corresponden a la realidad. Más importante para la trama es la descripción de la industria blanca moderna que arrebata sus tierras y su trabajo a los campesinos negros: *¡Écue-Yamba-Ó!* empieza con la descripción del central azucarero norteamericano y su aniquilante poder sobre los guajiros afrocubanos. Igualmente chocante es la escena en la Menegildo llega preso a la ciudad y se da cuenta de su color negro: «¡Mira, mamá! ¡Ahí llevan a un negro preso! Otras voces repitieron como un eco, en distinto diapasón: –Un negro preso, un negro preso. Menegildo se mordió los labios. Era cierto. Negro y preso» (124).

La actividad política y la religión afrocubana se revelan en la novela como algo nada beneficioso para los negros mismos. Sobre todo, cuando Menegildo ha llegado a la ciudad, la política y la religión son pretextos para juegos de poder nada mejores que los de los blancos. El primo Antonio representa el estereotipo del negro manipulador: se jacta de tener mucha influencia –debida al espiritismo, a la política y al ñañiguismo– cuando en realidad su objetivo es más que nada ejercer poder sobre los otros (136). Tanto el ñañiguismo como la política aparecen al final como imposturas que sirven para fines muy profanos.

En *¡Écue-Yamba-Ó!* Carpentier vuelve a decepcionar de esta manera a un público con ideas fijas sobre la vida «primitiva» de los negros de Cuba. Al contrario: muestra que los conflictos de poder que ocurren entre ellos son parecidos a los de los blancos. Esta perspectiva del narrador sobre su historia es la actitud característica del etnólogo de entonces, de la «observación participante», o sea, de cercanía y distancia a la vez con respecto a los negros cubanos[60]. La empatía y sinceridad del narrador con su objeto es lo que debe caracterizar, según Carpentier, a un buen etnólogo. Al reseñar un libro de William Seabrook sobre Costa de Marfil en *Carteles*, Carpentier resume la actitud típica etnográfica de la época, para contrastarla con la de su autor:

> Llenos de orgullo por pertenecer a una raza superior, estudian objetivamente las costumbres de las poblaciones indígenas, sin compenetrarse con ellas, sin tratar de comprender los móviles profundos que pueden motivar actos de apariencia extravagante. Se enfrentan con un alto espectáculo étnico, como quien visita una

---

[60] En el siguiente capítulo trataré en más detalle el concepto de la observación participante, que desde Frazer es fundamental para la etnología moderna.

exhibición de fenómenos. Recogen cantos por medio del disco, fotografían indumentarias, especulan con esculturas toscas y máscaras guerreras. Pero no logran despojar sus palabras de un vago tinte irónico… (Carpentier 1931e)

El etnógrafo debe reconocer la igualdad intelectual del otro para comprenderlo a fondo, sus posiciones deben hacerse intercambiables hasta cierto punto. De ahí que Carpentier elogie a Seabrook como alguien que no «traiciona» en sus relatos los secretos de los pueblos que ha conocido. En oposición a esto, la idea francesa de «exhibición» de fotografías, esculturas, máscaras y discos debe entenderse aquí en el doble sentido de «museable» y exhibicionista. *¡Écue-Yamba-Ó!* se encuentra así en los márgenes entre un relato etnográfico descriptivo y «exhibicionista» y una narrativa empática, que quiere incluir al lector en la sociedad evocada. Algo que se nota, por ejemplo, en el siguiente pasaje, donde Carpentier iguala la ciencia blanca con la de los negros:

> Así como los blancos han poblado la atmósfera de mensajes cifrados, tiempos de sinfonía y cursos de inglés, los hombres de color son capaces de hacer perdurar la gran tradición de una ciencia legada durante siglos, de padres a hijos, de reyes a príncipes, de iniciadores a iniciados, saben que el aire es un tejido de hebras inconsútiles que transmite las fuerzas invocadas en ceremonias cuyo papel se reduce, en el fondo, al de condensar un misterio superior para dirigirlo contra algo o a favor de algo. (66-67)

El narrador escribe aquí desde la perspectiva negra pero en conocimiento de lo que es la ciencia de los blancos. Siendo blanco se ha identificado con la ciencia de los negros.

A pesar de promover la causa afrocubana, se notan en *¡Écue-Yamba-Ó!* ciertas representaciones de los negros que hoy tildaríamos de racistas. El negro Menegildo es el emblema de todos los estereotipos negros: fuerte, como todo sujeto colonial, fácil de impresionar: «sus ojos, más córnea que iris, sólo sabían expresar alegría, sorpresa, indiferencia, dolor o expectación» (65). Y además, lleno de fe en las potencias invisibles y la magia. En otros pasajes, aparece como testarudo y rebosante de pasión erótica en su relación con Longina, aunque no sepa expresarla sino de manera muy torpe. Menegildo tiene un sentido inmediato de la vida y por eso tiene que morir joven, porque no sabe comportarse con premeditación. Me parece que estas características demuestran lo problemática que es la noción de alteridad de la cultura negra con respecto a la blanca. Aún si se supone una cercanía entre ambas culturas, la construcción del «otro» siempre implica que se proyecta todo lo que uno no tiene en el otro. *¡Écue-Yamba-Ó!* tenía que ser una novela fracasada en última instancia, que a pesar de sus parodias y su deconstrucción del modelo etnográfico francés permanece dentro de la dialéctica francesa del civilizado observando al «otro».

Los mismos problemas de la representación «en vitrina» de una cultura se notan en el ensayo de Carpentier escrito en francés para *Bifur*, «Lettre des Antilles» (1929). La información contenida en la historia de Menegildo sobre los conflictos entre negros cubanos y negros haitianos se completa aquí con otros elementos. De nuevo, no está exenta de estereotipos la siguiente descripción de los negros haitianos, los jamaiquinos y los cubanos, entre los cuales los cubanos son, por supuesto, los que mejores características tienen: «Le nègre cubain des campagnes est doux, optimiste et paresseux. Il méprise ouvertement ces nègres d'importation 'qui geulent comme des chiens'. Il vit généralement avec la femme jusqu'à sa mort...». El desprecio por los haitianos y los jamaiquinos también aparecía en *¡Écue-Yamba-Ó!* en la rivalidad entre el haitiano Napolión y Menegildo, y también en los ritos vudú haitianos que asustan a Usebio al buscar ayuda durante el ciclón; luego en las fiestas negras se mencionan mujeres jamaiquinas con sombreros muy adornados, descritos también en «Lettre des Antilles.» Este desdén por los negros de otras islas caribeñas puede tener que ver con la competencia por el trabajo en Cuba entre negros cubanos, haitianos y jamaicanos.

En su ensayo, Carpentier se muestra más abierto en cuanto a sus fuentes: nos enteramos que sus conocimientos sobre los ñáñigos y las ceremonias de iniciación provienen de sus propias observaciones en Regla. También en comparación con la novela, «Lettre des Antilles» es más informativa en cuanto a la estructura jerárquica de las asociaciones ñáñigas, la función del diablito y la del secreto ñáñigo, el Ecué. También es el único texto donde Carpentier habla sobre el barrio chino de La Habana. El artículo se caracteriza por la presencia de cuentos y oraciones intercaladas, uno de ellos sobre el origen de Ecué, otro sobre la llamada «Oración al buen juez». Carpentier se fija en sus observaciones en la calidad poética o mágica de rituales o de oraciones encontradas al azar. Sobre el teatro chino dice, por ejemplo: «Combien pauvre nous sembla notre triste théâtre occidental a côté de la piste de rêves du théâtre chinois» (104). La impresión que deja el artículo es la de una cultura sincrética cuya variedad enriquece al país en todos los sentidos[61].

---

[61] En estos esbozos de una cultura cubana sincrética se anuncia el concepto de «transculturación» de Fernando Ortiz, inspirado por Bronislaw Malinowski. Me refiero sobre todo a la conocida definición de transculturación dada por Malinowski en su introducción al *Contrapunteo del tabaco y el azúcar* (1946), y luego adaptada por Ortiz: «Todo cambio

Como vemos, la etnografía de corte francés –junto a los estudios de Ortiz y las observaciones del propio autor– fue decisiva para la novela de Carpentier. Se creó un espacio de reflexión común entre franceses y cubanos sobre la coexistencia sincrética entre blancos y afrocubanos y sobre los problemas vinculados con la exhibición de una cultura marcada como «otra». La etnografía y el movimiento afrocubano se vincularon con un ideal cosmopolita y humanista, y tienen en común el mismo imaginario del museo surrealista: espacio de exhibición y de reunión de lo heteróclito, búsqueda de las mitologías universales y del origen de la civilización, un exceso narrativo y afán por explicar qué hace difícil la aproximación directa al objeto material de la otra cultura. Pero mientras que en Francia el museo conserva y reifica las culturas «otras» como tales, y el objetivo sigue siendo la indagación del yo a través de los otros, la representación etnográfica lleva en Cuba a un proyecto político concreto, que es la integración del negro a la cultura cubana.

Además de ser muestras etnográficas, las fotografías incluídas en *¡Écue-Yamba-Ó!* exhiben características surrealistas difíciles de pasar por alto. Parto de la impresión general de la rareza de las fotos. Por una parte hay cierta arbitrariedad en la combinación de objetos en la imagen, al tiempo que son visibles algunos rasgos recurrentes de la fotografía etnográfica. Si, por ejemplo, comparamos la serie de fotos de Carpentier con los de *The Magic Island* se destacan varios tópicos: vemos signos litúrgicos africanos, no explicados sino representados nada más que por su valor pictórico –aluden a la fascinación surrealista con los secretos mágicos de otras culturas (ilustraciones 2 y 3). Luego hay en cada serie por lo menos una divinidad andrógina: en el caso de Carpentier son Obatalá y Shangó, en el de Seabrook, papa Nebó, oráculo de la muerte (ilustraciones 4 y 5). Los instrumentos musicales también son una constante de la representación etnográfica en estos años (Ilustraciones 6 y 8), como demuestra el artículo de André Schaeffner en *Documents* sobre «Los instrumentos musicales en un museo de etnografía» (Schaeffner 1929). Y finalmente, el énfasis en los altares religiosos es notable (ilustraciones 2 y 12).

---

de cultura, o como diremos desde ahora en lo adelante, toda TRANSCULTURACIÓN, es un proceso en el cual siempre se da algo a cambio de lo que se recibe; es «un toma y daca», como dicen los castellanos. Es un proceso en el cual ambas partes de la ecuación resultan modificadas. Un proceso en el cual emerge una nueva realidad, compuesta y compleja; una realidad que no es una aglomeración mecánica de caracteres, ni siquiera un mosaico, sino un fenómeno nuevo, original e independiente». Malinowski 1940 [1999: xii].

Ilustración 2. Signos del vudú. William Seabrook, *The Magic Island* (1928): 310.

Ilustración 3. Símbolos ñáñigos. *¡Écue-Yamba-Ó!* (1933): 178-179.

Ilustración 4. «Papa Nebo». *The Magic Island*: 310.
Ilustración 5. «Babayú Ayé, Yemayá y Obatalá». *¡Écue-Yamba-Ó!*: 114-115b.
Ilustración 6. Man Ray, *Rrose Selavy*, circa 1924. Philadelphia Museum of Art.

Ilustración 7. «Atabales ñáñigos». ¡*Écue-Yamba-Ó!*: 182-183.
Ilustración 8. «Diablito». ¡*Écue-Yamba-Ó!*: 176-177.
Ilustración 9. William Seabrook (izquierda) y Maman Célie (derecha). *The Magic Island*: 310.

Ilustración 10. Yemayá.
¡Écue-Yamba-Ó!: 88-89.

Ilustración 11. Vírgen de la Caridad del Cobre. *¡Écue-Yamba-Ó!*: 114-115a.
Ilustración 12. «Santa Bárbara.» *¡Écue-Yamba-Ó!*: 114-115c.

Ilustración 13. René Magritte, *The Lovers*, 1928.
Ilustración 14. «Divinidades». *¡Écue-Yamba-Ó!*: 90-91.

Ilustración 15. Oración al ánima sola. *¡Écue-Yamba-Ó!*: 116-117.

Ilustración 16. «El chino de la charada».. *¡Écue-Yamba-Ó!*: 152-153.

Esta orientación hacia los tópicos de la etnografía tiene que ver, como vimos, con el interés general de entonces por la mitología comparada. El mismo criterio de selección fue notable en los objetos de la cultura Dogon traídos al Musée de l'Homme por la misión Dakar-Djibouti. Escribe James Clifford, citando a Mary Douglas: «There was an overemphasis on elaborately cross-referenced native theories of the way things are, or should be –a mythic conception of cosmic order that aspires to embrace every gesture and detail of the profane world»[62]. De manera similar, Seabrook y Carpentier buscaban objetos y estatuas que pudieran expresar esta relación mítica con el mundo de manera tangible[63]. Así, los tópicos mencionados tienen todos una función simbólica que excede su función religiosa concreta. Los signos rituales representados en las fotos dan fe de que la cultura de los negros en Haití y Cuba es «letrada» a su manera, que posee un sistema de escritura propio. El carácter andrógino de las divinidades es un motivo recurrente en las divinidades del mundo. La música, como vimos, puede representar un ideal órfico de armonía con el cosmos.

Pero las fotografías usadas por Carpentier tienen algo más, un elemento de rareza y de enigma afín a los surrealistas, que se nota en la manera como se insertan en el texto, resistiéndose a la vez a su función de sólo ilustrar[64]. Las fotos le añaden al texto ese algo mágico e inexplicable tan apreciado por los surrealistas. Tienden a organizarse en grupos de dos o tres alrededor del texto de los pies de grabado. Así, las dos primeras fotos (ilustraciones 10 y 14) representan objetos de un altar y enmarcan la descripción del altar del viejo Beruá, que Menegildo viene a ver para enamorar a Longina. Sin embargo,

---

[62] Clifford 1988: 137-138.

[63] Ortiz también sigue esta tendencia etnográfica cuando habla de la antropomorfización del mundo en la cultura afro-cubana: «El afro-cubano, aun cuando llegue a decirse católico, sigue siendo fetichista. El fetichismo es la forma más primitiva de religión. Los fenómenos de la Naturaleza, la muerte, los sueños, las enfermedades, el respiro, las sombras, el eco, las imágenes reflejadas, son los ejes de sus supersticiones [...] En esos primeros estratos psico-sociales, todas las fuerzas de la Naturaleza eran desconocidas; pero el hombre se las explicó dando vida semejante a la suya a todo lo que le rodeaba; y para él fueron seres animados y autónomos el viento, el agua, el fuego, la piedra, el árbol, etc., es decir, antropomorfizó todos los seres y fuerzas de la Naturaleza, concediéndoles una psiquis como la suya, capaz, por tanto, de dañarle y de beneficiarle, capaz de mantener con él relaciones iguales a las sostenidas con los semejantes: de cambio de servicios y de lucha» (Ortiz 1906: 24-25).

[64] Me refiero en mi análisis a la primera edición del libro por la Editorial España en Madrid. Después hubo muchas reediciones, no siempre con el permiso de Carpentier, que omitieron las fotos. El caso más llamativo es el de las *Obras completas*, donde aparece solamente la mitad de las fotos agrupadas en una sección.

no son representaciones literales de lo que dice el texto. En la primera foto se ven tres maracas, tres brazaletes y una especie de fusta con pelo de animal, la empuñadura envuelta en cuentas de perlas, todo ello perteneciente al objeto más llamativo de la fotografía, que es «Yemayá, la diminuta Virgen de Regla, encarcelada en una botella de cristal», como dice el pie de grabado. La virgen de Regla –originalmente una virgen cristiana, se entiende– está rodeada de una cantidad de atributos, no mencionados en el texto, que subrayan el hecho de que es a la vez una diosa africana de poderes ocultos. Su fascinación mágica resulta además de su pequeñez y de su encierro en una botella de vidrio. El vidrio y la fotografía la alejan doblemente del espectador y la vuelven aún más enigmática. En la segunda foto vemos un grupo de santos con sus atributos, un tambor sobre el que yacen dos cuernos y encima de él una virgen con el niño Jesús, a sus lados un muñeco sin cara con un lazo encima de la cabeza, y a la derecha dos estatuas negras, un hombre y una mujer, en trajes del siglo XIX, el hombre de tamaño mucho más grande y con un hacha en la mano. El pasaje que describe el altar subraya el sincretismo de los objetos:

> Una mesa cubierta de encajes toscos sostenía un verdadero cónclave de divinidades y atributos. Las imágenes cristianas, para comenzar, gozaban libremente de los esplendores de una vida secreta, ignorada por los no iniciados. En el centro, sobre la piel de un chato tambor ritual, se alzaba Obatalá, el crucificado, preso en una red de collares entretejidos. A sus pies, Yemayá, diminuta Virgen de Regla, estaba encarcelada en una botella de cristal. Shangó, bajo los rasgos de Santa Bárbara, segundo elemento de la trinidad de orishas mayores, blandía un sable dorado. Un San Juan Bautista de yeso representaba la potencia de Olulú. Mama-Lola, china pelona, diosa de los sexos del hombre y de la mujer, era figurada por una sonriente muñeca de juguetería, a la que habían añadido un enorme lazo rosado cubierto de cuentas. Vestidos de encarnado, con los ojos fijos, los Jimaguas erguían sus cuerpecitos negros en un ángulo de la mesa. (89-90)

De nuevo, las fotos tienen un carácter elíptico, no duplican o traducen el texto de manera adecuada. Mama-Lola puede ser la muñeca a la izquierda de la segunda foto que está como envuelta en papel y lleva este lazo enorme tan particular. En el centro del cuadro está la virgen de la Caridad del Cobre, o Oshún, que reaparecerá en la cuarta foto (ilustración 11) pero en ninguna de las dos que enmarcan el pasaje. Están ausentes del todo en la foto los jimaguas y San Juan Bautista, mencionados en cambio en el texto, y no se explica la presencia de las dos figuras decimonónicas, una de las cuales puede ser Shangó. Las imágenes obviamente no se hicieron en función del texto, o por lo menos no era su propósito el de servir únicamente de ilustración[65]. Esto las distingue de las fotos tomadas por Seabrook, quien evidentemente tomó sus fotografías en función de lo que tenía que relatar. En el caso de Carpentier, es casi como si hubiera una división de perspectiva entre texto e imágenes, en el sentido de que el texto explica los nombres divinos africanos de algunas estatuas cristianas y hace así «visible» la cultura africana, pero las fotos en sí permanecen enigmáticas y conservan su secreto. Incluso, al dejar la novela de lado, estos objetos se insertan perfectamente en un contexto surrealista de imaginarios míticos del eros y la muerte. Los instrumentos –las maracas y la fusta– podrían ser, al no conocer su contexto litúrgico, instrumentos de tortura, fáciles de imaginar en el castillo del Marqués de Sade. La diosa andrógina empieza a parecerse al travesti de la serie de fotos *Rose c'est la vie*, que representan a Marcel Duchamp vestido de mujer (ilustración 6). La Virgen de Regla está «encarcelada» en su botella como si fuera una «damsel in distress», una virgen amenazada de violación (ilustración 14). Igualmente, el conjunto de cuernos podría ser un símbolo fálico, un fetiche. Ya que las figuras del altar del viejo Beruá son descritas pero no mostradas ni explicadas, el espectador empieza a llenar este vacío interpretativo con imágenes surrealistas y a sacarlas del contexto cubano. El objeto empaquetado nos recuerda de repente «Los amantes» de René Magritte (1928), y las muñecas se vuelven siniestras como las de Bellmer (ilustración 13). Las fotografías, según la lectura que cada uno quiera hacer, son ambiguas; para el público cubano se entienden en el marco de la cultura afrocubana, pero para el público español o francés se pueden entender en el del surrealismo.

La fotografía que sigue acompaña la descripción de una fiesta. Es el cuadro de Federico Mialhe que representa la fiesta del Día de Reyes. Es la fiesta africana más conocida en la etnografía cubana por el brillante ensayo de Fernando Ortiz de 1925. Pero como las dos fotos anteriores, esta foto no se integra del todo al texto, ya que éste habla de los recuerdos del abuelo de Menegildo, Luí, que piensa en los tiempos de la esclavitud en el campo. La fiesta del Día de Reyes es precisamente lo que no pudo llegar a conocer Luí, como apunta el narrador: «Pero las negradas del campo ignoraban los esplendores de la Fiesta de Reyes, que sólo se celebraba dignamente en las ciudades». El cuadro es, así, no tanto ilustración sino recuerdo de una ausencia.

---

[65] Sabemos poco sobre el origen y la fecha de las fotos. La fotografía de Carpentier con los símbolos africanos acompaña su ensayo sobre «La musique cubaine», publicado en 1929 en la revista *Documents* (Carpentier 1929e). Lo más probable es que Carpentier mismo tomara las fotos y las trajera de Cuba en 1928.

Lo que sigue en el libro es una serie de tres fotos con las divinidades principales de la santería (ilustraciones 5, 11 y 12). La primera es la Virgen de la Caridad del Cobre (o Oshún) con Juan Odio, Juan Indio y Juan Esclavo en sus barcos (ilustración 11). Conocemos esta misma figura de Oshún de la segunda foto, donde estaba colocada en el centro (ilustración 14). En la próxima foto vemos a Babalú-Ayé, Yemayá y Obatalá. Al contrario de la foto de la virgen, aquí se mencionan sólo sus nombres africanos, pero por sus atributos vemos que Babalú-Ayé es San Lázaro, y que Yemayá es la diosa de los arroyos y las fuentes (ilustración 5). Obatalá, el dios andrógino, es representado como Virgen –en Cuba sería la Virgen de las Mercedes, según Ortiz (*Los negros brujos*, 31). Tanto en la foto de Oshún como en ésta, las figuras tienen un carácter sincrético, combinan lo moderno y lo antiguo, lo africano y lo bíblico: San Lázaro lleva espejuelos, Yemayá está montada sobre dos tambores y adornada con cuentas de perlas. También está modelada al estilo de una estatua romana, musculosa y con el típico tronco de apoyo por detrás. San Lázaro (o Babalú-Ayé), al contrario, tiene los brazos deformados y el cuerpo esquelético. En la tercera foto aparece solamente una figura, que es la más rara; según el pie de grabado es «Santa Bárbara, Shangó de Guinea, dios del trueno» (Ilustración 12). Es una figurilla negra vestida con una túnica y montada sobre un pedestal muy alto, que podría servir de empuñadura. Tiene dos objetos largos, tal vez espadas como dice el texto, en las dos manos, cerca del cuerpo. Una red bicolor en la empuñadura y en el adorno desproporcionado de la cabeza contrasta con el negro de la figurilla. Tiene las mejillas pintadas y el pelo largo echado encima, puntiagudo como si fuera una espina. El adorno que lleva en el pelo podría ser un lazo desproporcionado, como el de la china Lola de la otra foto. Por la exageración de sus proporciones, el peinado, el pedestal y el alargamiento general de la figura, podría ser una figurilla al estilo de Giacometti. No logramos tampoco interpretar la estructura de rectángulos pintados sobre el pedestal y el adorno, la figura está como sofocada por formas geométricas. El contexto en la novela es el delirio nocturno de Menegildo, que ha sido atacado por el negro Napolión y se está curando en casa. Se despierta por la noche y reza, llamando a San Lázaro primero, pero después a todos los santos afrocubanos mostrados en las tres fotos, para que lo salven, imaginándose las figuras del altar de su madre Salomé. Aunque veamos a todas las figuras descritas en el texto aparecer en la ilustración, son figuras de sueño, que no tienen una existencia palpable, y es cierto que sus proporciones alargadas y deformadas tienen una calidad onírica. Su estética, en todo caso, es una de proporciones desiguales, adornos excesivos y actitudes exageradas –como pudiera ocurrir en el delirio o en los estados de sueño tan perseguidos por los surrealistas.

La siguiente foto, la «Oración al ánima sola», representa el estado de ánimo de Menegildo, celoso del negro Napolión (ilustración 15). Es una fórmula mágica para proteger al amado, que pide al ánima sola que desde el infierno haga que no pueda estar tranquilo el amado mientras esté lejos, y que «corra como perro rabioso detrás de mí». Asombra el exceso del deseo y la ferocidad de la plegaria. Toda la magia está en las palabras mismas, que se deben rezar «todos los días, a las doce del día y de la noche», y esta fe en el poder inmediato de las palabras y en su capacidad mágica tal vez provoque más al lector europeo que al cubano.

Una de las ilustraciones más sugestivas es la del chino de la charada (ilustración 16). Representa una especie de juego de azar o lotería que Menegildo conoce en la cárcel y empieza a jugar. La fascinación de la charada está en el lenguaje simbólico que usa, que identifica las diferentes partes del cuerpo del chino con números y con figuras. Es un lenguaje totalmente arbitrario, pero con la pretensión de resumir en 36 figuras las actividades y los anhelos esenciales del hombre. Repite de cierta manera el código doble del lenguaje poético de la novela, que en términos narrativos se refiere a la cultura afrocubana pero cuyas imágenes poéticas aluden al imaginario surrealista europeo[66]. Así, el doble lenguaje del chino consiste en la superposición de un nivel literal, el de los números de la lotería, con otro nivel poético donde las figuras y los miembros del cuerpo asociadas a ellos forman combinaciones de palabras raras, una especie de poesía espontánea para quien quiera percibirla. Esta poesía implícita de la charada china se describe en el texto: «Gato en boca, marinero en oreja, cachimba en mano, el brujo amarillo y mostachudo había seducido también a Menegildo, con su cabeza hecha hipódromo de caballos, su gallo erguido sobre el esternón, su buque navegando a flor de vientre, su mono bebedor y, por corazón, una ramera de gola y talle avispado». Es un lenguaje de yuxtaposición sorprendente; atrae por su completa arbitrariedad y a un tiempo su coherencia interior, que forma un sistema cerrado donde todo está conectado, una suerte de minicosmos.

Las últimas tres fotos del libro acompañan la iniciación de Menegildo a la cofradía ñáñiga. Consisten en la imagen de un diablito, personaje enigmático de la santería que actúa de brujo y siempre lleva disfraz (ilustración 8). Luego

---

[66] José Piedra ha demostrado el doble código presente tanto en *¡Écue-Yamba-Ó!* como en «Histoire de lunes». Para él, hay una evolución entre los dos textos: mientras que en *¡Écue-Yamba-Ó!* existe una mediación, aunque sea parcial, entre los códigos cubanos y los euroamericanos, en «Histoire de lunes» la cultura afrocubana subvierte la europea y se impone sobre ella (Piedra 1982: 401-410).

las «'firmas' o símbolos de potencias ñáñigas» representan otro lenguaje enigmático, cuyo significado se nos escapa (ilustración 3). La última foto muestra tambores y unas maracas amontonados sobre un fondo vacío (ilustración 7).

Como se ve, las once fotos de *¡Écue-Yamba-Ó!* se organizan en forma de series alrededor de ciertos motivos cruciales de la historia: el altar del viejo Beruá, el altar doméstico de Salomé, la fiesta afrocubana y la ceremonia ñáñiga. Son siempre momentos de magia –el amarre amoroso, el delirio, la fiesta, la iniciación religiosa– que ya no existían como tales ni en Francia ni en la sociedad cubana blanca de entonces. De ahí que tengan en común con las vitrinas de un museo el afán por enmarcar y comentar los objetos desconocidos. Su relación con el texto, sin embargo, es complicada, porque éste no cumple con ser glosa de las imágenes, sino que las deja como representaciones aisladas, a veces más sugestivas que el texto, a veces mero comentario. Las fotos al final no acaban de ser «prueba» o «testigo» de lo que se cuenta en el texto. Revelan, más bien, una coherencia puramente poética que perturba el propósito de la narrativa de ser «historia afrocubana», no más. Oponen su poética surrealista del azar objetivo y del eros a la «ciencia» o «sabiduría» afrocubana.

De esta técnica de la yuxtaposición al azar, que revela una coherencia poética perturbadora, hay muchos ejemplos en *¡Écue-Yamba-Ó!*, y hasta en *El reino de este mundo* y en *Los pasos perdidos*. En *¡Écue-Yamba-Ó!*, la misma estructura de capítulos relacionados entre sí de forma no cronológica (Paisaje a/b, Temporal a/b/c/d, etc.) indica la voluntad carpenteriana de interrumpir el flujo cronológico y causal de la novela. Pero tal vez la escena más importante al respecto sea la del ciclón que mezcla y combina todo de manera estrambótica:

> El ataúd de un niño navega por la calle de las Ánimas. Encajándose en el tronco de una palma, un trozo de riel ha dibujado una cruz. La prostituta polaca, olvidada en un barco-prisión, empieza a reír. Ci.A.ROS. Las letras que caen cortan el asfalto como hachazos. Rotas sus amarras, los buques comienzan a reñir en el puerto a golpes de espolón y de quilla. Las goletas de pesca hacen bailar cadáveres encogidos como fetos gigantescos. Hay ojos vidriosos que emergen por un segundo; bocas que quisieran gritar, presintiendo ya las horrendas tenazas del cangrejal. Cada mástil vencido pone un estampido en la sinfonía del meteoro. La virgen del gran campanario se desploma con fragor de explosión subterránea. (56)

Notable aquí es no sólo la desorientación y deformación de los objetos (el ataúd en la calle, el riel en forma de cruz, los cadáveres encogidos, la virgen del campanario cayéndose), sino la selección de objetos y personas. Son los símbolos de la muerte, de la religión y del *eros* los que se mezclan de manera significativa. Es un auténtico infierno dantesco, donde cada figura tiene su función simbólica, como en el universo surrealista, cuyas figuras todas tienen su justificación subconsciente[67]. El hecho de que el ciclón termine dejando un balandro en el techo de una catedral muestra cierto goce en desubicar y deformar los símbolos de la religión cristiana, algo bastante cercano al deleite blasfemo en las películas de Luis Buñuel y Salvador Dalí. La diferencia con los surrealistas está en que la causa del desorden y la deformación proviene de la naturaleza, siendo como es el ciclón símbolo por excelencia de la destrucción y lo imprevisible en Latinoamérica. Mucho más tarde, en 1948 –en el texto que al año siguiente aparecerá como «Prólogo» a *El reino de este mundo*–, Carpentier formulará su teoría de lo real maravilloso basada en esta diferencia entre lo fantástico natural y lo fantástico inventado. En *¡Écue-Yamba-Ó!* todavía experimenta con la idea de usar el imaginario surrealista para llamar la atención sobre el potencial poético del mundo afrocubano.

II.5. Histoire de lunes: choque y metamorfosis

Los curadores del catálogo de la exposición *Art of the Fantastic: Latin America 1920-1987* definen así lo fantástico en el arte latinoamericano en relación con el surrealismo:

> Fantastic art is characterized by the juxtaposition, distortion, or amalgamation of images and/or materials that extend experience by contradicting our normal expectations formally or iconographically. Devices such as metamorphoses, incongruous hybrids, dislocations in time and space, and shifts in scale and materials create fantastic images which break the rules of the natural world. Although all of these elements may be present in Surrealism, Magic Realism or Expressionism, fantasy itself is not an 'ism'. Nor is it what is merely exotic to North American eyes, a toucan, for instance, or a folk mask. A far broader concept, the fantastic may be an ingredient in almost any style, including geometric art. As a means of explaining the inexplicable in the external world, it may be perceived as a utopian element as well, in the sense that a mythic account, such as a creation story, can contain essential universal truths independent of actual historical events[68].

---

[67] Efraín Barradas interpreta este caos como mero estadio en el establecimiento de un nuevo orden que en última instancia prueba que «la vanguardia queda vencida en la obra por el negrismo». Barradas tiene razón cuando enfatiza que la novela es una contribución importante a la literatura negrista caribeña, pero creo que esto no impide que también sea una contribución importante al surrealismo en Latinoamérica (Barradas 1981: 81-95).

[68] Taylor (ed.) 1987: 38-39.

La predilección de Carpentier por lo fantástico –o lo mágico, o lo maravilloso como otros lo han llamado– en su narrativa temprana no se explica únicamente por su contacto con los surrealistas, ni por sus intereses etnográficos por los mitos y las leyendas de otros pueblos. Cierto modo suyo de escritura experimental puede inspirarse tanto en Kafka como en las leyendas de Miguel Angel Asturias. El cuento «Histoire de lunes» (Carpentier 1933c) es, en todo caso, un cuento fantástico sobre una metamorfosis, independiente de un modelo específico. Es el único cuento en francés publicado por Carpentier en vida. En «Histoire de lunes», sin embargo, la cuestión de cómo traducir entre cubanos, afrocubanos y franceses ya no se presenta. Carpentier ha recurrido aquí a contar una experiencia fuera de lo normal, que, aunque pueda adoptar ribetes surrealistas o etnográficos, en realidad forma parte del inventario de la ficción en general.

Como *¡Écue-Yamba-Ó!*, el mundo rural de «Histoire de lunes» es marcado por la irrupción de la modernidad en medio de una vida campesina caracterizada por el analfabetismo y el poder del curandero del pueblo. Las nuevas máquinas, como aquí el carro o el tren, funcionan como elementos de distorsión en un mundo tradicional campesino al que perturban y cambian sin remedio; paradójicamente, la consecuencia puede ser la vuelta a los ritos y a la fe religiosa de antes, la única garantía de orden en esta sociedad en transición. Tanto en «Histoire de lunes» como en *¡Écue-Yamba-Ó!*, sin embargo, la religión se convierte en terreno en cuestión, y aparecen luego tramposos y actores con la pretensión de acaparar el poder mágico del curandero y su medio.

«Histoire de lunes» trata de la dificultad de distinguir entre lo auténtico y lo falso en la cultura afrocubana, y lo hace a propósito de la metamorfosis de un hombre en «resbaloso», algo posible en el universo afrocubano pero declarado fraude o por lo menos delito en el mundo moderno. El protagonista, Atilano, está poseído por un árbol que crece dentro de él siempre que llega el tren al pueblo. Cuando el tren abandona la estación Atilano no se puede aguantar más, se unta con manteca de majá y, terminada la metamorfosis en «resbaloso», se va a violar mujeres por el pueblo. Según la explicación del curandero Atilano es un endemoniado, cuyo *embó* se debe a la mala influencia de la luna[69]. La descripción del proceso, sin embargo, sugiere que la «luna»

---

[69] Los motivos de la luna que enloquece y de la obsesión con árboles son típicos de las mitologías primitivas, reunidas en compilaciones como la de Benjamin Péret o Miguel Ángel Asturias. En la «Leyenda de la Tatuana» recogida por Asturias, los árboles que caminan tienen un papel central, y la escena final es la de una ejecución fallada, donde la acusada huye dejando atrás un «árbol seco» (Asturias 1930: 115).

tiene nombre de máquina. Atilano actua en sintonía perfecta con la entrada del tren al pueblo, que no sólo despierta en él al resbaloso sino a las máquinas del pueblo: los dos coches Ford empiezan a sonar el claxon y el ventilador del café de los *Tres reyes magos* se pone en movimiento. Cuando se va el tren, los Ford vuelven a sus garajes y los hombres a sus casas para atender a sus mujeres, que lavan ropa en el río como si la modernidad no existiese. Sólo Atilano sigue sufriendo su metamorfosis por un tiempo, hasta que retorna a su antigua condición. La doble explicación de las razones para la metamorfosis de Atilano sugiere una lectura irónica del cuento: ni el curandero ni el alcalde han entendido que lo que realmente impulsa al resbaloso es el *eros* que emana de las máquinas modernas. Son ellas las que hacen de él un ser zoomorfo, determinado únicamente por su voracidad sexual. El resbaloso encarna así la otra cara violenta y erótica del entusiasmo del alcalde por el progreso.

El resbaloso es descrito como un hombre-animal, un espíritu o demonio, un ser indefinible que adopta tanto formas antropomorfas como zoomorfas, como los antiguos dioses griegos. Como es todo eso, esta especie de monstruo trae suerte a las mujeres violadas por él: «Ah! ça porte chance d'être violée par un glissant, une bête de l'ombre, âme solitaire d'Elegba, bouc à face humaine, qui croit violer, alors que l'on jappe de plaisir...» (749). Realiza no sólo funciones placenteras, sino que también cura la esterilidad, la hinchazón de las piernas y el reumatismo. Atilano es un fauno del campo cubano, y se siente destinado por el curandero a su faena.

La íntima relación de la gente del pueblo con lo antropomorfo y lo zoomorfo se nota también en los nombres de las cofradías rivales, los chivos y los sapos, que en época de carnaval se disfrazan de animales. La relación entre hombre y animal parece ser metonímica, una relación de proximidad inmediata; es por eso que la transformación de Atilano no los sorprende y no la juzgan algo malo: «Les glissants sont comme les serpents: si on les rencontre sur son chemin et qu'on ne les tue pas, ils deviennent très vieux, et alors ils rentrent dans la mer, tout ridés, tout couverts de bosses...» (750)[70]. Así, los lugareños consideran a los resbalosos, aunque sean demonios, como parte integrante de un mundo regido por la misma ley del curandero y de

---

[70] Los dos animales, la serpiente y el caballo, van a reaparecer en *El reino de este mundo*: con el caballo abre la novela, con la serpiente se cierra. Según Nancy Gray Díaz, los dos animales significan «dos puntos en el ciclo de lo secular y lo orgánico, fertilización y reabsorción, que forman parte del proceso de amalgación entre cultura europea y africana» (Gray Díaz 1988: 32). En «Histoire de Lunes» simbolizan el universo religioso de los habitantes del pueblo. En eso se pueden comparar a las «mujeres-caballo» de Wifredo Lam, que también representan el aspecto ritual y colectivo del universo afrocubano.

su mujer, Ma Indalesia, ella misma asociada vagamente con el poder de un árbol[71].

La verdadera confrontación ocurre, sin embargo, cuando el barbero Jesús se las empieza a dar de inspirado, poseso de San Lázaro. En la pelea entre el falso San Lázaro y el resbaloso, que reclama sus derechos auténticos sobre el otro, sale perdiendo Atilano. Bajo la acusación falsa de ser comunista, el alcalde hace fusilar a Atilano, respetando la ley de los poblanos pero insistiendo en su propio discurso político: «car le maire, par délicatesse envers les membres des confréries qui l'avaient élu, et pour s'éviter des explications trop longues [...] avait spécifié qu'il s'agissait 'd'un agitateur rouge des plus dangereux'» (759).

Lo que realmente se castiga así es el hecho de que Atilano se haya convertido en animal, con todo lo que comporta –el placer sexual incontrolado, la transgresión moral, la infracción contra el poder del curandero– y no en santo. Atilano critica esta doble moral del pueblo que necesita a sus «hombres inspirados» pero prefiere aceptar a un falso santo, como el barbero Jesús, y persigue a los «hombres-caballos, los hombres-chivos, los árboles que caminan» (750).

No cabe duda de que el motivo de la metamorfosis en animal ha sido tema preferido de muchos surrealistas. La revista *Documents* le dedica una entrada en su diccionario que es reveladora, conteniendo tres *aperçus* de Marcel Griaule, Michel Leiris y Georges Bataille. Mientras que el apartado de Griaule describe juegos abisinios donde se imitan animales, Leiris interpreta las metamorfosis de las obras de Ovidio y de Apuleyo como el deseo humano por salir de su cuerpo y convertirse en otro –objeto, planta o animal–[72]. Georges Bataille lleva la admiración por lo animal al extremo de postular la superioridad de los instintos animales sobre los humanos:

> Tant d'animaux au monde et tout ce que nous avons perdu: l'innocente cruauté, l'opaque monstruosité des yeux, à peine distincts des petites bulles qui se forment à la surface de la boue, l'horreur liée à la vie comme un arbre à la lumière.... On peut

---

[71] En el medio de la ceremonia que hace «bajar el santo», a Ma Indalesia se le pone un casco con cabellos rubios, que son untados con la savia que sale de una incisión en el árbol, hecha por el brujo. Sólo después de eso empieza el baile de los devotos en torno suyo.

[72] Es el apartado intitulado *Hors de soi*: «Je plains les hommes qui n'ont pas rêvé, au moins une fois dans leur vie, de se changer en l'un quelconque des divers objets qui les entourent: table, chaise, animal, tronc d'arbre, feuille de papier... Ils n'ont aucun désir de sortir de leur peau, et ce contentement paisible, troublé par nulle curiosité, est un signe tangible de cette insupportable suffisance qui est l'apanage le plus clair de la plupart des hommes» (Griaule, Leiris & Bataille 1929: 333).

définir l'obsession de la métamorphose comme un besoin violent, se confondant d'ailleurs avec chacun de nos besoins animaux, excitant un homme à se départir tout à coup des gestes et des attitudes exigées par la nature humaine. (333)

La metamorfosis, según Bataille, representa el deseo por una moral otra, que sería la de los animales, regida por el instinto espontáneo, la violencia y el deseo, y no por las convenciones de la vida civilizada.

La metamorfosis también aparece mucho en la pintura surrealista y es un motivo que ha sido usado por pintores europeos y latinoamericanos. André Masson, quien ilustró los poemas tempranos de Georges Bataille, *Sacrifices*, fue uno de los pintores cuya filosofía entera trazaba la inestabilidad inherente a lo «real» por medio de figuras en metamorfosis[73]. Wifredo Lam, algo más adelante, usó en su exploración del mundo afrocubano figuras híbridas o en proceso de metamorfosis, y es por él y por otros que Carpentier, al reseñar la exposición de Lam en Caracas (1955), destaca la metamorfosis como rasgo fundamental del mundo americano en comparación con la naturaleza europea: «Del mundo «fijado», curado de sus «locas y febriles conmociones», había pasado Wifredo Lam a un mundo de simbiosis, de metamorfosis, de confusiones, de transformaciones vegetales y telúricas («en un tiempo fui árbol, ave, pez mudo en el fondo del mar», cantaba Empédocles), donde las plantas libraban guerras milenarias…»[74]. Carpentier y Lam le dan un significado telúrico a la metamorfosis: ésta no simboliza tanto rituales afrocubanos precisos sino el flujo entre las cosas, entre el tiempo cíclico del rito y el tiempo linear, entre la muerte y la renovación (Gray Díaz 1988: 33).

«Histoire de lunes» se podría leer entonces como un pastiche de los cuentos de metamorfosis afrocubanos. Aquí, la metamorfosis «real» de un zapatero negro choca con las intrigas cómicas de un pueblo cubano a punto de modernizarse. La metamorfosis de Atilano desata una reacción en cadena en un pueblo que no está acostumbrado a tener verdaderos «posesos» en su comunidad, un proceso que termina con la victoria vergonzosa de los falsos santos y los políticos. Todo queda como una farsa, donde el verdadero conflicto ocurre entre las autoridades del pueblo: el cura tiene que regirse por los horarios del curandero, y el alcalde usa la retórica anticomunista para sobrevivir entre las diferentes facciones religiosas. Publicado el mismo año que *¡Écue-Yamba-Ó!*, «Histoire de lunes» es aún más radical en su representación de una cultura afrocubana absolutamente teatral. Con este cuento, Carpentier afirma que la

---

[73] Véase el excelente artículo de Laurie J. Monahan (2001).
[74] Museo de Bellas Artes, Caracas, Mayo 8 al 22 de 1955.

misma intención de representar algo como una «auténtica» sociedad afrocubana sin considerar su inserción en la vida moderna, y sus cambios necesarios y aunque sea a través de la etnografía surrealista, es ilusoria y siempre pertenece más a la ficción que a la observación etnográfica.

¿Qué importancia tiene entonces el hecho de que Carpentier haya escrito en dos idiomas, más allá de su inmediata necesidad de sobrevivir como recién llegado a Francia?[75] Carpentier siempre se empeña en mostrarnos que habla como cubano y desde Cuba, en francés o en español. El hecho de que haya decidido relativamente temprano, después de «Histoire de lunes» (1933), que su idioma literario iba a ser el español muestra, a mi modo de ver, que Carpentier nunca cuestionó su identidad cultural. Pero el gesto de escribir en francés implica un interés por dirigirse a un público más amplio y por colocar la cultura (afro)cubana en un espacio global. Roberto Ignacio Díaz sostiene que el hecho de escribir en idiomas distintos al español y a la vez reclamar Latinoamérica se debe a algo más que la mera necesidad o ambición[76]. Ese «algo más» sería una cultura latinoamericana multilingüe (o «heterolingüe», como dice Díaz). En el caso de Carpentier, me parece que escribe en francés no para distanciarse, sino para aproximarse más aún a la Cuba de entonces. Vimos que se estaba discutiendo en estos años la representación de la cultura afrocubana entre los cubanos blancos. La cultura cubana misma era una cultura de al menos dos lenguas –la de los cubanos blancos y la de los afrocubanos–, y el problema no era sólo de traducción, sino de cómo y con qué medios llegar a entenderse. Carpentier usa entonces el francés para proyectar a una escala mayor las dificultades de la traducción intercultural. De ahí que las obras en francés resulten convincentes en su propósito, en tanto las españolas, en cambio, parezcan demasiado vacilantes entre diferentes perspectivas. En unas y otras, sin embargo, Carpentier hace su tema de la falsificación consustancial a la idea de identidades culturales fijas. Este riesgo de falsificación aparece de maneras distintas en su ficción temprana. En su poesía y sobre todo en los textos escritos para música, Carpentier procede por evocación y mediante

---

[75] Sigo aquí a Gustavo Pérez Firmat, quien analiza en su libro *Tongue Ties* la obra de escritores bilingües cuya escritura, como él muestra, está siempre marcada por la interacción con el idioma reprimido (Pérez Firmat 2003).

[76] Díaz escribe que el hecho de que varios escritores hispanoamericanos hayan escrito en idiomas distintos al español cambia el concepto mismo de cultura hispanoamericana con respecto a los autores y a los lectores que habría que incluir entonces, y con respecto al estatus «unheimlich» de los textos mismos (Díaz 2002: 23-28).

metáforas más que por explicación. No confía en las estructuras lógicas del idioma y prefiere acercar su lenguaje al ritmo y el sonido musical para dar una impresión cabal de la otra cultura. En la prosa, al contrario, la falsificación se ve a nivel temático en los personajes impostores e intrigantes que crean conflictos en las sociedades afrocubanas representadas, y que muestran sobre todo el estatus contestado de la religión afrocubana. La única vía para una traducción efectiva entre culturas, parece, es la que funciona a manera de ósmosis o de resonancia, de aproximación entre elementos similares provenientes de diferentes ámbitos. El trabajo de Carpentier consiste en la reducción paciente a conceptos míticos en los que puedan encontrarse muchas culturas. Esta aceptación de asociaciones lejanas para poder acercar, por ejemplo, la metamorfosis de Kafka a la historia de un resbaloso en Cuba, puede que provenga en Carpentier de los surrealistas. Su estética de lo onírico y su preferencia por lo raro y lo enigmático muestran huellas surrealistas, de modo similar a como su perspectiva narrativa distanciada y a la vez empática le viene de la etnografía surrealista. Su voz llega a ser, entonces, independiente del idioma en que se exprese, y la cultura del público al que se dirige pierde importancia.

III

COLLÈGE DE SOCIOLOGIE, CARPENTIER Y EL MITO MODERNO

Ilustración 17. «On the West Bank, a Taxidermist's Zoo». Rina Castelnuovo para *The New York Times*. Marzo 5, 2003: A1.

La foto de las dos jirafas y la cebra fue publicada en el *New York Times* del 5 de marzo de 2003. A primera vista, las jirafas parecen estar vivas y se puede admirar la esbeltez de su figura, más gentil aún en la recién nacida. Están en un lugar obviamente inadecuado para ellas, parecen mirar hacia arriba y hacia afuera, hacia donde entra la luz a este hangar improvisado, con una pared de bloques de cemento en el medio que subraya la desproporción y la extrañeza de estos animales exóticos. En el plano frontal de la foto hay paja en el suelo, como la que suele esparcirse en las jaulas de animales, y a la izquierda un hombre que viste bata azul de veterinario gesticula hacia alguien que no podemos ver. Pero lo que más desconcierta es la cebra que yace en el centro de la imagen con las patas tiesas en el aire, como si alguien la hubiera tumbado y el animal hubiera muerto de golpe. Los dientes expuestos le dan una expresión de angustia y pánico, fija en su rostro. Con las patas rígidas, en esa postura de juguete roto, parece un caballito de balancín con el que un niño hubiera jugado demasiado duro.

El pie de foto dice que las jirafas murieron del susto durante un tiroteo y la cebra por efecto del gas lacrimógeno, en un jardín zoológico de la zona palestina de Israel; el director, veterinario y taxidermista a la vez, decidió disecar y exponer los animales muertos por falta de medios económicos para conseguir animales vivos.

Hay algo siniestro en la imagen. La ilusión hiperreal de estos animales, que parecen más vivos aún cuando están muertos, y la expresión de terror de la cebra en el instante de su muerte no sólo eternizan el momento del tiroteo y el pánico, sino que también le dan trascendencia simbólica a la foto. La compenetración tenebrosa de vida y muerte en el trabajo del director, que pasa de alimentar a diario animales vivos a disecar a los muertos resulta chocante. El efecto inmediato de la foto no es llamar la atención sobre la justicia o injusticia de la guerra en Cisjordania, sino presentar las consecuencias absurdas de cualquier guerra para un jardín zoológico, y las paradójicas soluciones que el hombre encuentra frente a ellas. De hecho, la foto no muestra violencia alguna, sino más bien el sitio prosaico del encierro: un enclave de animales, totalmente ajeno a su entorno, donde se han construido trincheras y cercas y donde se está librando una guerra feroz entre palestinos e israelíes –el texto adjunto se encarga de explicar estos detalles–. El espectador queda más bien impresionado por lo antinatural que resulta la conservación del estertor mortal en la cebra. El animal, devenido juguete e imagen de los desastres de la guerra, nos recuerda las muñecas de Hans Bellmer, con sus miembros recortados y forzados a permanecer en un estado de mutilación, y también al caballo del Guernica de Picasso.

Esta imagen es surrealista en la medida en que representa objetos que parecen estar vivos pero que luego revelan un nivel de realidad más profundo que contradice la primera impresión. El observador se encuentra movido no por su mensaje político, sino por la sensación estética de placer y de curiosidad que suscita una imagen tan engañosa y reveladora a la vez. Esta ambigüedad sugestiva de la imagen causa una emoción afín a lo sublime[1]. La impresión de

---

[1] Me refiero al célebre pasaje en la *Crítica del juicio* que define la diferencia entre lo bello y lo sublime: «Das Schöne kommt darin mit dem Erhabenen überein, daß beides für sich gefällt» (Lo bello concuerda con lo sublime en que ambos dan placer de por sí). Al hablar sobre las diferencias entre lo bello y lo sublime Kant asocia lo sublime no sólo con lo que se opone a la vida sino también con lo serio que ya no es juego: «Indem dieses (das Schöne) directe ein Gefühl der Beförderung des Lebens bei sich führt, und daher mit Reizen

lo hiperreal –después de la disección los animales muertos parecen más reales que en vida– invita a buscar un significado metafórico en esta fotografía, que probablemente por eso fue elegida para la primera plana del *New York Times*. En un nivel simbólico, los animales representan la naturaleza y la vida. Su encierro en el hangar se asocia con el encierro y la muerte de lo bello e inocente durante una guerra. La mirada de las jirafas muertas hacia una luz indefinida, hacia un terreno desconocido pero lleno de esperanzas se asocia no sólo con la lucha de los palestinos por la independencia sino también con la búsqueda de la tierra prometida por el pueblo de Israel. Esta densidad metafórica de la foto se ve subrayada por un par de cuernos que están a los pies de las jirafas, que podrían representar –como en una naturaleza muerta– la violencia y la muerte en una lucha mitológica contra la belleza y el devenir de la vida. El veterinario, como sabemos ahora, representa el único elemento vivo de la foto. Es él quien hace posible esta imagen como director del jardín zoológico y taxidermista a la vez, es el autor de la obra de arte que vemos sin darnos cuenta al principio de que es arte y no realidad. Los animales, a pesar del rictus de la muerte o tal vez a causa de él, son perfectos contra todo lo que les rodea: el hombre, la pared de bloques manchada, la sala grande, el techo de vidrio. Frente a ellos, que son la efigie de la naturaleza convertida en obra de arte, todo parece provisorio, frágil y propicio al olvido; ellos, en su presencia muerta e ideal, no².

Lo que conservamos del surrealismo después de su final como movimiento histórico es esta predilección por el choque al azar entre objetos incongruentes, que luego se transforman en los ojos del observador en obras de arte. Para los surrealistas, los objetos más inocuos pueden llegar a tener un significado simbólico trascendental. De ahí la importancia de la imagen, según Breton. El cuadro de pintura obliga a fijar la atención en una imagen determinada y

---

und einer spielenden Einbildungskraft vereinbar ist; jenes aber (das Gefühl des Erhabenen) eine Lust ist, welche nur indirecte entspringt, nämlich so, daß sie durch das Gefühl einer augenblicklichen Hemmung der Lebenskräfte und darauf sogleich folgenden desto stärkern Ergießung derselben erzeugt wird, mithin als Rührung kein Spiel, sondern Ernst in der Beschäftigung der Einbildungskraft zu sein scheint» (Kant [1793] 1974: 164-165).

² Los animales son una metáfora predilecta tanto de los surrealistas como de los escritores latinoamericanos asociados con el realismo mágico, porque sugieren una cercanía y a la vez una extraña diferencia con los humanos. Carpentier, por ejemplo, menciona, al hablar del ambiente «mágico» de Nueva York, un mundo de animales exóticos en los anuncios de la ciudad, por ejemplo uno de Aída que dice «Caballos Elefantes Camellos» (Carpentier 1940b). Una reflexión crítica sobre la relación entre los animales y los seres humanos en la literatura y filosofía se presenta en el volumen de la revista *Differences* intitulado «Man and Beast», 15.1 (2004).

analizarla. Como escribe Breton: «Il m'est impossible de considérer un tableau autrement que comme une fenêtre dont mon premier souci est de savoir sur quoi elle donne» (Breton 1945: 13). Esta «ventana» ofrecida por la imagen sobre un mundo infinito, sugiere un contraste entre un «modelo interior» de realidad y el mundo exterior, *per se* indefinido (15). En esta mediación de la imagen entre visión interior y exterior también está contenido un componente político: la imaginación individual siempre cuestiona la realidad existente, y representa alternativas al estado presente de la sociedad. Así, el lenguaje simbólico de la foto del *New York Times* es heredero del diálogo surrealista entre arte y política, donde imágenes inocuas se pueden convertir en manifestaciones de conflictos trascendentales.

A su vuelta a Cuba en 1939, Carpentier continua escribiendo artículos sobre el arte y la cultura cubana. Sin embargo, su periodismo adquiere una nueva dimensión política que hace de sus artículos, mirados de cerca, posicionamientos sobre la modernidad «surreal» cubana. Es en la profundidad del arte, si «miramos de cerca» como hemos mirado la foto de las jirafas, que se descubren las líneas de la política de Carpentier[3].

El compromiso político de Carpentier en los años treinta y cuarenta es discreto pero constante. A principio de los años treinta Carpentier había apoyado y asesorado las actividades de su amigo Robert Desnos contra la dictadura de Machado[4]. También hizo un *collage* de recortes de periódicos cubanos e internacionales sobre el gobierno del dictador que salió en la prestigiosa revista *La Nouvelle Revue Française* firmado por su amigo Georges Ribemont-Dessaignes (Vásquez 1978: 305-319). Pero desde su breve encarcelamiento en La Habana en 1928, Carpentier se había vuelto prudente. No dio su nombre para tomas de posición política sobre Cuba, que con menos peligro adoptaron sus amigos Desnos y Ribemont-Dessaignes, aunque sí publicó en los treinta sobre

---

[3] Una manera detectivesca de literalmente mirar de cerca una realidad aparentemente desprovista de interés, que entonces revela un sentido profundo, se encuentra en el cuento de Julio Cortázar «Las babas del diablo» (en Cortázar 1959 [1994: 214-225]). De este cuento, el director italiano Antonioni hizo una película, *Blow-up* (1966). En la película y en el cuento, un fotógrafo descubre un crimen mediante la ampliación de varias fotos, tomadas al azar, que revelan la presencia de las pruebas del crimen.

[4] Véase la tesis doctoral de Carmen Vásquez (1978: 132-141). Vásquez escribe que la casa de Desnos se hizo la extra oficial «Embajada de Cuba», desde la cual se organizó el «Comité des jeunes révolutionnaires cubains», afiliado con el grupo estudiantil terrorista A.B.C. No se sabe bien cuál fue el papel de Carpentier en esto. Se puede suponer que colaboró con informaciones y contactos en la publicación del panfleto *La terreur à Cuba* (1933), publicado en París por Desnos y otros, que incluía un extracto del programa-manifiesto del ABC. Vásquez incluye el texto del panfleto en el anexo de su tesis.

la Guerra Civil Española y la Alemania nazi. Igual reserva la guarda en los artículos publicados durante los años cuarenta en revistas cubanas. En sus colaboraciones de 1940-1941 para la revista *Tiempo Nuevo*, Carpentier comenta en detalle eventos de la Segunda Guerra Mundial en Francia, en Alemania y en Estados Unidos, pero no habla de Cuba[5].

Esta reticencia y cautela carpenteriana ante un compromiso político inmediato, por otra parte, está muy próxima a la insistencia surrealista sobre un arte independiente y a la vez revolucionario. Esta encuentra su expresión más nítida en un manifiesto, escrito por Diego Rivera, André Breton y León Trotsky en México, *Pour un art révolutionnaire indépendant* (1938), en el que los tres invitaban a los artistas de todos los países a formar grupos y resistir la apropiación del arte por los gobiernos y las consignas sin dejar de ser íntimamente vinculado a una revolución social[6].

Carpentier escribe, después de varios años de trabajo casi exclusivo para la radio francesa, con entusiasmo sobre el reencuentro con el mundo americano. El artículo «Nueva York o la nueva mitología de la publicidad», por ejemplo, es una verdadero canto a la modernidad americana, donde los gigantescos anuncios de viajes, frutas, productos de limpieza y óperas llegan a ser los nuevos mitos de una ciudad regida por los deseos de sus consumidores. Para Carpentier, los anuncios simbolizan efigies de los dioses modernos venerados por las multitudes[7]. Pero, de manera similar a los surrealistas, Carpentier no critica estas encarnaciones del capitalismo sino las considera como un enriquecimiento de la realidad cotidiana. Al contrario, para los surrealistas, el deseo baudelairiano por lo fugitivo, personificado en la mujer entrevista por momentos en la multitud, es la inspiración y el impulso para su creatividad poética[8]. La narrativa carpenteriana sobre Nueva York es, por ello, una

---

[5] Véase «Colaboraciones de Alejo Carpentier en *Tiempo* (1940-1941). Complemento a su bibliografía, en el 80 aniversario de su nacimiento», *Anuario L/L* 15 (1984): 195-219.

[6] Nadeau 1964: 154-175. Sobre el debate de la literatura comprometida véase el libro informativo de David Shalk (1979).

[7] Un artículo de *Life* magazine (Sellmer 1946: 47-51) describe este tipo de anuncios espectaculares, que hicieron escándalo en Nueva York en los años cuarenta.

[8] Véase en «Nueva York o la nueva mitología de la publicidad» la observación siguiente: «Una intensa poesía se desprende de todo esto. Hay una asimetría, un desorden, una anarquía del gusto que crean un estilo nuevo. La impersonalidad de la multitud frenética que llena las calles concede mágico esplendor a los ojos de una mujer, aislada por nuestro instinto de hervidero de una multitud amorfa». La escena recuerda el poema de Baudelaire «A une passante», y también los encuentros callejeros con mujeres, descritos por Breton en *Nadja* y en *L'amour fou*. Véase al respecto el ensayo de Jennifer Mundy «Letters of Desire» (en Mundy (ed.) 2001: 10-55).

narrativa del mito reencarnado, para hablar con Northrop Frye, o sea, de un mundo ordenado y regido felizmente por el deseo hacia objetos inalcanzables y casi sobrehumanos (Frye 1957: 139-158).

El encanto de La Habana es diferente de esta modernidad frenética neoyorkina. En otro artículo de la misma época, «Cuestión de ritmo» (1944), Carpentier escribe sobre la vida habanera: «Un ritmo de vida más apacible, con menos tiempo perdido en cubrir distancias, me ha devuelto el amor a la meditación lenta». En contraste a Nueva York, le interesa en La Habana la observación pausada de la capital cubana. Es más, la modernidad habanera misma parece obedecer a una velocidad diferente. Eso no quita que su perspectiva permanezca distanciada. Como él mismo escribe, es la perspectiva de «La Habana... vista por un turista cubano»[9]. En sus caminatas por La Habana, le atrae a Carpentier el detalle local y el objeto curioso encontrado en la calle, como vemos en los artículos «La poesía del objeto» y «Las danzas populares» –ambos de 1944–, y en varios textos breves sobre el teatro chino de La Habana, sobre las santeras y el paisaje cubano[10]. Emprende un análisis cuidadoso de la isla, detectando en la cotidianidad lo que más caracteriza a la sociedad cubana contemporánea, su estructura mítica esencial.

En la ficción que escribe en los años cuarenta, estos mitos modernos, sin embargo, empiezan a tener un perfil distinto al de la ficción afrocubana anterior[11]. A partir de entonces sus relatos ya no describen sociedades más o menos bucólicas. El mundo de Carpentier se ha vuelto más bien demónico y representa la agencia de dinámicas colectivas violentas y autodestructivas, que Carpentier observa también en la guerra en Europa[12]. Una visión histórica pesimista se impone ahora sobre el imaginario de Carpentier.

Más que con Breton, la estructura de este mito nuevo tiene mucha afinidad con las ideas de un grupo que se dará a conocer en París como Collège de Sociologie. Los miembros de este grupo –entre ellos algunos conocidos de

---

[9] Así se intitula una serie de artículos escritos por Carpentier para Carteles entre octubre y diciembre de 1939 sobre el arte popular habanero.

[10] Véanse los artículos publicados entre 1939 y 1945 en García Carranza 1984: 133-140.

[11] Manteniéndonos dentro de la clasificación de Frye, Carpentier cambia de un «modo apocalíptico» a un «modo demónico» de narración. Escribe Frye: «Opposed to apocalyptic symbolism is the presentation of the world that desire totally rejects: the world of the nightmare and the scapegoat, of bondage and pain and confusion; the world as it is before the human imagination begins to work on it and before any image of human desire, such as the city or the garden, has been solidly established; the world also of perverted or wasted work, ruins and catacombs, instruments of torture and monuments of folly» (1957: 147).

[12] Véanse los artículos escritos en 1941 para *Carteles* sobre «El ocaso de Europa».

Carpentier de los tiempos de *Documents*, como Georges Bataille y Michel Leiris, y luego Roger Caillois– esperaban, mediante la creación de una nueva mitología, renovar las energías vitales de la sociedad francesa y sacarla de su postura pacifista y meramente defensiva ante el nazismo alemán. Los franceses necesitaban, según ellos, de una élite de hombres que diera un nuevo enfoque a la acción y las artes.

Aunque la situación de Latinoamérica haya sido muy diferente, Carpentier coincide con las propuestas del Collège en los cuarenta en su búsqueda de nuevas mitologías propias de Latinoamérica. Empieza a escribir una literatura entendida como acción, que se presenta como visión histórica alternativa, pero donde la dialéctica entre lo sagrado y lo profano, el progreso y la destrucción determina las sociedades latinoamericanas de manera similar a lo que ocurre en otras partes del mundo[13].

III.1. Collège de Sociologie

El Collège de Sociologie presentó la reacción filosófica más radical contra el totalitarismo fascista de los años treinta, hasta tal punto que se le acusó de simpatizante del mismo[14]. Ni comunista, ni partidario del Frente Popular de Léon Blum, el grupo se proponía reintroducir los principios de lo sagrado en la vida moderna para dar una respuesta válida a la estética orgiástica de los fascistas. Pero como se concebía como una sociedad «secreta» –que existió por poco tiempo: 1937-38–, su filosofía se fundaba en un elitismo que hizo problemático su legado. Los escritos del grupo permanecieron prácticamente desconocidos hasta que en 1979 Denis Hollier editó y publicó los documentos que quedaban de sus reuniones.

Como lo indica su nombre, los miembros del grupo se entendían como una asociación de estudiosos que se interesaban por los principios fundamentales

---

[13] Imposible saber cuánto contacto tuvo realmente Carpentier con el Collège. Eso sí, se conocían y Bataille fue importante para Carpentier en los años treinta. Véase, publicada por Carmen Vásquez, la correspondencia de Carpentier con Bataille (Vásquez 1983: 17-27). Parece que Roger Caillois y Carpentier no se conocían de muy cerca, pero que tuvieron relaciones cordiales (Vásquez 1992).

[14] Esta acusación la ha repetido recientemente Jean Clair (2003). Para Clair, los surrealistas y sus disidentes, todos, tienen una tendencia peligrosa hacia el totalitarismo. Escribe: «Régi par une série de rituels et d'interdits, d'abord autour de Breton *puis, de manière plus stricte encore dans le mouvement dissident de Bataille,* le surréalisme avait tous les traits d'une société occulte, telle que Hannah Arendt la définit...» (Clair 2003: 19-20). Las cursivas son mías.

de las sociedades humanas. Muchos de ellos habían sido estudiantes de Marcel Mauss o de Emile Durkheim, para los que se trataba, entonces, de aplicar lo que habían aprendido en etnología, al estudio de su propia civilización. Las colaboraciones más importantes provenían de Georges Bataille, Roger Caillois y Michel Leiris; luego hubo un grupo de amigos más o menos asociados, entre ellos Alexandre Kojève, Denis de Rougemont y Walter Benjamin. Entre filósofos, etnógrafos y literatos, habían conformado una coyuntura entre las ciencias sociales y la literatura muy propia[15].

Su aspiración era hacer revivir el mito y la magia no sólo entre las sociedades llamadas «primitivas», sino dentro de la propia sociedad occidental. Su objetivo, sin embargo, era sacralizar la ciencia, o en palabras de Denis Hollier: «[la sociologie] ne sera plus simplement la science (profane) du sacré, mais se verra élevée au rang de corps de doctrine sacré» (Hollier (ed.) 1979: 12). Dar el paso de la ciencia a la acción: ese objetivo coloca al grupo entre la política y el arte, o más específicamente entre el comunismo y el surrealismo. Pero ¿de dónde puede surgir lo sagrado si no de la religión? Los «collégiens» piensan en la niñez y el juego como sitios contemporáneos de lo sagrado. Leiris, en su conferencia «Le sacré dans la vie quotidienne», se acuerda de los lugares, los objetos y los eventos «sagrados» de su niñez, lugares asociados con el tabú y con la autoridad como el sombrero de su abuelo o los inodoros de la casa. En ellos, Leiris encuentra los mismos «signos psicológicos», una mezcla de respeto, deseo y de terror, que inspira lo sagrado (Hollier 1979: 103). También, Leiris menciona el juego, sobre todo las carreras de caballos en Auteuil, como dominio de lo sagrado, porque allí «nada es falso» y los *jockeys* son gente común y corriente, y no idealidad vacía como es el caso de los maniquíes expuestos en las vitrinas de las tiendas (111). Según ellos, el juego y el deporte tienen un significado especial por estar fuera del régimen de lo necesario y útil; son actividades genuinas, que ponen al hombre al servicio de una causa –la de imponerse sobre los demás[16]–. Para Georges Bataille, en su conferencia «L'apprenti sorcier», el juego equivale a la vida y a la capacidad de confiarse al azar. Este azar, que interfiere con las acciones del hombre, se convierte luego en destino y en mito: «*La vie se joue*: le projet de la destinée se réalise. Ce qui n'était que figure de rêve devient le mythe. Et le mythe *vivant*, que la poussière

---

[15] Véase, con respecto al interés científico de la vanguardia francesa, Stoekl 1994: 929-935.

[16] Una exploración sistemática de la afinidad entre juego y mito se encuentra en *Homo ludens* (1939) de Johan Huizinga, un libro apreciado por Bataille y también por Breton, aunque no en diálogo explícito con ellos. Volveré más tarde sobre el asunto.

intellectuelle ne connaît que *mort* et regarde comme la touchante erreur de l'ignorance, le mythe-mensonge figure la destinée et devient l'être» (321). Le importa a Bataille creer en el mito no como sueño sino como un mito vivido y pertinente para el destino del hombre. Bataille no cree en la contemplación sino en la acción; en su tipología de los hombres, distingue entre la producción de bienes, la ciencia, la ficción y la acción como ocupaciones fundamentales. La única salida actual para el hombre, según Bataille, es combinar todas las características y rendirse a la acción: «Il apparaît vain de se borner à réfléchir la réalité comme la science, et vain de lui échapper comme la fiction. L'action seule se propose de transformer le monde, c'est-à-dire de le rendre semblable au rêve» (311). No se trata, por ello, de realizar proyectos utópicos y hacer del sueño una realidad, al contrario. Bataille parte de la realidad del mito para afirmarla mediante la acción y hacer superflua la distinción misma entre mito –o sueño– y realidad. Así, Bataille llega a una nueva definición del mito:

> Car le mythe n'est pas seulement la figure divine de la destinée et le monde où cette figure se déplace: il ne peut pas être séparé de la communauté dont il est la chose et qui prend possession, rituellement, de son empire. Il serait fiction si l'accord qu'un peuple manifeste dans l'agitation des fêtes ne faisait pas de lui la réalité humaine vitale. Le mythe est peut-être fable mais cette fable est placée à l'opposé de la fiction si l'on regarde le peuple qui la danse, qui l'agit, et dont elle est la vérité vivante (322) .

El mito puede revivir en los eventos rituales de la fiesta y el baile. La «fábula» es el relato que establece la realidad colectiva del mito; es un relato alegórico por necesidad, pero no por eso ficticio. Para Bataille, dado el estado decadente de la sociedad actual, una sociedad secreta tiene que dar el modelo de esta nueva sociedad del mito vivido: «Le mythe naît dans les actes rituels dérobés à la vulgarité statique de la société désagrégée, mais la dynamique violente qui lui appartient n'a pas d'autre objet que le retour à la totalité perdue» (326). Es aquí donde pocos quisieron seguir a Bataille en su idea de una sociedad secreta que parecía justificar la violencia y al sacrificio ritual[17]. Contra ello hay que insistir en que la argumentación de Bataille se nutría muy concretamente de su deseo por fortalecer la cohesión de los franceses, que habían tenido que

---

[17] Alexandre Kojève y otros se opusieron a Bataille, argumentando que la magia no podía ser conjurada, sino que desaparecía al discutirse demasiado (Hollier 1979: 67). Roger Caillois criticaba lo que llamaba la «tendencia mística» de Bataille, quien, en vez de lanzarse a la acción política, había formado la sociedad secreta Acéphale (Frank (ed.) 2003: 28-30).

ceder ante Hitler en los acuerdos de paz de Munich por falta de determinación propia (Frank (ed.) 2003: 20-21).

Es en la conferencia de Roger Caillois sobre la fiesta donde más claramente se perfila una manera de cómo hacer resucitar el mito en el mundo contemporáneo. Caillois describe allí la dialéctica entre el caos y el orden, y propone que la fiesta por momentos instituye el tiempo mítico y reactualiza el caos primordial[18]. La primera edad, llamada también Edad de Oro por Caillois, es la del caos, lugar de todas las metamorfosis y de todos los milagros, la infancia del mundo. Pero con la primera muerte se establece un orden en el mundo y empieza un régimen de causalidad. La historia del mundo estaría oscilando siempre entre un régimen del orden, y épocas, en las que se trata de recuperar el caos primordial. La fiesta es tan importante porque marca y recuerda la diferencia entre la edad del caos y la edad del orden. En el mundo moderno, según Caillois, estas funciones las llenan los cambios entre la guerra y la paz, la prosperidad y la destrucción, la tranquilidad y la violencia. Para Caillois, por ello, el tiempo es fundamentalmente cíclico, no hay progreso, y por tanto, no hay diferencia esencial entre las diversas sociedades.

La estructura de *El reino de este mundo* de Carpentier es muy similar a esta cosmología primitiva esbozada por Caillois, pero con la diferencia de que Carpentier confronta este esquema con la historia de la Revolución Haitiana. En una misma oscilación entre caos y orden, guerra y paz, las épocas se siguen de manera cíclica sin que haya noción de progreso[19]. La historia de la Revolución Haitiana, sin embargo, fue iniciada por las ideas de la Ilustración francesa, representación por excelencia del progreso de la razón y un modelo teleológico de la historia.

Como para subrayar una visión histórica circular y a un tiempo dialéctica, Carpentier colocó en el principio y el final de su relato dos escenas correlativas. Al inicio del relato, las cabezas de cera de la peluquería, en yuxtaposición con la del amo y la cabeza cortada del rey de Francia, representan el orden que será destruído por la rebelión de los esclavos. Al final del relato, los objetos dispares con los que convive en el palacio Ti Noel, en desconocimiento total de su función

---

[18] «La fête se présente en effet comme une actualisation des premiers temps de l'univers, de l'Urzeit, de l'ère originelle éminemment créatrice qui a vu toutes les choses, tous les êtres, toutes les institutions se fixer dans leur forme traditionnelle et définitive. Cette époque n'est autre que celle où vivaient et agissaient les ancêtres divins dont les mythes rapportent l'histoire» (Hollier 1979: 655).

[19] En *¡Écue-Yamba-Ó!* también la noción del tiempo es cíclica, como vimos en el capítulo anterior. Sin embargo, la primera novela de Carpentier se confina al ámbito de lo doméstico, o sea, a la familia.

original, representan el caos. Finalmente, es una asociación secreta, forjada por el jamaiquino Bouckman y por el siguiente sacrificio ritual de un animal, la que logra con su cohesión y fuerza el éxito de la Revolución Haitiana.

Carpentier toma el ejemplo de los haitianos para mostrar a un pueblo victorioso a raíz de sus creencias religiosas. Similar a la búsqueda de Bataille de un «nuevo mito», *El reino de este mundo* no se propone como ficción sino como relato mitológico, y tiene en esta función casi un carácter ejemplar o didáctico[20]. La nueva ficción debe fundirse con el mito moderno según la fórmula encontrada por Bataille[21].

Más allá de estas afinidades temáticas, las leyendas haitianas de *El reino de este mundo* recuerdan los relatos de un Bataille o Leiris en tanto aluden a transformaciones violentas, a sacrificios y a motivos de la tragedia clásica. Veamos, por ejemplo, la visita de los esclavos Mackandal y Ti Noel a Maman Loi:

> A veces se hablaba de animales egregios que habían tenido descendencia humana. Y también de hombres que ciertos ensalmos dotaban de poderes licantrópicos. Se sabía de mujeres violadas por grandes felinos que habían trocado, en la noche, la palabra por el rugido. Cierta vez, la Maman Loi enmudeció de extraña manera cuando se iba llegando a lo mejor de un relato. Respondiendo a una orden misteriosa, corrió a la cocina, hundiendo los brazos en una olla llena de aceite hirviente. Ti Noel observó que su cara reflejaba una tersa indiferencia, y, lo que era más raro, que sus brazos, al ser sacados del aceite, no tenían ampollas ni huellas de quemaduras, a pesar del horroroso sonido de fritura que se había escuchado un poco antes (39-40).[22]

Estos relatos de Maman Loi son muy parecidas a ciertas imágenes oníricas surrealistas –las penetraciones de mujeres por animales recuerdan la fascinación de Bataille o del Marqués de Sade por el sacrificio erótico[23]. Escenas

---

[20] Edouard Glissant atendía a este carácter demostrativo de *El reino de este mundo* (y *Los pasos perdidos*) cuando escribió en su reseña que la obra tenía un «carácter de debate» (Glissant 1956).

[21] André Breton también, en sus entrevistas radiofónicas, expresó su acuerdo con el deseo de Bataille por crear un «nuevo mito», que para Breton debía seguir el molde utópico de Charles Fourier. «Scientific knowledge of nature can be worthwhile only on condition that contact with nature via poetic and, dare I say, mythic routes be reestablished...» (Breton 1952: 206-208).

[22] Carpentier 1949. Los números de página se refieren a esta primera edición.

[23] Véase, por ejemplo, la imagen del Minotauro pintada por André Masson en el volumen *Sacrifices*, de Georges Bataille (1936). El Minotauro es el monstruo de la mitología

como la de hundir los brazos en aceite hirviente se veían, según Emma Speratti-Piñero, en ceremonias de iniciación del vudú y la santería, o cuando «baja un santo», pero también subrayan el momento irrepresentable o alucinante del cuento de Maman Loi (Speratti-Piñero 1981: 575). En *El reino de este mundo* estas imágenes surrealistas están siempre justificadas por episodios o motivos históricos. Incluso la tradición haitiana de contar leyendas y cuentos, tal como es descrita en *El reino de este mundo*, fue investigada justo en los años treinta por un movimiento haitiano llamado «Les Griots»[24].

El ejemplo más llamativo de esta mezcla cabal entre imaginería surrealista y ambiente antillano es la escena que da título al primer capítulo: «Las cabezas de cera». La historia comienza con la compra de un caballo cuadralbo por el esclavo Ti Noel, cuyo amo confía en él en materia de caballos. Cuando el amo entra en una peluquería donde están expuestas cuatro cabezas de cera con pelucas, éstas parecen «tan reales» que el esclavo recuerda la cabeza parlante de un embaucador que había estado de paso en la ciudad. Además, la carnicería de al lado de la peluquería exhibe cabezas de terneros que se ven igual de «cerosas» que las otras. Ti Noel mismo asocia una imagen con la otra, pensando en que «al lado de las cabezas descoloridas de los terneros, se servían cabezas de blancos señores en el mantel de la misma mesa» (25). Además, el librero de al lado expone un diario con la cabeza del rey de Francia enmarcada. Esta cadena surreal de imágenes es llamativa por la coincidencia arbitraria y poética a la vez, y por ser premonitoria del futuro: las cabezas de los amos efectivamente serán degolladas en la Revolución. Las cabezas de cera son así la imagen, el núcleo artificial del relato, que instaura un sistema de correspondencias entre los objetos y el hombre que creará su propia historia.

Otro motivo importante en *El reino de este mundo* asociado a la vez con el mito nuevo y con el surrealismo, como vimos en el capítulo anterior, es el de la metamorfosis. Según Marina Warner, la metamorfosis forma el «principio de vitalidad orgánica y el pulso en el cuerpo del arte. El concepto se encuentra en el corazón del mito clásico u otro, presidiendo la práctica de la magia» (Warner

---

griega que, siendo de cuerpo humano pero de cabeza taurina, devoraba doncellas inocentes. André Breton dirigió en los años treinta una conocida revista intitulada *Minotaure*. También existe una serie de dibujos de Picasso con el motivo del Minotauro.

[24] Griot significa en el *creole* haitiano algo como «bardo», y se refiere al narrador o cantante de cuentos y leyendas. El movimiento de los Griots estaba motivado por el interés en la cultura haitiana y creó una literatura, una poesía y una música nuevas, basadas en sus estudios folclóricos que se inspiraban en la tradición europea que se remonta al griego Pausanias, a Perrault, los hermanos Grimm y Walter Scott. Véase Oriol, Viaud & Aubourg 1952: 23-38.

2002: 2). En *El reino de este mundo* hay dos tipos de metamorfosis. Una es la metamorfosis mítica y con fines destructivos, que queda sin explicación: es el caso de la licantropía, donde las mujeres son violadas por grandes felinos. El otro tipo de metamorfosis es, como vimos más arriba, el de Mackandal, que adopta para esconderse forma de animal: «De metamorfosis en metamorfosis, el manco estaba en todas partes, habiendo recobrado su integridad corpórea al vestir trajes de animales». De manera similar, Ti Noel aprende con los años a transformarse en animal. En Ti Noel, tal vez más que en Mackandal, la transformación comporta un elemento de anagnórisis. Escribe Marina Warner sobre este tipo de metamorfosis que se relaciona con el reconocimiento y el aprendizaje:

> Pupation, the weaving of the cocoon, followed by the sudden, wondrous emergence of the imago –the butterfly– from the chrysalis, offered, in the classical repertory of symbols, a correlative of hatching, with the significant difference that while hatching produces like from like, as does viviparous birthing, pupating produces something almost entirely unpredictable... Many metamorphic tales, classical or classical by emulation, follow this pattern of arriving at anagnorisis or recognition through a series of concealments, or even disfigurements, of revealing true, inner character through a series of outer changes of shape. (85)

En contraste con la repetición de lo mismo, con el cambio de hombre en animal y viceversa que representa el eterno devenir circular de la vida, este segundo tipo de metamorfosis implica una noción de progreso hacia algo mejor, por más «verdadero».

Cada uno de estos dos tipos de metamorfosis apunta hacia dos visiones históricas distintas: en el caso de Mackandal es una historia circular, regida por transformaciones repentinas, pero en la que el hombre siempre vuelve a ser el mismo; en el de Ti Noel, al contrario, aprendemos con él una lección: el reconocimiento de su mortalidad lleva a una especie de moral o conclusión del relato diferente de lo que vimos al principio. En vez de afirmar la circularidad del mito, la reproducción de siempre lo mismo en un estado eterno de cambio metamórfico entre paz y violencia, Carpentier le da a su relato una trama histórica que tiene que terminar de manera abrupta: el momento de anagnórisis de Ti Noel, en el que reconoce que todo depende de él como hombre es seguido por una especie de *Deus ex máquina*, un «gran viento verde» que se lo lleva todo al final.

El reino de este mundo sigue así, a pesar de someterse aparentemente a un vaivén eterno entre progreso y reacción, paz y guerra, una estructura teleológica que contrasta con el principio cíclico de *¡Écue-Yamba-Ó!* y con las ideas del Collège de Sociologie. Esta progresión histórica se explica mejor si nos fijamos en el fondo religioso del relato. Carpentier conocía bien los estudios de los etnólogos haitianos del momento sobre el vudú haitiano, y los usó para hacer una propuesta histórica importante sobre la Revolución Haitiana.

III.2. Carpentier y el Bureau d'Ethnologie Haitienne. Los cantos vudú de *El reino de este mundo*

> *La religion s'évanouit, mais le mythe poétique n'en demeure pas moins nécessaire*
> Benjamin Péret

Cuando Alejo Carpentier visitó Haití en diciembre de 1943 satisfizo una curiosidad de hacía ya mucho tiempo. Contrario al sorpresivo descubrimiento que sugiere en el «Prólogo» a *El reino de este mundo* (1949), Carpentier se había familiarizado desde finales de los años veinte con el folklore y la cultura haitianos. Hasta había hecho, a principios de los años treinta, los arreglos musicales para un documental sobre Haití producido en Francia, que por desgracia nunca llegó a estrenarse[25]. Sus informaciones provenían de varias fuentes de alcance fácil en la época. Por un lado estaba el libro de William Seabrook, *The Magic Island*, publicado en 1928 en inglés, que había tenido en Francia una recepción excepcional. Su traducción al francés apareció un año después con prólogo de Paul Morand, un escritor de relatos de viaje cotizado en la época. El propio Carpentier escribió una reseña sobre Seabrook que se publicó en *Carteles*, y en la revista de Georges Bataille, *Documents*, había aparecido en 1929 un comentario nada menos que de Michel Leiris sobre el libro de Seabrook[26]. Cuando en 1932 se hizo la primera película «vudú» sobre Haití, llamada *White Zombie*, la trama se basaba también en *The Magic Island*. Por otro lado, la ocupación norteamericana de Haití había creado en el país un movimiento intelectual importante que, similar al movimiento afrocubano, buscaba defender mediante el regreso al folklore y la historia la propia cultura nacional frente a la norteamericana. Uno de los resultados más importantes

---

[25] Vásquez 1983: 20. En comunicación personal, Carmen Vásquez confirmó que la película desafortunadamente ya no existía (correo electrónico de la autora, 16 abril 2003).

[26] Véase respectivamente Carpentier 1931e y Leiris 1929: 334.

de este movimiento fue el influyente estudio de Jean Price-Mars, *Ainsi parla l'oncle*, muy leído por su generación y publicado en 1928, el mismo año que el libro de Seabrook.

El juicio sobre la cultura haitiana y sobre todo sobre el vudú, su religión, que justo entonces había empezado a hacerse conocida, difería mucho de un escritor a otro. Las «ruinas poéticas de Sans-Souci» (Carpentier), y la «magia» primitiva de su pueblo (Leiris), parecían evocar tópicos baudelairianos de otros mundos paradisíacos y grandes civilizaciones. Por otra parte, el imaginario siniestro de los llamados zombies y de espíritus misteriosos fascinaba a razón de su parecido con los cuentos de un Edgar Allan Poe[27].

Entusiasmado por esta perspectiva europea, Carpentier empezó a nutrir su interés con lecturas etnográficas e históricas sobre el vudú. Fueron sus amplias lecturas sobre el vudú, y no una experiencia epifánica en Haití mismo, las decisivas para el desarrollo de su teoría de lo real maravilloso y la ulterior escritura de *El reino de este mundo*. La atención de Carpentier había sido atraída por la capacidad del vudú para movilizar a toda la comunidad negra por una causa. Su conocimiento del vudú haitiano provenía de un equipo de etnólogos haitianos formados en París y activos en Haití desde fines de los años treinta: el Bureau d'Ethnologie Haitienne.

Descubrimos los contactos continuos de Carpentier con la etnología haitiana en una publicación de 1952, el boletín *Le mouvement folklorique en Haïti*, donde aparece el siguiente extracto de un artículo suyo escrito originalmente para la columna «Letra y Solfa» de *El Nacional* de Caracas:

> Parallèlement au roman, l'Ethnographie connaît, en Haïti, un développement réellement prodigieux, si on retient que son opportune orientation, se consacrant à la recherche de la vérité, eut à se heurter, dès le début, à d'inévitables préjugés. Il est rare le mois où l'Imprimérie de l'êtat à Port-au-Prince, ne livre au public un volume, une monographie, une série de brochures qui étudie quelques aspects du folklore, de la langue ou des cultes populaires haïtiens. Hier, M. Lorimer Denis nous parlait de «l'Evolution stadiale du Vodou» et esquissait une première organographie haïtienne. Maintenant, c'est Michelson Hyppolite qui nous parle de la «Littérature populaire haïtienne» et des «Origines des variations du Créole haïtien». A l'ombre du maître Price-Mars [à] qui nous devons l'ouverture des premiers sentiers dans l'exhubérante broussaille du synchrétisme religieux haïtien

---

[27] En el capítulo que Carpentier publicó antes de la aparición de la novela había una comparación explícita entre la citadela La Ferrière y un cuento de Poe. El interés de Carpentier por Haití radicó probablemente en correspondencias poéticas de esta índole. Véase Smith 1984b: 205-215.

travaille une équipe de jeunes intellectuels groupés dans cet admirable Musée d'Ethnologie d'Haïti –un des lieux les plus fascinants qui existent dans le Continent– dont la conservation est confiée, depuis quelques années, à ce passioné étudiant des religions populaires de son pays qu'est M. Lorimer Denis.[28]

Llama la atención este conocimiento detallado de la etnología haitiana. Carpentier describe los diferentes estadios de la evolución de ésta desde los años veinte, con derroche de nombres y de títulos. Vemos que no sólo conoce al famoso etnólogo haitiano Jean Price-Mars, sino también el movimiento posterior reunido en los años cuarenta bajo el nombre de Bureau d'Ethnologie de la République Haïtienne. Es más, entre los etnólogos haitianos, Carpentier es conocido en 1952 como «etnógrafo y músico» o como «escritor y etnógrafo» cubano, su fama para ellos basada obviamente en sus intereses científicos más que en los literarios (Oriol, Viaud & Aubourg 1952: 42; 113). Conviene recordar que Carpentier en este momento acababa de publicar su ensayo musicológico *La música en Cuba* (1946), y prácticamente no era conocido como novelista. Su única novela, *¡Écue-Yamba-Ó!*, era de 1933 y había tenido escasa circulación. El lugar de encuentro y de discusión entre el cubano y los haitianos, se nota en la cita, es el museo de la capital haitiana, Port-au-Prince, y no la biblioteca o las tertulias literarias.

Sabíamos que *El reino de este mundo* se apoyaba, como dice Carpentier en el «Prólogo» a la novela, sobre una documentación histórica extremadamente rigurosa, y la crítica ha mostrado que Carpentier había recurrido sobre todo a *La descripción géographique de l'Isle de Saint Domingue* del abogado y contemporáneo de la Revolución Haitiana Moreau de Saint-Méry, un personaje que, de hecho, figura en la novela[29]. Lo que no se ha considerado hasta ahora es que al lado de estos textos históricos aparece en el mismo «Prólogo» un ensayo del etnólogo haitiano Jacques Roumain, *Le tambour Assoto(r)*, proveniente también del Bureau d'Ethnologie, lo cual es otro indicio de que la etnología haitiana desempeña un papel importante en la creación de *El reino de este mundo*. En su visita a Haití de 1943, que hizo en calidad de delegado cultural de Cuba y donde

---

[28] Oriol, Viaud & Aubourg 1952: 113. El artículo de Carpentier para «Letra y Solfa» se titula «Miremos hacia Haití» (12 de septiembre: Entrada 1216 de García Carranza 1984).

[29] González Echevarría 1993: 159-162. Sobre los cambios de hechos históricos en la novela, véase Smith 1984b y Speratti-Piñero 1981. Speratti-Piñero hace un recuento detallado de las fuentes históricas de Carpentier. Según ella, el relato es «un mosaico increíble» de fuentes declaradas o calladas que muestra la investigación profunda hecha por Carpentier.

impartió dos conferencias sobre «La evolución cultural de América Latina»[30], el interés de Carpentier por Haití es político –el conferenciante subraya que la Revolución Haitiana fue la primera revolución latinoamericana de origen genuinamente popular, y luego esboza un análisis de las mentalidades, con escasa mención de la literatura latinoamericana–. Fue a más tardar con ocasión de esta conferencia que Carpentier conoció a algunos de los grandes etnólogos haitianos de la época. Podemos ver en esta coincidencia entre el interés carpenteriano por el éxito inverosímil de la Revolución Haitiana y las investigaciones haitianas sobre el vudú la primera semilla de lo que iba a ser *El reino de este mundo*.

A Carpentier y a los haitianos les reunió su interés por un episodio específico de la Revolución Haitiana, el llamado «Pacto de Sangre»: la noche en la que los esclavos negros, reunidos en el bosque Caimán, juraron fidelidad al jamaicano Bouckman en un ritual vudú que terminó con el sacrificio de un puerco cuya sangre bebieron todos. Bouckman iba a ser el líder de la primera rebelión abierta contra los amos blancos. Carpentier mencionó este episodio en su conferencia por su significado épico, y sabemos que su presentación fue escuchada por Lorimer Denis, porque tres meses después de la visita del cubano cita a Carpentier en una publicación suya sobre «Le Serment du Bois-Caïman»: «Cette cérémonie a retenu l'attention de penseurs éminents de cet hémisphère. Soulignant la grandeur de ce haut fait de notre épopée nationale, M. Alejo Carpentier, ethnographe et musicien cubain a pu dire: "Le Serment du Bois Caïman est un des événements capitaux de l'histoire de notre continent"» (Oriol, Viaud & Aubourg 1952: 42)[31]. Denis, en su propia conferencia, realza el elemento «místico» del Pacto de Sangre como impulso para la Revolución, lo cual refuta la tesis según la cual la noticia de la Revolución Francesa y luego las disputas entre blancos y mulatos habrían sido los motivos para el éxito de la Revolución en Haití. Carpentier hará del Pacto de Sangre una de las dos escenas centrales de su relato, enfatizando el momento espontáneo, apersonal y «mágico» de la confluencia entre tempestad, conmoción colectiva y ritual vudú.

El énfasis en sus propios estudios de la cultura haitiana se nota en la ironía con la que Carpentier comenta la visita de André Breton a Haití en 1944, en la que el poeta efectivamente presenció una ceremonia vudú. Dice Carpentier sobre la reacción de Breton:

---

[30] De ellas, nos quedan dos artículos en el *Haïti-Journal* que comentan las conferencias de Carpentier. *Haïti-Journal* Dic. 23, 1943: 4; Dec. 28, 1943: 1-2. Extractos de las dos conferencias también se publicaron en 1945 en la revista de Aimé Césaire, *Tropiques* 12 (Reprint. París: Jean-Michel Place, 1994): 217-219.

[31] Esta cita de Carpentier aparece textualmente en el *Haïti-Journal* Dec. 28, 1943: 1.

Pero tan poco preparado estaba para recibir la violencia surrealista de nuestro mundo que, pocos años después, siendo invitado de Pierre Mabille en Haití, al asistir a una ceremonia vudú (donde –puedo asegurarlo– no se jugaba con lo maravilloso), puesto en contacto con lo maravilloso activo, presente, vigente, de mujeres que hacían corbatas, collares, con hierros calentados al rojo, sin sentir mayor dolor ni desasosiego, el Gran Pontífice del surrealismo, estuvo a punto de desmayarse de espanto: «C'est horrible –exclamaba– C'est horrible!» (Carpentier 1985: 283).

Carpentier presenta el distanciamento literario de Breton en contraste con su conocimiento íntimo del vudú. Para Breton lo maravilloso sigue dentro del ámbito de lo literario y representa lo bello, mientras que para Carpentier es lo «insólito, lo singular, lo inhabitual, bello o feo, hermoso o terrible, jubiloso o lúgubre» (284). Lo maravilloso, según Carpentier, niega la división entre vida y estética, y se asocia con el conocimiento y con la emoción, no tanto con lo bello.

La etnología haitiana estaba al tanto de la última investigación sociológica y psicoanalítica. Novedoso de la etnología haitiana era, por ejemplo, su exploración sistemática de la relación privilegiada entre la religión –el vudú– y el subconsciente colectivo. Sobre todo los jóvenes mostraban un buen conocimiento del psicoanálisis al explicar las prácticas del vudú, pero centrándose en su análisis en los efectos sociales de la experiencia extática y no tanto en su posible origen individual o patológico[32]. En Haití se notaba, según los etnólogos haitianos, que la fuerza motriz de la historia haitiana era una dinámica colectiva religiosa y no las ideas o la educación de un pueblo[33]. De la generación anterior (Jean-Price Mars y Jacques Roumain, entre otros), varios habían estudiado sociología en París con Marcel Mauss, y les interesaba usar los principios del don, el sacrificio, la fiesta y la separación entre lo sagrado y

---

[32] El hijo de Jean Price-Mars, Louis Mars, había estudiado, por lo visto, en Estados Unidos y en Francia. Por la bibliografía de su libro se ve que estaba familiarizado con Freud y con la antropología americana de Franz Boas y otros. Véase Mars 1946.

[33] Louis Mars habla de un mecanismo de transferencia freudiana: «A la vérité, la vie sociale se reflète à travers le psychisme humain comme dans un miroir. L'homme projette ce schème à l'extérieur en le chargeant d'anxiétés, en l'animant de ses désirs et de ses rêves, mécanisme de projection de Freud. Les Zars, les génies, les loâs, ce sont des créations de notre esprit; nous les vivifions de notre souffle. Nous les faisons s'agiter dans le cadre de notre histoire; il a fallu qu'ils prennent part à la guerre de l'Indépendance. Ceux d'Afrique s'étaient donné rendez-vous à la cérémonie de Bois-Caïman: braves comme nos pères, frappés du sceau de l'héroïsme comme les sublimes Revendicateurs de 1804. Hier encore Dessaliness s'est incarné» (Mars 1946: 81). Véase al respecto Dash 1981: 98-129 (capítulo 4: «The Way Through Africa: a Study of Africanism in Haiti») .

lo profano en la investigación de su propia cultura. Estas dinámicas colectivas explican, según ellos, por qué las rebeliones «primitivas» de Mackandal y luego de Bouckman habían sido más importantes para Haití que el reino del déspota ilustrado Henri Christophe.

El reino de este mundo sigue estos preceptos sociológicos. Se podría decir que da una «descripción densa», en palabras de Clifford Geertz, de la cultura haitiana para destacar la relevancia del vudú en su historia (Smith 1984b: 206). La tesis de que fue gracias al vudú que se consiguió la abolición de la esclavitud en Haití, en todo caso, es bastante atrevida; fue desarrollada obviamente en discusión con los etnólogos haitianos que Carpentier había encontrado en su visita[34].

Explícitamente, sin embargo, en *El reino de este mundo* el vudú es mencionado sólo una vez; marca precisamente la única fuente histórica que tenemos sobre el «culto de la culebra», –es decir, el vudú– la de Moreau de Saint-Méry (90). Aparte de esto, son más bien las proporciones de los episodios las que ponen de manifiesto la importancia del vudú para el relato. Mientras que las acciones de Mackandal y Bouckman reciben un espacio desmesurado, Toussaint-Louverture, el más famoso de los tres héroes negros de la independencia haitiana, conocido como el «Napoleón negro», no aparece ni siquiera en el relato; Dessalines, el segundo líder, aparece muy poco, aunque haya sido él quien declaró la independencia; pero se dedican en cambio cinco capítulos a Henri Christophe, quien nunca fue reconocido como rey en toda la isla (Smith 1984: 275-287). Esta distorsión histórica se debe, creo, a la escasa importancia que tuvo el vudú para el gobierno de Toussaint-Louverture, el más «ilustrado» de los tres; en cambio, la conflictiva alianza de Henri Christophe con el catolicismo y contra el vudú fue crucial para su derrota y suicidio. Dessalines se menciona en el relato sólo para destacar que su victoria se debía a «una preparación e intervención de las divinidades de la pólvora y del fuego, caídas en posesión, etc.» (122)[35].

---

[34] Elzbieta Sklodowska, en un reciente artículo, presenta y resume la discusión cubana sobre Haití como una «compleja mezcla de fascinación y abyección» (Sklodowska 2004: 292). Carpentier obviamente representa esta perspectiva particularmente cubana de ansiedad hacia los braceros en su primera novela, *¡Écue-Yamba-Ó!* (Sklodowska 2004: 290). En *El reino de este mundo* eso cambiará, debido a los estudios etnológicos haitianos de Carpentier.

[35] Los tres líderes negros prohibieron la práctica del vudú en Haití. Sin embargo, su relación con el vudú fue problemática en los tres casos. Según James G. Leyburn, Toussaint fue el que más severamente reprimió el vudú; Dessalines era el más supersticioso de los tres y vivía aterrorizado por posibles brujerías, mientras que Henri Christophe se mostraba ambiguo en sus creencias. Véase Leyburn 1966: 139-140.

La selección rigurosa de episodios significativos con respecto al vudú se nota también al nivel de los personajes. La vida del protagonista Ti Noël se caracteriza por su aprendizaje del vudú con Maman Loi y Mackandal hasta que al final del relato sabe ya cómo comunicarse con la naturaleza. Incluso una blanca como Paulina Bonaparte es iniciada al vudú por su esclavo, y vuelve a Italia con un amuleto de Papa Legba que la protege contra la fiebre amarilla. Pero donde más claramente se ve el vudú en acción es en dos escenas, la levitación de Mackandal frente a un público de negros y blancos, y el ya mencionado episodio del Pacto de Sangre. En él la reunión convocada por el jamaicano Bouckman pasa de ser un discurso ilustrado a una oración a los dioses africanos:

> Y de las aclamaciones que ahora lo rodeaban brotó la admonición final: –El Dios de los blancos ordena el crimen. Nuestros dioses nos piden venganza. Ellos conducirán nuestros brazos y nos darán la asistencia. ¡Rompan la imagen del Dios de los blancos que tiene sed de nuestras lágrimas; escuchemos en nosotros mismos la llamada de la libertad! (79)

Bouckman maneja los dos discursos, pero el verdaderamente poderoso proviene del vudú, religión vigente y razón de ser para los esclavos negros. Las palabras de Bouckman, de hecho, son aquí citas directas del relato de Jean Price-Mars sobre la misma reunión en *Ainsi parla l'oncle*, lo cual muestra la precisión de las lecturas y de la escritura de Carpentier[36].

La inserción de textos originales del vudú acompaña el propósito de Carpentier de contar la historia verdadera de la Revolución Haitiana, una historia basada en la fe religiosa más que en corrientes intelectuales. Los textos originales son tomados sobre todo de dos libros, como ha mostrado Emma Susana Speratti-Piñero: de *Ainsi parla l'oncle*, como vimos, y de una colección de canciones de Harold Courlander, publicada en 1939[37]. Carpentier, sin embargo, se toma algunas licencias poéticas: quita versos para insertar las canciones en su propio contexto eufónico, sin preocuparse mucho por su significado original. En el mismo episodio del Pacto de Sangre, una sacerdotisa empieza a cantar:

---

[36] Véase Speratti-Piñero (1981:108), quien muestra que estas palabras de Bouckman son tomadas de Jean Price-Mars, *Ainsi parla l'oncle* (1928).

[37] Courlander 1939. Agradezco la ayuda amable de Ileana Ortega, de la Biblioteca Nacional José Martí en La Habana, quien averiguó que el libro se encuentra en la Biblioteca personal de Fernando Ortiz, donde Carpentier lo pudo haber leído en los años cuarenta en Cuba. Ortiz también escribió una reseña de este libro (Ortiz 1939b: 123-125).

Fai Ogún, Fai Ogun, Fai Ogún, oh!
Damballah m'ap tiré canon,
Fai Ogún, Fai Ogún, Fai Ogún, oh!
Damballah m'ap tiré canon,

Estos versos aparecen literalmente en *Haiti Singing* (79). Ogún Fai se describe allí como el santo más bélico y vital de los Ogouns haitianos[38]. El contenido es agresivo y alegre a la vez, la deidad está jugando con un cañón y amenaza a Damballah con que va a disparar. No sabemos si se cantó esta canción durante el Pacto de Sangre. La canción parece apropiada más bien por su espíritu bélico y por su sencillez y gracia. Lo que importa aquí no es tanto la exactitud de la representación sino el hacer la escena poéticamente expresiva, hacer sentir su espíritu colectivo, movimiento que hace figurar a la sacerdotisa del radá como representante del grupo entero. Por ejemplo, nótese la construcción impersonal de las siguientes frases, donde ella es la agente: es ella «en medio de la grita de sombras», es el machete que «se hundió subitamente en el vientre de un cerdo negro»[39]. El vudú crea una dinámica irresistible y propicia una cohesión de grupo que arrastra a todos en una especie de histeria o posesión colectiva. Los muchos negros se convierten en partes de un mismo cuerpo, su fidelidad al jamaicano se hace inquebrantable.

Los cantos vudú constituyen así una prueba de autenticidad, porque son piezas coleccionadas por un etnólogo y publicadas en el marco de una investigación seria. Los versos en creole, idioma que el lector común no entiende, son la prueba fehaciente de la veracidad del relato. Cumplen, además, una función poética en el relato mismo, la de introducir ritmo y música en el texto y destacar así situaciones especialmente importantes para la comunidad.

---

[38] El canto continúa en *El reino de este mundo* con la evocación de todos los dioses haitianos y termina con la invocación de Ogoun Badagrí, estrofa que no he podido encontrar en ninguno de los manuales consultados.

En *El reino de este mundo* aparece otra canción dedicada a Ogoun Fai, esta vez traducida al español y acortada: «Santiago, soy hijo de la guerra / Santiago: / No ves que soy hijo de la guerra?» (II,5). Se inspira obviamente en la canción citada por Courlander:

St. Jacques ou voyé dit'm ga'çon la guè! St. Jacques ou voyé dit'm ga'çon déja! C'est moin, St. Jacques! Ou pas vè'm ga'çon la guè? (80)

(St. Jacques, you sent to tell me I am a son of battle! / St. Jacques, you sent to tell me I am a full-grown man! / Is it I, St Jacques! / Can't you see that I am a fighting man?)

Las libertades que se ha tomado Carpentier con esta canción pueden indicarnos la preponderancia de su propósito dramático y musical sobre la exactitud filológica.

[39] El mismo episodio se refiere en Seabrook 1929: 312.

Otro lugar prominente donde aparecen cantos vudú, tomados también del libro de Harold Courlander, es una fiesta doblemente importante. Es navidad y el amo de la hacienda Dufrené celebra el nacimiento de un hijo varón cuando reaparece Mackandal por sorpresa, después de cuatro años de andar oculto. Su reencarnación es preparada por una canción «congo», una contradanza africana conocida también en Cuba y en Martinica, y cuyo cuarto verso es omitido por Carpentier:

> Roulé, roulé, Congoa roulé!
> Roulé, roulé, Congoa roulé!
> A for ti fille ya dansé congo ya-ya-ró!
> [Main l'amer'l tombé!] (60)[40]

Aquí, como en la canción a Fai Ogún, no hay un significado religioso o ritual preciso; es una danza popular bailada en fiestas que evoca, incluso atravesando la barrera de la lengua, un sentido de alegría y de ritmo musical, una típica «forma simple» al decir de André Jolles. La segunda canción, sin embargo, tiene un sentido de nostalgia y de dolor, propio de las canciones del exilio. Es un baile llamado yanvalú cuya letra recoge las quejas de una muchacha por su trabajo:

> Yenvalo moin Papa!
> Moin pas mangé q'm bambó
> Yanvalou, Papá, yanvalou moin!
> Ou vlai moin lavé chaudier,
> Yenvalo moin? (62)[41]

La celebración de Mackandal se asocia con la cultura perdida; él representa para los negros la tierra africana que no pueden recuperar: «Al cabo de una espera de cuatro años, el canto se hacía cuadro de infinitas miserias. [...] Como salidas de las entrañas, las interrogaciones se apretaban, cobrando en coro el desgarrado gemir de los pueblos llevados al exilio para construir mausoleos, torres o interminables murallas. ¡Oh, padre, mi padre, cuán largo es el camino! Oh, padre, mi padre, cuán largo es el penar!». El canto colectivo adquiere aquí

---

[40] Tomados de Courlander 1939: 157. La traducción al inglés de Courlander es la siguiente: «Roll, roll, roll the Congo! / Roll, roll, roll the Congo! / A strong young girl dances the Congo violently! Her womb falls».

[41] Courlander 1939: 105. Su traducción: «My Yanvalo, Papa! / I have had nothing but bamboo to eat! / My Yenvalo, my Yenvalo! / Do I have to wash the pots, / My Yenvalo?».

los tonos bíblicos del pueblo exiliado, llenos de dolor y nostalgia. El ritmo mismo de la canción y de la súplica subsiguiente, en su monotonía, connota el estado de cansancio y a la vez de exaltación de la fiesta[42]. Aquí la canción expresa no sólo el sentimiento colectivo de los negros esclavos, sino la elegía de un pueblo exilado. Se yuxtapone la historia del pueblo de Israel con la de los negros haitianos del siglo XVIII, lo cual le da una calidad épica al relato.

Las canciones aparecen agrupadas antes y después de dos escenas importantes para el relato. Estas escenas informan y determinan la secreta dinámica del texto porque contienen las dos formas de manifestación mágica: en la primera escena, la aparición repentina de Mackandal entre los negros, vemos la metamorfosis del hombre en animal y del animal en hombre. La otra escena, el Pacto de Sangre, representa la posesión colectiva de los esclavos negros por el espíritu vudú, que los alía contra sus amos blancos. Por un lado, la metamorfosis del individuo; de otro, el éxtasis de un grupo. A partir de estas dos escenas se explican las otras, la trama entera es como un ir y venir entre estos dos polos, el de la colectividad y el del individuo: las leyendas de Mackandal y Maman Loi representan narrativas de un colectivo; el regreso de Ti Noel al vudú de Haití después de años de exilio en Cuba, el regreso del individuo a su comunidad; las transformaciones de Ti Noel en animal y su transfiguración definitiva, la metamorfosis y muerte del individuo.

La magia vista como ciencia secreta confirma el poder de la religión para sellar pactos entre sus adeptos. Funciona como el milagro en la tradición judeocristiana, o la señal de la gracia de Dios, y es una función esencial tanto de la religión cristiana como del vudú. Así, por lo menos, lo veía la escuela de etnología haitiana. Jean Price-Mars escribe en *Ainsi parla l'oncle* que la magia y la religión se parecen en que representan el deseo de la humanidad por dominar las fuerzas espirituales que la rodean, la magia representando la alquimia entre los distintos elementos de la naturaleza, sus correspondencias secretas, y siendo así la madre de todas las ciencias que vinieron después. La religión por otra parte era una manera de explicar las condiciones materiales que en última instancia no se podían prever ni explicar. Su única diferencia radica en que en el caso de las prácticas mágicas es el curandero el que explica las leyes de la naturaleza, mientras que en el de la religión es Dios. La cosmogonía primitiva, según Price-Mars, tenía de religión y de magia a la vez (1928: 35-37).

---

[42] El ritmo original de la canción expresa lo mismo: como indica Courlander, este baile es «ceremonioso y mesurado» («stately and restrained»), su significado original es el de la súplica.

Esta aproximación entre religión, magia y ciencia, que supuestamente se encontraba en Haití, suscitó interés entre varios surrealistas del entorno de Breton, aunque también escrúpulos. Benjamin Péret, amigo de Breton y de Carpentier, escribe en su *Anthologie des mythes et légendes et contes populaires d'Amérique*: «Si la science est née d'une interprétation magique de l'univers, elle ressemble fort en tout cas à ces enfants de la horde primitive qui, selon Freud, assassinèrent leur père. Les générations futures auront à rétablir l'harmonie entre la raison et la poésie» (1942: 13). Para Péret, la poesía debe restablecer un equilibrio entre lo mágico y la ciencia, para que el colectivo no se vuelva del todo violento y destructivo. La poesía que haya incorporado la magia se convierte en revolucionaria y Péret espera de ella una salvación. Escribe en la introducción a su *Anthologie*: «Il était donné au romantisme de retrouver le merveilleux et de doter la poésie d'une signification révolutionnaire qu'elle garde encore aujourd'hui... Le poète actuel n'a pas d'autre ressource que d'être révolutionnaire ou de ne pas être poète». El poeta se encuentra frente a la única alternativa de ser revolucionario o de no ser.

En *El reino de este mundo*, sin embargo, Carpentier se dedica menos a la poesía que al relato mítico, aprovechándose, claro está, de sus conocimientos de etnología haitiana. La suya es una mitología originaria a la vez que historia, en el sentido de que los elementos mágicos de su cuento nunca aparecen como sobrenaturales sino como resultados de la embriaguez de un ritual, una fiesta o un espectáculo que funden una comunidad, como vimos en las dos escenas analizadas. En general, la religión tiene un papel fundamental para Carpentier y mucho menor para los surrealistas, como vimos. En el «Prólogo» mismo, el famoso pasaje definitorio sobre lo maravilloso está imbuído de terminología religiosa:

> Lo maravilloso comienza a serlo de manera inequívoca cuando surge de una inesperada alteración de la realidad (el milagro), de una revelación privilegiada de la realidad, de una iluminación inhabitual o singularmente favorecedora de las inadvertidas riquezas de la realidad, de una ampliación de las escalas y categorías de la realidad, percibidas con particular intensidad en virtud de una exaltación del espíritu que lo conduce a un modo de «estado límite». Para empezar, la sensación de lo maravilloso presupone una fe (10-11).

No hay ni que mencionar que el «milagro», la «revelación», la «iluminación», la «exaltación» y la «fe» son ideas religiosas, y la descripción del «estado límite» se aproxima en mucho al estado exaltado de la posesión vudú misma. La lista de asociaciones religiosas se podría continuar a lo largo del «Prólogo». Bouckman, por ejemplo es descrito como el «iniciado», la danza colectiva en América tiene un «hondo sentido ritual», etc. Aquí, de nuevo, la analogía entre la magia y la religión nunca se explica, como en *El reino de este mundo* tampoco se «explica» el vudú. Si en el caso concreto de la Revolución Haitiana el vudú fue el impulso religioso decisivo, y eso es lo que propone *El reino de este mundo*, siempre importa ver que la «fe» mencionada en el «Prólogo» puede ser el vudú tanto como el catolicismo; puede ser, de hecho, cualquier religión, porque lo que importa es que logren reunir a una sociedad espiritualmente[43]. Según el «Prólogo», Latinoamérica tiene este potencial para la acción colectiva apoyada en una fe común, mientras que Europa no.

La diferencia entre Péret y Carpentier, sugiere el cubano, es cultural. Para Carpentier, la religión en Latinoamérica es lo que el arte en Europa. En el «Prólogo» el equivalente europeo de la fe puede ser el idealismo de un Don Quijote, o la obsesión de un Van Gogh por el girasol. La historia haitiana se encuentra en continuidad con las historias europeas modernas, y en uno y en otro caso se buscan los principios dinámicos que mueven y funden a una colectividad determinada en un determinado momento. En este sentido, Carpentier está investigando temas afines a los de los miembros del Collège de Sociologie, pero se apoya en una historia y una cultura desconocida por ellos, y en un movimiento intelectual, el del Bureau d'Ethnologie Haitienne, al cual ellos no tienen acceso.

La noción de lo real maravilloso carpenteriano se quiere latinoamericana y no nacional. Aun aquí se encuentra de acuerdo con los miembros del Bureau d'Ethnologie, y tal vez más con ellos que con el propio Fernando Ortiz, más orientado hacia una etnología de corte positivista y nacional. Estos dos movimientos nacionales eran casi contemporáneos: Fernando Ortiz había empezado, a partir de 1906, a investigar la cultura y la religión afrocubanas y abogar en favor de su reconocimiento como parte de la cultura cubana en general; en Haití la búsqueda intelectual de los valores nacionales propios comenzó a partir de 1915, cuando el territorio nacional fue ocupado por las tropas norteamericanas. La primera ola, el Mouvement Indigène, incorporaba, como el movimiento afrocubano en sus comienzos, principios de las vanguardias artísticas, y buscaba sobre todo una renovación del lenguaje poético. El movimiento de los

---

[43] Jean Price-Mars prefiere por eso hablar del vudú como «sentimiento religioso de las masas» o «creencia popular». Una apreciación parecida del papel de la religión en Haití es la de Pierre Mabille en su prólogo al libro de Louis Maximilien (1945). Esto demuestra la popularidad de esta concepción religiosa universalista, tanto en Haití como entre los franceses.

Griots ya se fijó más en la diferencia racial y quiso identificar lo «negro» con lo intuitivo[44]. Recopilaba cuentos y escribía poesías del país a la busca de una recuperación de la cultura oral que enfatizara los elementos exclusivamente haitianos de la propia producción literaria. Los Griots se apoyaron abiertamente en escritores europeos románticos como Charles Perrault, Walter Scott o los hermanos Grimm (Oriol, Viaud & Aubourg 1952: 35).

Las investigaciones del Bureau d'Ethnologíe Haitienne se dirigían en contra de estas tendencias poco menos que reaccionarias. Jacques Roumain, poeta marxista, fundó en 1941 el Bureau d'Ethnologie, para hacer de la etnología haitiana una disciplina respetable que debía recoger todas las labores de investigación sociológica y cultural ya realizadas[45]. Hubo muchos contactos entre el grupo de Roumain y los franceses. Roumain había tomado cursos con Jacques Rivet y Marcel Mauss[46]. Fue nada menos que el director del Musée de l'Homme en París, Georges-Henri Rivière, el que en 1949 se encargó de organizar y de definir el propósito educativo del Musée du Peuple Haïtien (Denis 1953: 9-10). También existían contactos entre los haitianos y la musicología francesa. Así, en un libro reseñado en *Le mouvement folklorique en Haïti –Essai d'Organographie Haïtienne*, de Lorimer Denis y Emmanuel C. Paul–, se describen detalladamente los instrumentos musicales del Museo de Etnología de Haití, pero además se cita el comentario de Andre Schaeffner, musicólogo en el Musée de l'Homme de París, quien escribe en 1948 a Lorimer Denis para dar fe de su lectura del libro, y diciéndole que piensa comparar los instrumentos haitianos con los instrumentos africanos que ha visto. Estos contactos, se puede sospechar, servían para sacar a la etnología haitiana de

---

[44] René Depestre (1968: 41-51) describe cómo el concepto de «negritud» de los Griots fue usado luego por el dictador haitiano Duvalier para establecer una oligarquía negra. Duvalier y sus adeptos, los «tontons-macoute», malinterpretaron el libro de Price-Mars, *Ainsi parla l'oncle*, y lo usaron para justificar su doctrina racista.

[45] Escribe J. Michael Dash sobre este intento: «In the first instance it seems surprising that it is a Marxist and not a blind devotee of folklore who set up the institution. Roumain saw in this institution the possibility of breaking down traditional prejudices against Haiti's indigenous culture not by impassioned rhetoric this time but by making Haitian ethnology a respectable, scientific discipline» (Dash 1981: 140).

[46] Shannon 1996. También es interesante una nota de Léon Damas: «Je suis heureux de rendre visite au Bureau d'Ethnologie d'Haïti, œuvre de Jacques Roumain, que j'avais personnellement invité à la sortie du Congrès des Ecrivains Révolutionnaires de 1938, à s'inscrire à l'Institut d'Ethnologie de Paris, ce qu'il fit avec d'autant plus d'enthousiasme que Jacques Roumain, Haïtien de nationalité et nègre conscient, ne pouvait que mettre à profit, pour le plus grand bien de tous, les cours des professeurs Rivet et Mauss» (Denis (ed.) 1953: 65).

un enfoque demasiado limitado nacionalmente y ponerla en una perspectiva comparativa con otras culturas[47].

El enfoque comparativo fue así una gran preocupación de los etnólogos haitianos; su perspectiva era explícitamente global, y la idea era equiparar la cultura propia con las occidentales. Para ellos, se trataba de esbozar una estructura general en la cual se pudieran incorporar todas las culturas del mundo, organizadas, más que en categorías raciales o cronológicas, geográficamente. Como hemos visto, el modelo «cartográfico» del Musée de l'Homme diseñado por Rivet fue una manifestación concreta de este pensamiento en Francia (Rivet 1929). *The Golden Bough*, el libro de Frazer –del que una versión reducida y más manejable se había publicado en 1922–, fue otro estudio de antropología comparada que sirvió de inspiración en Haití, y en Latinoamérica en general, para investigar la propia cultura de una manera no jerárquica y no nacional.

Las diferencias con Ortiz eran por ello grandes, aunque obviamente los etnólogos haitianos sentían simpatía por el cubano. Al gran etnólogo cubano no le interesaba tanto regresar a una cohesión colectiva ancestral entre los negros de Cuba, sino más bien analizar el carácter actual, mezclado, de sus prácticas para poder establecer vínculos entre negros y blancos en Cuba y llegar así a una noción de cubanidad integral. Escribe Ortiz: «En la religión, el negro [...] fue comparando sus mitos con los de los blancos y creando así en la gran masa de nuestro bajo pueblo un sincretismo de equivalencias tan lúcido y elocuente que vale a veces lo que una filosofía crítica y le abre paso más desembarazado hacia formas más superiores y libres de concebir y tratar lo sobrenatural» (Ortiz 1939: 13). Ortiz es un ilustrado de la etnografía, no le interesan tanto las posesiones o las leyendas negras en sí y se concentra más bien en los objetos, en los «hechos duros» de la cultura afrocubana. Considera el paso de la religión a la ciencia como un progreso y ve la santería como una religión fetichista, todavía dependiente del principio atávico del *do ut des*, e inferior por ello a la religión cristiana. Para Price-Mars, al contrario, las religiones africanas y las occidentales obedecen al patrón común del animismo, según él origen de todas las religiones[48]. Ortiz menosprecia el «culto

---

[47] Roumain no fue el único marxista en interesarse por la antropología comparada. En Inglaterra, los críticos Christopher Caudwell y George Thomson también publicaban a fines de los años treinta libros que se valían de la noción antropológica de lo colectivo para su crítica literaria marxista. Para un resumen de la cuestión, véase Manganaro 1997.

[48] Compárense los respectivos capítulos dedicados al animismo africano: Price-Mars 1928: 85-107 (cap. V: «L'animisme africain»); Ortiz 1906: 23-61 (cap. 2: «La brujería. El fetichismo africano en Cuba»).

de la culebra», antigua forma del vudú, mientras que Price-Mars explica su simbología religiosa, aproximando este culto al motivo de la serpiente en el Paraíso judeocristiano (Ortiz 1906: 47-49; Price-Mars 1928: 118-121). Ya el vocabulario usado por Ortiz muestra su perspectiva exógena ante la cultura afrocubana, como por ejemplo cuando dice que las prácticas religiosas sincréticas son «brujerías», con toda la carga de magia negra que connota la expresión; es decir, más afines a las supersticiones que a otras religiones. La primera novela de Carpentier, ¡*Écue-Yamba-Ó!*, todavía tiene, como hemos visto, mucho de la perspectiva de Ortiz: los cubanos ven a los trabajadores haitianos como una amenaza, también por sus prácticas religiosas.

Es cierto que Ortiz no era el único en hablar de superstición con respecto al vudú. El vudú había sido objeto de múltiples películas en los años treinta y cuarenta que comercializaban la idea de la magia negra y los zombies[49]. Carpentier habla todavía en 1952 de «inevitables prejuicios» ante el vudú, y el mismo Ortiz comenta la falta de «honradez» en los escritos de muchos escritores que viajan a Haití (Ortiz 1939b: 124). Hay, además, una vertiente esotérica difícil de obviar en muchos estudios de la época sobre Haití, empezando por el hecho mismo de que muchos autores habían sido iniciados al vudú y describían precisamente esta experiencia[50].

Un elemento que subraya la tendencia primitivista del vudú, subrayada por unos e ignorada por otros, es el del ritmo. En *El reino de este mundo* aparece el ritmo de los cantos vudú, pero también los tambores, tan importantes en las ceremonias vudú. Casi todos los etnólogos y mitólogos mencionan la música, el baile y el ritmo como algo muy característico de Haití, cuya música se diferencia de la música europea porque donde aquella prefiere la melodía la africana / haitiana privilegia el ritmo[51]. Pero más allá de marcar la diferencia cultural, el ritmo en el baile y la música tienen, como apunta Jacques

---

[49] Bryan Senn (1998) analiza en detalle trece películas americanas estrenadas entre 1932 y 1946, mencionando otras que se perdieron, o que tocan el tema de forma tangencial.

[50] Maximilien 1945. También Maya Deren en su clásico *Divine Horsemen* (1953), hace saber al lector que fue iniciada, e incluso William Seabrook describe en su *The Magic Island* su propio proceso de admisión.

[51] En su prefacio, Pierre Mabille escribe: «La musique européenne, fille de l'instrument à cordes, et peut-être à vent (la flute), a rapidement évolué vers la mélodie. La composition symphonique a traduit la sentimentalité l'intellectualisme des collectivités du Nord. La musique noire, commandée par le rythme des percussions, ébranle la totalité de l'être, mais bien plus, elle touche éléctivement certains centres suivant la hauteur du son et la précipitation du rythme» (Maximilien 1945: xx).

Roumain, la función precisa de provocar el éxtasis y eliminar la consciencia de la realidad, conjurando a través del sacrificio la presencia real de la divinidad[52]. El ritmo es el mediador necesario del pasaje de lo profano a lo divino, de ahí la importancia de seguir estrictamente sus pautas. Toda interrupción o alteración de los pasos del baile puede tener consecuencias graves –puede hasta provocar la muerte de un pariente, porque interrumpe la transición al ámbito de la divinidad (Roumain 1943: 53)–. De ahí que los cantos de *El reino de este mundo* tengan importancia estratégica, porque marcan la transición del tiempo profano al tiempo sagrado.

Los criollos blancos, parece, no reconocieron esta importancia ritual del ritmo, o en todo caso preferían verlo de una manera costumbrista. En la obra de Moreau de Saint-Mery, por ejemplo, el gusto por los bailes aparece como parte de la mentalidad criolla[53]. En *El reino de este mundo* el ritmo les sirve a los negros de idioma secreto que los ayuda a sincronizar la primera rebelión contra los amos blancos; más adelante la rebelión de los negros contra su rey Henri Christophe se anuncia por tambores, que reemplazan la música militar de índole europea. A través del ritmo, lo religioso y lo político se confunden, y los tambores por lo general anuncian la transición del orden a la rebelión y de la paz a la guerra. El ritmo de los tambores marca el pulso colectivo y define la sociedad haitiana como tal.

Aquí se nota de nuevo el contraste con la novela anterior de Carpentier, *¡Écue-Yamba-Ó!* En aquella, los tambores eran el símbolo del determinismo de la raza y llevaban a Menegildo a una muerte prematura. En *El reino de este mundo* Carpentier ya no sigue este estereotipo. El vudú ya no es una práctica siniestra sino que representa la fuerza secreta de los negros. Incluso el elemento del vudú que más choca, su relación estrecha con la muerte y el fenómeno de los muertos-vivos, ha llegado a formar parte natural del universo de *El reino de este mundo*. Las desapariciones de Mackandal y de Ti Noel no constituyen muertes en el sentido cristiano. Sus espíritus continuan animando el «reino de este mundo», sólo que se han transformado en otra materia, en otros hombres

---

[52] «La danse provoque l'extase, anéantit la conscience de la réalité et introduit dans la conscience désagrégée du danseur possédé, une personnalité extérieure imaginaire: un moi-esprit» (Roumain 1943: 8).

[53] Por una parte menciona un baile de los esclavos llamado la «candena», que se hace para venerar a la culebra, pero por otra parte, en un artículo extraído de una enciclopedia colonial, Moreau de Saint-Méry describe el baile como actividad especialmente favorecida por las sociedades antillanas, blancas o negras, es decir, una actividad surgida de la vida en la isla. Lo particular del baile de los negros son, según él, los tambores, a cuyo ritmo bailan los negros. Véase Moreau de Saint-Méry 1796: 43-48.

o animales. Como escribe Price-Mars, el animismo vudú permite considerar al cuerpo humano simplemente como morada del espíritu de la vida. Cuando este espíritu abandona el cuerpo, otro espíritu puede entrar y habitarlo. El «reino de este mundo» es, por ello, el «reino del mundo vudú» –la traducción literal de vudú es «espíritu»– donde el aquí y el allá, todo forma parte de un mundo.

El Bois Caimán, donde había tenido lugar la iniciación de los negros por Bouckman, y donde desaparece al final el buitre, la última metamorfosis de Ti Noel, es así el lugar fundacional de la cultura haitiana, porque aquí todos se hicieron comunidad –«mundo»–; una comunidad sellada por los dioses y la fe, que iba a conducir a una revolución sangrienta, pero que finalmente hizo a los esclavos negros imponerse sobre sus amos blancos[54].

III.3. Negociaciones para un arte revolucionario: Carpentier, Lam y Orígenes

El deseo de una revolución que combinara el cambio social con uno en la cultura nacional marcó la época de los años cuarenta en Cuba, Haití y otros ámbitos caribeños[55]. En Cuba, las propuestas para una nueva cultura cubana fueron por lo menos dos: la del grupo nucleado alrededor de José Lezama Lima, que empezó a publicar su revista *Orígenes* en 1944, y la propuesta de los que habían vuelto recientemente de Europa a Cuba, sobre todo Carpentier y el pintor Wifredo Lam. Estos últimos se valieron de categorías surrealistas del arte revolucionario para desarrollar una estética propiamente latinoamericana[56]. El grupo Orígenes, por su parte, algo desdeñoso de las vanguardias

---

[54] Allan Stoekl escribe sobre el pensamiento histórico de Bataille que el esclavo gana sobre su amo, mediante una especie de destrucción creativa, la evolución de las sociedades; una fuerza puramente destructiva pero necesaria para el progreso de la humanidad (Stoekl 1994: 933).

[55] Aparte del movimiento etnológico por la cultura haitiana descrito arriba, el caso de Aimé Césaire es particularmente iluminador al respecto. El poeta martiniqueño también regresó a fines de los años treinta de Francia a Martinique y fundó allí la revista *Tropiques* y el movimiento de la *Négritude*, que inspirado por el surrealismo quería lograr una mejor apreciación de su propia cultura en la población.

[56] Justo antes de la vuelta de Lam y Carpentier a Cuba se había publicado el *Manifeste pour un art révolutionnaire indépendant* de Breton, Diego Rivera y León Trotsky (1938): «El arte verdadero no se contenta con variaciones sobre modelos 'ready-made' sino insiste sobre la expresión de las necesidades interiores del hombre en su tiempo –este arte verdadero es incapaz de *no* ser revolucionario y de *no* aspirar a una reconstrucción completa y radical de la sociedad» (Trotsky 117, mi traducción). La importancia para los surrealistas de hacer una revolución se evidencia desde el principio en el nombre de sus revistas: *La révolution*

europeas, buscaba la renovación de la cultura cubana desde dentro[57]. Entre los dos grupos hubo un diálogo marcado por silencios y distanciamientos, pero a la vez por la amistad personal y la afinidad intelectual de sus ideas.

Wifredo Lam, que había vivido muchos años en España y luego en París –donde había sido el alumno preferido de Pablo Picasso–, reformuló y creó, a su regreso a Cuba a principios de los años cuarenta, un arte nuevo afín al de Carpentier. Para Lam, como para otros muchos artistas caribeños y latinoamericanos, la vuelta a América después de una vida establecida y cómoda en Europa supuso chocar con un ambiente intelectual que ya no era el suyo. La segregación racial que descubrió en Cuba le despertó deseos de provocar mediante el arte un cambio social. Lam resume el ambiente intelectual con el que en 1941 se encuentra en Cuba de la siguiente manera:

> En Cuba, la poesía de entonces era o políticamente comprometida, como la de Nicolás Guillén y algunos otros, o escrita para los turistas… Yo quería con todo mi corazón pintar el drama de mi país, pero expresando cabalmente el espíritu negro, la belleza de las artes plásticas negras. De esa manera podía yo funcionar como un caballo de Troya que arrojara de sí figuras alucinantes con el poder de sorprender y perturbar los sueños de los explotadores. (En: Fouchet 1976: 34)

Las figuras alucinantes que Lam en efecto produjo se han hecho famosas en la historia de la pintura. Mujeres-caballos, guerreros con cabezas de pájaro, gallos, diablos cornudos, criaturas zoomorfas con dos cabezas o con cara de luna pueblan sus cuadros desde los años cuarenta. Pero, ¿qué función tenían estas figuras no sólo dentro de la evolución artística de Wifredo Lam, sino en el ambiente donde nacieron, es decir, en la Cuba de principios de los años cuarenta –gobierno constitucional de Batista, apoyado incluso por los comunistas, proclama de la primera constitución propiamente cubana en 1940, y un amplio movimiento de unificación nacional? ¿Y cuál era el lugar de Lam

---

surréaliste (1924-29) y *Le surréalisme au service de la Révolution* (1930-33). La confusión de la interpretación surrealista del término con la noción comunista de una revolución política llevó a múltiples malentendidos entre los surrealistas y el partido comunista y en última instancia a la expulsión de los surrealistas del partido.

[57] José Rodríguez Feo escribe así en lo que podemos considerar una alusión al ex-alumno de Picasso, Lam: «Nuestros pintores, inconscientemente, están destruyendo las viejas pautas europeas. El arte que no se renueva, muere. Después de esta guerra, todos los *ismos* de los últimos treinta años quedarán sumidos en el más cruel (y necesario) olvido. Sólo algún académico rezagado seguirá pintando a lo Picasso. Mariano y otros pintores cubanos están creando una nueva estética, pero hasta que ésta no se realice, nosotros debemos silenciarnos» (Rodríguez Feo 1944: 45).

en el debate sobre el arte comprometido que perdía a muchos de sus protagonistas –como Nicolás Guillén, Rubén Martínez Villena o Juan Marinello– al llamado de la política? Lo dicho por Lam muestra que no se interesaba por el tipo de compromiso político al que desembocan éstos. Lam se distancia, como Carpentier, de la literatura comprometida de los años 40. Los dos van a elaborar una estética hecha de mundos alucinantes o «maravillosos», de seres zoomorfos y fitomorfos, de mujeres-caballo y hombres-árboles, que quiere ser una alternativa a la política.

Según Walter Benjamin las alternativas verdaderas para preparar una revolución en estos años eran o cambiar el estado de ánimo de los hombres o cambiar sus circunstancias exteriores. Lam y Carpentier tomaron el camino surrealista de un arte dedicado al desajuste conceptual y a la sorpresa para, en última instancia, lograr un cambio de actitud o disposición antes que uno de circunstancias. En su ensayo sobre el surrealismo Benjamin asevera que el «arma de fuego» más importante de los surrealistas consistía en el privilegio concedido a la imagen. En vez de la confrontación entre una realidad existente y otra utópica, los surrealistas usan el espacio-imagen (*Bildraum*) para ir más allá del realismo, donde espacio-imagen y espacio-cuerpo (*Leibraum*) se compenetran (Benjamin 1929: 308-309). Las figuras híbridas de Carpentier y Lam y las muchas metamorfosis representadas en cuadros de Lam y relatos de Carpentier son versiones de este mismo anhelo de una revolución espiritual antes que material.

Las negociaciones de Lam y Carpentier con la vanguardia cubana, el surrealismo y el arte comprometido son complicadas. Si los dos acabaron por distanciarse tanto del realismo socialista como de la iluminación profana surrealista se debe a una conciencia aguda de la especificidad de la cultura cubana, que no se avenía con ninguno de los dos. Por otro lado, tampoco suscriben el proyecto originista, no han vivido los últimos años en Cuba como para poder adoptar la insularidad como suya. La estética de Lam y de Carpentier es una de distanciamientos continuos, y sin embargo radicalmente comprometida con la causa cubana. Ambos buscan un arte que lleve, mediante un imaginario propio, a concebir una sociedad «otra» que la existente, es decir, una sociedad verdaderamente revolucionaria.

Comparar a Lam y a Carpentier es interesante, me parece, porque la distancia geográfica con Cuba fue un *leitmotiv* en la vida de ambos. Lam y Carpentier han sido considerados los autores más cosmopolitas del arte y la literatura cubanas por haber pasado la mayor parte de sus vidas en Europa, y por haber insistido siempre en el universalismo de su producción artística. De hecho, sus vidas y carreras se cruzan en momentos importantes: los dos viven años formativos en Francia en contacto con los surrealistas, nucleados alrededor de André Breton, y ambos regresan a Cuba, al estallar la Segunda Guerra Mundial, con una visión apocalíptica del Viejo Mundo. En 1942 –en La Habana– empieza el trato amistoso entre ambos. Tienen en común el interés renovado por la cultura afrocubana, van a ceremonias ñáñigas con Lydia Cabrera y otros, y frecuentan a los artistas de la vanguardia cubana que se reunían en la casa del pintor Carlos Enríquez, llamada «El Hurón Azul», en las afueras de La Habana. Los dos además comparten convicciones políticas parecidas; practicaron siempre un izquierdismo más o menos intenso, según las circunstancias de sus vidas: Carpentier en sus artículos desde París y en su novela ¡*Écue-Yamba-Ó!*, Lam luchando en la Guerra Civil Española. Después del triunfo de la Revolución Cubana, en 1959, los dos apoyan el gobierno de Fidel Castro; Carpentier como director de la Editorial Nacional y después en otros cargos de la burocracia cultural, Lam organizando el Salón de Mayo en 1966. Sin embargo, los dos se retiraron pronto al extranjero, y pasaron los últimos veinte años de sus vidas en Francia e Italia respectivamente. Lam y Carpentier pasarán a ser iconos de la nueva cultura cubana, aunque figurando siempre un poco al margen del nuevo canon revolucionario.

Esta posición marginal tiene que ver, creo, con que ambos artistas, siendo tan «cosmopolitas», hayan pasado a formar parte de la llamada «literatura o arte universal» más que de un canon cubano propiamente dicho. A su vez, el experimentalismo y la indiscutible rareza de sus temas fueron interpretados como «inauténticos» en cuanto a su representación de lo cubano. Y es cierto que sus diferencias con respecto a otros grupos de la vanguardia cubana –el grupo Orígenes y el grupo ya mencionado de pintores del Hurón Azul– venían dadas por su prolongado alejamiento de Cuba y su sostenido contacto con los surrealistas franceses. Lejos de ser un estilo importado, ajeno a la realidad que vivían, el surrealismo los llevó a ambos más allá de una visión exótica de lo autóctono, los llevó a buscar los fundamentos conceptuales, basados en la imagen y el ritmo, de un nuevo arte cubano. La distancia de Cuba fue para ambos un incentivo para pensar la cultura nacional en términos desprovistos del simplismo de lo de dentro o lo de afuera, de lo local o lo universal. Carpentier y Lam llegaron a ver lo cubano como un punto de partida más que como uno de llegada o como patria definitiva. Más que en categorías nacionales, pensaban en categorías de historia y revolución, de metáfora o metamorfosis.

La comparación entre Lam y Carpentier muestra lo poco que importa para ellos la distinción entre perspectivas etnográficas como las «de afuera» o las que se pretenden perspectivas «auténticas». Desde joven, Lam había conocido la santería en Sagua la Grande, su pueblo natal, en casa de su madrina

Mantónica Wilson, quien, al parecer, había querido incluso hacer de él un babalao. La suya hubiera sido, por lo tanto, una perspectiva «auténtica». Sin embargo, Lydia Cabrera recuerda que cuando Lam regresó a Cuba en 1940 no parecía saber mucho de religiones afrocubanas, y que ella misma tuvo que explicarle muchos detalles. Fue también ella, la antropóloga blanca, la que dio por esa época títulos africanos a varios de los cuadros de Lam, porque éstos le recordaban ceremonias o episodios de sus investigaciones. En el caso de Carpentier, éste se había interesado por la cultura negra en Cuba en los años veinte, cuando –según se vio antes–, animado por el trabajo de Fernando Ortiz y otros, surgió el movimiento afrocubano. Carpentier había hecho contribuciones importantes al movimiento –sus publicaciones de libretos para dos ballets afrocubanos, una novela y varios poemas musicalizados son testimonio de ello. Todo esto muestra que lo importante no era el origen negro o blanco del artista ni su perspectiva más o menos distanciada de Cuba, sino la voluntad de interpretar y valorizar la cultura afrocubana dentro del contexto político del momento.

Pero la distancia de Cuba sí influyó sobre los dos, aunque en un sentido muy particular, lo cual se observa a su regreso de Europa en los años cuarenta. Carpentier, en sus años de ausencia de Cuba, se había inclinado hacia la ciencia, sobre todo hacia la etnografía. Como escribe en *La música en Cuba*, le parecía necesaria una investigación científica de la cultura afrocubana que permitiera abandonar el folklore ingenuo, de índole europea, que tanto había influido en el movimiento afrocubano. Así critica Carpentier a los compositores cubanos contemporáneos: «huérfano de trabajos científicos en qué estudiar las leyes modales o rítmicas que rigen las músicas negras, el compositor de esta etapa [contemporánea] trabaja con los materiales que ha podido captar al azar de una ceremonia presenciada, sin conocer realmente las características diversas de ese acervo sonoro» (Carpentier 1946: 301). Lam, por el contrario, cuenta su descubrimiento del afrocubanismo como una especie de revelación tardía de la cultura afrocubana después de su vuelta a Cuba. Exilado de Europa y viviendo en La Habana «la tragedia de un desterrado [de Europa]», como dice Lydia Cabrera en un artículo sobre Lam de 1943, el pintor descubrió en la naturaleza de la isla y en la cultura afrocubana material nuevo para su obra (Cabrera: s.p.). Esta lo llevaría a realizar sus cuadros más famosos, como *La jungla*, *La silla* y otros tantos, muy diferentes de los que había pintado en Europa. La idea de incorporar la cultura afrocubana a una nueva identidad nacional estuvo así motivada en los dos por la doble distancia de Cuba y de Europa, que los hacía reconocer el valor de lo local, lo propio, sobre todo en cuanto a su impulso político antiimperialista.

Al mismo tiempo que la estancia en Europa acercaba a Carpentier y Lam a la cultura afrocubana, los dos iban a valerse de los conceptos surrealistas de la sorpresa y de la videncia para darles un significado latinoamericano más político. Este uso del surrealismo «al revés», o sea, invirtiendo las categorías surrealistas, se ve en la importancia concedida por Lam y Carpentier a lo invisible y al ritmo sobre la visión. Mientras que los surrealistas creen en el poder de la visión, Carpentier y Lam van a interesarse por lo que es por definición invisible, lo que se manifiesta sólo por momentos, intermitentemente, como en el «caballo de Troya» del que habla Lam y luego en lo «real maravilloso» de Carpentier. En su «Prólogo» a *El reino de este mundo,* Carpentier se pronuncia contra el realismo socialista de los escritores comprometidos y en favor de un elemento de sorpresa en el arte, del que brota luego lo maravilloso.

Para Breton, por el contrario, la mirada lenta, penetrante, analítica y no inmediata es el concepto esencial. La realidad se divide, según él, en lo que está patente, visible para todos, y lo que está oculto, el «objeto interior». En «Le surréalisme et la peinture» escribe Breton, citando a Gaston Bachelard: «¿Qué es la fe en la realidad, escribe el señor Bachelard, qué es la idea de realidad, y cual la principal función metafísica de lo real? Es esencialmente la convicción de que una entidad sobrepasa su ser inmediato, o para decirlo de una manera más clara, es la convicción de que uno encuentra más interés en la realidad escondida que en lo que se da inmediatamente» (Breton 1945: 130-131; mi traducción). Si para Breton la oposición entre superficie y profundidad tiene que ser superada por la reflexión, Lam y Carpentier reformularán esta estética en términos de la revelación y el misterio como bases de su arte.

La revelación de lo invisible, lo misterioso del ambiente cubano, está siempre en íntima relación con la distancia del observador. Al definir lo que le fascina de Lam, Carpentier escribe en 1944: «El trópico sólo suele comprenderse y sentirse cuando se regresa a él después de prolongada ausencia, con las retinas limpias de hábitos contraídos» (Carpentier 1944i: 225). Para Carpentier, la distancia ante lo propio es promotora de la revelación, que es siempre parcial y momentánea. La relación de lo uno con lo múltiple define así el arte de Lam de manera ejemplar, según Carpentier. La síntesis de lo antillano se obtiene sólo examinando y pintando el detalle único, esencial. El que muchos de los cuadros de Lam sean retratos –*Le guerrier, Zambezia-Zambezia, Belial*– señala este afán por mostrar lo múltiple en una única figura representativa.

A partir de los años cuarenta, los cuadros de Lam claramente combinan y viven de la tensión entre la videncia surrealista y un imaginario cubano. En las dos telas más conocidas producidas por Lam a su vuelta a Cuba,

La jungla y *La silla*, se nota el anhelo por dar una síntesis de la naturaleza cubana. Sobre todo *La jungla* ha sido considerada, justo por eso, «el blasón de una cultura», al decir de Severo Sarduy (1992: 29). Otros han hablado de la cosmología de *La jungla*, representada por pocos elementos: cañas de azúcar, hojas de palmeras y cuatro figuras que podrían simbolizar los cuatro elementos, o si no el universo afrocubano cuya cosmología está basada en un universo dividido en cuatro partes, separadas por los cuatro caminos de la cruz. Las caras de estos seres son dobles, y tienen múltiples ojos –ellos mismos reflejando por un lado la mirada del observador foráneo y por otro animando el monte, porque es eso *La jungla* de Lam: la morada de los dioses afrocubanos descrita por Lydia Cabrera en su clásico libro *El monte*. A estos espíritus los caracteriza sólo su íntima fusión con las cañas y la mirada dirigida hacia nosotros, los espectadores, como diciéndonos que sólo nosotros podemos resolver su enigma. Fernando Ortiz considera esta insistencia en el detalle simbólico como fundamental en el arte de Lam. Escribe Ortiz lo siguiente sobre la sinécdoque en Lam:

> Sinécdoques y metáforas pictóricas. Lo que haya de humano en las telas de Lam será un pecho, una nalga, un pie, unas manos, unos ojos…; de animal se verán un pico, un ala, una garra, un rabo, una pezuña, unos cuernos…; de vegetal sólo frutas, tallos y hojas. Ni un hombre ni una mujer, ni un ave ni un cuadrúpedo, ni siquiera una palma con su penacho, ni una ceiba con su ramaje; nada en su integridad real. Es una ideación metagógica que da expresión sensible a lo inanimado o irreal, que no se detiene en el mundo de las realidades visibles y penetra en el ultramundo donde están las figuras que sólo se descubren por la mentalidad introspectiva, a manera de una visión parasensorial (Ortiz 1950: s.p.).

La falta de conexión entre los diversos elementos les da una calidad metafórica a los diferentes seres y la vegetación. Participan así de los dos mundos, el visible de los europeos y el invisible de los afrocubanos, y se encuentran unidos en la videncia del «objeto interior» que es la magia de este cuadro.

Se han leído varios mensajes políticos en *La jungla*. Pierre Mabille ha interpretado la carencia de una perspectiva central como ausencia de jerarquías en el cuadro, que abogaría por ello en contra de las dictaduras y a favor de la democracia (Mabille 1944). Otros han subrayado el tema de la inaccesibilidad del bosque, de las cañas que funcionan como «cortinas» contra la mirada extranjera (Merewether 1992). Es verdad que, además de los ojos, en *La jungla* son muy pronunciados los pies y las manos; de hecho, no son las cabezas ni los ojos los que llaman la atención a primera vista. Esto apunta hacia un carácter táctil de la obra que parece obedecer a una estrategia de «ritmizarla» –de hacer

Ilustración 18. Wifredo Lam, *La jungla* (1942-1943).
© The Museum of Modern Art.

del ritmo elemento esencial, como vimos en *El reino de este mundo*–. Los pies exageradamente grandes le dan una base ctónica al cuadro, una celebración de la tierra sobre la que se afincan esos pies. Hay figuras que solamente parecen estar hechas de pies, piernas y cabeza; otras que terminarán en nalgas y senos desmesurados. Desde arriba surgen símbolos e imágenes, como las tijeras ofrecidas por una mano desconectada a la derecha, en la parte superior del cuadro, o la luna a su lado. Las manos en esta parte superior crean interrupciones porque cubren o reciben frutas, ojos, hojas, objetos indefinidos. Los miembros de los cuatro seres siempre se confunden con las cañas, son atravesados por ellas y continúan en ellas. El carácter musical de la composición se nota también en la repartición de los colores. Si el tono profundo es el azul grisáceo del fondo de los pies, hacia arriba el blanco ilumina las caras, manos y objetos, que además ganan nitidez con el naranja, amarillo y verde que crean casi una división diagonal en el cuadro, con la parte izquierda dominada por el blanco y la parte derecha dominada por el verde-naranja.

El «ritmo» del cuadro consiste así en el equilibrio entre las estructuras verticales y horizontales, creadas por cañas y manos, y las diagonales que resultan de los colores y de la agrupación de las protuberancias de los tres seres de la derecha. Son enigmáticas estas criaturas en el sentido de que no nos hablan, sino que parecen esperar algo de nosotros. Pertenecen a una cosmología que tenemos que descifrar usando un lenguaje que no es el nuestro y exhibiendo cuerpos que parecen ser símbolos de este nuevo discurso del universo que no conocemos todavía.

El contenido «revolucionario» de este cuadro ha sido resaltado por muchos contemporáneos de Lam. Michel Leiris, otro surrealista amigo de Lam y Carpentier, insiste en el contexto histórico, apocalíptico del cuadro, pintado entre 1942 y 1943, es decir, en medio de la Segunda Guerra Mundial: «Todo aparece en este cuadro conforme a lo caótico de la época en la que se concibió, todo ilustra el tema ambiguo de la metamorfosis, que es y no es destrucción ya que también es renacimiento, como suele ser el caso de la revolución y de la poesía» (Leiris 1997: 56; mi traducción). Lo revolucionario de *La jungla* está, para Leiris, en la incorporación del cambio y de la metamorfosis al cuadro mismo. *La jungla* resulta así parecida al *Guernica* de Picasso: el objetivo de ambos cuadros, más que hacer un llamado a la acción, es representar las fuerzas abstractas que mueven los acontecimientos[58]. Este deseo por alcanzar la abstracción política se ve en varios otros cuadros de Lam, como por ejemplo en *Le guerrier* (1947) o luego en *El Tercer Mundo* (1965-66).

En sus ensayos y conferencias, Carpentier ha sido mucho más explícito que Lam en cuanto al compromiso político de su literatura. Relacionó en diferentes momentos de su carrera lo vernáculo con nociones del arte comprometido o revolucionario. En sus artículos de los años veinte sobre los pintores mexicanos Diego Rivera y José Clemente Orozco alaba una y otra vez el

---

[58] Susan Rubin Suleiman (1989) sugiere que esta voluntad por la abstracción se puede deber al estilo personal de cada artista, y que ciertamente no indica su nivel de compromiso político: «Give the artist a wall, and he will find a style. Malraux found the style of a modern epic, the closest approximation to an affirmative monumentality for his age. Picasso, on the other hand, contested the very notion of epic: the vision of war that Guernica gives is not of men engaged in noble battle, but of blind animal fury and the destruction of women and children» (941)

había formado a lo largo de los años treinta, cuando ellos estaban en el extranjero[59]. Carpentier y Lam habían sido marcados por el movimiento que precedió al de Lezama, el del grupo minorista y la *Revista de Avance*, vanguardia artística que los origenistas rechazaban porque consideraban sus actividades políticas y su periodismo de difusión masiva como un desvío de la vocación poética. El trabajo de Carpentier para órganos de amplia difusión y de poca pretensión intelectual, como las revistas *Carteles* e *Información*, y sus producciones para la radio nacional en los años cuarenta no se avenían con la vocación «secreta» de un grupo que le había reprochado a Jorge Mañach, antiguo miembro del grupo minorista, que en vez de haberse centrado en su obra se hubiera dedicado al periodismo –Mañach escribía para el *Diario de la Marina* y organizó en los treinta un programa radial llamado la «Universidad del Aire».

La idea origenista de dirigirse a un público restringido se ha criticado muchas veces, especialmente después de la Revolución cubana. Sin embargo, no hay que confundirlos con los defensores del arte puro. Como se hace notar en la nota editorial del primer número de la revista *Orígenes*, la renovación del ambiente artístico nacional les importaba tanto como a Carpentier o Lam, pero en sus propios términos: «No le interesa a *Orígenes* formular un programa, sino ir lanzando las flechas de su propia estela […] Queremos situarnos cerca de aquellas fuerzas de creación, de todo fuerte nacimiento, donde hay que ir a buscar la pureza o impureza, la cualidad o descalificación de todo arte» (5)[60]. Como Carpentier y Lam, los origenistas rehúsan separar el arte y la realidad; para ellos, forman un todo orgánico: «cualquier dualismo que nos lleve a poner la vida por encima de la cultura […] es ridículamente nocivo» (6). Su postura es política en la medida en que su «elitismo» es producto del rechazo completo de lo que ellos consideran el comercialismo y la superficialidad de la cultura oficial, que justamente favorece una expresión artística desvinculada de la circunstancia social. María Zambrano en su famoso ensayo «La Cuba secreta» describe por eso el movimiento como un «despertar poético», un fenómeno absolutamente nuevo en la cultura cubana[61]. La definición de cultura mantenida por los origenistas sostiene

---

[59] En *Orígenes* se publicaron tres textos importantes de Carpentier: «Oficio de Tinieblas» (4, 1944); «Semejante a la noche» (31, 1952) y un fragmento de *El acoso*, publicado en el número 36 de *Orígenes* (1954). Lam hizo las ilustraciones de tres portadas de *Orígenes*, del número 5 (1945), el número 16 (1947) y el número 30 (1952).

[60] Cito según la edición facsimilar de *Orígenes* de 1989. Todas las referencias a artículos individuales de la revista *Orígenes* se refieren a la paginación original.

[61] Véase Zambrano 1948. La idea de una élite poética que debe renovar la sociedad cubana desde dentro tiene alguna afinidad con las ideas del Collège de Sociologie antes

compromiso de sus obras con los mexicanos de clase baja, y en la música de un Heitor Villa Lobos o un Amadeo Roldán destaca sobre todo el hecho de que sea vanguardista y vernácula a la vez. Al triunfar la Revolución Cubana, en 1959, Carpentier acata la línea oficial de Fidel Castro, pero no la practica en sus obras sino de forma tangencial. Pero su obra de antes de la Revolución es paralela a la de Lam.

El camino entre el realismo social y el surrealismo buscado por Carpentier también tomó el detalle local convertido en sinécdoque y la metamorfosis como sus motivos principales, por lo menos hasta *El reino de este mundo*. Ya los pueblos de «Histoire de lunes» (1933) y de *¡Écue-Yamba-Ó!* (1933) representan un microcosmos de la sociedad cubana de entonces. En «Histoire de lunes», el cuento del zapatero Atilio dramatiza la relación entre la cultura afrocubana y la modernidad a manera de sinécdoques: el tren –símbolo de las máquinas modernas– entra en el pueblo todos los días e inicia la transformación del zapatero en violador. El alcalde del pueblo es parte del poder ejecutivo cubano, que termina condenando a muerte al violador por ser un «peligro rojo». Es decir, la política queda al margen, pero está siempre presente en esta historia, como en los cuadros de Lam, porque lo que rige estas obras no es un principo mimético sino sintético, que quiere ir más allá de las circunstancias para poder objetivizarlas dentro de una amplia historia de lo vernáculo cubano. La ambigüedad de quién es realmente el asesinado al final de «Histoire de lunes», si el zapatero Atilio o su doble, trasunta la indecisión misma de la cultura cubana del momento, a medias entre las estructuras más tradicionales de la santería y la religión católica y un movimiento comunista moderno que promete cambiar la sociedad radicalmente.

Carpentier volverá una y otra vez sobre las historias de personajes impulsados por la contradicción entre su propio devenir y una actualidad politizada que les pide decisiones tajantes, y así hasta los años de la Revolución. En *El acoso*, por ejemplo, el acosado se esconde en casa de su madrina negra –y probablemente santera– para ser ejecutado al final por haber traicionado la causa de los estudiantes revolucionarios. Y en *El reino de este mundo* los protagonistas Mackandal y Ti Noel se transforman y pasan por un ciclo de metamorfosis para encontrar una actitud adecuada frente a los acontecimientos políticos, que se limitan a ser el paso de un gobierno injusto a otro. En estos relatos de Carpentier prima una actitud de pesimismo radical frente a la política, a la que se opone el poder recreador de la cultura afrocubana.

Si bien Carpentier y Lam tenían mucho en común con el grupo de *Orígenes*, no consiguieron integrarse nunca a su ideología. Ambos publicaron en *Orígenes*, pero permanecieron siempre al margen del grupo de poetas católicos, que se una «vinculación a las propias raíces» que se defiende contra el arte puro y contra el «arte doctrinal» a la vez.

Al contrario de Carpentier y Lam, la búsqueda de las propias raíces culturales lleva a los origenistas a defender una noción de «patria» y de lo criollo que los dos cubanos viajeros no podían compartir. Su insistencia en la cultura blanca española trasplantada a la isla se opone al interés afrocubano de Carpentier y Lam, como también su voluntad de hablar desde un lugar preciso, la isla. Un ejemplo de esta concentración en el «acá» es el poema «Pensamientos en La Habana» de Lezama Lima, en el que el «yo» se define por el lugar de donde es oriundo, donde vive, y de donde no se irá. El poema comienza así:

> Porque habito un susurro como un velamen,
> una tierra donde el hielo es una reminiscencia,
> el fuego no puede izar un pájaro
> y quemarlo en una conversación de estilo calmo.
> Aunque ese estilo no me dicte un sollozo
> y un brinco tenue me deje vivir malhumorado,
> no he de reconocer la inútil marcha
> de una máscara flotando donde yo no pueda,
> donde yo no pueda transportar el picapedrero o el picaporte... (24)

Ya el título indica el lugar preciso desde donde escribe Lezama Lima: la capital de Cuba. La ciudad tropical se describe en oposición a las imágenes de otras altitudes, el hielo, el fénix, la máscara y el agua que la transporta. También las sensaciones son diferentes de las acostumbradas en otra poesía: el viento constante (velamen), el estilo agitado, propenso a los extremos (en contra de los «brincos tenues», el «sollozo» y el «estilo calmo»). Más adelante en el poema vemos que los versos en inglés o francés en las primeras estrofas desaparecen en la segunda mitad del poema o son traducidos al español; en la primera y la última estrofa, por ejemplo: *my soul is not in an ashtray / mi alma no está en un cenicero*[62]. El poema expresa no sólo el orgullo de La

---

expuestas. Como para Bataille y sus amigos, el cambio debe provenir de un grupo selecto, y su medio de manifestación habría de ser un arte poético entendido como orgánico y vital. Vemos aquí otra coincidencia de ideas entre grupos intelectuales geográficamente alejados que se debe, tal vez, al sentimiento compartido de una modernidad secular necesitada de impulsos nuevos.

[62] En el «Preludio a las eras imaginarias» de Lezama también se encuentra una nota ácida contra el viaje: «El que viaja puede encontrar una serpiente en la mesa donde se reúnen los maestros cantores; el que no viaja puede encontrar un maestro cantor en una serpiente.

Habana, sino también cierta renuencia al bilingüismo. El francés y el inglés no sirven para hablar de la vida cubana y no pertenecen a ella, parece decirnos Lezama, hay que encontrar un lenguaje poético propio para captar las sensibilidades habaneras.

La tendencia a enfatizar lo criollo y la imaginería de la flora y fauna tropical propia de Cuba es notable incluso en la descripción de otros escritores no pertenecientes al grupo. Así, Carpentier es presentado en el párrafo introductorio a su cuento «Viaje a la semilla» como «criollo raigal» (Ladra 1944: 46) y en la poesía de Borges le interesa a Cintio Vitier el respaldo de la «patria» en la persona del argentino (Vitier: 34). El criterio de evaluación de los origenistas tiende a ser nacional y tiñe sus interpretaciones de autores de otras latitudes.

Incluso el motivo de la metamorfosis, compartido por Carpentier y Lam con los origenistas, adquiere un matiz muy particularmente nacional en la perspectiva de los últimos. María Zambrano propone en su artículo sobre Lydia Cabrera que Cuba es por su insularidad tierra más antigua que el continente y por tanto la «patria inextinguible de la metamorfosis». Según ella, la metamorfosis es el principio original de la creación, y quedan de ella más vestigios en Cuba que en otras partes: «Todavía existen mundos, lugares en el planeta donde las cosas y los seres no han sido dominados del todo por el afán de definición, donde aún palpitan asomándose por entre las rendijas de un mundo todavía sin cristalizar. La isla de Cuba es uno de esos lugares» (Zambrano 1950: 19-23).

Carpentier y Lam, por contraste, siempre usan el principio de la metamorfosis como técnica para desestabilizar fronteras claras entre dentro y afuera, hombre y animal, cubano y no cubano, no se asocian con lo que por esencia sería cubano. Para los origenistas Cuba representa la multiplicidad en lo uno, todo se reduce al ámbito de la isla, mientras que para Lam y Carpentier, Cuba es lo uno en lo múltiple, un lugar de coincidencia de muchas culturas, pero no necesariamente de su nacimiento. Por ello, tal vez, la cultura afrocubana tiene poco lugar en *Orígenes*; los origenistas se interesan por lo criollo de la pintura de Carlos Enríquez o de Mariano pero no aparecen reseñas ni de la pintura de Lam ni de publicaciones de Nicolás Guillén, el otro representante destacado de la nueva cultura afrocubana[63].

[...] Es decir, el no viajar aparece como un conjuro capaz de llevar lo órfico a confines donde la etapa previa a la maldición se entretiene cantando» (Lezama Lima 1970: 11).

[63] Jesús Barquet describe la integración del negrismo en el proyecto estético de *Orígenes* como mediado por las premisas del universalismo y la poesía (Barquet 1996). Cita a Lezama calificando de «síntesis apresurada» la postulación del negrismo como estética superior. Aunque hayan incorporado a algunos representantes del movimiento afrocubano en su revista (Ramón Guirao, Lydia Cabrera, Ballagas), para los origenistas se impondría

Eso no significa que Carpentier y Lam hayan practicado una suerte de folklore afrocubano, mientras que el grupo de Lezama no. Tanto los origenistas como Carpentier y Lam están de acuerdo con que el realismo folklórico es «abominable», como dice Carpentier en *Orígenes*, y que hay que encontrar otra manera de definir «lo nuestro»[64]. Pero sus aproximaciones a ello son diferentes. Carpentier y Lam buscan en los mitos ya existentes del mundo afrocubano (o haitiano o americano) elementos sociales característicos como la metamorfosis del hombre en animal o el exorcismo de un espíritu malo, que son a la vez «traducibles» para el público no sólo cubano sino también latinoamericano o europeo. Los origenistas, por su parte, inventan su propia mitología insular y se basan mucho más en la evocación de nombres o de lugares cubanos, como La Habana, la ceiba, el cemí. Lezama opone la naturaleza «naturans» de las islas, en continua creación, a la naturaleza «naturata» de Europa. Así Cuba, como territorio de lo originario, resulta en última instancia inaccesible, una isla contenida en sí misma sin relación con el afuera[65].

A la vez, el grupo *Orígenes* se proclamaba un grupo cosmopolita, y publicaba en la revista traducciones nuevas del inglés y el francés. Su conciencia y búsqueda de un orígen propiamente cubano iba a la par de amplias lecturas de literatura y filosofía occidental y oriental. Pero sus intereses eran diferentes a los de los viajeros Lam y Carpentier. Los surrealistas, por ejemplo, tenían poca visibilidad dentro de este amplio universo literario. Lezama los menciona en contadas ocasiones para situar en contexto su preferencia gregaria por las imágenes populares o cotidianas, aunque incluso aquí muestra un pronunciado énfasis en lo hispánico, como cuando dice, por ejemplo, preferir la mancha de aceite sobre la llama, acusando a los «disfrazados de Lautréamont o de Kafka» de preciosismo (Lezama Lima 1945: 54).

Si las ideas del grupo Orígenes sobre una revolución en el arte de los años cuarenta resultaron, en última instancia, incompatibles con las de Carpentier y Lam, creo que los ensayos posteriores de Lezama, donde se perfila la estética americana del poeta, tienen más afinidad con el pensamiento de Carpentier. Es sobre todo en el «Preludio a las eras imaginarias» (Lezama 1970; firmado en septiembre de 1958) donde Lezama vuelve sobre el concepto de metamorfosis en relación con la noción de identidad –podemos añadir– nacional. Aquí la gran

---

el concepto de lo «hispánico» sobre lo negro, según Barquet. Los reúne, sin embargo, la búsqueda común de la poesía como cultura de la resistencia.

[64] Citado de Ruiz Barrionuevo 1995: 53.

[65] José Julio Cabanillas ha hecho (Cabanillas 1995) un resumen de esta versión insular del universalismo en los origenistas.

pregunta de Lezama se dirige a la historia misma: ¿cómo es posible una noción de identidad dentro de la sucesión irremediable de los eventos? Dicho de otro modo, ¿cómo, en palabras de Kant, es posible que lo condicionado engendre, en el infinito, lo incondicionado (1970: 12)? Para Lezama, la metamorfosis ha sido, a lo largo de la historia, una mediadora importante entre estos dos polos. Según él, los griegos la consideraban como una interrupción de la causalidad de los eventos:

> En el mundo griego parecía lograrse la antítesis entre causalidad y metamorfosis. La causalidad aparece allí como una sucesión de la visibilidad. Las metamorfosis se sumergen en los rápidos de las oscuras aguas somníferas. En las metamorfosis hay siempre como una lucha entre el fuego y el sueño, como si el fuego fuera la edificación que ofrece su pausa entre la incesante teoría del sueño. (1970: 15)

Con el cristianismo, la metamorfosis se haría, sin embargo, momentánea, súbita, como el milagro o el momento de la concepción de Jesús en el vientre de María; o como el unicornio que acepta beber en la fuente. Pero aun así la metamorfosis depende dialécticamente de la causalidad, que garantiza la identidad dentro del cambio, sin la cual la transfiguración no sería posible. Para que haya metamorfosis, el alma, la identidad del ser, tiene que permanecer igual. Diana es Diana, aunque se convierta en árbol, y Júpiter es Júpiter en forma de toro o de hombre. Lezama, por ello, entiende la metamorfosis como «tregua» entre la causalidad y lo incondicionado. En la edad moderna, el hombre, sin embargo, ya no puede concebirse a sí mismo como sometido a lo incondicionado, al azar. Sólo en la poesía, según Lezama, se enfrentan todavía la causalidad y lo incondicionado:

> Se necesitaba una región donde la concurrencia fuera a la vez una impulsión [...] Residuo de la causalidad sobre lo incondicionado, es un doble. [...] Lo que ha quedado es la poesía, la causalidad y lo incondicionado al encontrarse han formado un monstruocillo, la poesía. [...]
> Esa concurrencia –causalidad que deja de ser saturniana, incondicionado hipostasiado–, que ofrece la poesía, es hasta ahora el mayor homúnculo, el doble más misterioso creado por el hombre. (1970: 20)

El poeta logra un equilibrio entre la causalidad y lo incondicionado y reduce mediante la metáfora la totalidad a materia comparativa. La metáfora, la imagen, es para Lezama el nuevo principio para enfrentarse a la contradicción entre lo causal y lo incondicionado, y a ella se reduce todo. La metamorfosis pertenece al pasado, forma parte de cierto momento histórico ubicado en el «período mítico» griego que es reemplazado por el universo cristiano, asociado ahora con la imagen.

Resucitar la metamorfosis, como hacen Carpentier y Lam en sus obras, es por eso para Lezama un anacronismo, una vuelta juguetona a la historia, que simula un estado de ser que ya no concuerda con la sociedad de hoy. Sin embargo, procedimientos como el trabajo con sinécdoques y metáforas como los árboles y los miembros del cuerpo en *La jungla*, o el uso mínimo de elementos locales en los cuentos de Carpentier, ejercen precisamente la función evocativa del arte descrita por Lezama. Concuerdan en el uso, si no en la teoría de la metáfora y la metamorfosis en que los tres aprecian la imagen por su fuerza momentánea evocativa, que permite la síntesis de una cultura en sólo un símbolo. Es cierto que la metamorfosis tiene en Carpentier y Lam un sentido más concreto. Representa para ellos más bien el viaje y el exilio, no sólo por su propia biografía sino también por la condición exiliada de la cultura negra caribeña. Carpentier y Lam consideran la metamorfosis como una figura de pensamiento, Lezama la considera un estado histórico.

De modo parecido, Carpentier y Lezama comparten el énfasis en la epifanía o lo que Carpentier llama «lo maravilloso», sin que necesariamente se pongan de acuerdo sobre ello. Lezama, en «Confluencias» (1970: 435-457), coloca la noción de lo sobrenatural en el hombre, quien reconstruye la naturaleza en la imagen. Este acto es según Lezama esencialmente el de toda *poiesis*: «La imagen al participar en el acto entrega como una visibilidad momentánea, que sin ella, sin la imagen como único recurso al alcance del hombre, sería una desmesura impenetrable. [...] Toda *poiesis* es un acto de participación en esa desmesura, una participación del hombre en el espíritu universal, en el Espíritu Santo, en la madre universal» (1970: 290). Esta epifanía se corresponde, para Lezama, a la visión del cuerpo de Cristo, pero trasferida al ámbito de la poesía. El poeta, sacerdote de la modernidad, la celebra en comunión individual con el Espíritu Santo. La iluminación momentánea de la poesía surge, por lo tanto, de una relación absolutamente personal establecida por el poeta o por el lector con el poema, mientras que en Carpentier lo maravilloso surge generalmente de una comunidad, como en *El reino de este mundo* en la levitación de Mackandal frente a la multitud.

Carpentier y Lezama encuentran en la historia nacional una fuente inagotable. En ambos hay una alegría y un orgullo fundamental de la historia cubana, y un recurso constante a sus fuentes. La preocupación central de ambos es la dialéctica entre el tiempo histórico y su relatividad y reversibilidad. Ésta es la razón de que Lezama se mostrara admirado por el cuento de Carpentier «El camino de Santiago», y de que escriba a su autor: «El retorno y la partida. Todo ello tiene la alegría americana, es decir, los ciclos de una vida se cumplen como las estaciones, en el hombre, guerra, misticismo, lo discurrido terrenal. Se oye la misma canción cuando alguien regresa y alguien parte. Es la prodigiosa población de lo temporal, donde únicamente se ensaya ese reconocimiento, que no es un sitio, sino en un tiempo»[66]. Este mismo motivo del retorno y la partida caracteriza al propio Carpentier, según Lezama: «Cuando regresas los caramillos jubilares trazan círculos para el caballito del diablo, pero cuando te vas, tenemos también una especial alegría, pues sabemos que contigo va un cubano cuadrongo, dueño de la cantata sabia y de la fogata primitiva, que en su madurez tiene las etapas señaladas por San Buenaventura» (1998: 316). El viaje, entiende Lezama, se inscribe tanto en la vida de Carpentier como en su ficción, y no le quita el ser cubano, sino que lo confirma cada vez.

Eso muestra lo entrañable que era en el fondo la relación intelectual entre Carpentier y Lezama –y podemos incluir a Lam en esta afinidad natural–. «Revolución» significa para los tres no tanto acción sino actitud, una perspectiva esencialmente poética sobre el mundo, capaz de establecer afinidades selectivas con el resto del mundo sin dejar de considerarse cubano –o haitiano o martiniqueño según el caso–. La liberación consiste para todos ellos no tanto en proclamarse criollos o afrocubanos, sino en el poder de la imagen poética que ofrece alternativas a la realidad de la sociedad cubana contemporánea.

III.4. Del mito moderno a lo real maravilloso: epifanías de los años treinta

> Y es que, por la virginidad del paisaje, por la formación, por la ontología, por la presencia fáustica del indio y del negro, por la Revelación que constituyó su reciente descubrimiento, por los fecundos mestizajes que propició, América está muy lejos de haber agotado su caudal de mitologías.[67]

Lo más «revolucionario» de *El reino de este mundo* resultó ser el famoso «Prólogo» al relato. Publicado un año antes en Caracas (Carpentier 1948: 8), es el texto donde Carpentier propone su teoría de lo real maravilloso, con la que

---

[66] Lezama Lima 1998: 314-316. La colección de cuentos de Carpentier comentada por Lezama en su carta es *Guerra del tiempo* (1958).

[67] Carpentier 1949: 15.

la literatura latinoamericana parecía haber dado con una fórmula propia para captar su diferencia con respecto a otras literaturas. Esta diferencia latinoamericana se encontraba no sólo en la naturaleza y el mestizaje de sus culturas, sino en lo súbito o epifánico de la aparición del Nuevo Mundo en la historia occidental, que le confería una sensación de maravilla.

El texto de Carpentier sobre lo real maravilloso se había creado en diálogo con varias teorías contemporáneas sobre la magia. González Echevarría encuentra en el libro de Franz Roh, «Nach-Expressionismus», traducido al español en la *Revista de Occidente* en 1927, la primera mención del término «realismo mágico», y lo asocia luego con el ensayo de Borges «El arte narrativo y la magia» y con las investigaciones publicadas de Frazer, Tylor y Lévy-Bruhl[68]. De parte de los surrealistas existen libros y ensayos importantes de esta época que tratan de la magia. Irlemar Chiampi ha encontrado en el libro de Pierre Mabille *Le miroir du merveilleux* (1940) otra obra precursora del texto de Carpentier, y Susanne Klengel ha visto sus afinidades con Juan Larrea, con Benjamin Péret y con la revista *Dyn* en México, todos en la órbita del surrealismo[69]. Estos últimos estudios demostraron que su repudio del surrealismo fue más retórico que verdadera ruptura, y que las ideas propuestas en él se encontraban a pesar suyo en filiación con el movimiento europeo.

Hoy en día, la crítica está dividida en cuanto a la historización y la distinción entre el realismo mágico y lo real maravilloso, y su ámbito americano o internacional. Juan Barroso, por ejemplo, en su libro sobre el realismo mágico y lo real maravilloso (Barroso 1977) distingue entre el realismo mágico como movimiento universal y lo real maravilloso como fenómeno americano. Seymour Menton (1985) define el realismo mágico directamente como un movimiento internacional, y Wendy Faris, más recientemente (1995: 163-191), se ha empeñado en mostrar el realismo mágico como fenómeno de la literatura posmoderna de los últimos veinte años. Esta ambivalencia tiene que ver, desde mi punto de vista, con cierta ambigüedad en el término mismo de magia en relación con la literatura: ¿es, como sugiere Borges, la magia una categoría narrativa que describe una ley de analogías, de atracción irresistible entre diferentes elementos de la narración que está ausente de la vida real? O si no, ¿hay que entender la magia como un concepto antropológico, que existe en ciertas culturas privilegiadas mientras que en otras no, y que por

---

[68] Sigo aquí a González Echevarría (1993: 134-157).
[69] Chiampi 1981; Klengel 1994: 74-102 (cap. 3: «Pierre Mabille, Juan Larrea, Wolfgang Paalen, Alejo Carpentier: Aspekte des real maravilloso»).

ello aparece en ciertas literaturas nacionales y en otras no? Los críticos que hablan de la afinidad de lo real maravilloso con lo sagrado apoyan la posición literaria (Rabinovitch 2002; Mikics 1995), los que quieren usar lo real maravilloso como fenómeno de las culturas al margen de Occidente apoyan la opción antropológica[70].

Como vimos, la noción carpenteriana de magia está basada en sus conocimientos etnográficos: es antropológica y no literaria. Lo interesante es, sugiere Carpentier, que lo mágico en Latinoamérica forma parte de la historiografía, no de la literatura[71].

Carpentier busca en la historia momentos de revelación o de estado límite que pongan lo real en evidencia; son estos momentos tan inesperadamente auténticos los que llama «mágicos» o «maravillosos». Eso lo lleva a concebir el realismo de sus relatos de una manera radicalmente nueva. Mientras que según Barthes la novela decimonónica depende de la descripción de detalles que se resisten a la narrativa pero confirman la ilusión de lo real, Carpentier busca los detalles que se resisten a la narrativa por romper con la ilusión de lo real. Paradójicamente, lo más profundo de la realidad sólo se revela para él en momentos epifánicos, que resultan por ello improbables para el lector. De modo parecido a los surrealistas, lo «real» según Carpentier es afín al subconsciente, que no es inmediatamente accesible, y aspira siempre a ser más que literatura[72].

---

[70] Es especialmente interesante la recepción reciente de lo real maravilloso por parte de los estudios postcoloniales, porque tienen la tendencia a reclamar la autenticidad del Caribe en términos similares a los de los surrealistas en los años treinta. Así, siguen pensando en binarismos –lo racional / lo irracional, lo real / lo trascendente– y no son capaces de hablar del Caribe salvo en su relación con Europa. Michael Dash escribe, por ejemplo: «It is perhaps a matter of demonstrating the opacity and inexhaustibility of a world that resists systematic construction or transcendent meaning» (Dash 1995: 335).

[71] Claire Emilie Martin resume la posición carpenteriana hacia la historia y la literatura de la siguiente manera: «Carpentier ve en la literatura la vía de expresión de las constantes de la historia. Sólo en el análisis, en la interpretación de la realidad histórica podemos desentrañar esas constantes [...] Carpentier nos advierte que es mediante la literatura que este juego del destino se transparenta; es por medio de la ficción que la historia revela sus propósitos» (Martin 1995: 17).

[72] Véase Barthes 1982. Según Barthes, el realismo de Flaubert se caracteriza por la referencialidad enfatizada del detalle aparentemente insignificante. Este detalle cotidiano no tiene ningún significado simbólico salvo el de representar «lo real», el «efecto de lo real». Para Carpentier y para los surrealistas, por el contrario, lo real ya no puede formar parte simplemente de un estilo. En vez de seguir la división clásica entre lo verosímil / la ficción y lo real / la historia, en Carpentier se da la división entre la historia y lo real, donde

La naturaleza religiosa de estos momentos de magia es lo que mejor distingue a Carpentier de Breton. Esto puede tener que ver con la marca indeleble que había dejado el catolicismo en las culturas hispánicas, mientras que la francesa lleva la herencia secular de la Revolución de 1789. A diferencia del surrealismo francés, el surrealismo español, por ejemplo, asoció, de modo similar a Lezama Lima, la epifanía moderna directamente con la eucaristía católica. Así, el estudioso Robert Havard sostiene (1988: 247) en su análisis del surrealismo español que no hay en Rafael Alberti y otros poetas de entonces diferencia esencial entre la transubstanciación del vino y el pan y la «metamorfosis» surrealista.

En Carpentier lo maravilloso es generalmente de índole sagrada, y es percibido por una colectividad. Emana de la comunidad o de una celebración religiosa como un fenómeno objetivo. En *El reino de este mundo*, por ejemplo, el milagro de la levitación de Mackandal o el Pacto de Sangre, escenas cruciales en el texto como hemos visto, son presenciadas por multitudes. La epifanía de Breton, al contrario, es de carácter secular e individual[73]. Siempre se trata de encuentros fortuitos entre dos objetos o entre dos personas de los que surge la anhelada iluminación surrealista. Aun Michel Leiris, quien viaja como etnólogo a África a principios de los años treinta, escribe en *Documents* a partir de un concepto totalmente individualista sobre lo maravilloso: «Ce n'est ni dans la nature, ni au delà de la nature que le Merveilleux existe, mais intérieurement à l'homme, dans la region la plus lointaine en apparence, mais sans doute en réalité la plus proche de lui-même, celle dont les territoires échappent à cette atroce féodalité des causes qui décime ses fiefs humains à grands coups d'édits rationnels et de potences pragmatiques» (Leiris 1929: 109)[74]. De ahí también el énfasis de los surrealistas alrededor de Breton en la poesía como género literario de expresión individual, y la preferencia de Carpentier por la narrativa como género capaz de contar historias de colectividades[75].

---

la historia siempre ya pertenece al ámbito de lo verosímil, mientras que lo real la ratifica en momentos privilegiados, que son momentos de magia.

[73] La noción de inmanencia de lo maravilloso fue cuestionada por muchos, entre ellos el mismo Trotsky. En una conversación entre Trotsky y Breton, referida en una nota a *L'amour fou*, Trotsky le preguntó a Breton si no había algo del más allá en su idea del azar objetivo. Cuando Breton le insistió en que nunca había aludido a ninguna trascendencia de este tipo, Trotsky, nervioso, retiró su objeción (Breton 1937 [1992: 1712]).

[74] Otro ejemplo del individualismo de Leiris se encuentra en su introducción a *L'Afrique fantôme*, donde Leiris deja en claro la asociación entre su malestar personal y su interés por la etnografía que lo llevó a querer conocer la «mentalidad primitiva» (Leiris 1934: 11-15).

[75] También Mabille, el otro teórico surrealista de lo maravilloso, habla en términos puramente individuales de un espejo en cuya «superficie bruñida el hombre descubre la

Los del Collège de Sociologie, como vimos, tienen más afinidad con la distinción de Carpentier entre un ámbito profano y uno sagrado en la sociedad. Sin embargo, el contexto de las discusiones de los del Collège era algo diferente. Como escribe Hollier, hubo dos posiciones entre los miembros; una, que el mundo contemporáneo se había dejar invadir por lo profano, es decir por el dictado del discurso racional y lógico, y que había que cuidarse de ello. La otra posición fue la de hacer un escrutinio de las señales preocupantes de un retorno a lo sagrado bajo la forma del nazismo (Hollier (ed.) 1979: 246-247). Roger Caillois, por ejemplo, al afirmar –a propósito de «Las sociedades de los animales»– que una colonia de insectos no se distingue fundamentalmente de los humanos levantó fuertes objeciones (Hollier (ed.) 1979: 83-93). Carpentier, por tanto, hacía bien en separar entre el mundo europeo y el latinoamericano, donde el elogio de una noción colectiva de lo sagrado tenía menos reminiscencias del nazismo[76].

A pesar de las escenas de rituales o fiestas multitudinarias que hemos comentado, Carpentier se cuida de glorificar la norma social. A partir de *El reino de este mundo* sus protagonistas siempre se encuentran un poco al margen, no se integran del todo en la sociedad. Son héroes, puestos por el destino en una historia que no pueden entender. Pero estos individuos tienen momentos de reconocimiento, de anagnórisis, que le dan sentido a todo lo vivido[77]. Estos momentos son producto de una sorpresa dejada por el orden mismo de los eventos, que de repente crean soluciones donde no había ninguna, tal como ocurre en la levitación de Mackandal en *El reino de este mundo*[78]. Además, casi

---

posibilidad de superar la escisión entre materia y espíritu, a dudar del testimonio de los sentidos inmediatos, de las falsas certezas de la lógica» (Chiampi 1981: 3).

[76] Leonardo Acosta describe en su comparación entre *Los pasos perdidos* y el *Doktor Faustus* de Thomas Mann las diferencias en la perspectiva sobre el primitivismo. En Mann, dice Acosta (1981: 73), el primitivismo nazi se vuelve demoníaco, mientras que, en Carpentier, mito vacío, un retorno a un «hombre primitivo» que jamás existió.

[77] Recuerdo aquí la conocida definición de Aristóteles: «Agnición es, como ya el nombre indica, un cambio desde la ignorancia al conocimiento, para amistad o para odio, de los destinados a la dicha o al infortunio». Aristóteles nombra luego otras formas de anagnórisis, como la que ocurre con respecto a objetos inanimados o a eventos fortuitos, o con respecto a la acción de una persona (*Poética de Aristóteles*. Madrid: Gredos, 1974; 11, 52a22-b13).

[78] Este es, según Aristóteles, el nivel más alto de anagnórisis, producido por los hechos mismos y relacionado con la sorpresa. «Agniciones» menores son las que se producen por silogismo, por el recuerdo o que son fabricadas por el poeta, y el nivel más bajo es el de las «señales» o marcas en el cuerpo, como la cicatriz de Edipo, por ejemplo (*Poet*. 16, 54b19-55a22).

todos los protagonistas de Carpentier son viajeros o hacen viajes decisivos: Ti Noel en *El reino de este mundo* viaja de la finca a la ciudad y de Haití a Cuba, el narrador de *Los pasos perdidos* viaja a la selva, por no hablar de los cuentos y las posteriores novelas. En todo caso, son protagonistas determinados por sus acciones, no por la espera, y que toman un papel activo en su destino.

Breton, al contrario, continúa insistiendo en la pasividad del protagonista. Para él, la famosa «iluminación profana» irrumpe pero no cambia la condición fundamental de los hombres, reemplaza sólo momentáneamente la fe perdida, es consolación y no remedio. Lo maravilloso, o como Breton lo llama en *L'amour fou* (1937), la «belleza convulsiva», es por ello exceso, no finalidad[79]:

> Une telle beauté ne pourra se dégager que du sentiment poignant de la chose révélée, que de la certitude intégrale procurée par l'irruption d'une solution que, en raison de sa nature même, ne pouvait nous parvenir par les voies logiques ordinaires. Il s'agit en pareil cas, en effet, d'une solution toujours excédente, d'une solution certes rigoureusement adaptée et pourtant très supérieure au besoin (Breton 1937: 682).

La actitud de Breton es la del artista heredero del poeta decadente o el simbolista que no puede hacer más que anhelar la próxima epifanía, mientras que la de los protagonistas carpenterianos es una actitud de personajes en búsqueda de algún ideal superior[80].

Hay que ver la belleza convulsiva de Breton y lo real maravilloso de Carpentier, a pesar de sus diferencias, en el contexto moderno de crisis general en la relación del individuo con la realidad y la búsqueda de la epifanía en la literatura. Por lo menos desde la «Carta de Lord Chandos» (1902) de Hugo von Hofmannsthal, y hasta las indagaciones de George Steiner en su libro *Real Presences* (1989), la idea de que ya no hay instancia que garantice la validez de la escritura y la búsqueda de sustitutos de lo sagrado ha tomado múltiples formas a lo largo del siglo. Más recientemente (2002), Geoffrey Hartman ha hablado de una «lucha contra la inautenticidad» que tiene que

---

[79] Véase Rabinovitch 2002: 42: «The elusive idea of the surreal points to the real intensified, in excess of itself. Like a riddle, the surreal encloses the real within the real, becoming a paradox framed by deliberate ambiguity, Surrealism makes the ordinary extraordinary». Rabinovitch asocia lo «real» por su raíz etimológica con «riqueza».

[80] «Aujourd'hui encore je n'attends rien que de ma seule disponibilité, que de cette soif d'errer à la rencontre de tout dont je m'assure qu'elle me maintient en communication mystérieuse avec les autres êtres disponibles... C'est l'attente qui est magnifique» (Breton 1937: 697).

ver con el afán de ser siempre más real en un mundo de reproducciones multiplicadas. Éstas crean, según Hartman, la sensación de que «especially in modern society the living has become so abstract, that artificial, bureaucratic or secondary mechanisms are blocking sources of vitality or dangerously simulating them» (Hartman 2002: 27).

La sensación de alejamiento de los valores vitales de una sociedad marcó especialmente el clima intelectual europeo de los años treinta. En 1939 Michel Leiris, en el prefacio a su novela autobiográfica *L'âge d'homme*, describió esa sensación de carencia de realidad al hablar de «búsqueda de una plenitud vital», y luego de su deseo por un «realismo exacerbado», por admitir sólo «hechos verídicos» en su escritura y escribir una «obra literariamente auténtica» (1939: 21). El existencialismo de Jean-Paul Sartre representa otra vertiente de la misma sensación de pérdida de sinceridad. Celia Rabinovitch (2002) propone que lo siniestro freudiano, lo «weird» y la epifanía joyceana son, todos, momentos de inmanencia trascendente afines a la búsqueda surrealista de una revelación excepcional.

Surrealistas o no, lo que los escritores, poetas y filósofos de esta época tienen en común, entonces, no es tanto el interés por la magia en la ficción, sino por la magia en la realidad, pero reducida a momentos privilegiados, donde se muestra «lo real» como algo que pertenece al subconsciente y que por definición sólo se puede entrever, nunca captar.

III.5. Hacia un ritmo latinoamericano: la música en *Guerra del tiempo*

En su ficción, Carpentier cuestiona las convenciones de la narrativa realista, sobre todo mediante la introducción de formas musicales en su escritura. Carpentier escribe en contra de la causalidad implícita en la sucesión cronológica del lenguaje usando principios de composición circular, el contrapunteo de dos motivos o el *canon cancrizans*, el recuento de un motivo al revés, como ha demostrado Antonio Benítez Rojo en tres importantes ensayos (1983: 293-322; 1989: 243-275; 1983b: 645-667). Me interesa mostrar que, además de eso, la música representa en los cuentos un elemento sagrado en la cultura latinoamericana que tiende a crear un orden humano propio, opuesto al desorden de la naturaleza. En ello también se acerca a las ideas del Collège de Sociologie sobre el tiempo sagrado y el tiempo profano.

1
«Oficio de Tinieblas», el primer cuento de Carpentier escrito después de su vuelta a Cuba y publicado en *Orígenes* en 1944, tiene un estatus aparte. No

fue incluido en la primera edición de *Guerra del Tiempo* (1958), que recoge los demás cuentos de esta época. Mientras que los cuentos de *Guerra del Tiempo* forman un conjunto lógico que experimenta con el tiempo narrativo de tres diferentes maneras (cuento al revés, cuento circular y cuento contrapuntístico), «Oficio de Tinieblas» es más tradicional, y su orden narrativo obedece al orden cronológico de los sucesos contados. Eso no significa, sin embargo, que la estructura temporal del cuento sea simple. Por un lado, está la liturgia de la misa de Viernes Santo que estructura el cuento. Klaus Müller-Bergh (1970) ha visto que las nueve partes del cuento reflejan la división de la misa de Viernes Santo, también llamada «Oficio de Tinieblas», división litúrgica que es subrayada por indicaciones como *Dies Irae* (85), el Rosario (88), el *Agnus Dei* (89), y el *Te Deum* (93).

El cuento comienza y termina en la catedral de Santiago de Cuba. La música sagrada de la catedral le da orden a la vida de la comunidad en este año de 1851, que constituye el marco temporal de una historia contada al pulso del reloj –la primera escena está ubicada en enero («el año cobraba un mal aspecto») y la última en diciembre («el 20 de diciembre fue el Te Deum en la catedral»). Por otro lado, dos coplas populares anuncian y reflejan la catástrofe que está a punto de irrumpir en esta vida sosegada. Se pone de moda una canción llamada «La Sombra», sustituida luego por «La Lola» en época de carnavales. En agosto ocurre el terremoto que destruirá gran parte de la ciudad, y que confirma los malos augurios anunciados por las dos canciones; en diciembre se anuncia el nuevo año, y la gente empieza a olvidarse de «La Sombra» y «La Lola». Así, la música en el cuento representa diferentes órdenes. En el caso de la música clásica, el ritmo circular de la liturgia y del año eclesiástico evoca una impresión de calma y de orden; por otro lado las canciones populares anuncian el evento que irrumpe y destruye, el terremoto. La fecha del año en que ocurre –1851–, como nos recuerda el nombre del compositor de «La Sombra», Agüero[81], marca el tiempo histórico, el comienzo de la primera revolución de independencia en Cuba.

Las coplas parecen representar un presentimiento del que la comunidad no quiere darse cuenta, actúan como expresión del subconsciente colectivo en conjunción con el resto de la naturaleza. Eso se ve a nivel de la lengua en el juego de palabras con *sombra*. Desde el principio la impresión del «mal aspecto» del año

---

[81] Andrés Menéndez (1985) cree plausible que, aparte del terremoto, la otra razón por la que Carpentier se haya interesado por este año fue el ajusticiamiento de Joaquín de Agüero, quien había hecho un último intento de hacer anexionar Cuba por los Estados Unidos. A partir de entonces empezó el movimiento por la independencia de Cuba.

está fundada en las «sombras» multiplicadas y con una «evidente propensión a quererse desprender de las cosas, como si las cosas tuvieran mala sombra». Mala sombra, mala suerte, es lo que caracteriza a toda la ciudad. Sombra, en el sentido de falta de luz, donde «nada que fuera blanco prosperara», pero también en el sentido afrocubano, de espíritu malo que parece haberlo invadido todo. En *La divina comedia*, Dante es el único en el infierno que tiene sombra, o sea que la sombra sirve para distinguir a los vivos de los muertos. Son múltiples las repeticiones del motivo: La sombra del músico negro Panchón se separa de él, para después sometérsele de nuevo. La personificación de esta mala suerte, la canción «La sombra», empieza a obsesionar a la ciudad entera. Se la toca tanto que «se transforma en su sombra» la misma canción. «La sombra» de Agüero es efectivamente de mal agüero, porque es reemplazada durante los carnavales por «La Lola», la voz de la muerte, que se tocará después del terremoto al estallar el cólera que matará a todos los músicos de la canción anterior. Sombra, etimológicamente, tiene que ver, de hecho, con «tinieblas», porque viene del latín *umbra*, relacionado con *ten-umbra* > *tenebrae* > *tiniebla*, como explica el *Diccionario* de María Moliner. El oficio de tinieblas describe, por lo tanto, no sólo un oficio de la Iglesia, sino el trabajo de las sombras, o de la muerte que juega con los hombres a pesar del orden que la doctrina religiosa les quiere imponer. La tensión entre el orden de la religión y los desastres causados por la muerte se nota también en el carácter popular de «La Sombra» y luego de «La Lola»: es música tocada por escuadrones y comparsas en época de carnaval, totalmente desprovista de espiritualidad o de trascendencia cristiana, que seduce al pueblo por su ritmo y su simplicidad. Estas coplas representan la voz del pueblo, la música de la iglesia la de los gobernantes.

«Oficio de Tinieblas», como hemos visto, es un cuento sin protagonistas humanos, la música es el verdadero protagonista. Pero al lado de ella hay otros agentes en el cuento, que no son ni los hombres ni la música. El movimiento en el cuento proviene, antes y después del terremoto, de los objetos, que son los que anuncian y reaccionan a la catástrofe. Cuando finalmente ocurre el terremoto, la perspectiva se concentra en los edificios, las estatuas y los animales antes que en los hombres. Por eso, «el contrabajo va calle arriba», las espinetas, claves de pluma y fortepianos «imitan la maldita danza», las caretas de carnaval dejan mal sabor, etc. Es como si la muerte adoptara el ritmo de las cosas y de la vida antes de eliminarlas. Como en un auto sacramental, las alegorías de la Muerte, la Vida, la Iglesia, la Providencia y la Música son los verdaderos actores, y no es casualidad que la función planeada en Santiago antes y después del terremoto se llame «La entrada en el gran mundo», porque es eso lo que ocurre: los hombres son súbditos de las fuerzas cósmicas del «gran mundo», de las negociaciones entre la Muerte y la Iglesia, instancia entre la Divinidad y el mundo. La misa, el carnaval, el baile, la función de teatro que no pasa más allá del ensayo, quieren imponerle un orden humano al mundo, pero son sometidos y erradicados por el terremoto y la epidemia.

Importa destacar que el contraste periódico entre orden y caos es parecido al orden cosmológico dibujado por Caillois en su ya mencionada teoría de la fiesta, según la cual es un principio universal el relevo eterno entre tiempo de paz y tiempo de guerra, entre el orden y el caos (Hollier 1979: 641-693). Como en *El reino de este mundo* el vudú, es aquí el catolicismo el que estructura y le da un orden a la vida diaria de la comunidad. Pero aquí la fe no vence a la muerte.

Como vimos, es la firma particular de Carpentier su gusto por crear escenas de caos, de un mundo al revés, que aquí es representado por el terremoto.

> En un segundo se contrariaron todas las perspectivas de la ciudad. Los aleros se embestían en medio de las calles... Aun corriendo, dando gritos, llamando a la Virgen del Cobre, se advertía que una calle no tenía ya más salida que una alcoba de doncella o un archivo de notaría. A la tercera sacudida, los muebles también entraron en la danza. Pasando por encima de los barandales, los armarios se dieron a la fuga, largando por los vientres abiertos sus entrañas de sábana y mantel. Todas las vajillas explotaron a un tiempo. Los cristales se encajaron en las persianas. Anchas grietas, llenas de peines, camafeos, almanaques y daguerrotipos, dividían la ciudad en islas, ya que el agua de los aljibes, rotos los brocales, corría hacia el puerto... (90)

Como antes en «El milagro del ascensor», en *¡Écue-Yamba-Ó!* o en *El reino de este mundo*, en el ciclón se nota el deleite en el objeto desplazado y la destrucción del mundo burgués. Todo se vuelve escenario para una inmensa y terrible obra de teatro: explosiones, ruido de voces, todos corren, la ciudad se transforma en islas separadas.

El año de 1851 es el comienzo del ciclo de revoluciones que iba a vivir la isla de Cuba hasta la independencia y después. La preocupación carpenteriana por el modo de avanzar de la historia, por épocas de tranquilidad y luego de revoluciones, encuentra su primera expresión en este cuento–cuya publicación es anterior a *El reino de este mundo*–, donde la «revolución» todavía es irrupción inexplicable e inadvertida del evento decisivo y fatal. La música da en este cuento el ritmo de los eventos, expresando lo que no pueden expresar los hombres, lo puramente especulativo y sentido. La preponderancia de conjunciones temporales en el cuento también va en esta dirección de restar causalidad a los eventos: no se explica, no se dan razones ni consecuencias, sino se marca la sucesión. Así, la danza de los objetos inaugura la danza de la muerte. La historia termina con que el negro Panchón, cargador de contrabajos o de cadáveres según la necesidad, muere a su vez del cólera. Con su muerte, la vida vuelve a entrar en la ciudad.

Si hemos visto ya en los protagonistas abstractos de «Oficio de tinieblas» la huella de las alegorías del drama religioso español, en «El camino de Santiago» este rasgo se ve aún más claramente. Un primer esbozo del cuento hasta lleva como subtítulo «Auto sacramental en 11 capítulos». Como destaca la editora Ana Cairo[82], ese carácter teatral del cuento se debe por una parte a su estructura discontinua, dividida en once capítulos pero con grandes saltos de tiempo y de lugar, lo cual da a las escenas una calidad estática. Como en un auto sacramental, se trata aquí de un camino ejemplar por diferentes estaciones, las del viaje al Nuevo Mundo. Por otra parte, los personajes tienen aquí cierta calidad modélica y casi alegórica; por eso las mayúsculas de Juan el Soldado, Juan el Romero y Juan el Indiano. El personaje principal, Juan de Amberes, es un soldado que está haciendo el peregrinaje a Santiago, pero en el camino es persuadido por un indiano, también llamado Juan, de intentar el viaje a América. Regresa desilusionado junto con otros dos Juanes, uno marrano, el otro negro, para vender a otros pobres Juanes la ilusión del Nuevo Mundo. El cuento es, como vemos, circular: Juan el Romero se convierte en viajero, y convertido a su regreso en Juan el Indiano, se encuentra a su vez con un romero llamado Juan. Su recorrido es típico en tanto sigue el espejismo del Nuevo Mundo, que atrajo a tantos españoles con la esperanza de hacer fortuna; para no parecer ridículos, a su vuelta vendían, a pesar de su fracaso, la misma imagen que los movió a emprender viaje. El mito del Nuevo Mundo crea así más mitos, en un círculo que parece eterno, y que a la larga tendrá que engendrar su propia verdad. Como en «Oficio de tinieblas», el punto de partida es un detalle histórico, el personaje real de Juan de Amberes –músico en la catedral de Santiago de Cuba y mencionado en *La música en Cuba*. Se repite la idea que vimos en *El reino de este mundo* y en «Oficio de tinieblas» de un evento –el del viaje histórico de Juan de Amberes– que engendra repeticiones aparentemente infinitas y que, a su vez, tendrán que ser interrumpidas por otro evento.

En un artículo de 1952 –«La novela y la historia»– Carpentier habla sobre la aptitud de la literatura para la «pequeña historia», para la especulación con

---

[82] Véase al respecto el estudio introductorio de Ana Cairo a su reciente edición de «El camino de Santiago» (Cairo 2002: 34).

los valores permanentes o los hechos ya deslindados. Sus preferencias, no sólo por ir en contra de la estructura lineal del lenguaje, sino también en contra de la novela histórica tradicional –con su enfoque sobre los grandes héroes y los grandes episodios de la historia occidental–, se unen así en el esfuerzo de renovar la novela y el cuento latinoamericanos. Lo hará recurriendo a la historia cotidiana de la colonia, tal como la encuentra en los archivos en su investigación para *La música en Cuba*.

Como ha mostrado Antonio Benítez Rojo, los tres cuentos de *Guerra del tiempo* siguen la estructura de un canon, cuyas tres formas diferentes son tomadas cada una del *Musikalisches Opfer* de Johann Sebastian Bach (1983: 293-322). El modelo de «El camino de Santiago» sería un *canon perpetuus*, circular, que apunta hacia un infinito que sólo puede tener un final arbitrario, como en *El reino de este mundo*; pero creado esta vez por el Diablo, personaje de la feria en la que Juan el Indiano vende sus cuentos a otros. Con su refrán cierra el cuento:

> –¡Ánimo, pues, caballeros,
> Ánimo, pobres hidalgos,
> Miserables, buenas nuevas,
> Albricias, todo cuitado!
> ¡Que el que quiere partirse
> A ver este nuevo pasmo
> Diez navíos salen juntos
> De Sevilla este año...!

De manera similar a «Oficio de Tinieblas», la copla, música popular de ferias, funciona como un comentario desde una instancia del más allá, el Diablo, quien tiene que cerrar un cuento que los seres humanos no pueden interrumpir.

En «Viaje a la semilla, o el texto como espectáculo» Benítez Rojo ha analizado a la perfección el mecanismo que le permite a Carpentier regresar en el tiempo (1989: 243-75). Según él se trata de un *canon cancrizans*, género musical muy practicado en el barroco. Este canon «al revés» depende fundamentalmente de dos movimientos complementarios, uno que sigue el orden normal del tiempo, el otro que lo revierte. Es interesante ver cómo en el cuento –y esto sería imposible de realizar en una obra musical– estos dos discursos temporales van girando alrededor de una fiesta que celebra precisamente un momento de umbral entre dos edades, o sea, un momento de metarreflexión: la iniciación del muchacho a la adultez, que, contada al revés, aparece como una iniciación a la niñez. De los trece capítulos el marco y el capítulo central son contados desde una perspectiva «normal», progresiva, mientras que el resto, es decir, los capítulos 2-5 y 7-12, son regresivos. El sexto capítulo, además de estar en el centro simétrico del cuento, es entonces el capítulo de la «fiesta de minoría» del protagonista Marcial, que justo coincide con los carnavales, así que la reversión del discurso regresivo al progresivo es doblemente justificada: la edad del protagonista y la estación del año, la época de carnavales cuando todo está de todas maneras «al revés». El sexto capítulo se destaca, además, por ser el único donde el protagonista cobra conciencia de la reversibilidad y lo arbitrario del tiempo: «Una noche, después de mucho beber y marearse con tufos de tabaco frío, dejados por sus amigos, Marcial tuvo la sensación extraña de que los relojes de la casa daban las cinco, luego las cuatro y media, luego las cuatro, luego las tres y media... Era como la percepción remota de otras posibilidades» (18). Éste es el momento en que el protagonista reflexiona sobre lo que significa ir en contra de la estructura teleológica del idioma: el movimiento regresivo vive sobre todo de la tensión entre sintaxis y semántica, entre conjunciones temporales que sugieren posterioridad cuando el sentido de las frases sugiere su anterioridad. Una vez más, una fiesta está en el centro del relato, y simboliza el contraste entre un «mundo al revés» y el tiempo ordenado consecutivo.

No sólo vuelve el Marqués de Capellanías a su primera condición de «polvo, ceniza, nada», sino que el proceso de regresar se acelera: «Pero ahora el tiempo corrió más pronto, adelgazando sus últimas horas» (27). Como en una pieza musical, la velocidad y el tiempo son relativos, en función de los músicos individuales y su comunicación entre ellos. Esta última escena de «Viaje a la semilla» donde todo vuelve a ser nada, se parece mucho al final de *El reino de este mundo*, donde también todo vuelve a su condición primaria:

> Los armarios, los bargueños, las camas, los crucifijos, las mesas, las persianas, salieron volando en la noche, buscando sus antiguas raíces al pie de las selvas. Todo lo que tuviera clavos se desmoronaba. Un bergantín, anclado no se sabía dónde, llevó presurosamente a Italia los mármoles del piso y de la fuente. Las panoplias, los herrajes, las llaves, las cazuelas de cobre, los bocados de las cuadras, se derretían, engrosando un río de metal que galerías sin techo canalizaban hacia la tierra. Todo se metamorfoseaba, regresando a la condición primera. El barro volvió al barro, dejando un yermo en lugar de la casa. (28)

Es así otra escena, donde los objetos pierden su función, donde todo está en metamorfosis y donde vuelve a reinar el caos primordial. Pero a diferencia de *El reino de este mundo*, y también de «Oficio de Tinieblas», aquí no es una fuerza mítica o religiosa la que actúa, ni tampoco los golpes imprevistos de la naturaleza, un terremoto o un ciclón; aquí es el tiempo mismo del protagonista el que lo mueve todo, como una aspiradora que lo absorbiera todo hasta que no quede nada más. Esto conlleva el «desaprendizaje» de la lengua, y el regreso de los documentos legales y de los libros a la intuición y finalmente a los meros sonidos: «Guau, guau» –dice el muchacho al ver por primera vez el perro.

Incluso en «Viaje a la semilla» se ve una fuerza que inhibe el regreso lineal del tiempo y de la lengua. Al lado del viaje de vuelta a la «semilla», al origen, existe un movimiento pendular que oscila entre el caos de la creación ya descrito y la muerte, entre el mundo al revés de la fiesta y el orden de la socialización del hombre. Este movimiento pendular siempre apunta hacia la circularidad del mito: del nacimiento a la muerte y viceversa, de la fiesta al orden y del terremoto a la liturgia.

2

> [Beethoven] découvrait un Nouveau Monde. Il se découvrait! L'Héroïque est la caravelle de Colomb, qui la première aborde au continent inconnu, –au nouveau style, que l'avenir a justement désigné du nom de son premier explorateur.[83]

Tal vez la lección más importante que Carpentier trajo de Europa a Cuba fue su conciencia de la «mediatez» de la literatura. Como se veía en la catástrofe europea, ni la literatura comprometida mejor intencionada, ni el realismo socialista, ni los congresos de intelectuales habían sido capaces de remediar o cambiar el ambiente que llevó a la Segunda Guerra Mundial. En qué medida la historia, parece preguntarse Carpentier, no es sino la repetición infinita de siempre los mismos principios de la revolución y la paz, la comunidad y el individualismo, lo sagrado y lo profano. Su literatura empezó a traducir esta imposibilidad de ser inmediata, o de ser acción en su propia estructura. En los cuentos de *Guerra del tiempo* y especialmente en la noveleta *El acoso*, publicada en 1956 en Buenos Aires e incluida luego en *Guerra del tiempo*, la música –como tema y como estructura artística cerrada– ofrece un segundo nivel de la narración que expresa la presencia de algo que excede

---

[83] Rolland 1909: 61-105.

la escritura pero que le es necesario. La música representa lo que la escritura por definición no puede comprender: el tiempo real que se le acaba tanto al protagonista como al escritor de su historia.

La crítica literaria no ha sabido muy bien cómo relacionar el análisis musical y el trasfondo histórico de *El acoso*. Para algunos, el interés de la novela está en su estructura musical, y la cuestión fundamental es la de cómo imitar o asemejar un texto literario a una sinfonía como la *Eróica* de Beethoven. Para otros, la concentración exclusiva en la música oscurece la importancia actual de la novela[84]. Creo que se puede evitar este binarismo si consideramos *El acoso* en el contexto de los otros cuentos de *Guerra del tiempo* analizados hasta ahora: aquí la reflexión sobre la relación entre escritura, tiempo histórico y tiempo mítico es la preocupación fundamental, cuyo ámbito se extiende ahora a la ciudad moderna. Mientras que en «Oficio de tinieblas» se trataba de música litúrgica tocada en una ciudad colonial, aquí el subtexto lo constituye una pieza secular, la *Eróica* de Beethoven, que asume de repente función de misa en una sala de conciertos de La Habana en la década del 40. Relato de ciudad moderna, *El acoso* abarca música e historia al mismo tiempo, la ansiedad por un orden espiritual y el caos de la vida real.

El relato es la historia de un estudiante, vuelto terrorista, que huye y camina de noche por La Habana en busca de ayuda, porque sus antiguos compañeros lo consideran delator y lo persiguen. Va de la casa de su antigua nodriza negra a la de la prostituta mulata Estrella y a las de sus ex-compañeros blancos, pero nadie lo puede amparar; termina en una sala de conciertos donde se toca la *Eróica* de Beethoven, música que lo lleva a una epifanía y dota de sentido religioso lo que ha vivido últimamente. Los finales de los años cuarenta, cuando bajo el gobierno ineficaz del presidente Grau San Martín diferentes grupos estudiantiles se radicalizaron y recurrieron al terrorismo en su lucha contra la corrupción y el gangsterismo en Cuba, habían traído mucha confusión y caos[85]. Pero en un nivel más general el drama descrito por Carpentier trata un conflicto parecido hasta cierto punto a la situación de muchos intelectuales europeos que eligieron la acción política en detrimento de sus lecturas, y cuyos ideales se pierden en la violencia y el terror ante una muerte sin sentido.

---

[84] Véase Volek 1970: 385-439. Modesto Sánchez (1972) presenta un enfoque más bien histórico sobre el texto.

[85] Modesto Sánchez opone una «época heroica», caracterizada por un idealismo revolucionario, a una «época del botín» –luchas intestinas y gangsterismo– en la historia cubana tanto como en *El acoso* (1972: 56-57).

Como otros textos carpenterianos, *El acoso* contiene un subtexto religioso particular. Éste se ve en ambos niveles de la narración, en el de la historia tanto como en el de la música. En cuanto a la música de Beethoven, se menciona en *El acoso* un texto que nos facilita una aproximación particularmente espiritual a la *Eróica*: el libro de Romain Rolland *Beethoven. Les grandes époques créatrices*[86]. Según Rolland, la *Eróica*, obra cimera de Beethoven, sería el producto de una profunda crisis en la vida del compositor, producida por su incipiente sordera. Las razones profundas de la enfermedad de Beethoven permanecen oscuras, los médicos y Beethoven mismo no se ponían de acuerdo. Pero Rolland avanza la hipótesis de que su sordera se debe a la sobreexcitación espiritual constante en la que vivía el compositor, la que podía haber provocado la enfermedad de los órganos. La subsiguiente sordera, sin embargo, habría enriquecido el genio y la labor creativa de Beethoven más que haberlo impedido, añadiendo nuevos colores y nuevos ritmos a su oído interior, mientras que le quitaba la sensibilidad del oído exterior[87]. Todo el análisis de la *Eróica* por Rolland parte de este drama interior de Beethoven: es el tema del héroe abatido en el primer movimiento que se levanta tras haberse creído muerto («Lazare lève-toi» en el texto de Rolland), después de haber escrito su testamento. Luego en el tercer movimiento de la Sinfonía el héroe muere, pero entonces tiene lugar la resurrección y su espíritu sigue revoloteando sobre el féretro con su cadáver. La sinfonía representa entonces el espíritu de la vida levantándose y luchando contra la muerte. Así, según Rolland, la *Eróica* es una epopeya sobre la acción del destino y de la muerte y, por otro lado, sobre la gracia de Dios, la única fuerza que puede anular la muerte.

De esta interpretación del musicólogo y escritor francés a la historia de *El acoso* no hay largo trecho. La novela, si se quiere, representa este mismo momento de la rebelión de la vida frente a la muerte, un discurso en el umbral.

---

[86] Emil Volek quiere que *El acoso* esté más inspirado en la sonata *Apassionata* de Beethoven, aunque las citas textuales provengan del capítulo de Rolland sobre la *Eróica*. El contexto de la *Eróica* me parece mucho más evidente (Volek 1970: 429-434).

[87] En su anexo 1 sobre «La surdité de Beethoven» (en Rolland 1909: 285-315), describe detalladamente las posibles enfermedades que pueden haber causado la sordera de Beethoven. Rolland piensa que no se trataba de una otitis, que es lo que asumía Beethoven, sino de una «labirintitis», enfermedad del oído exterior que permite todavía tener repercusiones interiores, lo cual dejó a Beethoven no sólo seguir componiendo sino añadir incluso otras sensibilidades a su música: «Il se pourrait donc que [sa surdité] eût chargé sa palette de couleurs nouvelles, et qu'elle lui communiquât une exaltation auditive, certes souvent pénible, tyrannique, obsédante, mais qui devait souvent aussi s'accompagner d'euphorie» (305).

El drama del acosado es un dilema existencial; una crisis interior creada por el deseo de purificación después de una condena en la que Carpentier enfatiza la abyección y la culpa del héroe. En este drama, el acosado representa al hombre moderno, cuya caída se debe a sus propios actos, algo que se ve bien en sus largas reflexiones sobre los años en los que fue terrorista. El acosado sabe que es el único responsable de sus actos. Esta interpretación trágica del héroe se ve enfatizada por las alusiones en el texto a la tragedia griega. El fugitivo oye en una de sus andanzas, por ejemplo, fragmentos de *Electra* donde Orestes aparece acosado, como el protagonista de Carpentier, por las furias y deseoso de penitencia[88]. De una manera más general la historia del acosado es trágica en el sentido moderno de tragedia, explicado por Pierre Klossowski en 1938 en el Collège de Sociologie. Éste propone, en su conferencia sobre la traducción de Kierkegaard de *Antígona*, que la noción extendida de subjetividad moderna del hombre lleva a que su caída no sea sufrimiento sino acción, al contrario de lo que ocurría en la tragedia griega[89].

En medio del caos de la huída del acosado lo único que tiene un orden y un sentido son la música y la religión. En la *Eróica* ambas se asocian, y la sinfonía de Beethoven llega a reflejar un orden trascendente que es el de la religión. La *Eróica* tranquiliza al acosado porque su orden le recuerda el de la misa católica: «Comprendo por qué no aplauden entre los trozos; se tienen que tocar en su orden, como en la misa se coloca el Evangelio antes del Credo, y el Credo antes del Ofertorio; ahora habrá algo como una danza; luego la música a saltos, alegre, con un final de largas trompetas como las que ambocaban los ángeles del órgano de la catedral de mi primera comunión» (96). Este orden de la iglesia se asocia con la infancia, tiempo de la inocencia perdida o «Paraíso antes de la Culpa» (114), al que se opone la vida en la ciudad de La Habana.

---

[88] La tragedia griega es el núcleo del que surgió inicialmente esta novela: en una entrevista, Carpentier relata que presenció una escenificación de *Electra* en la Universidad de La Habana durante los años cuarenta; justo en el momento de la muerte de Electra, se escucharon disparos afuera. Más tarde se enteró de que se trataba del asesinato de un estudiante que formaba parte de una organización terrorista y había traicionado a sus compañeros. El entrecruzamiento entre realidad y tragedia antigua fascinó tanto a Carpentier que años después escribió *El acoso*.

[89] Klossowski 1938: 252-91. La sesión sobre la tragedia fue precedida por una discusión extendida sobre el mito, concepto entonces atacado por muchos, entre ellos Raymond Queneau y Jean-Paul Sartre. La discusión sobre la tragedia y las posibilidades de acción para el héroe trágico puede haber sido una manera de evitar una confrontación de antemano devenida estéril.

El orden y el caos, la religión y el azar son los principios fundamentales del relato. Siguiendo con la analogía religiosa, el viaje de la provincia a La Habana le parece al acosado un «tránsito infernal» (114), pero aún así espera todavía salir de «los tiempos del extravío». Su camino es un descenso continuo siempre más abajo, y sólo por momentos la fe parece darle sosiego, como cuando se encuentra en el escondite del Mirador y encuentra un libro de instrucción cristiana que le ha dado la vieja negra y que el sacerdote reconoce después como un manual de santería. El acosado pasa precisamente tres días encerrado en el Mirador y tiene, debido a sus ayunos, su primera experiencia espiritual. Pero ya es demasiado tarde para cambiar su vida: la revelación religiosa es seguida por la muerte de la negra, evento que hace huír al acosado del Mirador y que lo llevará a su propia muerte. Su epifanía en el Mirador es su última toma de conciencia, su último verdadero acto de contrición; al salir de su escondite, el acosado es el «adelgazado, regresando a través del espejo», el resucitado que tiene una nueva expresión en la cara, los ojos ensombrecidos por lo padecido en el encierro (126).

La religión y la música no acaban de imponer su orden a la vida del protagonista. Las circunstancias de su conversión son ambiguas, porque habían sido iniciadas por el humo de tabaco de la vieja negra (120), acción típica de la santería, no de los católicos. Incluso en casa de Estrella, el altar a San José, frente al cual reza el acosado, es probablemente también el de Osaín, identificado por la santería con San José. Otra coincidencia rara: Osaín representa en el universo lucumí el santo que tiene la llave del cielo y la tierra (Latachañeré 1942: 22), lo cual empalma muy bien con Estrella, ya que es ella la que delata al acosado, y la que tiene por lo tanto su vida y su muerte en las manos. En su búsqueda de la salvación espiritual el acosado se confunde, ya no sabe a qué atenerse. Forma ya parte de un mundo de tinieblas, y se mueve literalmente en un mundo de sombra eterna. El único lugar con mucha luz es la iglesia donde entra. Pero cuando finalmente se decide a pedir la confesión ya es de noche y el párroco no lo quiere escuchar.

Si pensamos en las novelas anteriores de Carpentier, es notable en ésta la reducción de las referencias afrocubanas a la mera alusión y el desconocimiento de la cultura afrocubana por parte de los dos protagonistas, el acosado y el taquillero. El mundo afrocubano se está muriendo literalmente, las enseñanzas de la vieja negra se le han olvidado al acosado. La cultura afrocubana todavía es un código secreto, usado tal vez por la mulata Estrella, pero ya no dominante. Solo un becario borracho se atreve todavía a hablar sobre los negros como esperanza, y al decir «Son nuestra fuerza» en voz demasiado alta, le caen encima a palos los que probablemente ni siquiera son negros. La modernidad de la ciudad es caótica. La arquitectura no llega a asumir sus nuevas tareas, está confundida, imitando todo lo anterior en vez de atreverse a lo nuevo. El resultado de las actividades de los estudiantes es nefasto. Los únicos espacios protegidos que quedan son la sala de conciertos y la Iglesia.

Hay un elemento lúdico en la aproximación entre música e historia que existe en un nivel puramente formal. Llamativas son sobre todo las repeticiones entre la primera y la tercera parte, exposición y conclusión o coda en la sinfonía: frases como «se encenderán las luces, todas las luces» o la cita de Rolland («Luego de ese prodigioso Scherzo [...] reaparece la Muerte») se repiten literalmente. Otros motivos reaparecen con variaciones en el final; así, al principio la mujer del zorro se deshace de una prenda íntima frente al taquillero y al final está al lado del acosado, repetición mecánica más propia de la música que de un relato. Al principio y al final se nota que los álamos frente al teatro están mojados por la lluvia, y el taquillero vuelve a pensar al final a propósito de Estrella que «una ramera es una ramera, y basura su apellido» (101 y 168) La repetición también se nota en la comida y la obsesión del acosado con ella: dos veces recibe en vez de comida licor, la comida que no alcanza o que está podrida consiste en pescado (129), los dos, de hecho, símbolos cristianos. El acosado oscila, por lo demás, entre querer estar en ayunas y gemir de hambre, tanto durante su persecución como durante y después de la tortura, cuando sale sin hambre. Luego se repite el motivo del billete falso: una vez es el acosado quien lo mira estupefacto, otra el taquillero. La frontera por la que transita el acosado, entre la vida y la muerte, se expresa en el «cuerpo presente» del cadáver de la vieja negra, y luego en el «cuerpo presente y ausente a la vez» del acosado cuando el Tribunal lo condena. El cuello con marcas de acné en el teatro le recuerda al acosado su asesinato. También hay inversiones de motivos, sobre todo al final en las muchas negaciones de frases que aparecen de forma positiva en la primera parte: «no pensarán...», «la Sinfonía no debe haber durado sus 46 minutos». Incluso dentro de un mismo párrafo o pasaje, las repeticiones son llamativas, como cuando el acosado le describe a Estrella la casa de las cuatro esquinas, repitiendo literalmente frases enteras (134-135). Se podría seguir con estas repeticiones, variaciones, inversiones y aumentativos de palabras y frases en el texto; lo cierto aquí es la tendencia de Carpentier a restringir el vocabulario, mencionar sólo uno o dos tipos de comida o bebida –el agua y el licor, el pescado y las frutas–, un color, la sombra, una reacción, la estupefacción, un árbol, el álamo, un oficio, el del sastre –etc.–, y combinarlos con diferentes situaciones o personajes, imitando así la estructura de una sinfonía cuyos motivos pasan a ser tocados por diferentes instrumentos o en diferentes escalas.

Las repeticiones se complementan por los silencios, como si fueran pausas en la partitura musical: así en el concierto las pausas entre las cuatro partes, pero también la suspensión del tiempo en la casa del Mirador, y luego después de haber saltado de la ventana de casa de Estrella: «permaneció un tiempo allí, inmóvil, entre cáscaras frías y escamaduras, sin resolverse a andar» (137). La suspensión del tiempo, más larga durante el escondite en la casa del Mirador, contrasta con el tiempo acelerado de la música, como bien vemos en los 46 minutos esperados por el taquillero, pero no cumplidos por el conductor. Así, el orden de la música representa el orden del tiempo que progresa inevitablemente hacia su final, mientras que estar fuera de la sala de conciertos es literalmente estar fuera del tiempo, expuesto a los recuerdos y la culpa.

Fuera, todo es humedad, la niñez en el campo –asociación dos veces repetida, una vez por el taquillero (89), otra vez por el acosado (166)–; también la salida del teatro se asocia con la lluvia, la casa de Estrella es tibia, con una «mancha de humedad» en la pared, e incluso la casa del Mirador se asocia con la vieja que «moja sus matas». Fuera está también la naturaleza silvestre recordada por el taquillero (98), el poder de Eros –la casa de Estrella es «la casa sin relojes» (90)–, mientras que dentro hace frío –la mujer del zorro–, todo es medido y contenido. El tiempo ordenado de la música es el de la vida; el estar fuera del tiempo, al contrario, lleva a la muerte.

Sobra decir que el gusto por lo lúdico en la ficción, por establecer paralelos insólitos y por aproximar medios fundamentalmente diferentes como la escritura y la música se encuentra en afinidad con la estética surrealista tanto de Breton como de Bataille. André Breton escribe en «L'un dans l'autre» que el juego para los surrealistas, además de divertirlos, había sido siempre una manera de terminar con las viejas antinomias entre acción y sueño, pasado y futuro, razón y locura, –y lo serio y lo no serio (1954: 53-55). Era conocido entre los intelectuales franceses el filósofo holandés Johan Huizinga, quién en su libro *Homo ludens* (1938, traducido al español en 1943) proponía que el juego era otra forma de evocar lo sagrado contra el tiempo profano de la historia. Huizinga analiza al juego como constante sociológica y lo aproxima al culto y a la música. Para Huizinga, el juego es la función primordial de la vida, que existe tanto entre los animales como entre los hombres. Definido por un conjunto de reglas, un terreno y un tiempo limitado, el juego tiene en común con el culto y con la música su dependencia de la ejecución de la interpretación y su separación de los propósitos utilitarios de la vida, como procurarse comida y luchar por sobrevivir (Huizinga 1939: 32). El origen más remoto del juego es para Huizinga la fiesta sagrada que celebra el orden del tiempo y del espacio: «En una lejana prehistoria [...] la humanidad ha tomado conciencia de los fenómenos del mundo animal y vegetal y ha adquirido entonces sentido del orden del tiempo y del espacio, de los meses y de las estaciones y del curso solar. Y mima este orden total de la existencia en un juego sagrado» (35). El juego construye así un mundo afín al orden cósmico del tiempo y del espacio.

La música en *El acoso*, y con ella el sistema cerrado del «juego» musical con sus reglas y su inventario limitado de músicos, gana así un significado más profundo. Al situar como marco de su relato la interpretación de la *Eróica* de Beethoven, Carpentier está imponiéndose unos límites artificiales que le permiten, a la vez, adoptar un orden en el texto que no es el orden cronológico de la escritura. El terreno del juego es la sala de conciertos, sus reglas son las de la ejecución de los músicos, y su duración la de la pieza.

Fuera de este espacio del juego reina el desorden. Carpentier describe una ciudad caótica donde lo moderno y lo tradicional conviven sin saberlo: la casa del Mirador, que era una casa colonial, antigua, se ha convertido en «casa de vecindad», y con la vieja negra muere el último vestigio de los tiempos antiguos. Luego la música de Beethoven se toca en la «casa moderna», vecina a la del Mirador. Mirando a la calle, es un caos de arquitectura nueva: «Se asistía, de portal en portal, a la agonía de los últimos órdenes clásicos usados en la época. Y donde el portal había sido desechado, por afanes de modernidad, la columna se iba arrimando a la pared, empotrándose en ella, inútil, sin entablamento que sostener, acabando por diluirse en el cemento que se cerraba sobre lo sorbido» (111). Es una modernidad fuera de control, pretenciosa e inútil, amenazante para el individuo. La arquitectura refleja la desorientación política de estos años, es una arquitectura indecisa entre lo antiguo y lo moderno, un «desorden de órdenes» (110). El acosado, exestudiante de arquitectura, habría podido hacer mejor, construir mejor, si hubiera asistido a la universidad: «Nada de eso tenía que ver con lo poco que el amparado hubiese aprendido en la Universidad –Universidad que, para él, quedaba guardada en el baúl de cerradura enmohecida» (111)–. Es un intelectual que ha abandonado su vocación, en eso está su culpa más grande. La novela representa así no sólo una situación política caótica, sino una época de modernización salvaje en La Habana que deja sin orientación a una sociedad que ya solo puede simular un orden artificial perdido en realidad desde hace tiempo.

La noción de juego desarrollada por Johan Huizinga en 1939 y recibida con vivo interés tanto en Francia como en el ámbito latinoamericano expresa lo que tienen en común el interés por la religión, la música y la etnología: son sistemas cerrados en los que se siguen reglas y rituales constitutivos para un colectivo[90]. Este tipo de terreno controlado representaba una alternativa al enfrentamiento violento de las sociedades que se vivía en aquellos momentos. Tanto en Cuba como en Europa una misma sensación de repetición –Primera y Segunda Guerra Mundial, dictadura de Machado, dictadura de Batista– hacía pensar que las sociedades obedecían no a impulsos vitales sino autodestructivos.

Dada la nivelación moderna de las diferencias entre las sociedades europeas y latinoamericanas, Carpentier y Lam desarrollaron, al volver a Cuba, un discurso que hizo puente aún más que antes entre preocupaciones europeas y latinoamericanas. De la observación etnográfica de lo cubano pasaron a esbozar un arte latinoamericano propio y radicalmente moderno, participando a la vez de las teorías del Collège de sociologie sobre la función de lo sagrado y del juego, tanto en el mundo actual como en el pasado. Comparten con los disidentes del surrealismo, más que con Breton, una voluntad de acción y de renovación intelectual que tendrá como consecuencia un nuevo rumbo para la narrativa y el arte latinoamericanos.

---

[90] Roger Caillois añade a la segunda edición de *El hombre y lo sagrado* un apéndice sobre el libro de Huizinga, donde discute su identificación del juego con lo sagrado. Véase también el comentario de Frank (2003: 45).

IV

Entre surrealismo y arte popular: los años de oro de la radio

> *Non, il ne faut pas considérer les auditeurs comme des aveugles.*
> *Ils sont autre chose, ils sont des 'sur-auditifs'.*
> *Sachons en faire des VOYANTS.*
>
> Carlos Larronde[1]

> *La radio es un espectáculo para ser visto con el oído.*
>
> Félix B. Caignet[2]

La esperanza vanguardista de hacer del arte un instrumento efectivo de diálogo con la sociedad se vinculaba para Carpentier, en los años treinta, con un medio: la radio. Entre 1932 y 1939, su ocupación principal junto con Robert Desnos fue el trabajo para diferentes estaciones francesas, lo cual hizo que durante estos años Carpentier dejara por completo de escribir literatura. Tanto en Francia como en Cuba la radio estaba todavía en sus comienzos. No es de sorprender, por tanto, que muchos artistas se sintieran atraídos por el nuevo medio, que pagaba bien y prometía el contacto con un público inaccesible hasta entonces a los poetas. Fue en estos años que en Cuba y en Francia se creó un lenguaje radial que, a base de experimentos y de préstamos de otras artes como el teatro y el cine, llegó a perfeccionarse hacia fines de los años treinta.

En Francia, los pioneros de la radio –Deharme, Desnos y otros– habían formado parte del movimiento surrealista en los años veinte, lo cual tuvo su efecto sobre el tipo de programación que crearon. La idea era crear un arte popular, pero la manera de captar la atención del público siguió en Francia los métodos psicológicos que ya habían explorado antes los surrealistas. De modo que la

---

[1] Carlos Larronde, *Comœdia*, 19 septiembre 1936.
[2] Entrevista de Rafael Saumell con Félix B. Caignet (1976). Comunicación del autor.

impronta del surrealismo sobre la radio francesa de los años treinta fue grande. Pero, más allá de los vínculos personales entre los surrealistas y aquellos periodistas de radio en Francia, quiero argumentar en este capítulo que hubo una atracción y afinidad general entre el surrealismo y la cultura masiva, atracción que se debía al hecho de que compartían la misma época, o el mismo «terreno cultural», como dice Robin Walz[3]. En este sentido, el surrealismo y la radio eran manifestaciones de una disposición general hacia el análisis psicológico de las ansiedades multitudinarias y los efectos subliminales del sueño y de la voz anónima. Quiero proponer que el viaje de vuelta a Cuba emprendido por Carpentier en 1939 fue, por tanto, sintomático del hecho de que este terreno cultural compartido era en realidad un terreno global, posible en parte por el mismo medio de la radio. Como consecuencia de esta globalización de la cultura masiva, la radio cubana adoptó un lenguaje surreal no tan alejado del que había conocido Carpentier en Francia[4].

IV.1. Teorías en pro y en contra del arte popular

En su «Segundo manifiesto del surrealismo» André Breton toma la labor periodística de Desnos como pretexto para expulsarlo del movimiento: «Il crut pouvoir se livrer impunément à une des activités les plus périlleuses qui soient, l'activité journalistique...» (Breton 1996: 115). Breton veía en ello una voluntad de «regresar a la norma» que atentaba contra su propia idea de una comunidad surrealista elevada sobre los demás. La reacción no se hizo esperar: Desnos y otros se despidieron de Breton en el manifiesto *Un cadavre*, alegando como razón principal la actitud dictatorial del último, quien podía vivir de su poesía y de la venta de cuadros surrealistas, mientras que los demás poetas tenían, por necesidad económica, que dedicarse a otras actividades. La radio

---

[3] Walz escribe: «At the founding of their movement, the surrealists drew inspiration from currents of psychological anxiety and social rebellion that ran through certain expressions of mass culture, such as fantastic popular fiction and sensationalist journalism. The provocative nature of such insolent mass culture, displaying a flagrant disregard for cultural conventions and social proprieties, resonated with the intellectual and political preoccupations of the surrealists. [...] These artifacts of mass culture and surrealism were neither subsumed by nor reducible to each other; what they shared was an overlapping and intersecting cultural terrain» (Walz 2000: 3).

[4] Considero los demás medios nuevos, como la televisión y el cine, menos importantes para mi argumento, porque la televisión empezó a tener un impacto «global» solamente después de la Segunda Guerra Mundial, aunque se puede considerar como continuación de la cultura radial descrita aquí. En cuanto al cine, tuvo, por supuesto, un gran impacto sobre el público, pero de otra naturaleza, ya que se ofrecía en el espacio público de la sala de cine.

le dio la oportunidad a Desnos de realizar su interés de poeta en un ambiente profesional que pagaba bien. Era entonces una industria floreciente que ofrecía buenos salarios y requería de un personal experimentado en todo lo referente a la expresión verbal. Al contrario de Breton, para quien la revolución surrealista debía surgir de un círculo de iniciados, Desnos quería difundir el surrealismo más allá de los intelectuales.

A Deharme, esposo de la poeta Lise Deharme, le cupo la tarea de iniciar a Desnos y a Carpentier en la radio[5]. Deharme había fundado la agencia Informations et Publicité, que luego se transformaría en los estudios Phoniric, donde trabajaron Carpentier y Desnos de 1930 a 1939[6]. Deharme buscaba maneras de utilizar al máximo las nuevas posibilidades de la radio. Para él y sus colaboradores la fascinación extraordinaria de la radio se debía a que ésta trascendía tanto el tiempo como las distancias. Las ondas cortas permitieron que a ambos lados del Atlántico y en ambos hemisferios se pudieran escuchar los mismos programas. De ahí que su alcance pareciera ilimitado, sin distinción de clases ni de sexo. La radio en sus primeros años parecía ser cosa de magia, como si fuera una especie de telepatía colectiva. Su voz tenía un poder sugestivo más alto que hoy en día, y se asemejaba a lo que antaño hubiera sido considerada la voz de Dios. Y casi fue, según Deharme, como si el surrealismo hubiera cumplido ahora en la esfera pública con su promesa de una iluminación profana, es decir, con la evocación de una voz trascendente emitida a través del objeto más inverosímil: una caja negra.

En un artículo de 1928 para la *Nouvelle Revue Française* y luego sobre todo en su libro *Pour un art radiophonique* (1930), Deharme expone sus ideas sobre la radio y su afinidad con relación al surrealismo[7]. Ésta consiste en que la voz del locutor actúa, como si fuera la de un psicoanalista, de manera absolutamente anónima y así logra un efecto hipnotizante sobre el oyente. Como consecuencia, la mente de este último produce «sueños dirigidos» a

---

[5] Desnos conoció a Lise a través de André Breton, quien había estado enamorado de ella antes de su matrimonio con Paul. Parece que los amigos de Breton a su vez le hacían la corte a Lise para complacerle a él. (Conley 2003: 104).

[6] Carpentier le expresa repetidas veces su gratitud a Paul Deharme, a quien insiste en llamar «business man» y no poeta o escritor. Parece que se conocieron a través de Robert Desnos, quien había empezado a trabajar en la radio un poco antes que Carpentier. Deharme había empezado a trabajar en el Poste Parisien, pasó después a Radio Luxembourg y finalmente se especializó en publicidad. El estudio Phoniric se fundó en París en el año 1932. Cfr. Maréchal 1994: 70, donde se cita a Deharme como escritor y «pionnier de la publicité radiophonique» junto a Robert Desnos y a Jacques Person.

[7] Deharme 1928: 413-422 y 1930.

partir de la historia transmitida por radio. El resultado de esta interacción deviene en una especie de «escritura automática» del subconsciente colectivo. La radio promete una vuelta a la presencia de la voz, y una posibilidad de comunicación «directa» asociada con un lenguaje de las emociones, fuera del ámbito del análisis racional[8]. Según Deharme, el lenguaje hablado posee una dinámica propia para liberar lo que está enterrado en el subconsciente. Más aún en la radio que en la vida cotidiana, el habla posee su propio nivel sonoro y simbólico al que no tiene acceso la sintaxis racional de la lengua. De modo similar a la diferencia establecida por Ferdinand de Saussure entre *signe*, *signifiant* y *signifié*, Deharme distingue entre palabra, imagen y sensación. La imagen de la palabra sería su significado común mientras que la sensación se basaría en el «significante», es decir, en el sonido de la palabra y consistiría en las asociaciones individuales que cada uno establece a partir de ella[9]. Deharme asocia, además, una noción de «credibilidad» o de «sentido de realidad» con esta sensación de la cual la imagen carece por sí misma (1930: 112, nota 9). Es decir, al incluir la corporalidad del lenguaje, no sólo puede la radio volverlo más poético, sino que además le confiere una fuerza y «realidad» más plena de la que el lenguaje común está desprovisto, dice Deharme[10]. Sin embargo, el sonido solo, o sea, sin el componente visual de las palabras, también tiene cierto tufo irreal, que hace necesario el desarrollo de una técnica especial para suplir esta falta. Para Deharme, el sueño es lo que mejor describe este estadio intermedio entre realidad e imaginación que la radio debe inducir en el oyente. : «On rêve en dormant, soit: mais encore? quand il fait nuit, quand on est seul, en écoutant la musique, en entendant le bruit de la mer –Pourquoi ne rêverait-on pas en écoutant la T.S.F.? […] [L'auditeur] vivra un rêve dirigé. Le rêve n'est plus l'origine de l'œuvre, il en est le but» (40). El sueño proporciona el material primario con el que trabaja la imaginación, dejando la razón de lado y usando su propia lógica basada en homonimias, anáforas y otras correspondencias sonoras. Pero a diferencia de los surrealistas, este sueño del oyente de radio tiene conciencia de ser sueño,

---

[8] El placer que la voz y la música parecen ofrecer frente al racionalismo y el dogmatismo de la escritura es tema de varios radiodramas franceses. Véase Hollier 1996.

[9] Habría que fijarse también en la concepción del signo de Edmund Husserl, contemporánea a la teoría radiofónica de Deharme, y que ha sido analizada por Jacques Derrida (1972). Husserl propone una distinción similar entre la expresión y el índice, elementos ambos que forman luego el signo.

[10] «Est sensation tout ce qui nous parvient par l'intermédiaire de nos sens, et, par conséquent, accompagné du sentiment de sa réalité physique: les spectacles que nous voyons, les sons que nous entendons… J'insiste: les sons, pas les mots» (1930: 36).

o sea, de estar separado de la realidad. El sueño radiofónico no forma parte del sueño «esquizofrénico» de los surrealistas, que pierde el contacto con su ambiente[11]. Deharme hace una interpretación del sueño más freudiana que los surrealistas[12]. Distingue entre el sueño y la maduración lenta de ideas y se distancia de las fantasías poéticas surrealistas: «Le processus mental invoqué est moins celui du rêve que celui de la maturation nocturne des idées (notion populaire et indiscutée qui s'applique à des sujets proposés). Le radio-film est donc d'une haute portée culturelle. Il est social» (95)[13]. Este «radio-film», como Deharme llama la representación interna de la obra radiofónica en el oyente individual, es terapéutico, porque lo libera de sus ansiedades religiosas, patrióticas, familiares y sexuales. La radio estimula o excita su inconsciente pero de una manera controlada, y produce de esta manera una «catarsis doméstica», según las palabras de Desnos (1999: 737). De ahí la importancia «social» de la radio, la cual incluso provoca, a través de esta introspección artificial, un gusto aumentado por la lectura y la música: «Le radio-film qui, dans le préconscient dégagé, appâte l'inconscient avec des excitations verbales spécialement fabriquées pour servir de noyau aux associations, provoque l'épanchement partiel des idées refoulées, réalisant ainsi une excellente prophylaxie psychique et donnant mécaniquement le goût de la lecture, de la musique et généralement des plaisirs de l'imagination aux esprits emprisonnés dans une dangereuse activité matérielle» (95). De esta manera, la radio representa una contra-cultura al materialismo de las sociedades modernas, y se une más bien a la cultura de los libros y de la música en vez de oponerse a ellos.

---

[11] Deharme dedica un apéndice de diez páginas a establecer esta diferencia entre el sueño surrealista y su propia teoría radiofónica. Con respecto a la identificación del sueño esquizofrénico con el sueño surrealista, véase la nota 5 en la página 95.

[12] Son famosas las cartas que recibió André Breton de Freud después de haberle mandado un ejemplar de *Les vases communicants*, donde Breton postula la unidad entre mundo del sueño y mundo real. Freud expresa su total incomprehensión del movimiento surrealista y se distancia de la filiación que Breton había querido establecer con sus teorías. Deharme mismo critica la concepción surrealista del lenguaje al sostener que los surrealistas toman el lenguaje de los sueños demasiado literalmente: «A la vérité le surréalisme –plus behaviouriste que freudien– s'intéresse moins aux fuyantes images du rêve qu'à l'automatisme verbal des périodes hypnagogiques; or, la qualité et l'authenticité de la dictée recueillie sont beaucoup plus suspectes que celles du souvenir des images oniriques» (93).

[13] La expresión «radio-film» resulta especialmente significativa, porque da fe de que Deharme no distingue mucho entre la radio y el cine. El hecho de que Deharme se apoye tanto en esta noción de «*imagen* mental» muestra que la característica principal de la radio, para él, no es tanto su falta del sentido de vista sino su carácter oral.

Este proceso hermenéutico está necesitado, claro, de técnicas muy específicas: similar a la neutralidad del psicoanalista freudiano, el locutor debe tener una voz neutral sin inflexiones particulares para que el público no se identifique con una persona en particular (111)[14]. Luego, los radiodramas de Deharme se basan en lo que él llama «siluetas incompletas», las cuales no son más que frases genéricas con las que el oyente se pueda identificar; por ejemplo, «la casa donde naciste», «los que te quieren», «la mujer inolvidable», «hace frío» o «ustedes tienen hambre». En la gramática del discurso radiofónico se nota la voluntad de usar deícticos que incluyan al oyente, como el «je» o el «nous», para evitar crear una división entre «tú» y «yo», oyente y discurso radial.

Otras estrategias para mantener cautiva la atención del público son las siguientes. Se deben repetir ciertas frases importantes a manera de ecos, y se deben usar voces seductoras. En cuanto a la forma de hablar, Deharme vuelve a las formas poéticas y épicas clásicas, sobre todo al octosílabo rimado del romance español y de la poesía popular francesa (68). Incluso si riman mal, o si faltan algunas asonancias, los octosílabos en su opinión forman las unidades mentales que mejor se transmiten al oyente. Su radio retorna al lenguaje formal y codificado de las culturas orales, pero ahora sus herramientas mnemotécnicas se emplean no tanto para ayudar al orador, el antiguo bardo que no tenía texto escrito, sino para que el receptor del mensaje lo entienda mejor[15]. En nombre de esta estética de una oralidad moderna, o de una oralidad «mediatizada», otros preceptos de Deharme estipulan un lenguaje y una gramática directa y sencilla que prefiere el presente del indicativo sobre el pasado, habla un lenguaje popular pero no pobre, y se vale de la música incidental para las transiciones y el clímax del cuento.

Deharme quiere seguir a su público en el ritmo de concentración, crear momentos de narración, y luego momentos de distracción mediante la música. No concibe la obra radiofónica como una obra cerrada o un evento único, sino propone más bien la idea de una conversación continua con el oyente. En última instancia, Deharme apunta a hacer del habla un instrumento más eficaz para la comunicación. En esto también se distingue de la escritura, más cercana a la

---

[14] La entrada «Neutralité» de Laplanche y Pontalis describe una noción de neutralidad muy semejante para el psicoanalista a lo expuesto aquí con respecto al locutor de la radio (1967: 266-267).

[15] En cuanto a la estructura formuláica de la narrativa oral véase *The Singer of Tales* de *Albert Lord* (1960). La tendencia a una longitud y a un esquema rítmico regular de los versos es, según Lord, fundamental para el arte del bardo (37-38). En cuanto al octosílabo, Karl Vossler lo ha analizado para el romance español. Vossler 1951: 214-228.

noción de «obra» artística concebida por un solo autor. La radio, al contrario, es esencialmente trabajo de equipo[16].

Es por ello que Deharme acusa a los surrealistas de contentarse con producir «obras» y de permanecer en el ámbito del arte, separados de la vida. La radiofonía, al contrario, constituye una nueva mayéutica, un arte para hacer descubrir el subconsciente y ponerlo a trabajar:

> La poésie surréaliste c'est bien, mais c'est peu. Quels changements a-t-on apportés à la pédagogie? Quelles règles pratiques a-t-on vulgarisées pour affranchir nos enfants des refoulements et des complexes qui, depuis 5.000 ans nous torturent et nous assassinent? [...] L'art radiophonique, tel que je le propose, peut, qui sait! devenir le cadre d'un mode d'enseignement, d'une maieutique nouvelle qui accoucherait le subconscient? (85)

Para Deharme, hay que pasar a la acción pedagógica[17]. La palabra «Einfühlung», que se refiere a la identificación del oyente con el asunto representado, encierra la clave de esta enseñanza[18]. Los oyentes se deben identificar de una manera positiva con lo que pasa en la radio, para poderlo complementar o sustituir por una realidad alternativa, imaginada y creada por ellos mismos. Por esto, Deharme insiste en que el modo de narrar no debe ser doctrinario. El locutor no es el líder que gobierna el pensamiento del oyente, sólo facilita transiciones; el oyente, al contrario, aprende a pensar independientemente mediante el esfuerzo que hace por apropiarse y sacar sus conclusiones de las noticias o historias de la radio.

La nueva técnica radial de Deharme hizo época. Particularmente el radiodrama *Un incident au Pont Hibou* provocó múltiples respuestas de los oyentes, que reportaron cómo la puesta en escena de una ejecución los hizo sentir y

---

[16] Vemos un reflejo de esta distinción entre arte en equipo y arte de autor en *Los pasos perdidos*. En la reunión del protagonista con sus amigos y su amante Mouche, uno afirma como si fuera una ley de la modernidad: «El cine es trabajo de equipo; el fresco debe ser hecho por equipos; el arte del futuro será un arte de equipos» (95).

[17] Carpentier también destaca (véase 1993c) la función pedagógica de la radio en estos primeros años al elogiar la «Universidad del Aire», radioprograma fundado por Jorge Mañach en la radio cubana a partir de 1932, como un proyecto muy valioso. Carpentier en este artículo se declara discípulo de Deharme y apela a la inteligibilidad del mensaje radiofónico, a las «imágenes directas» y un «lenguaje sencillo».

[18] El término «Einfühlung» lo acuñó Wilhelm Worringer en su libro *Abstraktion und Einfühlung. Ein Beitrag zur Stilpsychologie* (1908). Es un término también usado en el psicoanálisis freudiano. Sobre el principio de la identificación en Freud, véase el artículo «Identification» en Pontalis & Laplanche 1967: 187-190.

soñar con el drama, como si estuvieran en el momento de su propia ejecución. Hoy, esta obra es uno de los clásicos de la radiofonía francesa temprana y la primera obra de la cual existe grabación[19].

En esta teoría radiofónica la música goza de un lugar especial. Es ella, sobre todo, la que confiere una sensualidad particular a las palabras y recalca su potencial expresivo. Su poder de hacer vivir las imágenes y las palabras se percibe también en el cine, donde Deharme prefiere el «cine sonoro», es decir, musicalizado, al «cine hablado», porque sólo la música logra establecer un vínculo entre las palabras-imágenes y las sensaciones. Sin la música, la palabra pierde su valor asociativo, según él, y se aproxima demasiado a una oralidad no mediatizada, a una oralidad cotidiana con menos poder sugestivo[20]. La música y los efectos sonoros, sin embargo, deben subrayar y destacar la acción, no adquirir valor de por sí. Carpentier explica este problema en su artículo de 1933 dedicado a «El radio y sus nuevas posibilidades». El monólogo en radio debe, según él, ser construído en colaboración con otras voces, «sobre un fondo sonoro integrado por música o por ruidos musicales». Para ello ni la música ni los ruidos deben obedecer al verismo; por ejemplo, la pieza de Rimsky-Korsakoff, «Sheharazade», no debe ser usada mecánicamente para un tema oriental sólo porque el título lo sugiera. Tanto Carpentier como Deharme siguen así una estética radicalmente opuesta a una idea mimética de representar sonidos. Como el micrófono deforma muchos sonidos, y los temas de ciertas piezas no siempre se hallan presentes en la estructura musical, hay que ser creativo con el arte de los sonidos y representar la lluvia, por ejemplo, no por una grabación directa, sino mediante *pizzicatti* de cuerda y papel de seda estrujado. A Deharme, como vimos, también le gusta incorporar una idea de espacio en la representación de la música y jugar con efectos de eco, de alejamiento o acercamiento al micrófono. Todo se dirige a crear atmósferas, no importa el engaño. Carpentier y Deharme aplican este método a los radiodramas tanto como a las noticias o a las peleas de boxeo, con el fin de crear un espectáculo verosímil –pero no «real»– para el oyente. Un ejemplo algo tendencioso se encuentra en la noticia sobre Andrés W. Mellon, el hombre más rico de los Estados Unidos, citado por Carpentier al final de su artículo: al locutor lo acompañan un tema de jazz, efectos de sonidos y la noticia termina con «La Internacional».

---

[19] Véase el artículo de Todd (2002).

[20] Deharme no fue el único en pensar que el sonido, salvo en forma de música, no añadía mucho al cine. Este conflicto entre voz y música forma, de hecho, el argumento principal de la película musical *Singin' in the Rain* (1952), donde una película de aventuras, al escenificarse como drama musical, pero sin habla, se convierte en un éxito espectacular.

Con la ayuda de la música, la radio pretende crear un espacio propio para la representación de eventos. Esta intención mediadora pero no mimética no fue siempre entendida debidamente por el público. La confusión del público respecto a lo verdadero o lo ficticio de lo dicho por radio alcanzó gran notoriedad en el año 1938, cuando Orson Welles hizo transmitir su radiodrama llamado *La guerra de los mundos*, que relataba una invasión de marcianos y creó una histeria multitudinaria, porque se supuso que realmente New Jersey había sido invadida por extraterrestres[21]. Welles refiere que en 1942, cuando se interrumpió otro programa suyo, esta vez una recitación de Walt Whitman, para anunciar que Pearl Harbour había sido atacado por los japoneses, algunos no lo creyeron; pensaban que otra vez estaban siendo burlados por la radio.

De esta manera, los usos de la radio en su primer decenio de divulgación masiva oscilaron entre una radio sugestiva, como la quería el equipo de Paul Deharme y otros de la vanguardia, y una radio realista, como la querían las noticias y hacia la cual tendía el gran público. Los movimientos de vanguardia tenían la tendencia a enfatizar el impulso antirrealista de la radio. En Italia, el futurista Marinetti, por ejemplo, proclamaba en su manifiesto de 1933, «La radia», que la radio por fin iba a abolir las convenciones del arte mimético y así liberar las palabras y las mentes creativas (Marinetti 265-266). También Ezra Pound, quien escribió y compuso a principios de los años treinta dos óperas para la BBC en Londres, se interesaba por la radio como medio para divulgar su nueva poesía. Pound quiso darle un renacimiento al arte de los trobadores medievales, que combinaba lenguaje y música de manera única, y consideraba la radio como una oportunidad para realizar esta fusión entre poesía y música (Fisher 2002: 19-24). Como escribe Douglas Kahn en su introducción, los artistas de vanguardia estaban fascinados con aspectos radiales más bien abstractos y en continuidad con principios poéticos anteriores: la figura de la vibración universal retomaba la idea simbolista de la sinestesia, la de la inscripción del sonido se vinculaba con la idea del alfabeto universal, y la figura de la transmisión se asociaba con la escritura automática surrealista (Kahn & Whitehead: 14-25).

En la vida diaria, sin embargo, la radio cobró importancia por la ilusión que proporcionaba a los oyentes de participar en una realidad colectiva. Más

---

[21] Rosenbaum 1998: 20. Cécile Méadel (1994: 307-309) relata el escándalo desde una perspectiva francesa. La historia se repitió en Latinoamérica, donde se transmitió una traducción al español del drama en Cuba y en Ecuador. En Cuba se anunció como ficción con días de antelación para evitar equívocos, pero en Ecuador no se tomaron tales precauciones y la emisora radiofónica se vio invadida por multitudes enfurecidas que por poco matan a los periodistas.

aún que en las noticias del cine, el oyente tenía la sensación de presenciar en vivo, simultáneamente, los eventos que conmovían a la nación entera. De ahí que los representantes del gobierno se hayan aprovechado de la radio desde sus mismos comienzos. En Cuba, el presidente Alfredo Zayas fue quien inauguró la primera emisora profesional en el año 1922. El hecho de que los aparatos de radio estuvieran colocados en las salas de estar de muchos hogares le prestaba un aire de familia a las emisiones radiales que hubiera sido imposible en los discursos políticos transcritos en la prensa. Esta intimidad del diálogo fue aprovechada por Franklin D. Roosevelt en sus famosos «fireside chats», en los que hablaba cada domingo a los norteamericanos de los problemas y las preocupaciones de la nación[22]. Estos coloquios semanales informales comunicaban cercanía entre Roosevelt y sus electores y reforzaban el sentido de democracia y de comunicación directa, anhelado por todos. Por primera vez se anunciaban los resultados de las elecciones de inmediato en vez de salir en el periódico del día siguiente. También en el ámbito de los deportes el país entero podía «presenciar» por primera vez los partidos de las ligas más importantes, que ya no quedaban limitados a una selecta minoría. Sobre todo estos eventos «en vivo» conferían a los oyentes un sentido de inmediata participación en la realidad colectiva de la nación que antes no había existido, y que se prestó a la explotación política.

Al principio muchos intelectuales se mostraban entusiasmados por esta esfera pública asombrosamente ampliada. Más tarde, sin embargo, se añadieron tonos críticos a la discusión. Muy similar a la de los franceses es la reflexión de los teóricos alemanes Walter Benjamin y Rudolf Arnheim sobre la radio en los años de su auge masivo. Sus propuestas para hacer de la radio un medio de comunicación popular muestran una gran afinidad con las de Carpentier y de Deharme.

Benjamin tenía experiencia práctica con la radio por haber trabajado en ella durante cinco años a lo largo de los cuales se familiarizó con sus técnicas. Quedan varios textos suyos relacionados con la radio: reflexiones cortas, un artículo sobre teatro y radio y varios programas de radio, en su mayoría diálogos didácticos a la manera de las parábolas brechtianas[23]. En sus reflexiones sobre la radio su primer interés es de índole concreta. Indaga las diferencias

---

[22] El éxito de estas charlas informales de Roosevelt se comprueba en las cartas que miles de oyentes le enviaban como respuesta. Véase Levine & Levine 2002.

[23] Sobre sus emisiones para niños (recopiladas en Benjamin 1985), véase Mehlman 1993). Un estudio exhaustivo de su trabajo para la radio y de su importancia para el resto de su obra es el de Sabine Schiller-Lerg (1984).

perceptivas de la presentación radiofónica en comparación con la del teatro o la del periodismo escrito. Cercano a Deharme y a Carpentier, insiste en la retórica especial de la radio, como, por ejemplo, en la importancia de hablar de manera natural y no afectada, para que la radio pueda realmente captar al oyente. Similar a Deharme, Benjamin tenía un propósito pedagógico en su labor radiofónica: quería literalmente «civilizar» al oyente, que debía desarrollar su propio juicio sobre los hechos presentados, no sólo ingerir información. Pero para Benjamin, no era tanto cuestión de liberar al oyente de sus ansiedades sino de su pasividad. De ahí que Benjamin enfatiza la idea del diálogo entre la radio y su público[24]. Según su propuesta, el público tiene que ayudar con sus comentarios críticos a desarrollar un lenguaje radiofónico maduro. Sus propias piezas radiofónicas, por ejemplo, traducen el teatro épico de Brecht a la radio y retoman el modelo del diálogo casuístico[25].

Benjamin es más crítico hacia la manipulación ejercida por la radio que sus colegas franceses. Según él, tanto en el cine como en la radio el hombre tiende a ser eliminado por una tecnología que lo acapara todo y donde el hombre es «la quinta rueda en la máquina de su técnica», mientras que el teatro por lo menos tiene la presencia de lo humano como su ventaja[26]. En vez de enmarcar el evento y admitir su fuente de producción mecánica, la radio y el cine sugieren una inmediatez falsa que manipula al oyente con su aparente realismo y con su rapidez. Éste ya no analiza lo que escucha, sino avala las noticias de la radio sin reflexionar sobre ellas. Benjamin dice que esta manera pasiva de escuchar constituye uno de los rasgos característicos de las nuevas «masas». Los nuevos medios tienden, según él, a reforzar una mentalidad de mero consumo por parte de las multitudes.

---

[24] «Es ist die Stimme, die Diktion, die Sprache –mit einem Wort die technische und formale Seite der Sache, die in so vielen Fällen die wissenswertesten Darlegungen dem Hörer unerträglich macht genau so wie sie, in einigen wenigen, ihn an die ihm entlegensten fesseln kann. (Es gibt Sprecher, denen man sogar bei den Wettermeldungen zuhört.) Diese technische und formale Seite ist es demnach, an der allein das Sachverständnis der Hörer sich schulen und dem Barbarentum entwachsen könnte» (Benjamin 1930-31 [1991: 1507]).

[25] Esta diferencia de perspectivas se relaciona, por supuesto, con el marxismo de Benjamin, siempre orientado hacia la posibilidad de llevar a las multitudes hacia un futuro socialista. La idea de la igualdad pasiva de todos ante los medios de información y sus consecuencias funestas se observa también en la película de François Truffaut *Fahrenheit 451*, donde el televisor ha remplazado por completo a los libros considerados demasiado elitistas y peligrosos para la salud mental de los ciudadanos.

[26] «[Der Mensch] ist der vom Radio, vom Kino eliminierte Mensch, der Mensch, um es ein wenig drastisch auszudrücken, als fünftes Rad am Wagen seiner Technik» (Benjamin 1931-32 [1991: 775]).

Sin embargo, Benjamin no critica directamente el medio en sí, ni tampoco a las obras que aspiran a ser mera distracción para el público. Mientras que para su amigo Theodor W. Adorno toda forma de arte que valga la pena tiene que, lejos de distracción, ser concentración y contemplación, para Benjamin la falta de profundidad en radio –su imperfección, por así decirlo– todavía puede ser beneficiosa para la mayoría, porque le ofrece posibilidades de participar para mejorarla. Según Benjamin, la fórmula para el público debe cambiar de un ideal decimonónico de «Bildung» –es decir, un ideal de educación por el mero conocimiento– a lo que él denomina «Schulung», que vendría a ser la educación para formar juicios. Una cultura viva necesita un público de peritos en materias de radio o de cine, de amantes de los nuevos medios que sepan evaluar sus producciones y desarrollar una manera táctil de recibirlas[27]. Adorno, al contrario, ve la pérdida del aura de la obra de arte y la proximidad creciente entre su producción y su recepción como una amenaza para el estatus autónomo del arte, que sólo desde esta posición independiente puede asumir una postura crítica ante la sociedad[28]. Volveré más adelante sobre las diferencias entre ambos, decisivas para la obra posterior de Adorno.

Rudolf Arnheim percibe la situación de la radio con más optimismo. Según el teórico alemán, no se trata de manipular o de «educar» al oyente, sino de despertarlo con la voz radial. El poder de la radio reside, similar a lo que dice Pound, en el potencial poético de la voz radial, la cual reúne la palabra con la música, y dota así de un «cuerpo» a la lengua, llevando al oyente a percibir más intensamente lo que se dice y a reflexionar sobre la realidad de lo transmitido[29]. Escribe Arnheim:

> In wireless the sounds and voices of reality claimed relationship with the poetic word and the musical note; sounds born of earth and those born of the spirit found each other; and so music entered the material world, the world enveloped itself in music, and reality, newly created by thought in all its intensity, presented itself much more directly, objectively and concretely than on printed paper: what hitherto had

---

[27] Benjamin 1931-32 [1991: 775-776].

[28] Para un lúcido resumen de esta discusión véase Lunn 1982: 149-173 (Cap. 6: «Avant-Garde and Culture Industry»).

[29] El contraste entre Arnheim y Benjamin reposa en la experiencia radiofónica práctica y el interés político del último. Benjamin protesta, por ejemplo, contra la centralización de las emisoras de radio a partir de 1932, vivida por él de cerca. Véase la correspondencia entre Benjamin y Ernst Schoen, director de la emisora SWR en Francfort en la época (Benjamin 1930 [1991]). Arnheim, al contrario, nunca se hizo profesional de la radio. Fue periodista y luego catedrático, primero en Berlín y luego en Nueva York, en la New School for Social Research.

only been thought or described now appeared materialized, as a corporal actuality. (Arnheim 1936: 15)

En la voz no sólo resucita el antiguo ideal órfico de una fusión entre música y palabra retomado por los primeros románticos alemanes, sino que también la voz promete borrar la separación entre poesía y palabra profana, elevando la esfera de lo cotidiano a lo estético.

> Our speech was at first far more musical, but it has gradually become prosaic and lost its note; it is now a noise or a «loudness»; it must become song again. [...] This does not mean the art-song; Novalis is referring to the dreadful rupture between art and everyday usage which has been brought about by our civilisation. Beauty is offered us in the concert-hall, in the realm of the «non-functional». But where sound is functional as a means of communication, in everyday speech it is impoverished, blunted, without beauty. (Arnheim 1936: 31)

La radio restaura así la belleza del lenguaje hablado y recalca al mismo tiempo un lenguaje más lleno de significado y poesía. Por ello, parece superior a la incipiente televisión, porque según Arnheim la televisión contendría más acción que ideas, más espectáculo que contenido psicológico, mientras que la radio constituiría un medio dirigido al pensamiento y a las sensaciones.

Hoy parece rara la distancia entre esta postura neo-romántica de Arnheim y el entorno político en el cual publicó su libro en Londres en 1936. La radio alemana había sido nacionalizada en 1933, pocos meses después de la llegada de Adolf Hitler al poder, y muchos defensores de una radio independiente y de radioemisoras regionales, entre ellos Walter Benjamin, se fueron al exilio. Arnheim se fue en 1933 a Roma para trabajar en el proyecto de una enciclopedia del cine, y de ahí siguió para Londres, donde Herbert Read tradujo al inglés su libro sobre la radio, que había terminado en 1933 en Berlín pero que no había publicado todavía[30]. Fue en el mismo año 1936 que Arnheim sacó en Inglaterra su libro *Radio*, y Benjamin, en Francia, su gran ensayo «La obra de arte en la edad de su reproducción técnica» (Benjamin 1936 [1991: 471-509]), que apareció en la traducción francesa de Pierre Klossovski[31]. Sin embargo, el comienzo del libro de Arnheim habla todavía de las esperanzas sociales asociadas aún en

---

[30] Véase sobre esta parte de la biografía de Arnheim el prefacio de Ursula Madrasch-Groschopp en Arnheim (1985): 5-9.

[31] Esta traducción francesa se publicó en *Zeitschrift für Sozialforschung*, año 5, 1936, la revista que Leo Löwenthal y Max Horkheimer dirigieron entre 1933 y 1939 en París y después hasta 1941 en Nueva York.

1936 con el medio: el autor está escuchando en un pueblo de Italia una emisora inglesa que transmite música folklórica alemana. Todavía Arnheim estaba esperando que la radio actuara como medio de comunicación entre los pueblos y que, en última instancia, hiciera imposible una guerra entre ellos. Las dudas de Arnheim, como en el caso de Benjamin, son circunstanciales, formuladas en términos de un 'mal uso' de la radio por parte de los oyentes distraídos, y ni siquiera pensando en su manipulación por parte del estado.

En el caso de Benjamin, su prolongado exilio vuelve más combativa su opinión sobre el arte reproducible, aunque resulta difícil ubicar su crítica de los nuevos medios. En «Das Kunstwerk im Zeitalter seiner technischen Reproduzierbarkeit» constata varios cambios fundamentales en la esfera del arte y propone una teoría para un arte que se resista al abuso fascista. Para Benjamin, ahora el énfasis ya no reside en el tipo de programa radial o de cine por ofrecer, sino en indagar las posibilidades específicas de los nuevos medios. El cine –su ejemplo preferido, la radio ya no se menciona en este ensayo– ofrece un nuevo lenguaje afín al del psicoanálisis que disecciona y examina la realidad en vez de recrearla en su momento histórico, el *hic et nunc*. Mientras que en períodos anteriores el arte se relacionaba con el culto que evocaba lo único y lo distanciado, es decir, la divinidad, ahora con la aparición del arte reproducible se impone el presente, que siempre está vinculado con la política. El arte contemporáneo ha perdido su autonomía y también su fundamento en el culto. Los nuevos espacios del arte reniegan de su marco necesario para separarlo de la cotidianidad. Lo que Arnheim concibe como oportunidad para introducir el arte en la vida común, Benjamin ahora lo considera, como Adorno, una falta de estructura, disolución entre las esferas del arte y de lo profano. Volviendo al carácter engañoso de las máquinas, Benjamin subraya otra vez la importancia de un marco que separe el arte de la realidad profana. En el teatro todavía se conocían los camerinos, el lugar para la orquesta y la concha para el apuntador como marcos para el espectáculo; en el cine y en la radio, al contrario, no vemos el aparato que reproduce la película o el programa, lo cual nos produce una ilusión de realidad que dificulta el darse cuenta de la artificialidad del espectáculo (1936 [1991: 495]). Esta crítica benjaminiana de la falta de distinción entre lo profano y el arte se aproxima así al ideario del Collège de Sociologie, que iba a fundarse poco después. Benjamin concentra su atención sobre los modos de representación del arte, pero en el fondo argumenta como George Bataille o Michel Leiris que hace falta rescatar una noción de lo sagrado.

Sin embargo, Benjamin no reniega del valor del cine como forma de arte y pospone un juicio o una conclusión sobre esta falta de lo que él llama «aura».

Simplemente anota que el tipo de análisis de la realidad propuesto por el cine difiere del propio de otras épocas. Mientras el pintor ofrecía una visión de conjunto, el director de cine se asemeja al cirujano quien, en vez de confrontarse al hombre entero, lo penetra y lo opera. De ahí que la fotografía y el cine tengan tanta afinidad con el género policíaco, según Benjamin: las escenas captadas tienen aspecto de deserción y de lugar de un crimen, pruebas de un enigma que la historia ha de revelar. Por ello, la mirada del público hace las veces de un examinador que vigila y observa. Al ayudar a crear una escena, la diferencia entre público y autor ya no es muy grande; cada cual puede considerarse un autor dentro de una sociedad donde todo el mundo tiene la oportunidad de participar en alguna discusión pública o escribir una carta al editor de una revista. Este proceso de reconstrucción de una escena o de una historia fragmentaria guarda sorprendentes similaridades con las «siluetas incompletas» de Deharme: ambos piden la colaboración del público como complemento necesario de la obra. Lo que se pierde así, sin embargo, es la distancia crítica del público hacia la obra, todo colabora a hacer la ilusión completa en vez de permitir cierta libertad de juicio.

Hacer consciente y burlarse de este poder manipulador de la radio fue una manera de usar el mismo medio para defenderse contra su apropiación política[32]. Dada la propaganda nazi de la radio alemana, en Francia también, la radio se debatió entre la agitación política y los proyectos socialistas del Frente Popular para la educación pública. Pero las emisoras privadas mantuvieron su independencia hasta que, en 1939, las tropas alemanas invadieron Francia y cerraron u ocuparon las emisoras estatales y privadas francesas[33].

La intención del grupo de Deharme, como la de Benjamin, era la de provocar los complejos y los estereotipos del oyente para que aquel finalmente se deshiciera de ellos. Para Benjamin la imagen reproducida en la fotografía o en el cine es similar a un radiograma de la realidad inconsciente del espectador, quien a través de ella puede analizar y sentir mejor su propia situación. También los radiodramas de Fantômas, el delincuente-caballero, o de *Le pont du Hibou*, del equipo de Deharme, revelarían este subconsciente colectivo que busca siempre las fórmulas con las que un mayor número de personas se pueda identificar.

---

[32] Cécile Méadel describe el aumento de los programas políticos en la radio pública francesa como algo que iba en contra de los intereses de los oyentes (1994: 157-161).

[33] En cuanto a los experimentos radiofónicos de la radio francesa durante el gobierno de Vichy, sobre todo los del Studio d'Essais de Pierre Schaeffer, véase Eck (1990). Sobre la historia de la radio francesa alrededor de la Segunda Guerra Mundial véase la excelente página web de Jean-Marc Printz, *Cent ans de radio* (http://100ansderadio.free.fr/).

De esta manera, la escuela de Deharme ofreció en el Poste Parisien y en Radio Luxembourg un arte radiofónico *sui generis* que quería resolver dilemas constatados tanto por el mismo Deharme como por Benjamin. Desnos y Carpentier se aprovecharon como pocos del potencial único de la radio que es la voz hablada[34]. Crearon para la radio, con éxito multitudinario, un arte popular y a la vez experimental, que combinaba la música, el ruido ambiental y la palabra de manera perfecta y que llevó a la publicidad y al resto de la programación a niveles entonces inauditos. Los programas del equipo Desnos y Carpentier hicieron así uso del eros de la voz radial para crear una nueva poesía surrealista[35].

IV.2. Contra el libro: Desnos y la poesía popular de los anuncios

De los programas mismos de radio de Carpentier y de Desnos no nos quedan grabaciones, ya que sólo se grabaron, si acaso, en cera, material que ahora ya no se puede rescatar. Sin embargo, se conservan artículos y manuscritos de guiones para el cine y la radio[36].

Una de las primeras colaboraciones entre Desnos y Carpentier se hizo para una película surrealista, *L'étoile de mer,* cuyo director fue Man Ray, con un texto de Desnos y arreglo musical de Carpentier[37].

---

[34] Valdría la pena indagar en los radiodramas (o *Hörspiele*) que se produjeron en Alemania durante la República de Weimar, que representan otra forma de experimentar con el nuevo medio. Hubo una producción bastante grande, que había empezado en 1924 con la comedia radiofónica «Zauberei auf dem Sender», de Hans Flesch. Agradezco a Rubén Gallo el haberme introducido a esta obra, que se ha vuelto a producir recientemente para la radio alemana..

[35] Es interesante ver que, a pesar del desinterés absoluto manifestado por Breton hacia la música, dijera en un texto más tardío que en su poesía todo se encuentra en el valor tonal, dado que la escritura automática funciona a base de resonancias acústicas –o de «concatenación musical»–. Véase en Nougé & Breton 1973: 5.

[36] Son sobre todo las colaboraciones entre Carpentier y Desnos, de las que se han conservado borradores. Además, Carpentier menciona en su entrevista en Radio Televisión Francesa, los siguientes programas radiales: *El libro de Cristóbal Colón* (1939); *Le banc d'essai*; *Le juif errant*, una serie llamada *Le coq à l'âne*, y *Fantômas* (Carpentier 1985: 82-83). Luego, en una entrevista con Mirta Muñiz, «También escritor de radio», Carpentier también menciona la adaptación de *El ruiseñor* de Hans Christian Andersen, varios cuentos de *Las mil y una noches* –entre ellos *Alí Babá y los cuarenta ladrones*–, *La princesa Malena* de Maeterlinck y luego *Canto al mundo* [sic] de Walt Whitman (1985: 240-241).

[37] El manuscrito de esta película está reproducido en Desnos 1992: 213-217. El arreglo de Carpentier consiste de canciones muy conocidas y sencillas, como «Le beau Danube bleu», «O sole mio», «La Carmagnole», «Aria» de Bach o «Plaisir d'amour». Carpentier

El entusiasmo de los años veinte por los nuevos medios hizo pensar a veces que el libro iba a perder su atractivo del todo. En un artículo escrito en 1927 para el periódico *Le Soir*, Desnos opina:

> C'est pourquoi nous nous refuserons à considérer le spectacle de l'écran autrement que comme la représentation de la vie désirée au même titre que nos rêves; c'est pourquoi nous nous refuserons à croire qu'aucune règle, aucune contrainte, aucun réalisme puissent le ravaler au rang où l'écriture est tombée depuis que les romanciers, bons commerçants, ont jeté le discrédit public sur les poètes; c'est pourquoi nous demandons au cinéma d'exalter ce qui nous est cher, et seulement ce qui nous est cher; c'est pourquoi nous voulons que le cinéma soit révolutionnaire. (Desnos 1927 [1992: 83-85])

Para Desnos, el cine es una revolución en el arte, que representa de manera totalmente nueva los sueños de su generación. Este cine «para soñar» adopta sobre todo la forma de pesadillas, de fantasmas y de vampiros que constituyen la esencia de la imaginación liberada. Un público que cree en su propia imaginación no creerá en los políticos que la quieran limitar[38]. Los subtítulos sugestivos del cine mudo, que le parecen «mágicos» a Desnos, provocan la identificación del espectador con las historias fantásticas del cine. Palabras como «Ce soir-là… Une heure avant l'aube –Jusqu'à quand vivrai-je? –Jusqu'à l'aube» (Desnos 1992: 48) se prestan, como las silhuetas de Deharme, a la empatía del espectador con lo narrado.

De ahí que no sorprende que la primera emisión radiofónica con la que se hizo famoso el trío Desnos-Carpentier-Deharme haya consistido en un relato de crímenes, los de Fantômas[39]. La emisión tuvo el propósito de promover una nueva edición de episodios de la conocida historieta de principios del

---

trabaja para esta película con asociaciones estereotipadas que presentan un contraste irónico con la extrañeza de las imágenes. La sencillez del arreglo puede deberse a las condiciones del cine mudo, que usualmente contaba con un pianista *ad hoc* en la sala de cine sin tiempo para ensayar.

[38] «Heureux l'homme soumis à ses fantômes. Certes, il connaîtra des nuits désertes, d'inexplicables nostalgies, des mélancholies infinies, le désir sans raison, le spleen, l'implacable spleen. Mais il remettra la terre à sa place parmi les astres de son chemin. Jamais un boulet d'esclave n'entravera sa marche. Mieux, tout ce qu'il désirera, il l'obtiendra par la magie même de son imagination et des visites mystérieuses charmeront sa solitude. Libre, il agira librement en toute chose et sorti du dédale terrible de ses rêves, est-il quelque chose sure terre qui pourrait l'épouvanter?» (Desnos 1928 [1992: 116]).

[39] También en Cuba, de hecho, el primer programa dramatizado de gran éxito fue una serie policial protagonizada por un detective chino llamado Chan Li Po.

siglo XX en Francia. El anuncio adquirió finalmente la forma de un verdadero radio-poema donde alternan versos rimados con pequeños diálogos. Estos representan las escenas claves y los personajes principales de los crímenes perpetrados por Fantômas en la primera serie de historietas. Ya en la introducción se nota la innovadora técnica del equipo Deharme, Desnos y Carpentier, quienes incluyen al público como protagonista en la historia y a la vez crean una distancia reflexiva. La pieza comienza apostrofando al público. A propósito de una canción antigua, que se oye de fondo, el locutor comenta que con la ayuda de esta música quiere llevar al señor y a la señora oyente a dar un paso hacia el pasado y recordarles su niñez –la época del primer Fantômas, de 1913 y 1914–. La primera escena transcurre en un café del año 1913 donde se leen los periódicos y donde, entre las noticias diarias, aparecen los relatos de los crímenes de Fantômas. Estos se cuentan como si fueran verdad, como las noticias sobre terremotos y sobre las elecciones. Las fronteras entre medios diferentes –periódico y radio, noticia e historietas– se borran, todas caben dentro de la presentación radiofónica. La introducción cumple así con el doble propósito de recordar los comienzos de la serie de Fantômas –como historieta o en el periódico–, pero a la vez marcando la aparición de la radio como medio. La voluntad de comunicarse con el oyente y captar su atención se nota también en el repetido apóstrofe de los primeros versos: «Ecoutez, faites silence, / Ecoutez, faites silence, [...]» (741)[40]. En el *couplet* no. 11 de nuevo aparece el apóstrofe al oyente: «Vous vous souvenez de ça? / Ce fut lui qui l'agença!» (748). Resulta llamativo, además, el juego en el texto entre presente y pasado; la pieza empieza en el presente histórico, pero cambia al pasado en los *couplets*, para establecer una transición hacia el oyente y recordarle su propio pasado. Otro detalle interesante, por ser típico de la radio en esta época, consiste en la apertura en los últimos versos a un público no exclusivamente francés, sino que abarca a «todo el mundo»:

> Pour ceux du peuple et du monde,
> Pour ceux du peuple et du monde,
> j'ai écrit cette chanson,
> Sur Fantômas dont le nom
> fait tout trembler à la ronde.
> Maintenant, vivez longtemps,
> Je le souhaite en partant. (757)

---

[40] Cito por las *Oeuvres* (Desnos 1999: 736-757).

La conclusión constituye una moraleja al estilo de las antiguas fábulas, que de nuevo se dirige a las personas de todas las edades –y de todos los países. Como muestra también el programa que Carpentier y Desnos estrenaron en 1936, «Salut au monde» de Walt Whitman, el anhelo global forma parte de la retórica misma de la radio de los dos[41].

En su artículo sobre Fantômas, publicado en 1929 en *Documents*, Desnos ya había escrito sobre su fascinación con la calidad mágica del relato popular, que para él hallaba su inspiración principal en el uso de las máquinas y de las recientes invenciones, en las intrigas internacionales y en la confrontación de la vida burguesa urbana con la de la clase pobre. El folletín de Fantômas había ejercido un gran efecto sobre la imaginación popular, sobre sus pesadillas pero también sobre su idea de seducción masculina, al ser Fantômas el primer criminal «dandy». Su efecto se había notado además en el lenguaje común, donde ciertas expresiones cómicas se habían hecho proverbiales. Esta «lírica espontánea», como la llama Desnos en su artículo, resultaba mágica en el sentido de que creaba «fórmulas» y canciones, situaciones inverosímiles y cómicas que enriquecían la imaginación popular con un gusto por lo surreal: «Tous les éléments de la magie et de la prophétie se trouvaient projetés dans l'imagination universelle sans oublier l'humour représenté par ces fils du Père Ubu: les Pieds nickelés, et la locution courante: Merci pour la langouste!» (Desnos 1929: 378)

A Desnos le interesaba incitar al público a reflexionar sobre la ficcionalidad de lo real (o viceversa, sobre la realidad de lo ficticio) sin abandonar del todo estas categorías. De ahí su interés por el cine documental. Ya en 1923 Desnos escribía contra los que consideraban el cine como dominio exclusivo del «arte» y en favor del documental. Luego, en 1929, en la revista *Documents*, refinó su argumento en un artículo escrito en contra del cine que se proclama «de vanguardia» (Desnos 1929b [1992: 188-191]. Desnos compara la «sinceridad» en las películas de Erich Stroheim, Sergei Eisenstein y *Un chien andalou* de Luis Buñuel. Este espíritu sincero, según Desnos, no distingue entre verdad y mentira, sino entre sentimiento sincero y sentimiento artificial. Desnos se opone aquí a la identificación de lo ficticio con lo artificial y lo documental con lo auténtico. Como en el cine surrealista de Buñuel, para Desnos la dialéctica entre realidad y engaño, mentira y verdad, se encuentra siempre presente en cualquier obra de arte[42]. A pesar de

---

[41] Véase también Ory 1994: 568-600 («Médias nouveaux: l'information radiodiffusée»).

[42] Vuelvo a citar aquí la opinión de Robert Havard sobre el documental de Buñuel, *Las Hurdes*. Havard describe cómo el uso de estadísticas y de perspectivas pseudo-objetivas

sugerir fidelidad reproductiva, el lente mismo de la cámara constituye siempre un medio interpretativo. Esta actitud corresponde a la de Buñuel mismo. Dice Buñuel en otra ocasión: «El objetivo puede expresar y, en múltiple proporción, aumentar el caudal de sus 'ideas'… Silencioso como un paraíso, animista y vital como una religión, la mirada taumatúrgica del objetivo humaniza los seres y las cosas» (citado en Havard 2001: 208). Buñuel se basa en esta característica de la cámara para producir choques entre el engaño cinematográfico y la revelación de la artificialidad de la realidad. Los famosos cortes en la caída de la cabra en *Las Hurdes* resultan sólo uno de varios casos donde la verosimilitud del relato se encuentra perturbada[43].

También a Desnos y a Deharme les gusta hacer palpables en sus programas los cortes entre lo verosímil y lo inventado. Cécile Méadel cita un ejemplo, proporcionado por el mismo Deharme, de una publicidad para un equipo de radio Philips, construida en forma de un drama policíaco. Una carta anónima le anuncia a una familia de músicos que algunos de sus miembros desaparecerán de un concierto trasmitido esa misma noche por la estación Poste Parisien. Al final se revela que los instrumentos muy altos y los muy bajos habían desaparecido porque el aparato no era Philips y la familia se precipita a comprar un radio de esta marca (Méadel 1994: 333). Aquí el «marco» del que habla Benjamin, que indica si un evento es obra de invención o no, aparece en el irónico cuestionamiento del radio como transmisor fidedigno, capaz de mantener al oyente alerta sobre su propia situación de escuchar algo mediado por un aparato.

Como se puede apreciar, el equipo Desnos-Deharme-Carpentier convierte el anuncio en arte. Se usan los mismos autores para los anuncios que para programas con más pretensiones artísticas. Por ejemplo, el autor de este anuncio publicitario para Philips fue Sylvestre Allain, escritor de las historias de Fantômas. No sólo se experimenta con las fronteras entre realidad y ficción, sino también con las que separan al radiodrama y al concierto del anuncio. De ahí

---

desde arriba manipula al público, que cree ver un mero reportaje, cuando al contrario se trata de una tragedia escenificada. Véase Havard 2001: 205-212.

[43] Salvo las conocidas películas de Buñuel y de Dalí, el surrealismo no ha realmente producido un cine de envergadura. Dudley Andrew opina que el cine estaba hecho para la semiótica de los surrealistas, con sus yuxtaposiciones y su lógica de sueños. Su popularidad, además, impresionó a los que proclamaron que el arte debía ser leído «como si fuera el diario de la mañana» (Louis Aragon). Pero Andrew también añade que, al fin y al cabo, los surrealistas nunca se interesaron lo suficiente por su técnica, sino que eran más bien «flâneurs», formaban parte de su público más que de sus creadores. Véase Andrew 1995: 43-50.

que para Desnos y Carpentier no fuera tan importante el hecho de no trabajar directamente para una emisora radiofónica, sino para una compañía publicitaria privada, Phoniric, fundada por Deharme para vender anuncios y programas patrocinados a las emisoras radiofónicas, sobre todo el Poste Parisien y Radio Luxembourg. Carpentier, en todo caso, nunca aclaró que había trabajado en París para una compañía publicitaria y no para una emisora[44].

La publicidad había vivido su auge concomitantemente con la radio. Fue realmente Deharme quien había reconocido en Francia la demanda por un servicio profesional de anuncios y se especializó en la materia a principios de los treinta. A su muerte en 1934, Desnos y Carpentier continuaron la labor emprendida en Phoniric. Al parecer Desnos y Carpentier creaban en Phoniric no sólo los anuncios, sino también los programas patrocinados por las compañías que encargaban los anuncios. Es de suponer que Phoniric producía el «paquete» entero, que consistía, por ejemplo, de un programa de radio enmarcado por un anuncio.

Según las investigaciones de Dumas, Desnos empezó su experiencia en radio pronunciando dos conferencias en Radio-Paris: una en junio de 1930 intitulada «Initiation au surréalisme», la otra en enero de 1931 sobre «La musique cubaine», ayudado, claro está, por Carpentier. En esta época Desnos buscaba urgentemente un trabajo estable y Paul Deharme, quien ya lo había contratado para las dos previas conferencias radiales, le ofreció en 1932 un puesto permanente en su compañía Informations et Publicité, que brindaba entre otros servicios la exclusividad de programas publicitarios en las antenas

---

[44] La biografía conocida de Carpentier en los años treinta no refleja correctamente sus verdaderas ocupaciones. Según el resumen que encontramos en la *Biobibliografía* de Araceli García Carranza, Paul Deharme lleva a Carpentier al Poste Parisien en 1932, donde éste hace varias adaptaciones de cuentos para la radio. En 1933 habría sido nombrado director de programas en el Poste Parisien, además de «director musical de programas en las emisoras parisienses». A partir de 1935 y hasta 1939 dirigió, según García Carranza, los estudios Phoniric para grabaciones de discos (García-Carranza 1984: 17-19). Las dos entrevistas donde Carpentier habla más detenidamente sobre su experiencia en la radio corroboran esta versión oficial de su trabajo radiofónico. Carpentier dice allí que Paul Deharme lo hizo «director artístico de los estudios [Phoniric!]», y que Robert Desnos era «de cierto modo, el director literario». (Carpentier 1985: 82). En otra ocasión Carpentier afirma sobre su trabajo para Paul Deharme: «Deharme me llevó al Poste Parisien que ya no existe y era la estación de radio más importante de la época» (1985: 240). Es cierto que el Poste Parisien fue una estación de radio muy importante; sin embargo, Deharme nunca la dirigió. Gracias a la investigación de Marie-Claire Dumas sobre Desnos y la radio (Dumas 1980) podemos ver que el que llevó la dirección de Phoniric fue Desnos y no Carpentier, quien desempeñaba una función más discreta.

Poste-Parisien y Radio-Luxembourg[45]. Después de la muerte de Deharme en 1934, la compañía se mudó a los estudios Phoniric, donde trabajaron Desnos y Carpentier entre 1934 y 1939. Mientras Desnos fue el redactor principal de Phoniric, podemos asumir que el trabajo se hacía en equipo. Carpentier trabajó al lado de Desnos y se especializó en los arreglos musicales y los efectos de sonidos, aunque hay que conceder que a partir de las notas que quedan de este trabajo radiofónico resulta difícil muchas veces distinguir a los diferentes participantes. En el caso de la serie *La Demi-Heure de la Vie Pratique*, trasmitida por Radio-París entre diciembre 1933 y marzo 1934, nos quedan listas del programa con los nombres de los autores y además algunos manuscritos de Carpentier en el Archivo Carpentier de la Biblioteca Nacional José Martí[46]. La serie se ocupaba de aniversarios de escritores o de músicos importantes, eventos históricos o científicos, etc. Se nota en ella la velocidad con la que había que producir y grabar programas: durante los tres meses de la existencia de la serie cada uno de los miembros del equipo –entre ellos Desnos y Carpentier– tenía que contribuir prácticamente de un día para otro con uno o dos «sketches» que luego había que musicalizar y grabar, sin mencionar un mínimo de lectura y búsqueda bibliográfica para darle sustancia a estos pequeños retratos históricos[47]. Sobra decir que Carpentier no tenía dificultad alguna para escribir en francés a ritmo rápido, sin revisar. El primer trabajo en equipo había sido *La grande complainte de Fantômas*, donde el texto se debe a Robert Desnos, la música original a Kurt Weill y la «dirección musical» a Carpentier, quien termina como editor de los efectos de música y sonido. Otros trabajos de Desnos y Carpentier en conjunto son montajes de música como *La vie de Bohème*, de Puccini, o *Manon*, de Massenet, y luego una serie de música folklórica patrocinada por

---

[45] El libro de René Duval no menciona a Carpentier en ninguna función para el Poste Parisien entre 1932 y 1934. En esta época, el director de programas es Jean Grunebaum (Duval 1979: 130). En cuanto a Radio Luxembourg, estación de radio para la que Carpentier dice haber trabajado más tarde, tampoco existen huellas de su paso por sus estudios. Al menos, no se le menciona en el libro más autorizado sobre la estación (Maréchal 1994). Desnos y Deharme, sin embargo, sí aparecen: «La publicité radiophonique chantée avec petit couplets alertes vantant les produits eut comme pionniers le poète surréaliste Robert Desnos et deux publicitaires: Jacques Person et Paul Deharme, également écrivain» (70).

[46] Agradezco a Araceli García Carranza el haberme facilitado la información sobre los contenidos del Archivo Carpentier en cuanto a manuscritos de radio.

[47] Marie-Claire Dumas escribe que Carpentier tenía en *La demi-heure de la Vie Pratique* la responsabilidad de las secuencias musicales (Dumas 1980: 203). Son, sin embargo, veintiocho los textos que conserva la Biblioteca Nacional que llevan como nombre de autor el de Alejo Carpentier.

Vin de Frileuse, llamada *Chansons de l'Empire français,* género musical que también aparece en un concierto intitulado *La Rue de Paris.* Los estudios Phoniric contaban con una técnica especialmente avanzada para la época, que incluía una cámara de eco. El trabajo de Carpentier resultó ser fascinante por estas innovadoras tecnologías, que permitían no sólo desarrollar sino también experimentar con la reproducción electrónica del sonido[48]. Al relatar más tarde sus años en la radio, Carpentier enfatiza sobre todo la novedad de la tecnología como medio de arte y se detiene a mencionar las personalidades famosas que trabajaban en ella: «Si poco escribí entre la publicación de mi primera novela y 1939, esto se debió, simple y sencillamente, al hecho de que, para ganarme la vida, tenía que pasarme 10 u 11 horas diarias en un estudio de grabaciones de discos, donde los horarios de trabajo no tenían límites. Además, en aquellos años yo creía en la radio como arte nuevo y no me disgustaba la idea de trabajar con Jean Louis Barrault, con Antonin Artaud, etc...» (citado en García Carranza 1984: 18-19). Lo importante para Carpentier era formar parte de este grupo, no tanto la función precisa que desempeñara en su trabajo[49].

Francia era uno de los pocos países donde existían tanto emisoras privadas como públicas, lo cual generó una competencia fuerte, sobre todo entre las emisoras privadas[50]. La competencia en la radio privada, debida a su necesidad de financiarse con anuncios, llevó a una más alta calidad e hizo posible progresos técnicos más rápidos que en la radio estatal. Desnos había reconocido el potencial artístico del mundo publicitario. Las canciones y los *jingles* que Desnos escribió, en todo caso, eran poesía circunstancial, una poesía espontánea inspirada por la agudeza y los juegos de palabras, al estilo de aquellos que Desnos admiraba en las historietas de Fantômas. Un *slogan* como el siguiente para un digestivo

---

[48] Al volver a La Habana en 1939, la primera conferencia pública de Carpentier se dedicaba a explorar este tema de «Las zonas inexploradas del sonido». Carpentier habla aquí de las dificultades de reproducir y grabar especialmente la música clásica y menciona la cámara de ecos como un artificio para darle dirección a la música. Concluye diciendo que «A pesar de todo la electricidad y la música [son] buenos amigos, y que un nuevo arte, arte de masas, estaba surgiendo de la conjunción de estos dos elementos valiéndose de una serie de artificios» (1939: 177).

[49] Joelle Neulander también subraya la popularidad de la radio privada de la época: «Private stations were up to the hottest trends in theater and music» (Neulander 2000).

[50] Así se expresa Desnos en un artículo para la revista *Aujourd'hui*, publicado el 15 de septiembre de 1942 (citado en Dumas 1980: 200).

> Joie certaine
> Toujours saine
> Quand on boit l'Amer
> Picon
> Un délice sans malice
> Buvez de l'Amer Picon

impresiona no por la elevación del contenido o por el significado de sus palabras, sino por su ritmo y la armonía de las vocales a/o. A Desnos le gusta el contacto directo con la expresión popular, añadiéndole, por supuesto, siempre su toque peculiar. Su esposa, Youki Desnos, escribe sobre su trabajo para la publicidad: «L'ambition de Robert –et combien de fois ne me l'a-t-il pas répété– était, en dehors de son œuvre poétique pure, de créer des chansons qui puissent courir les rues, être sifflées par un gars conduisant un triporteur, par exemple, ou murmurées d'oreille à l'oreille par des amoureux. 'Comme c'est difficile d'écrire une chose facile, me disait-il. Il faut absolument populariser l'art'» (Desnos 1999: 792-793). Desnos le agradece a la publicidad el hecho de que le imponga un estilo sencillo, y hasta el lugar común, para jugar mejor con la imaginación del oyente. El énfasis en la «transmisión sensible» de la publicidad, asegurado por el decoro sonoro o musical de Carpentier, hizo además que Desnos reevaluara la importancia del ritmo y de la música en su propia poesía[51]. Logró así una simbiosis entre música y poesía nueva que lo condujo a preferir en estos años lo efímero de la radio a su propia poesía escrita. El éxito de su trabajo se hizo notorio en la célebre emisión *Salut au monde* de Walt Whitman (Poste Parisien, 4 de julio de 1936), en la que Carpentier también participó (bajo el nombre de «Alexis» Carpentier). Las reseñas de este poema radiofónico contienen comentarios entusiastas: «Robert Desnos a trouvé les sons, les chants et les musiques que l'on eût dites écloses du cerveau du poète en même temps que ses vers. C'est là de la très grande imagerie sonore»[52]. Desnos pudo ampliar el éxito de *Salut au monde* en una segunda transmisión (el 16 de mayo de 1937), seguida por una serie de emisiones semanales que evocaban el folklore y las costumbres de diferentes países. Le dio así una continuación lógica y moderna a la poesía de Whitman en la radio. Claire Dumas concluye:

> Whitman avait trouvé en Desnos un écho, où la reprise n'avait rien de servile mais reposait sur un jeu d'équivalences entre la parole et le chant... Ce travail

---

[51] La teoría sobre la transmisión sensible pertenecía a Jean Selz (Dumas 1980: 208).
[52] Germaine Blondin en *Radio-Magazine*, no. 665 (12 de julio 1936); citada en Dumas 1980: 215.

de coordination du texte écrit et de la partition musicale, qui était déjà le ressort principal des slogans publicitaires, devient ici déterminant: la formule de l'opéra s'y dessine, la parole exigeant son support sonore, et même, dans une large mesure, s'y soumettant. Le chant tend ainsi à devenir la meilleure expression poétique, celle où la polyphonie s'exerce, où la pulsion individuelle s'accorde à la voix collective. (1980: 216-217)

Se ve que las razones de Desnos para trabajar en la radio fueron sobre todo de índole idealista. Fue para él una manera de continuar la actividad poética por vías más eficientes para la comunicación, a un nivel muy ampliado.

Como ocurrió también en otros países, la radio francesa tomó préstamos de otros géneros artísticos y los combinó ya fuera en la radio-ópera, el radio-film o el poema musicalizado. Estos elementos resultan particularmente importantes en vista del carácter efímero de la radio: sus autores la quieren traducir a la literatura o a la película, porque estos otros medios sí pueden ser retomados, leídos una y otra vez en suma, pueden ser repetidos[53]. Desnos, por ejemplo, produjo una segunda versión de *Fantômas* en forma de libreto para ópera. Podemos suponer que emprendió dicha tarea precisamente por el carácter efímero de la radio. También mucho después de sus comienzos gloriosos, a principio de los años cuarenta, Desnos vuelve a escribir un guión para una ópera sobre los Caballeros de la Mesa redonda, como si la radio no fuera suficiente para expresar las grandes narraciones y tuviera que ser complementada por la ópera o el cine[54]. La búsqueda de un arte moderno y más completo a la vez, que sepa dirigirse al gran público sin hacer concesiones en cuanto a su calidad artística, y que vincule el arte popular y la alta cultura, caracteriza una ideología del progreso que aparece paradójicamente en medio del ambiente intelectual pesimista que precede la Segunda Guerra Mundial. La alternativa parece ser la de crear un nuevo arte o decaer. También Paul Valéry, miembro de la nada innovadora Académie Française, se muestra en su libro *Regards sur le monde actuel* entusiasmado por las nuevas invenciones de la radio y el teléfono que superan el espacio y el tiempo. Valéry piensa igualmente en la posibilidad de una literatura oral, «auditiva», que pueda reemplazar a la escrita (1931: 214-217).

Desnos nunca se deshizo por completo de su aprendizaje poético con los surrealistas. En la serie *La clé des songes*, que se transmitió desde 1937 hasta

---

[53] Véase al respecto el texto de Arnheim, que aboga a favor de un nuevo medio, el «radio-film», cuya ventaja residiría en la grabación y de ahí su alcance realmente universal (Arnheim 1936: 130).

[54] «Projet de réalisation d'opéras-films» (en Desnos 1992: 302-304).

1939, perfeccionó el principio de la escritura automática en radio. La idea consistía en usar los sueños de sus oyentes para emitir un resumen semanal del subconsciente colectivo. A estos se les pedía que mandaran recuentos de sus sueños más recientes. La redacción los coleccionaba, seleccionaba sueños individuales de los que hacía una adaptación dramática seguida de la interpretación del sueño y luego, en la segunda parte de la emisión, resumía motivos o temas generales de todos los sueños que habían llegado durante la semana. Esta emisión gozó de mucho éxito, y Desnos inclusive se propuso escribir un libro a partir de los mejores sueños interpretados por radio. El programa oscilaba entre lo serio y lo cómico y el juego poético prevalecía obviamente sobre el psicoanálisis riguroso. De nuevo, la voz del locutor se confundía con la del psicoanalista que interpretaba los sueños de sus clientes[55]. El programa incluso ofrecía presagios humorísticos para los días venideros, algo que lo sitúa casi ya al borde del esoterismo.

La canción introductoria de *La clé des songes* muestra el optimismo característico de Desnos, quien iguala al sueño con el amor y sostiene que el sueño es nuestro derecho a la pereza:

> Cuisinière ou poétesse
> Buss'nessman ou charpentier
> Tout l'monde aime la paresse'
> Le loisir, le sommeil et rêver
> Car le rêve est un spectacle
> C'est un billet de faveur
> Dont la nuit fait cadeau au rêveur
> [...]
> Une nuit sans rêver
> Sans aimer
> Est perdue. (Desnos 1999: 849)

Prestar atención a los propios sueños aparece entonces como un acto liberador que convierte en poeta a todo el mundo. Desnos anima a sus oyentes a no empecinarse en la distinción entre mentira y verdad sino a dejarse guiar en sus acciones por lo que indica la «llave de los sueños»[56]. Como hizo notar Desnos

---

[55] Otro programa que Desnos hizo junto con Jacques Prévert también presentaba características de la escritura automática al basarse en asociaciones a propósito de un término. Carpentier menciona el programa, llamado *Du coq à l'âne* (Carpentier 1985: 83).

[56] Desnos 1999: 849. Las *Oeuvres* de Desnos contienen bastante material sobre *La clé des songes*: un artículo programático publicado en Radio-Magazine (febrero de 1938), la canción genérica y el manuscrito de una de las emisiones.

en una de sus emisiones, la radio, sobre todo mediante sus canciones populares, incluso generaba a su vez sueños, y así entraba en un diálogo realmente productivo con el oyente (Conley 2003: 108). Así, Desnos se aprovechó en *La clé des songes* de todos los medios posibles para estimular la imaginación del oyente, haciéndolo gozar de lo multifacético que puede ser la radio.

La labor radiofónica de Desnos, acompañado de Carpentier, fue así un golpe de liberación de las querellas ideológicas y poéticas de los surrealistas y una vuelta a la práctica de la poesía oral en ámbitos tan sorprendentes como el anuncio o las noticias. Si Desnos y Carpentier dejaron de escribir en estos años intensos fue no sólo por necesidad de ganarse la vida sino por su entusiasmo hacia lo que les había tocado crear: un arte popular en la radio.

IV.3. Resistencia contra la voz: «The One All Alone» y *La Passion noire*

Aunque no haya producido libros durante sus años en la radio, Carpentier sí escribió dos libretos de ópera a principios de los años treinta: «The One All Alone» y *La passion noire*. Estas dos obras participan de su reflexión sobre los modos de recibir música, que había empezado con sus colaboraciones musicales tempranas y evolucionado con su trabajo en la radio. En ambos textos Carpentier tematiza aparatos mediadores entre el hombre y la voz, o el hombre y la música, y muestra los efectos que puede tener esta mediación. Por ejemplo, la transmisión de música por la radio –además del gramófono, que desde principios de siglo había entrado en las casas particulares– le quitó a la música la atención exclusiva que recibía antes en un concierto o en la iglesia, y la hizo pasar a formar parte del fondo sonoro cotidiano. Esto había sido notado por varios músicos y misucólogos. Por ejemplo, Igor Stravinsky en la conclusión de su poética musical escribe:

> Today radio brings music into the home at all hours of the day and night. It relieves the listener of all effort except that of turning a dial. Now the musical sense cannot be acquired or developed without exercise. In music, as in everything else, inactivity leads gradually to the paralysis, to the atrophying of faculties. Understood in this way, music becomes a sort of drug which, far from stimulating the mind, paralyzes and stultifies it. (Stravinsky 1947: 135)

Para Stravinsky, la cultura de la música y su sentido histórico y crítico peligraban en tanto la radio amenazaba a los compositores necesitados de este contexto musical. Otros, al contrario, veían en ella una oportunidad para la difusión más amplia de la música. Por ejemplo, Leopold Stokowski, el gran conductor de orquesta estadounidense, se muestra entusiasmado por el nuevo medio y sólo advierte que se debería mejorar la calidad de la transmisión y que el radio no se deje encendido el día entero. Su tratado «New Vistas in Radio» (1934) termina en un tono utópico alabando el valor didáctico y democrático del nuevo medio, especialmente para los niños, cuyo sentido musical creativo se estimula a través de la música variada que escuchan por la radio[57]. Incluso imagina parques de diversión que consistan de teatros, óperas y salas de conciertos, todo gobernado por una torre desde la cual se transmitiría una música de fondo junto con rayos de diferentes colores (Stokowski 1934: 15). Es una fantasía sinestésica, donde sonido y color se asocian y causan impresiones sobrecogedoras[58]. En esta fantasmagoría de una especie de Disney World *avant la lettre* se encierra, sin embargo, una tendencia a la deshumanización y a la desaparición del hombre frente al aparato. En su entusiasmo progresista Stokowski aboga por un tipo de música electrónica del futuro que resultará perfecta e independiente de la habilidad humana del músico, y somete al compositor a sus parámetros mecánicos y electrónicos. Las implicaciones totalitarias contenidas en esta visión de la radio no parecen preocupar demasiado. Se dibuja en el texto de Stokowsky una visión del orden creado por la música, capaz de ser manipulado desde una sola posición elevada que es una especie de oreja imperial.

El compositor francoamericano Edgar Varèse discrepó de esta tendencia a la deshumanización de la música. Varèse fue el primer compositor que tomó en serio la idea de una música electrónica, muy vinculada con el éxito de la radio, pero sin abandonar los principios de la música clásica tradicional, y sin abandonar la idea de la música como un evento aparte. La nueva situación de la música en el mundo de la radio y de la divulgación masiva de discos se encuentra reflejada en el proyecto de una ópera, «The One All Alone», diseñada a principios de los años treinta junto con Carpentier y otros amigos en París. Varèse y Carpentier fueron amigos entre los años 1929 y 1933. Varèse era entonces un compositor ya reconocido, cuyas piezas *Amériques*, *Arcana*, *Hyperprismes*, *Octandre* y *Intégrales* se habían presentado en París con gran éxito en las grandes salas de conciertos. Carpentier escribió artículos elogiosos sobre la nueva estética de Varèse para los periódicos cubanos y le hizo conocer a Varèse la música de los compositores cubanos Amadeo Roldán y Alejandro García Caturla.

---

[57] Stokowski escribe que los niños hasta la edad de siete años son muy creativos en música, cantando espontáneamente durante un juego e inventando palabras, melodías o ritmos. La variedad de música ofrecida por la radio podría, según él, fomentar esta imaginación espontánea de los niños.

[58] Véase el apartado de Douglas Kahn dedicado a lla sinestesia como figura de «vibración», Kahn & Whitehead (eds.) 1992: 14-15.

El proyecto de esta ópera surgió de un interés especial de Varèse por la función del ritmo en la música, compartido en este período con Carpentier y sus amigos latinoamericanos, entre ellos especialmente Heitor Villa-Lobos[59]. Según Varèse, el ritmo en música representaba un principio cósmico que determinaba la velocidad de los cambios de un estado de ser al otro[60]. El ritmo, para decirlo de otra manera, es la vibración que recorre y conecta todo, no sólo las partes de una pieza musical, sino también diferentes estados o objetos. En lo visual, se traduce como las ondas irradiadas por los objetos que producen los mismo cambios de estado, es decir, choques o cambios de rumbo entre ellos. La ópera «The One All Alone» se construye sobre el conflicto entre un astrónomo que ha encontrado la manera de controlar y traducir estas ondas y una multitud que se queda atrás sin entender. Este astrónomo se encuentra en una torre, abajo están los otros astrónomos y la multitud[61]. Estas ondas se pueden entender entonces como el medio que conecta a los diferentes planetas del universo, como aquí la tierra con Sirio, o, más en concreto, como las ondas electromagnéticas de la transmisión radiofónica por su velocidad y su poder de establecer una conexión instantánea entre dos lugares alejados. La obra critica la jerarquía implícita en la radio y las demás tecnologías de transmisión inalámbrica, y es a la vez un canto a las nuevas

---

[59] Varèse descubrió la importancia del ritmo para su música discutiendo con los latinoamericanos. Su influencia se nota también en que Varèse añadió unas maracas y unos bongóes a la percusión de su pieza *Ionisations*. En una foto reproducida en el libro de Odile Vivier sobre Varèse se ve a Nicolas Slonimsky con unas maracas y un bongó en las manos (Vivier 1973: 80).

[60] Escribe el compositor: «Le rythme, dans mes œuvres, provient des effets réciproques et simultanés d'éléments indépendants qui interviennent à des laps de temps prévus, mais irréguliers. Ceci correspond davantage à la conception du rythme en physique et en philosophie, c'est-à-dire, une succession d'états alternatifs, opposés ou corrélatifs» (citado en Vivier 1973: 90).

[61] La «torre» era en estos años el símbolo de la radio por antonomasia, dado que las primeras emisoras tenían que estar en un punto elevado para que sus ondas se pudieran recibir con más facilidad. La Torre Eiffel, por ejemplo, hospedó a la primera emisora radiofónica en París, lo cual reafirmó su estatus de emblema del progreso científico que se le había atribuido desde la época de su construcción para la Exposición Universal de 1888. Véase Kern 1983: 207. En su capítulo sobre la «Forma» Kern describe la admiración general por los materiales de que estaba hecha la Torre Eiffel. Sin embargo, la razón profunda por la cual los poetas y artistas cubistas y futuristas estaban fascinados con la torre era, según Kern, la idea de la simultaneidad: «The great symbol of simultaneity was the Eiffel Tower, which Robert Delaunay painted, the poets eulogized, and the Futurists worshipped. It was used for sending out time signals that were thought by most people to travel instantaneously and make possible the calculation of simultaneous events» (81).

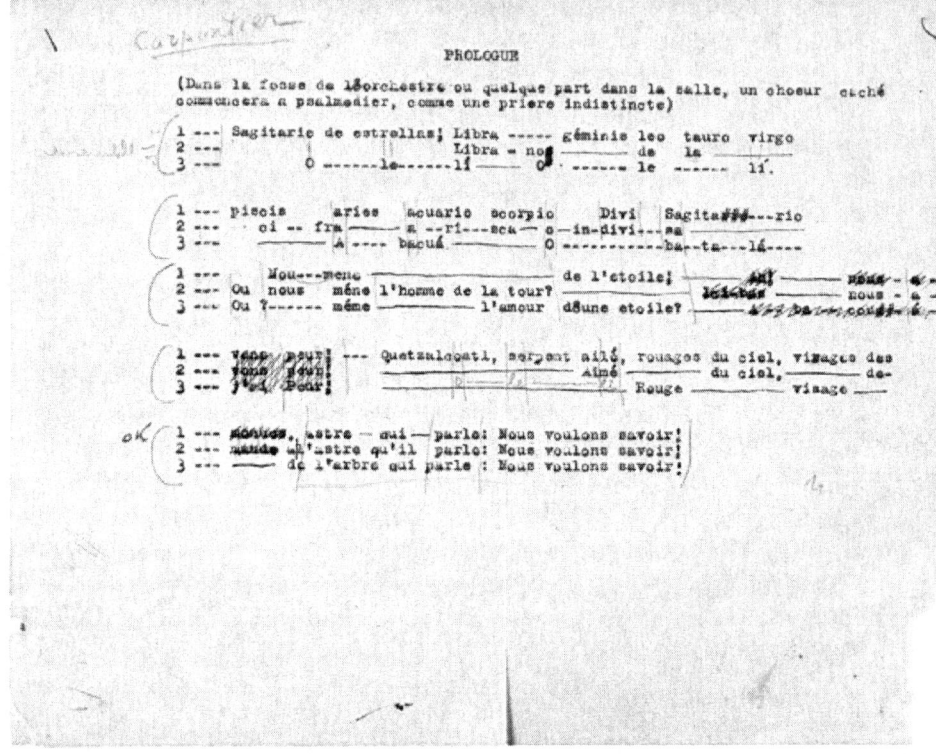

Ilustración 19: Carpentier, «The One All Alone», página 1. Colección Edgar Varèse, Fundación Paul Sacher, Basilea.

posibilidades para trascender el tiempo y el espacio a través de la radiación instantánea de ondas.

Por razones aún no explicadas, la obra nunca se publicó aunque Varèse incorporó mucho material musical a una obra suya posterior, *Déserts*[62]. Entre los manuscritos archivados del proyecto se encuentran, entre otras notas y esbozos de origen incierto, seis páginas escritas a máquina en francés, con una trama hecha de diálogos y cantos de coro[63]. Son estas páginas las que

---

[62] No se sabe muy bien por qué Varèse nunca llegó a terminar el proyecto. Algunos sostienen que era demasiado ambicioso. Carpentier opina que la vuelta de Varèse a Nueva York lo interrumpió; Wen-chung piensa que Varèse buscaba algo más abstracto aún que la trama del libreto de Carpentier y Desnos, algo desprovisto de detalles locales.

[63] Para la siguiente interpretación me baso en manuscritos del archivo de Edgar Varèse, consultados en junio y julio de 2003 en la casa de Chou Wen-chung. El archivo ha sido

fueron escritas por Carpentier –en colaboración con Desnos y posiblemente con Ribemont-Dessaignes–. Lo confirma la anotación manuscrita en la esquina arriba e izquierda de la primera página que dice «Carpentier», como puede verse en la ilustración.

El proyecto pasó por muchas versiones; la primera, «The Astronomer», se basaba en un mito indio encontrado por Louise Varèse que trataba de la lucha entre un brujo malo y un héroe místico[64]. Varèse le añadió un marco de ciencia ficción: en el año 2000 se había descubierto la radiación instantánea a una velocidad mayor que la de la luz en 30 000 000 Hz, y la pieza se centraría en la lucha sobre quién iba a apropiarse de este descubrimiento. Varèse pasó estas páginas a Georges Ribemont-Dessaignes, a Robert Desnos y a Alejo Carpentier, quienes escribieron a partir de ellas un libreto. Pero aún no satisfecho, Varèse encargó otra versión a Jean Giono y finalmente en 1932 una última a Antonin Artaud (Vivier 85)[65]. Según Louise Varèse, sin embargo, el esbozo de Desnos y Carpentier fue el que finalmente le gustó más al compositor.

Los protagonistas de este drama –el astrónomo, las estrellas Sirio y su Compañero– no tienen texto, sólo la música los debía caracterizar. Mientras que los individuos se encuentran desprovistos de lenguaje humano, los grupos multitudinarios, por el contrario, forman la esencia de la trama del libreto: por una parte el coro de la gente –al modo de la tragedia griega–, por otra un grupo de astrónomos, una pareja de enamorados y dos jugadores de ajedrez. Poco a poco entran más actores en la escena, unos mendigos, algunos trabajadores, un agente de policía, unos «newsboys», un político, y luego gente de la farándula: un jorobado, un negro aterrorizado, una prostituta, un amputado sin piernas... Son todas figuras estereotipadas que aparecen preferiblemente en parejas, como los jugadores de ajedrez y los enamorados, y desaparecen sin dejar huellas. Es un inventario de personajes que representan una sociedad moderna arquetípica sin ubicación específica: los «newboys» y Coney Island,

---

trasferido a la Fundación Paul Sacher en Basilea, Suiza, donde se sencuentra desde el otoño del 2004.

[64] En el archivo se encuentran 12 páginas manuscritas en inglés, que son probablemente de Louise Varèse. La esposa de Varèse cuenta en su autobiografía cómo se creó el primer esbozo. El tema general era el dualismo, la trama la competencia entre «the evil Arrowmaker, or Sorcerer, and the mystical hero, who was, in fact, for Varèse, no other than Nietzsche's Übermensch» (Varèse, L. 1972: 260). Véase también Ouellette 1989: 122.

[65] El texto de Artaud se intitula «Il n'y a plus de firmament» y aparece reproducido en sus Obras Completas(*Oeuvres complètes 1961*. Tome II. Paris: Gallimard). Una nota de los editores indica que Artaud escribió este texto probablemente entre 1931 y 1932 (Artaud 1961: 276).

que aparecen en una de las escenas, sugieren que se trata de Nueva York, pero eso importa poco al final, la obra hubiera sido fácilmente adaptable a cualquier contexto moderno.

Dado que se trata de un manuscrito no publicado, resumiré brevemente la trama. Se narra un drama estelar entre el planeta Sirio y su compañero por una parte, y la tierra amenazada de un choque interplanetario, por otra[66]. La dinámica entre maestro y alumno se ha invertido, pues el compañero de Sirio empieza a gobernar sobre su maestro y lo dirige hacia la tierra. Éste envía signos cifrados al astrónomo, quien le responde desde su torre. Mientras tanto, la tierra queda permanentemente oscurecida y amenazada de destrucción. Las multitudes preocupadas e ignorantes acusan al astrónomo de la catástrofe inminente. Cuando están a punto de destruir la torre para matar al astrónomo, se produce un milagro y Sirio absorbe al astrónomo.

La pieza se divide en seis movimientos, más el prólogo y un final. Desde el prólogo hay una división entre los que saben y los que no, y el coro canta programáticamente «nous voulons savoir». Tenemos un triángulo de miradas: una multitud de gente observa un cambio en las estrellas, pero está a la vez siendo observada por un grupo de astrónomos enterados del cambio en el equilibrio de poder entre Sirio y su compañero. Los astrónomos saben también lo que le pasa al hombre en la torre, mientras que las multitudes no:

> Ils ne savent pas qu'il a decouvert le moyen
> de franchir le temps et l'espace.
> Radiation instantanée
> c'est ainsi qu'il lui parle
> Et qu'elle lui parle.
> (De la terre on entend l'instrument transmetteur de l'Astronome).

El astrónomo («The One All Alone») está separado de los otros en su torre y es el único que se puede comunicar con los dos planetas gracias a un aparato transmisor que le permite usar la radiación instantánea. De repente resuena un primer grito: «J'ai peur». Es entonces –en el cuarto movimiento– que todo empieza a moverse y aparece la ciudad moderna con sus diferentes personajes de la farándula, y se proyecta Coney Island en el escenario. En la

---

[66] La trama se inspira obviamente en el carácter binario de Sirio, que circula acompañado de un «compañero», que se supone fue anteriormente la estrella más importante, reducida luego a ser un «white dwarf» o «enano blanco», en la jerga de los astrónomos. Véase David W. Latham, «Sirius», in *AccessScience@McGraw-Hill*, http://www.accessscience.com, DOI 10.1036/1097-8542.626200 (última consulta 15 de julio de 2002).

oscuridad permanente los noctámbulos se mezclan con los que piensan ir al trabajo, hasta que un altoparlante anuncia que el sol no ha salido en ninguna parte de la tierra. Un agente de policía intenta mantener el orden, el altoparlante anuncia catástrofes que están sucediendo en todas partes. El grito de miedo se repite. Los enamorados y los jugadores de ajedrez desaparecen. La escena del sexto movimiento pertenece a la dinámica multitudinaria. La masa amorfa se divide en dos partes con dos líderes: el anunciador del altoparlante está rodeado de un coro que canta una letanía extática, mientras que del otro lado de la escena el negro inspirado junta a un grupo que canta un rito «genre vaudou» (!). Los dos grupos se ponen a bailar de manera monótona e hipnótica, seguidos por los proyectores, que ejecutan por su parte una «danza luminosa». Son interrumpidos dos veces por un toque de campana en la orquesta y una pausa general, durante la cual se escuchan de nuevo las señales del astrónomo y la respuesta de la estrella. El baile recomienza. En la segunda pausa las señales del astrónomo no reciben respuesta. Tercer grito de miedo, cólera de la multitud y, de repente, un rayo que proviene de la estrella absorbe al astrónomo. El coro grita ante el milagro, la multitud queda petrificada; de repente los proyectores se vuelven hacia el público y lo enceguecen. La torre aparece vacía. Silencio.

El contexto contemporáneo de la pieza es bastante evidente: es una reflexión sobre el poder de la ciencia y de las máquinas y sobre la dinámica destructiva de las masas frente a ellas[67]. Mediante el sacrificio del astrónomo, «The One All Alone», esta humanidad masificada espera evitar la catástrofe que se aproxima. El astrónomo desde su torre no hace ningún esfuerzo por comunicarse con los de abajo. El grito «J'ai peur» se refiere así a una sensación de crisis general que proviene de una incapacidad de comunicación generalizada, una sociedad que a pesar de todas sus máquinas no logra evitar la colisión. Esta crisis se nota también en el tipo de figuras que aparecen en el texto: son individuos «amputados», incompletos, y hasta los comodines se determinan por una función de reciprocidad, no son seres únicos: los enamorados (macho / hembra), o los jugadores de ajedrez (blanco / negro).

---

[67] Además de las ya mencionadas teorías del Collège de Sociologie sobre la sociología de las multitudes, algo posteriores, de la misma época de la escritura del manuscrito de «The One All Alone» es el libro de José Ortega y Gasset, *La rebelión de las masas* (1930). Aunque Ortega y Gasset no hable allí de los nuevos medios de comunicación, presenta a Estados Unidos como el país por excelencia del hombre-masa. Para él también la ciencia moderna está en las antípodas del hombre de masa. Véase Ortega y Gasset 1930: 142-143 y 189-197.

Pero además de estos motivos, típicos de la vanguardia, la pieza suscita también preguntas más generales que indican la preocupación de Varèse por la nueva importancia del sonido y de la luz para la comunicación. Las ondas electromagnéticas permiten finalmente la superación del espacio y del tiempo en la sociedad. La tranmisión de sonidos y de luz se extiende más allá del ámbito de la nación o del mundo al ámbito del cosmos. Es ésa la idea de Varèse, que de repente también se puede pensar en la comunicación con el resto del universo a través de ondas capaces de atravesar la materia y el espacio a una velocidad inimaginable hasta entonces.

Hacia la década de 1930, la idea de la sincronización del mundo entero –un tiempo universalmente mensurable– había estado en curso por algún tiempo. Fue propuesta a principios del siglo XX por los físicos Albert Einstein y Raymond Poincaré, quienes se habían preocupado por cómo asegurarse de que fuera la misma hora en diferentes lugares. La invención del telégrafo –y sobre todo de la radio– resultó tan importante porque eran los únicos instrumentos que podían confirmar desde una instancia central la sincronía absoluta de los relojes en dos puntos alejados[68]. El dar la hora exacta fue desde el principio la función más elemental, pero también la más importante de la radio, como se ve todavía en la famosa emisora cubana Radio Reloj, que empezó a transmitir en 1947 no sólo cada hora sino cada minuto, y que funciona hasta hoy. Lo fascinante para músicos como Varèse residió luego en la identidad fundamental entre las ondas radiofónicas y las ondas de la luz, que se distinguían ya tan sólo por la frecuencia más elevada de la luz visible, pero no por principio. Varèse explotó este elemento de sinestesia en su ópera: todo se correspondía en un universo conectado por ondas de frecuencias diversas que permitían a los humanos estar en comunicación simultánea y superar espacios a la velocidad de la luz[69].

Así es como funciona la comunicación entre el astrónomo y Sirio en «The One All Alone»: consiste en ondas visibles en forma de rayos, cifradas y solo legibles por la máquina transformadora del astrónomo. Para todo el mundo, excepto para el astrónomo, esta comunicación secreta es un arte «mágico». Es una magia radicalmente moderna, creada por la máquina transmisora, pero tan sorprendente e incomprensible como si fuera brujería. Constituye un

---

[68] Véase Galison 2003.

[69] Para Stephen Kern (1983), la idea de simultaneidad es fundamental no sólo en la ciencia de la época, sino también en las artes y la literatura. Sobre la sinestesia en la literatura psicoanalítica del fin de siglo y en el arte romántico y simbolista hasta Wagner, véase Kern 1983: 202.

experimento excepcional y único que se resolverá en un evento epifánico aún más improbable: la absorción del astrónomo por el planeta, y su transformación de materia en ondas. Por lo visto, la idea de que el universo consistiera fundamentalmente de ondas en vez de materia fascinaba a Varèse. Entre sus notas se encuentra un fragmento que explica la relación entre materia y ondas:

> L'origine des rayons cosmiques (Dans *Monde et Voyage* (sic!)). [...] Ainsi les étoiles perdraient de leur matière. La quantité de radiation cosmique tombant sur terre nous prouverait que la transformation de la matière en rayonnement se poursuit dans tout l'univers.
> Etant donné que [sic!] l'identité de nature reconnue entre la matière et le rayonnement, on pourrait concevoir le monde comme composé par une seule entité fondamentale, qui peut revetir de nombreuses formes: matière et rayonnement en particulier. La modification de la qualité de cette entité semble paraître la principale opération en cours dans l'univers, la matière solide se transformant toujours, sauf quelques exceptions, en rayonnement. La matière ne serait d'ailleurs qu'un «rayonnement congelé» se propagant à une vitesse inférieure à sa vitesse normale. L'univers se réduirait à des ondes: ondes captives ou matière et ondes libres ou rayonnement. L'anéantissement de la matière, libération d'une énergie ondulatoire emprisonnée, aurait pour conséquence la création d'un monde de lumière.
> Jean Hesse

La cita fue transcrita por Louise Varèse de la revista popular francesa *Monde et Voyages*. Destruir la materia viene, según el autor Jean Hesse, a «liberar el mundo» y la luz, dado que la oscuridad se define por el encierro de la radiación en la materia[70]. Se podría pensar así en las ondas electromagnéticas como el principio del mundo, el origen de todo, al que vuelve el astrónomo mediante su transformación final.

El astrónomo deviene así una figura fáustica, un científico que ha logrado comunicarse con el cosmos a través de la radiación instantánea, pero que no sabe usar ese conocimiento salvo para su propia transformación. Se juntan dos motivos, el del conflicto estelar entre el maestro y su alumno, y el del

---

[70] Se basa probablemente en una discusión de la teoría de la relatividad de Einstein. Véase el artículo de George W. Stroke sobre la luz en *AccessScience*. La fórmula de Einstein es traducida allí de la siguiente manera: «Evidence of the creation of matter from radiation, as well as that of radiation from matter, substantiates Einstein's equation: $E=mc^2$, which was first expressed in the following words: 'If a body [of mass m] gives off the energy E in the form of radiation, its mass diminishes by E/c^2'». Kenneth M. Evenson, George W. Stroke, «Light», http://www.accessscience.com, DOI 10.1036/1097-8542.381300 (última consulta 6 de mayo de 2002).

científico fáustico cuya invención no tiene provecho. Las ondas radiofónicas representan así una comunicación que no funciona, que necesita mediadores y que, a pesar de ellos, no logra establecer armonía en la sociedad. Odile Vivier escribe sobre el proyecto: «(Varèse) était hanté par le drame de la communication, non pas encore dans une volonté d'union entre les hommes de la terre entière, mais en imaginant une tragédie stellaire et solitaire face à une humanité stupide» (1973: 87).

Si volvemos la atención hacia la organización de esta sociedad, su trama se empieza a relacionar con la etnología surrealista vista anteriormente. En «The One All Alone» aparecen los principios y las reglas encontrados por los etnólogos franceses en las sociedades primitivas, como la necesidad de un líder de la comunidad y la tendencia de la multitud sin líder a la destrucción, el sacrificio y la fiesta ritual. El astrónomo desempeña la función del mago o del brujo, que se ha alejado de sus fieles y no traduce los mensajes divinos destinados a ellos. Es el sacerdote convertido en chivo expiatorio, como diría James Frazer[71]. Solo cuando la comunidad procede a expulsarlo y matarlo, haciéndolo responsable de la catástrofe que está ocurriendo, cumple al fin con su función al ofrecerles el milagro de su desaparición y absorción por Sirio, acto que le devuelve el sentido a una comunidad necesitada de revelaciones mágicas. El milagro finalmente ha devuelto la cohesión religiosa al colectivo[72].

Las diferencias entre el libreto de Antonin Artaud escrito para Varèse y el de Carpentier y Desnos ayudan a perfilar mejor el andamiaje de «The One All Alone» que Varèse deseaba encontrar en el texto. El libreto de Artaud, aparte de que éste nunca llegó a terminarlo y de que Varèse recibió demasiado tarde los cuatro movimientos que logró escribir, estaba imbuido de un espíritu musical menos afín a Varèse, más cercano a la música concreta[73].

---

[71] Frazer 1922: 689-92. Frazer escribe sobre los chivos expiatorios: «The employment of a divine man or animal as a scapegoat is especially to be noted; indeed, we are here directly concerned with the custom of banishing evils only in so far as these evils are believed to be transferred to a god who is afterwards slain» (691).

[72] Vimos una versión previa de este antagonismo entre una multitud decepcionada y un santo que se salva por un milagro en el cuento temprano de Carpentier «El milagro del ascensor (Cuento para un Apéndice a la Leyenda Áurea)». Una dinámica muy parecida está presente también en la escena de la salvación de Mackandal, en *El reino de este mundo*.

[73] Esta idea de hacer música concreta se nota, por ejemplo, en el uso del sonido de un telégrafo Morse, descrito en el comienzo del texto de Artaud: «Les sons et la lumière déferleront par à-coups avec les saccades d'un télégraphe Morse magnifié, mais qui sera au Morse ce que la musique des sphères entendue par Bach est au *Clair de lune* de Massenet». Varèse, por cierto, empleaba instrumentos de uso extra-musical en sus piezas,

Artaud reemplaza el conflicto sobre la comunicación cósmica por una crisis lingüística. En su libreto, intitulado «Il n'y plus de firmament», el conflicto gira en torno a la confusión sobre el vacío lingüístico creado por la desaparición del firmamento. El libreto se caracteriza por ser muy poco visual, su perspectiva se limita a los diferentes personajes, el astro Sirio se menciona pero no aparece en la escena. Otra diferencia llamativa entre los dos libretos se encuentra en que el de Artaud contiene un final un tanto arbitrario, donde todo súbitamente se detiene y se crea un silencio absoluto; mientras que la pieza de Desnos y Carpentier acaba y no acaba a la vez con la vuelta de los proyectores de luz contra el público, sugiriendo que las mismas ondas de luz que transmutaron al astrónomo también surten efecto entre los espectadores del público. La visión de Artaud es apocalíptica, mientras que Desnos y Carpentier esbozan un universo infinito donde todo fluye. Frances Dyson concluye su comparación del borrador de Varèse con la versión de Artaud[74]:

> In the causal chain of this [Varèse's] narrative, catastrophe occurs as the result of the aggressive inclinations of Sirio and is only incidentally linked to the act of transmission. For Artaud, it is transmission itself that annihilates not only the cosmos but, more profoundly, the conditions necessary for existence. In Varèse's sketch, sonority is maintained throughout the transmission, whereas for Artaud the signal is not sonorous but electrical —it is a 'celestial telegraphy' that extinguishes space and therefore sound. For Varèse the astronomer is unjustly attacked by the mob, and, as if by an act of grace, disappears into the ether. Artaud's scientist, on the other hand, is willingly suicidal.[75]

Dyson propone que Artaud hace una crítica general del progreso tecnológico y de la idea de transmisión eléctrica como *hybris* que lleva a la desaparición de la raza humana. Varèse, al contrario, acude a la música como si fuese un medio de comunicación igual a las ondas electromagnéticas, igual a la luz. Para Artaud, la transmisión de ondas conduce al colapso no sólo del espacio sino también de la sonoridad; para Varèse, reina la transmisión de ondas como un principio cósmico independiente de la humanidad.

---

como las famosas sirenas de los bomberos de Nueva York en su *Ionisations*, pero siempre integrándolos totalmente a las necesidades musicales de la pieza, no para darle al sonido un significado metafórico. Sobre *Ionisations*, véase Vivier. 91-101.

[74] Dyson se basa en los fragmentos del borrador vistos y comentados por Fernand Quellette (1966).

[75] Dyson 2000: 97.

La imagen de la radio es, también, importante de otra manera en la concepción de Desnos y Carpentier: el astrónomo se encuentra sobre una torre visible durante toda la pieza, mientras que en la pieza de Artaud el astrónomo está ausente durante un tiempo y cuando finalmente aparece, en el cuarto movimiento, se apoya sobre un estrado al que suben luego algunos de los científicos reunidos en la sala. Mientras que en el texto de Desnos y Carpentier se presenta una relación de uno contra todos —el astrónomo se enfrenta a una multitud a la que se juntan los demás científicos— en el de Artaud el astrónomo brilla por su ausencia ante la multitud, que ni siquiera lo ve; finalmente aparece entre los otros astrónomos y discute con ellos. En el texto de Desnos y Carpentier el astrónomo simboliza al elegido, mientras que en Artaud representa a una clase entera, los científicos.

En ambos libretos, sin embargo, la tecnología de las ondas electromagnéticas resulta central para la trama. La transmisión instantánea promete alcanzar a todo el mundo —llegar hasta a las estrellas— y consigue crear una comunidad moderna reunida alrededor del equipo radial. Como dice el prólogo, «Vertige, lumière, vitesse, vertige»: la velocidad de la transmisión radial crea vértigo, una inseguridad en el hombre sobre su lugar en el espacio y un sentido de dominación totalitaria por las nuevas torres radiales. La ciencia se vuelve indomable y en vez de ayudar al hombre lo amenaza. Esta idea de una amenaza general de la humanidad por una ciencia indescifrable para la mayoría, que ejerce un control totalitario, aparece de forma programática en el prólogo, donde el coro invoca en forma de oración lo que no entiende:

> Líbranos de la cifra arisca o indivisa
> Où nous mène l'homme de la tour?
> Abacuá, Obatalá, où mène l'amour d'une étoile?
> Quetzalcoatl, serpent ailé, rouages du ciel,
> visages des mondes, astre qui parle:
> nous voulons savoir![76]

Las ondas radiales se revelan a la vez como una fantasía de control totalitario y de liberación posible. Por un lado permiten la comunicación instantánea a través de largas distancias; por el otro, refuerzan la confrontación entre la multitud y los científicos.

---

[76] Éste es el único lugar en la pieza donde se usan frases en español. Luego existe un borrador separado de este manuscrito, clasificado como «Textes des Annonces... Donné à Carpentier», donde se lee otro fragmento en español: «Estación Orizaba: en comunicación con Sirio por radiación instantánea, transmite...».

Resulta significativo que una ópera le haya parecido a Varèse el mejor género para presentar tales ideas. Varèse, el gran inovador en tantos aspectos técnicos de la música –la música electrónica, la instrumentalización de sus obras, la preeminencia dada al ritmo sobre la melodía, la armonización que ni se pliega a lo tradicional ni a la escuela dodecafónica– no se comprometió con la música popular y no creó una obra para ser grabada. Partes esenciales de «The One All Alone» –como los proyectores del final vueltos contra el público– no son reproducibles de manera mecánica. Varèse continúa la vena wagneriana de un teatro musical que impacte y conmueva al público, eso sí, con la ayuda de los medios más modernos de la música disponibles entonces.

«The One All Alone» es una obra sobre la radiofonía que a la vez pretende ser una alternativa a la radio. El proyecto muestra cómo Varèse, Carpentier y Desnos experimentaban con diferentes formas de cultura musical, sin que una excluyera a la otra. Pero sólo con el espectáculo escenificado se iba a poder obtener la atención plena del público, captado tanto por lo auditivo como por lo visual.

El trabajo como libretista fue lo que le dio a Carpentier la experiencia necesaria para trabajar en la radio[77]. Los dos tipos de trabajo –el de libretista y el de radioperiodista y especialista de sonido– se complementaron y se inspiraron mutuamente. En última instancia llevarían a Carpentier a desarrollar una sensibilidad muy propia hacia los efectos de la voz sobre la conciencia colectiva de una sociedad.

Esto se ve particularmente bien en una obra musical que se estrenó en junio de 1932 en París, *La passion noire*, una cantata de Marius-François Gaillard[78]. Sobre la recepción de la obra tenemos además un artículo escrito

---

[77] Según García Carranza (1984), Carpentier escribió en los años veinte y treinta, además de las ya mencionadas canciones, los siguientes libretos: «La hija del ogro» (1927), acción coreográfica con música de Amadeo Roldán; «Yamba-O» (1928), tragedia burlesca con música de Marius François Gaillard; «Mata-Cangrejo» y «Azúcar» (1928), poemas coreográficos; «La rebambaramba» (1928), página sinfónica con música de Amadeo Roldán; *El milagro de Anaquillé* (1929), con música de Amadeo Roldán; *Manita en el suelo* (1930), ópera bufa en un acto y cinco escenas, con música de Alejandro García Caturla; «La pasión negra» (1932), cantata escrita para Marius François Gaillard; *Invocaciones* (1938), cantata para voces masculinas con música de Darius Milhaud (publicado luego como *Incantations. Pour Choeur d'hommes*. París: Editions Max Eschig, 1987).

[78] La partitura y el libreto de Carpentier se encuentran en el Departamento de Música de la Biblioteca Nacional de París. «A la mémoire de Jean Sébastien Bach. Texte d'Alejo Carpentier. La passion noire. Marius François Gaillard»: cantate pour soli, choeurs et orchestre. Partition d'orchestre. Ms. Autogr. [ca. 1932]. 165 pp. Ms. 21702. Dou 91-85

por Demetrio Korsi que se publicó en *Carteles* en agosto de 1932 (Korsi 1932). En esta obra también la transmisión electrónica del sonido –con o sin alambres– cumple un rol importante, tanto en la instrumentación como en el texto del libreto, como se ve en la introducción de Korsi: «Queríamos hacerle algunas preguntas a Alejo Carpentier. Pero el autor permanecía invisible. Al fin, acabamos por encontrarlo, detrás del escenario, en una cámara llena de instrumentos de percusión y de alambres eléctricos, manipulando los contactos de algo que parecía un aparato de radio, de grandes dimensiones». Como se lee después en el artículo, se trata de transmitir la voz de unos cantantes y de un bongó, que representan los dueños de un ingenio de azúcar, a través de un altoparlante. También se usaba en esta pieza uno de los instrumentos preferidos de Varèse, un aparato de Ondas Marthenot, que fue el primer instrumento electrónico empleado en música contemporánea.

El tema de la pieza, como el de tantas otras de Carpentier por esos años, se concentra en las máquinas, más específicamente, en las del ingenio azucarero[79]. Se narra la historia de unos trabajadores negros en una plantación de azúcar que se amotinan luego de que uno haya sido triturado por una máquina. Las máquinas juntan sus chirridos a la protesta de los trabajadores, sus sonidos se humanizan a medida que aumenta el volumen de la queja de los trabajadores hasta transformarse en un canto apocalíptico. A la hora de la victoria, este canto de las máquinas y de los hombres se transforma en un éxtasis primitivo: «Canto paroxístico, salvaje, verdadero regreso del instinto primitivo, llamado por la crueldad de la acción humana. Canto cósmico, entonado sobre palabras bárbaras; enorme invocación mágica, que transforma las máquinas aliadas en objetos totémicos, en otros tantos ídolos…» (Korsi 1932: 60). Contra las voces de los amos que suenan a través de los altoparlantes, el canto de los hombres y de las máquinas representa la dinámica colectiva de las masas, fortificada por una primitiva religiosidad que halla en las máquinas un apoyo efímero. En medio de los tiempos modernos, regidos por voces invisibles y sin embargo omnipresentes mediante los altoparlantes, una comunidad logra cuajar a través del canto y de la fe en un ideal común de justicia. Sin embargo, al final los trabajadores regresan con una compensación mínima a sus máquinas, sin haber logrado cambios

---

(64). El texto original de Carpentier también figura en la Biblioteca Nacional en versión dactilografiada.

[79] Ya mencioné anteriormente la importancia de las máquinas en la obra afrocubana de Carpentier, específicamente en *¡Ecué-Yamba-O!* e «Histoire de lunes» –el coche y el ferrocarril–, y también en el cuento «El milagro del ascensor».

fundamentales. El sacerdote, aunque haya reunido al principio a todos, se parcializa en favor de los amos y de las mujeres que piden que los hombres regresen a sus máquinas.

De nuevo se combinan en esta obra diferentes géneros artísticos. Carpentier, en su entrevista con Korsi, se confiesa influido en su perspectiva sobre los tiempos modernos por «películas recientes», sobre todo en cuanto a su enfoque de la representación de multitudes de hombres y de mujeres[80]. Como en «The One All Alone», las multitudes protagonizan los roles principales. Por otra parte, Carpentier declara que el género de la pieza se basa en la cantata tradicional; reclama que se lo vea como una «cantata de acción»: «A la cantata mitológica o religiosa –que acaba por resultar un género petrificado, sin vida– se ha querido oponer una suerte de "tragedia de concierto", directa, rápida y violenta como una pieza de teatro». La fuerza emotiva de la música se combina así con el mensaje narrativo del teatro. Como en «The One All Alone», Carpentier aumenta la expresividad de la música clásica mediante el uso de instrumentos electrónicos en conjunción con una trama narrativa crítica con las nuevas tecnologías. El altoparlante y el sonido de las ondas Marthenot expresan sobre todo la alienación de las multitudes, que no logran vencer con su voz colectiva «directa» la alianza entre los dueños de la fábrica y el pastor, reforzada por el manejo de los amplificadores mecánicos de voz. El ritmo de las máquinas compite con el de las oraciones de los trabajadores negros, que se rebelan pero luego se dejan calmar demasiado rápido por la voz del cura, la de los dueños y al final por las máquinas mismas. Estas diferentes voces no logran comunicarse racionalmente, sino a través del ritmo monótono del canto religioso que se opone al de las máquinas, pero que finalmente no hace más que confundirse con él. La pieza termina así con que las máquinas imponen su ritmo sobre los trabajadores y los dueños quedan satisfechos[81].

Tanto «The One All Alone» como «La passion noire» muestran en última instancia cómo la transmisión mecánica del sonido tiende a ser apropiada por

---

[80] Películas de esta época con máquinas como protagonistas podrían ser *Metrópolis* (1928) de Fritz Lang o *Tiempos modernos* con Charlie Chaplin.

[81] Carpentier, en su libreto original, incluía mayor número de elementos religiosos. En el texto sin música, que consiste de once páginas escritas a máquina, el coro canta varias oraciones que después no aparecen en la partitura. En el manuscrito se ve además la mano de Gaillard al final: el compositor ha añadido una hoja donde reemplaza la canción final de las mujeres al rey Balthazar por un canto donde rivalizan las máquinas, los hombres negros y los dueños. («La passion noire»: texte d'Alejo Carpentier pour la cantate de Marius François Gaillard. Dactylogr. [ca. 1932]).

una minoría y a convertirse en un medio totalitario. En las dos obras los aparatos y los altoparlantes amplifican simplemente el poder sugestivo de lo que antes era la voz del sacerdote o la voz divina, y no hace más que manipular a la multitud. La mano de Carpentier se ve sobre todo en esta asociación establecida entre la religión y la condición subalterna de las multitudes, que siguen dependiendo de lo que les diga una voz anónima e invisible.

IV.4. El auge de la música popular: Carpentier vs. Adorno

El haber trabajado durante años para la radio hizo que Carpentier desarrollara una sensibilidad especial hacia los usos de la música, tanto popular como clásica, en los medios modernos. Sus múltiples crónicas parisinas y caraqueñas sobre música, recogidas mucho más tarde en los tres tomos de *Ese músico que llevo dentro* (1980), muestran que desarrolló a partir de los años treinta una reflexión importante sobre el impacto de los medios de reproducción mecánica sobre la música, que, aunque menos sistemática que los ensayos de Adorno, entra en diálogo con sus ideas sobre la incipiente «industria cultural»[82]. Carpentier cubre el conjunto de las manifestaciones musicales de entonces, ya sea el *music-hall*, la música de películas, la popular o la clásica. Observa con ojo crítico especialmente la introducción y evolución del disco y del gramófono.

El peligro entrevisto por Carpentier en la reproducción mecánica consiste en que tanto la radio como el gramófono sacan la música de su contexto social y limitan al oyente individual al ámbito de lo privado. En la sala de concierto el evento es colectivo, el público se confronta directamente con los músicos y puede distinguir los instrumentos no sólo por su apariencia, sino también por su posición dentro de la orquesta; en la radio y en el gramófono, este orden de la orquesta se pierde demasiado fácilmente, y el oyente resulta menos consciente de la estructura de la pieza musical. Stravinsky, como hemos visto, se refería a ello como una falta de «educación musical», porque el oyente ya no contaba con estímulos para analizar lo que escuchaba. En su ensayo «Música y emoción», Carpentier coloca la importancia del concierto en vivo en la vivencia social que conlleva la experiencia en grupo de una pieza musical. La música escuchada en conciertos tendría un «ritmo colectivo» que le otorgaría una función afirmativa para una sociedad que recuerda eventos rituales o religiosos. Esta idea de una música colectiva se deriva obviamente

---

[82] En lo que sigue me refiero a varios artículos de Theodor W. Adorno sobre la radio y la industria cultural, recogidos todos en los *Gesammelte Schriften* (1997).

de la etnología, según la cual, como vimos, los efectos de este ritmo colectivo suscitado por los músicos provocaba incluso fenómenos de trance; pero ello no significa que la música europea clásica no sea capaz de tales efectos, como se ve en las óperas de un Richard Wagner, por ejemplo, o en las piezas de un Igor Stravinsky, que provocaron gran conmoción. Pero es más difícil obtener el mismo efecto a través de la radio o el gramófono, cuando la música tiende a ser sólo un fondo sonoro y ya no se la aprecia por sí misma.

Adorno, por su parte, constata que la música de la radio y del gramófono pone en peligro el «aura» que antes había sido su feudo especial. Citando a Walter Benjamin, Adorno observa que con la cultura masiva la obra de arte se hace independiente de un lugar y de una hora fija, y que este «choque de lo ubicuo» hace perder de vista el carácter único de la música (1963 [1997: 371-372]). Sin embargo, formula un juicio diferente sobre la función de la música para una sociedad. Según Adorno, hay dos modos de escuchar música. En Stravinsky, por ejemplo, se abandona la psicología individual para acceder a una región de apariencia «auténtica», donde la música ya no significa sino provoca directamente el movimiento, el baile. Como se ve en *Le sacre du printemps*, la subjetividad ya sólo aparece en el sacrificio, pero como negación de ella misma para ser sacrificada. Para Adorno, esta tendencia primitivista de negar el sujeto significa una regresión en la evolución de la música[83]. Lo que para Carpentier es un principio musical de todas las culturas del mundo, para Adorno demuestra la aberración y la decadencia de una cultura cansada de sí misma. La música debe determinarse por su propia estructura, y no necesita de elementos teatrales o rítmicos[84]. La forma de escuchar música debe basarse en la reflexión, ser contemplativa y no intuitiva; aquí, como para el arte en general, Adorno pide la concentración del público, no su conmoción. A Carpentier, por el contrario, le interesan las nuevas formas de arte que crea la sociedad de masas justamente por su carácter amplio, y se muestra más optimista que Adorno sobre el futuro de la música clásica.

Para los dos críticos, la música clásica escuchada en el gramófono es un excelente instrumento de educación musical. Para Adorno es incluso preferible a veces escucharla así, ya que el oyente se distrae menos y la «cercanía corporal» (*Leibnähe*) de la música se hace evidente con más facilidad (1963

---

[83] Su fórmula para la negrofilia de la primera mitad del siglo XX consiste en que la etnología, según Adorno, empezó a tener auge cuando se convino en llamar «salvaje» a lo «primitivo». Para él, esto equivale a un regreso a la barbarie (Adorno 1978: 131-136).

[84] Adorno 1978. El desdén por los instrumentos mecánicos forma parte de su rechazo del *Sacre du Printemps* de Stravinsky.

[1997: 369]). Carpentier reconoce el efecto didáctico del gramófono, porque el disco permite la difusión de las más grandes piezas musicales, tocadas por las mejores orquestas y los conductores más famosos de América Latina[85]. Se muestra además como observador diligente de los catálogos de discos señalando sus tendencias y ausencias, y elogiando la variedad amplia de las grabaciones[86].

La música clásica gana así, según Carpentier, un público mucho mayor y se vuelve un placer accesible para todos, no sólo para una élite de consumidores. Lo problemático de los medios de reproducción mecánica radica más bien en las situaciones donde la música pierde su estatus central, su *hic et nunc*. Como Adorno, Carpentier protesta repetidamente contra la banalización de la música en el hogar y en los restaurantes, donde la música de los gramófonos, los radios y las sinfonolas se convierte en mera ambientación para las charlas diarias de los familiares[87].

Al contrario de Adorno, Carpentier tiene un sentido del valor especial de los instrumentos electrónicos y hasta de los aparatos de reproducción musical mecánica. Nota que estos aparatos tienen una sensualidad que no tiene tanto que ver con una calidad de fetiche o de mero producto de consumo, sino con el tipo de mediación efectuada por estos aparatos y que oscila entre lo mecánico y lo animado o humano. Estas ideas las expresa en muchos artículos de los años cincuenta escritos para *El Nacional* de Caracas. En varios de ellos Carpentier repasa la creación de la música reproducida mecánicamente, cuyos primeros aparatos fueron el fonógrafo de Cros y el gramófono de Edison. A diferencia de los futuristas, los aparatos no expresan para él una sensación de progreso y de un futuro moderno, sino más bien son instrumentos de la nostalgia. Adquieren un aire especial, porque fueron los primeros capaces de hacer visible el sonido –impreso en cera o en aluminio. Carpentier también recuerda los inmediatos predecesores y contemporáneos del gramófono: los instrumentos mecánicos como la pianola y la pleyela[88].

---

[85] Véanse sobre todo sus artículos «El disco y la ejecución directa» (1952c) y «El disco y la cultura musical» (1958f).

[86] Véase la sección «Cifras reveladoras» en Carpentier M2: 261-283.

[87] Sobre todo el delicioso artículo «Un amante de la música» habla de la audición de la Novena sinfonía de Beethoven un domingo en casa (Carpentier M3: 7-9). En este caso, se trata de un concierto trasmitido por radio. En otro artículo, «La jornada del estrépito», Carpentier se queja de la música omnipresente e inoportuna de una sinfonola, durante un día pasado en los Valles de Aragua (Carpentier M3: 54-56). Véase también Adorno 1934 [1997: 819-823].

[88] Véase Carpentier 1951, 1954, 1955 y 1957.

El melómano en Carpentier queda fascinado con los aparatos colocados en los cafés con su repertorio variado, que contiene grabaciones originales de Debussy y de otros compositores que tocaban sus propias obras: según Carpentier, es como si en las grabaciones restauradas de la pianola el compositor volviera a estar presente junto con la pieza musical. El gramófono y sus predecesores son para él modos complementarios para hacer transmitir la música y para conservar eventos importantes, no la reemplazan o cambian en lo fundamental[89].

Tanto para Carpentier como para Adorno es crucial mantener el marco material de la sala de conciertos en la cultura musical moderna. Carpentier incluso compara el poder catártico de un concierto de la Novena Sinfonía con el de la tragedia griega en tiempos de Aristóteles[90]. Todo lo que no sea «evento» catártico, en este sentido de conmoción provocada por el espectáculo, queda como una experiencia disminuida. El regreso al poder dionisíaco de la música, emocionante en exceso, y necesario por ello como válvula de escape para el funcionamiento de una sociedad, Carpentier lo define no sólo como típicamente moderno, sino como característico del surrealismo. En su mencionado artículo «Música y emoción», Carpentier escribe que antes del siglo XIX la música era considerada «ornamento», y que hoy existiría un énfasis en la emoción, notable sobre todo en las óperas de Wagner y los dramas de Stravinski, pero relatado también por Marcel Proust, quien la iguala con la de los fumadores de haschich[91]. Carpentier compara esta actitud emocional ante la música clásica con la de André Breton en el «Primer manifiesto» del surrealismo:

> Música que, en tal caso, escapando a todo análisis lógico, brotando de los trasfondos de la mente, respondería a la segunda parte de la definición que del surrealismo nos da André Breton en su «Primer manifiesto» (1924): «Dictado del pensamiento en ausencia de todo control ejercido por la razón, ajeno a toda preocupación estética o moral». (176-177)

La estética surrealista apunta, según él, hacia una noción moderna de lo sublime útil también para la música: como la transcripción surrealista del subconsciente, el lenguaje abstracto de la música indica una liberación del

---

[89] En cuanto a cómo definir la música electrónica, Carpentier cita al compositor italiano Luciano Berio, quien niega rotundamente la noción de música electrónica al sostener que siempre se hace para los hombres, para los músicos vivos, y que sólo en combinación es interesante. Carpentier M3: 193-203 («Conversación con Alejo Carpentier»).

[90] Carpentier M1: 561-562 («¿Visible o invisible?»).

[91] Carpentier M3: 175-184.

control racional del pensamiento. La música funciona así como un principio de escritura automática colectiva en el ámbito del concierto[92].

Carpentier rechaza la común diferenciación entre música seria y música «popular», afirmando que los grandes compositores no acostumbraban a pensar en estas categorías y componían de todo, bailes populares o piezas seculares y sagradas, según la ocasión y según quién pagaba. Carpentier mismo prefiere dotar de precisión sociolingüística el término, al hablar de «música popular urbana» cuando se refiere al jazz, género musical muy apreciado por él, o a la música de Pérez Prado. La difusión masiva de las guarachas y de los boleros de los años cuarenta y cincuenta lo hace volver sobre la idea de lo «popular.» En su artículo «Abuso de la palabra folklore», Carpentier hace al crítico mexicano Adolfo Salazar su portavoz:

> [Adolfo Salazar] establece un agudo distingo entre lo que califica de «actividad histórica» de un pueblo (cuando en él aparecen «sistematizadas ciertas técnicas o conocimientos») y un tipo de mal llamado «arte popular», por el cual se entiende simplemente la producción en serie de músicas avulgaradas, destinadas a los cabarets donde el 'folk' bebe coctails [sic], highballs, o champaña. [...] Hoy, la guaracha, la rumba, nacen en el cabaret, con «letras» de doble sentido y una aterradora pobreza de invención en las palabras y en la música.[93]

Según Carpentier, hay una falsa noción de popularidad en la música comercial, que confunde al público sobre lo que es una auténtica expresión popular. Ésta se identifica para él con el folklor, entendido como música representativa de las costumbres y del espíritu de un grupo determinado. En los compositores modernos como Heitor Villa Lobos, lo folklórico expresa más generalmente lo «nacional», o sea, el espíritu de un pueblo entero. Lo que se pide del compositor, entonces, es una capacidad sintética de representar lo típico de este grupo. La música folklórica le tiene que venir al compositor de «adentro-afuera», por talento propio, y por su capacidad de sentir el espíritu de su contorno social y cultural: «No es cazando melodías a punta de lápiz y armonizándolas luego de modo más o menos 'moderno' como se hace nacionalismo. El nacionalismo ha de venirle al compositor de adentro-afuera. Ha de salirle por naturaleza propia, por idiosincrasia, por manera de sentir»[94]. Esto es lo que echa de menos

---

[92] Los coros, tanto en «The One All Alone» como en «La pasión negra», refuerzan la importancia colectiva de la tragedia griega: actúan como mediadores entre el público y el espectáculo, y permiten su identificación con la historia.
[93] Carpentier M2: 195-97.
[94] Carpentier M3: 193-203 («Conversación con Alejo Carpentier»).

Carpentier en las canciones «populares» cubanas transmitidas por la radio. Ni Carpentier ni Adorno aprecian una música que repita lugares comunes, sin ser «sintética» ni original.

Carpentier reseña a varios músicos y cantantes de «música bailable» –así su expresión preferida– como Rita Montaner y Moisés Simons, cantantes de música clásica tanto como de música popular con un juicio bastante equilibrado. Ahí, de nuevo, no se pronuncia en contra de la música bailable en sí misma, sino en contra de lo que él llama la «trivialidad desesperante» de sus letras. Hay, sin embargo, cierta parcialidad en la manera como extiende sus opiniones a la cultura de la radio y de los cabarets en general. Para él, las guarachas, las rumbas y boleros, siempre que provienen de la radio, de las sinfonolas y del cabaret engañan al público con su «falsedad» y su «pátina de afeites», sobre todo en cuanto al ideal de amor que se evoca en ellas. Los valses de principio del siglo, al contrario, le parecen románticos y graciosos, pero las canciones nuevas representan un «amor milonguero», una «falsa mitología del cabaret» que evoca un amor pasional y voluptuoso inexistente en la realidad, según Carpentier[95]. Parece que a Carpentier se le hacía difícil entender una cultura popular con la que no había convivido en muchos años, y que por tanto le era impenetrable. Lo que Desnos había llamado la «poesía espontánea del pueblo» –los anuncios, las historietas, las canciones populares (y no folklóricas)– Carpentier había sido capaz de captarlo en Francia, pero no en Cuba, debido a su larga ausencia. Es en esta actitud desdeñosa hacia la música popular cubana que Carpentier aparece como un francés y no como cubano o latinoamericano. También el hecho de que escriba que la música grabada latinoamericana no se puede comparar con las letras de Jacques Prévert, Robert Desnos, Raymond Queneau y de Bertolt Brecht indica su prejuicio culto y cultural contra la contemporaneidad cubana[96].

El jazz de los Estados Unidos, al contrario, pertenece para Carpentier a lo mejor de la música popular urbana de su época, aunque aquí, de nuevo, su juicio es un poco superficial[97].

Carpentier no parece saber mucho de jazz –no es un aficionado como Julio Cortázar, por ejemplo, lo era. Elogia el jazz más bien por su incidencia sobre otros poetas o compositores: le resulta interesante el hecho de que haya inspi-

---

[95] «Amor milonguero» (Carpentier 1952e).
[96] «Literatura cantada» (Carpentier 1956d).
[97] Véanse al respecto los varios artículos sobre jazz recogidos en Carpentier M2: «El jazz y los jóvenes» (163-165), «El jazz y la música culta» (165-67), «El jazz y la literatura» (171-173) y «Los trotamundos del jazz» (174-76).

rado la poesía de poetas norteamericanos y cubanos como E. E. Cummings, Dos Passos, T. S. Eliot, Nicolas Guillén y Langston Hughes; y también que haya influido en la música de Stravinski, Milhaud, Honegger, Weill, y hasta en la suite *Lulú* de Alban Berg. La crítica de Adorno está, en comparación, mejor informada. Similar al argumento que hace sobre Stravinski, el enfoque del jazz en el ritmo significa para Adorno una falta de análisis musical y una regresión en la producción musical, sobre todo en las reducciones que se escuchan en radio, cuya uniformidad en los ritmos y las melodías, además de la repetición constante de las mismas canciones, manipulan al oyente y le quitan su juicio independiente[98].

Aún si tomamos las ideas de Carpentier sobre música *cum grano salis*, ya que estas reflexiones cotidianas sobre eventos y aniversarios musicales representan más un barómetro de la vida musical de entonces que una teoría, se nota que, como Adorno, Carpentier está preocupado sobre todo por preservar la importancia de la música clásica. Carpentier, más que Adorno, está consciente de la función especial, festiva o sagrada, de la música, que se preserva mejor en el evento musical –en el concierto, en la ópera, o en la misa– que en su transmisión constante a través de la radio u otros aparatos. Para el cubano es esencial preservar este poder cohesivo de la música para una colectividad nacional o local. Luego también le es imposible descartar su educación musical clásica, adquirida en Cuba y luego en Francia. Tanto Carpentier como Adorno están acostumbrados a valorizar cierto nivel de complejidad estructural o de originalidad sobre la gracia o el encanto que puede llegar a tener una canción popular, y ambos críticos rechazan el hecho de que la música transmitida por la radio tienda a convertirse en música ambiental o mero fondo sonoro. Pero Adorno desarrolla sus observaciones dentro de una teoría marxista de la industria cultural, mientras que Carpentier se limita a su actividad periodística como cronista musical[99]. Sin embargo, sus observaciones sobre la música popular y la clásica y su nueva dinámica a partir de los medios modernos informan y contrastan sus propias actividades como profesional de la radio, y lo llevarán en última instancia a abandonar sus esperanzas para la radio.

---

[98] Adorno 1953: 122-123. Sobre la falta de juicio crítico sobre la nueva música popular, véase también Adorno 1938.

[99] Esta perspectiva marxista de Adorno está presente sobre todo en un ensayo escrito en inglés para *Kenyon Review*. Además de decir que la música ha venido a ser un fetiche o una «commodity» Adorno critica el «efecto ideológico» de la radio: «Music under present radio auspices serves to keep listeners from criticizing social realities; in short, it has a soporific effect upon social consciousness. The illusion is furthered that the best is just good enough for the man in the street» (Adorno 1945: 212).

IV.5. De vuelta en Latinoamérica: la radio cubana vista con un ojo surreal

A su regreso a Cuba en 1939, Carpentier buscó trabajo en la radio cubana pero tuvo más dificultades de las que había previsto[100]. Pronunció una conferencia sobre «Las zonas inexploradas del sonido» en el Lyceum de La Habana y también en el Instituto Zapata, donde explicó los principios del arte radiofónico que había desarrollado en Francia[101]. Finalmente pudo trabajar con Marcelo Agudo, haciendo una serie llamada «Los dramas de la guerra», que se transmitía por la cadena CMQ los domingos por la noche, y a partir de ahí continuó trabajando para diferentes estaciones radiales cubanas hasta 1945, año en que se mudó a Caracas. Roberto Fernández Retamar recuerda haber escuchado así por primera vez el nombre de Alejo Carpentier, quien alcanzó notoriedad con este programa y con otro de biografías de personajes célebres[102]. También escribió algunos radiodramas, dos de los cuales publicó Salvador Arias en 1991[103]. En el anexo de su libro *Alejo Carpentier y la radio* López reproduce además el guión (incompleto) de «Santacilia, un revolucionario cubano en México», un programa de la serie «Amigos inolvidables»[104]. Pero la importancia del trabajo de Carpentier para la radio cubana no parece haber estado en la creación o la autoría de series específicas sino en su conocimiento profesional de las necesidades musicales de la radio. Carpentier fue el especialista en saber

---

[100] Véase la entrevista concedida en 1973 a Mirta Muñiz, «También escritor de radio» (Carpentier 1985: 239-42). Sobre el tiempo pasado por Carpentier en la radio cubana, véase López 2003. Como desafortunadamente quedan pocos materiales de esta época, el libro de López es interesante sobre todo por sus recuerdos personales del contacto con Carpentier y por su conocimiento profundo de la radiofonía cubana. En su libro anterior *La Radio en Cuba* (1981) López le había dado poca importancia al trabajo periodístico de Carpentier en el panorama de la radiofonía cubana. La única mención que hace allí de Carpentier se refiere a su técnica, aprendida con Paul Deharme, de dramatizar las noticias con música. Su ejemplo proviene del ya mencionado artículo de Carpentier en 1933 para *Carteles*, sobre Andrés W. Mellon.

[101] Un resumen de esta conferencia se encuentra en la revista *Ultra*, dirigida entonces por Fernando Ortiz (Carpentier 1939).

[102] Fernández Retamar 1983 (citado en López 2003: 33).

[103] Los dos radiodramas son «El último viaje de Noé. Acción radiofónica» (30 de octubre, 1940) y «El hundimiento de la casa Usher. Versión radiofónica de un cuento de Edgar Allan Poe» (4 de octubre, 1939) –véase respectivamente Carpentier 1991: 221-237 y 238-56–. En este último, el desafío consistía en que el personaje central era mudo. Carpentier lo hizo representar por un motivo de la Sonata Patética de Beethoven, dándole literalmente un «papel» de protagonista a un motivo musical.

[104] Para más programas adaptados y dirigidos por Carpentier véase López 2003: 66-68.

encontrar la combinación perfecta entre texto y música. Enseñó a sus asistentes cómo y dónde «fundir» la música con el texto para ambientar un programa, y luego qué tipos de «ruidos» implementar[105]. López (2003: 135) relata incluso la inauguración por Carpentier en 1940 de una academia de arte dramático, donde Carpentier iba a enseñar a los actores las técnicas de cómo hablar en radio. Paralelamente, empieza a hacer investigaciones para *La música en Cuba*, libro que se publica en México en 1946. Su trabajo fijo sigue siendo la radio, primero en Cuba y luego a partir de 1945 en Caracas, donde Carpentier organiza el «Departamento de Radio» de Publicidad ARS[106].

Es notable que a partir de su vuelta a Latinoamérica, Carpentier retoma la escritura –el periodismo, el ensayo musicológico, la literatura— y empieza a dedicarle menos tiempo a la radio. Este cambio de dirección es aún más evidente después de 1945 y puede asociarse con el auge de la televisión y el final de la Segunda Guerra Mundial. Durante la guerra, las informaciones y, por otra parte, la distracción que brindaba la radio parecían esenciales. Preguntado en 1941 sobre un nuevo programa llamado «Grandes figuras de la historia», Carpentier contesta, por ejemplo, que «vivimos en época llena de riesgos y tribulaciones. Por lo mismo hemos cobrado especial simpatía por aquellos individuos que supieron llevar una existencia peligrosa» (López 74)[107]. Después de la guerra, sin embargo, el mismo Carpentier empieza a hablar del «ocaso de la radio», y opina que frente al auge del televisor, la radio desaparecerá sin nunca haber llegado a ser arte verdadero[108]. Carpentier mantiene esta actitud desilusionada hasta el final de su vida. Aunque siga participando en programas radiales, su identidad será la del escritor, y su preferencia la lectura[109]. En su entrevista con Ramón Chao, por ejemplo, Carpentier habla generalmente mal de las consecuencias del trabajo en la radio para la literatura (Chao 1985: 208):

---

[105] Véase el testimonio de Fernando Cueto «Manito» en López 2003: 41-42. En cuanto a los ruidos, Carpentier dice haber aprendido de Edgar Varèse el uso de los ruidos para efectos dramáticos (López 2003: 48).

[106] García Carranza 1984: 20.

[107] Véase también una entrevista de Carpentier en *Carteles* en 1939, donde éste dice que la radio «sube el nivel cultural del individuo» (López 2003: 69).

[108] Véase Carpentier 1954c (citado en López 2003: 85-86).

[109] Entre 1964 y 1966, Carpentier dio una serie de conferencias en Radio Habana Cuba con el título de «La cultura en Cuba y en el mundo». Estas conferencias han sido recogidas y publicadas recientemente por Daniel García Santos (Carpentier 2003b). Como apunta López, Carpentier nunca dejó de interesarse del todo por el medio y asistió, por ejemplo, a las emisiones de *El reino de este mundo*, *Los pasos perdidos* y *El siglo de las luces* (López 2003: 128).

Creo que [la radio y la televisión] son funestas, a la larga, para un escritor exigente. Lo acostumbran a servirse de un lenguaje hablado que fomenta hábitos de facilidad, invitándolo siempre a optar por la línea de menor resistencia... Yo dejé la radio hacia el año 1950 y confieso que tuve que imponerme una verdadera cura de desintoxicación para salvarme de facilidades inadmisibles, y regresar a una prosa de otra índole.

La vuelta de Carpentier a Cuba resultó ser en última instancia una vuelta a la literatura, lo cual significó que descartó los medios masivos para concentrarse en su propia escritura y luego, en los años sesenta, en la difusión del libro.

De paso, sin embargo, Carpentier nota algo en la tendencia latinoamericana hacia la radionovela, con la que él no se identifica, que otros teóricos retomarán más adelante. Al enfatizar que la función actual de la radio no es tan novedosa, Carpentier apunta el hecho de que tiene mucho en común con la predilección hispánica por novelas por entregas, como las de Eugenio Sue o Volney en el siglo XIX (López 2003: 51-56).

Esta posición escéptica de Carpentier hacia la novedad de los medios masivos del siglo veinte anticipa la del crítico colombiano Jesús Martín Barbero. Éste se dirige en su libro *De los medios a las mediaciones* (1987) contra la tesis de que la cultura popular haya empezado sólo con los nuevos medios masivos de la radio y la televisión. De modo similar a Carpentier, Martín Barbero afirma que la llamada cultura de masas ya había tenido representación desde mucho antes en los folletines y en la literatura de cordel, el circo y el teatro popular. Según sostiene, las clases bajas tuvieron desde la Edad Media sus propios modos de expresarse, aun sin participar en medios de comunicación más prestigiosos como la industria del libro. El evento más importante para la difusión de la cultura popular no fue, por ello, la introducción de la radio, sino, por su difusión amplia y su acceso a la escritura, la introducción del folletín alrededor de 1830. Como los críticos de Frankfurt, Barbero opina que la radio es un medio problemático en la medida en que se presta con demasiada facilidad a la manipulación política.

A pesar de eso, la radio es importante para Martín Barbero, porque algo como una tradición criolla logró establecerse en ella: la cultura del relato oral que había empezado en los circos criollos y que incluía a los recitadores y las canciones de los gauchos, o la de los llamados «lectores» en las fábricas de tabaco cubanas[110]. Estas prácticas desembocarían en el radioteatro y luego en la radionovela. La radionovela y luego la telenovela serían así lo más

---

[110] Martín Barbero remite aquí a Fernando Ortiz, quien había mostrado el paso de la costumbre de lectura colectiva en las fábricas de tabaco a la audición radial (1987: 184).

representativo de la cultura masiva latinoamericana, pero no por vincularse con la tradición hispánica de los folletines, como había pensado Carpentier, sino por su carácter criollo, o sea por su combinación de diferentes tradiciones locales. Según Barbero, la radionovela y la telenovela representan entonces precisamente la síntesis que Carpentier había buscado en la música «folklórica» de un Heitor Villa Lobos. Sólo que esta síntesis se encuentra, para Martín Barbero y Néstor García Canclini, quien escribió el prólogo al libro del primero, en una cultura popular híbrida producto no sólo de la mezcla de razas en América Latina, sino también del comercio con Estados Unidos[111].

Robin Moore en su *Nationalizing Blackness* (1997) da un paso más hacia una crítica de lo que él llama la «alta cultura latinoamericana», cuya vanguardia quería, según él, incluir lo popular en sus obras pero sometiéndolo a la vez a una estética elitista. Moore se refiere específicamente a la simpatía del grupo minorista —al que perteneció Carpentier— por el movimiento afrocubano en los años veinte cuando escribe: «Their work is self-defeating in this sense. It ascribes to an absolute aesthetic model distanced from social reality, yet purports to derive relevance from oblique references to the same reality. It manifests both a disdain for and fascination with popular culture» (Moore 1997: 213). Compositores vanguardistas como Amadeo Roldán o Alejandro García Caturla, por ejemplo, no aprecian la música afrocubana por lo que es —«street music», según Moore— sino que la integran y «mejoran» en obras de música clásica a fin de preservar su hegemonía intelectual. Martín Barbero habla incluso de un «cordón sanitario» alrededor del folklore, establecido por los representantes de la alta cultura para excluir de la cultura nacional lo que ellos no puedan controlar (1987: 188).

Frente a esta discusión sobre la llamada «cultura popular» en América Latina, la figura de Carpentier es contenciosa. No faltaron los que, dados sus artículos sobre jazz y cantantes populares cubanos, quisieron establecerlo como defensor de la música popular[112]. Como espero haber mostrado, sin embargo, Carpentier rechazaba la distinción misma entre música clásica y popular y prefería tildar la música cubana a partir de los años treinta «de estilo comercial». Prueba contundente de su falta de interés por lo propiamente «popular»

---

[111] Véase el prólogo de Nestor García Canclini al libro de Martín Barbero (1987: 7-10), y también García Canclini 2002 y García Canclini & Moneta (eds.) 1999.

[112] Véase el capítulo de Timothy Brennan dedicado al «cosmopolitanismo» de Carpentier, «The World Cuban: Alejo Carpentier and Cuban Popular Music» (Brennan 1997: 259-306).

en los años treinta es el hecho de que en su libro *La música en Cuba*, dedica tan sólo las últimas tres páginas a este tema, donde se muestra preocupado por el estado actual de la música popular cubana (Carpentier 1946: 360-362). Quisiera enfatizar, sin embargo, que su falta de aprecio hacia lo popular se debe no tanto a un desdén general de Carpentier por la cultura masiva, sino a su insistencia en un juicio de calidad frente a cualquier producción artística, no importa su proveniencia «popular» o «culta». En la carrera de Carpentier se ve, al contrario, como alguien que se interesaba por la literatura y la alta cultura no veía ningún inconveniente en trabajar a la vez en la radio y en los anuncios, y que justamente dejó de escribir porque veía en la radio un nuevo arte popular. Lo impulsó menos un deseo de conservar el estatus privilegiado de la alta cultura, me parece, que una voluntad, tal vez ingenua, por hacer del arte una forma de expresión democrática y dialógica. Más tarde, la crítica social de Carpentier –como de Adorno– no se dirigió ya tanto contra lo híbrido de la cultura popular, sino más bien contra la extinción lenta de los espacios alternativos y variados del arte, como lo habían sido siempre el teatro –tanto el «popular» como el teatro «culto»– o la sala de conciertos. Carpentier y Adorno se opusieron a la omnipresencia de la radio y el cine porque los reconocían como espacios más fáciles de manipular desde instancias estatales y políticas, y porque estos medios presentaban a partir de los años cuarenta un programa mediocre y monótono, donde ya no había espacios para la interacción creativa con el público.

La rivalidad entre la alta cultura y la cultura popular no fue tan pronunciada, me parece, como la representan Martín Barbero y Moore. Al contrario, el atractivo de la estética surrealista –si la aceptamos como representativa de la «alta cultura» de vanguardia– consistió en que era permisiva justamente hacia la práctica cotidiana de los anuncios, la crónica roja y los folletines. Incluso André Breton, el más elitista de los surrealistas, cita entre sus modelos, junto a Mallarmé, Baudelaire y Lautréamont, también al poeta «popular» François Villon, o la farsa *Ubu Roi* de Alfred Jarry.

Es difícil concebir siquiera la tradición de la radionovela y luego de la telenovela separada de lo que pasaba en la literatura del siglo XIX, como se ve en el caso del melodrama francés.

Para Peter Brooks, el melodrama francés del siglo XIX constituye un modo intensificado de enfrentarse a los mismos problemas trascendentales de un Gustave Flaubert o de un Jean Jacques Rousseau, en el sentido de que comparte con ellos el hecho de leer el detalle cotidiano y las ocurrencias de la vida diaria como escenarios de una lucha mayor entre el bien y el mal. Esta tendencia maniquea proviene a su vez de la necesidad de reconocer por debajo de la superficie real un significado trascendental, principio por otra parte afín al psicoanálisis. Brooks concibe, por ello, el melodrama como «enactment», o como una exteriorización de las pulsiones reprimidas de una sociedad (Brooks 1976: 202).

Habría por tanto en el siglo XIX una tensión entre el melodrama y el realismo similar a la que hemos visto en la radio de los años treinta entre una tendencia realista y otra hacia un arte sugestivo y antirrealista. Esta tensión tiene menos que ver, en mi opinión, con la rivalidad entre alta cultura y cultura popular que con modos complementarios de dirigirse al público. El melodrama y las piezas de Deharme y Desnos tienen un efecto más bien catártico sobre el público, mientras que el realismo quiere llevar hacia el análisis racional de lo presentado.

Los dos, el melodrama y el arte radiofónico «sugestivo» de la escuela de Deharme, presentan rasgos en común con el surrealismo. Entre ellos se encuentra sobre todo su tendencia al exceso y al arquetipo. Como luego los surrealistas, el melodrama tiene preferencia por el relato inspirado en mitos antiguos del amor y el incesto, el odio y el patricidio. Su maniqueísmo moral y su conflictiva relación con la religión acompañan estos temas típicos. Luego, la tendencia del melodrama al derroche y a la catástrofe final también se puede entender como una cierta afinidad del melodrama con la propensión escatológica de un Bataille.

En este sentido, el auge de la radionovela cubana en los años treinta se puede entender como parte de una cultura del surrealismo «a la latinoamericana». Quiero enfatizar el elemento cultural de este género, cuyo modo excesivo, como luego el de la telenovela, parece haber funcionado especialmente bien en Latinoamérica. Carpentier consta, de hecho, el deleite latinoamericano en el exceso melodramático al observar el éxito en Latinoamérica de la ópera romántica, que ya en el resto del mundo había pasado de moda[113]. Este gusto latinoamericano por el melodrama encontró su vehículo ideal y su mayor difusión en la radionovela.

Fueron novelas como *La novela del aire* de Caridad Bravo Adams, *Chan Li Po, El derecho de nacer* o *El collar de lágrimas* de Felix B. Caignet, las que convirtieron a la radio en el medio más popular de todos. La radionovela se volvió el género dominante de la época. Todo se transmitía en forma de radionovela: resúmenes de películas, las noticias, incluso la política adoptó un

---

[113] En *Los pasos perdidos*, por ejemplo, se describe una función de la ópera *Lucía de Lamermoore* por Donizetti, representada en un teatro latinoamericano, cuya sentimentalidad encanta al auditorio también porque anima al público mismo a flirteos y episodios románticos.

discurso del honor que se confundía con el melodrama. Esta contaminación del discurso político por el discurso emocional de la radionovela se percibe sobre todo en el caso del político y comentarista de radio Eduardo Chibás, quien al no poder aportar pruebas documentales de una acusación que había hecho, se suicidó frente al micrófono[114]. Las noticias dramatizadas por los efectos de sonido se convirtieron así en noticia dramática, orquestrada por el tiro real del revólver de Chibás. En Cuba, en todo caso, el evento reportado en la radio llegó a confundirse con la ficción, la historia inventada; la radio ayudó a construir una narrativa pública pasional con la que todos se identificaban. Se puede avanzar que fue en sus «libretos» Castro encontró el antecedente para el discurso pasional de la Revolución que lideró a partir de 1959[115].

Se ha hablado de la radionovela en Cuba como un tratado de «histeria colectiva» (González 1988). Sus síntomas incluyen la fijación en el conflicto familiar, la exageración de los sentimientos y la insistencia en el «placer de sufrir», que expresan un ansia social por descargar tensiones y conflictos políticos en ficciones aparentemente escapistas. De manera parecida a las siluetas de Paul Deharme, el público se identifica con los personajes de la radionovela y a través de dicho proceso analiza mejor su propia situación. La transferencia funciona como «cura» o como válvula de escape para los oyentes. Reynaldo González muestra en su libro *Llorar es un placer* (1988) cuáles eran los conflictos vigentes de la época de los treinta y cuarenta, sobre todo para las mujeres que integraban la mayoría del público radiofónico. La radionovela muestra a hijas que se prostituyen, madres divorciadas, adulterios, criadas acosadas por sus amos, mujeres que abortan, etc.; es decir, todos los temas tabú de los que era difícil hablar en público. Tan conservador como parecía el mensaje de las radionovelas, reivindicando casi siempre el antiguo papel de la madre como centro de la familia, esbozaban los mitos contemporáneos de una sociedad en transición en la que la estructura familiar se encontraba cuestionada. Su efecto era, por lo tanto, contradictorio.

---

[114] Para los detalles de la historia véase Salwen 1994: 71-76.

[115] Fidel Castro fue gran admirador de Chibás y hasta pidió que el cadáver del político fuera velado en la Universidad de La Habana. Salwen escribe: «To this day, many Cuban exile leaders claim that Chibás' suicide was responsible for a chain of events that led to Castro's rise to power. Castro, like other Ortodoxo leaders, would frequently pay homage to Chibás during later years. In an interview with an American journalist during 1969, Castro praised Chibás: "I trusted his [Chibás'] rebellious temperament, his personal honesty and his feeling of obligation to the masses. While he lived, I always had some hope that a revolutionary movement could come out of that movement"» (1994: 76).

Este efecto «histérico» de la radionovela, que expresa todas las ansiedades, neurosis y obsesiones silenciadas de un público mayoritariamente femenino, efectivamente constituye una especie de análisis del subconsciente colectivo que funcionaba como un barómetro de las dinámicas, los tabúes y las transgresiones de una sociedad en un momento dado. La manera asociativa de los escritores de radionovela de producir los textos en poco tiempo para cumplir con las compañías que pagaban el producto según su peso, pesando efectivamente la cantidad de papel producido, se parece al surrealismo incluso en cuanto a la velocidad de la escritura, que vence las inhibiciones del autor[116].

En general, la radio preparó a los cubanos para una idea más abierta y más «moderna» de su propia cultura nacional. Un formato radial típicamente moderno y latinoamericano a la vez se materializó en Radio Reloj, programa inventado en Cuba y luego copiado en varios países latinoamericanos. Con el trasfondo de un metrónomo que marca los segundos, se transmiten las últimas noticias sin interrupción, terminadas cada minuto por la voz de un anunciador que da la hora y el minuto exactos. El programa ganó fama con su reportaje casi en vivo de los sucesos de la calle Orfila en el municipio de Marianao, próximo a La Habana, una masacre entre dos grupos gangsteriles en 1947. Un reportero grabó y transmitió los eventos prácticamente en el momento en que ocurrieron por Radio Reloj. La aceleración de las noticias significó un salto adelante en el uso y el carácter de la radio. Radio Reloj llegó a representar el «pulso» de La Habana que establecía la medida para el resto del país[117]. Que este pulso también tenía algo de exageración, de histeria moderna, lo notamos en el aumento desenfrenado de las noticias a última hora, que no siempre eran

---

[116] Felix B. Caignet dice en una entrevista en *Bohemia*, por ejemplo, «Yo no concibo la trama, porque ella viene sola». «Felix B. Caignet, padre espiritual de Chan Li Po» *Bohemia* 3 (enero 15, 1939): 58. Véase también la escena estupenda en *La tía Julia y el escribidor* de Mario Vargas Llosa, donde el escritor Mario, celoso de los éxitos del escribidor Pedro Camacho, opina: «Una vez le dije que verlo trabajar me recordaba la teoría de los surrealistas franceses sobre la escritura automática, aquella que mana directamente del subconsciente, esquivando las censuras de la razón. Obtuve una respuesta nacionalista: –Los cerebros de nuestra América mestiza pueden parir mejores cosas que los franchutes. Nada de complejos, mi amigo» (Vargas Llosa 1977: 158).

[117] Esta noción del pulso de La Habana la vemos también en otras emisoras. Desde el principio, por ejemplo, la emisora PWX había puesto el tic-tac de un metrónomo a modo de transición, seguido por la identificación: «Si usted oye el tic-tac de un reloj, está en sintonía con La Habana, Cuba». Más tarde, en CMQ, los signos del alfabeto Morse se reproducían para indicar un «flash», es decir, una noticia de última hora.

realmente notables[118]. Pero en Cuba y en el resto de Latinoamérica, por las grandes diferencias entre la ciudad y el campo, establecer una comunicación instantánea cobraba una importancia aún más grande que en otras partes del mundo. De ahí que un factor importante para el éxito de Radio Reloj debe haber sido que, ante el desfase temporal sentido por los países latinoamericanos con respecto a los Estados Unidos y Europa, la radio ofrecía literalmente una «sincronización» cultural. Ser capaz de escuchar la hora exacta de La Habana simbolizaba el orden que emanaba de la capital hacia el resto del país; el tener la misma «hora» hizo palpable para todo el mundo que la modernidad había llegado a Cuba[119].

El entusiasmo por la apertura de un espacio que parece pertenecer a todos, a los cubanos tanto como al resto del mundo, se siente sobre todo a principios de la radio en los años treinta. Juan J. Remos escribe (1937: 374) sobre la apertura del programa «La Hora Intelectual» en La Habana, transmitido a partir de febrero 1933:

> En todo el mundo civilizado, es hoy la radio: teatro, tribuna y periódico... La síntesis y la rapidez canalizan la actividad del hombre en todos los sectores...

---

[118] Reynaldo González describe en detalle estas «noticias relámpago» incesantes. Según el crítico, esta estrategia se usaba mucho para mantener al público en tensión y en constante sobresalto. González menciona incluso una sociedad estadounidense llamada Consejo Para el Progreso de las Ansiedades, fundada al final de la Segunda Guerra Mundial, que se ocupaba de crear preocupación constante en el oyente y que era financiada sobre todo por las compañías de aspirina y de alcohol (165-166). Este relato casi me parece demasiado bueno para ser verdadero, pero refleja cierta ideología de crisis perpetua que no sorprende a mediados de los años cuarenta (González 1988: 309).

[119] Es interesante como en este proceso el modelo de la BBC sirvió de comparación, pero no de inmediata inspiración. Así, la BBC había transmitido desde 1923 el tañido de la torre del Big Ben una vez por día para indicar la hora. En Cuba, aun un año antes, la emisora 2LC de Luis Casas Romero había introducido una medida similar trasmitiendo el «cañonazo de las nueve», que se disparaba cada noche en la fortaleza de La Cabaña. Al contrario del Big Ben, sin embargo, hubo todo tipo de problemas con la fidelidad de la transmisión del cañonazo y hasta con consideraciones de finanzas: entre 1942 y 1945 se suspendió el cañonazo «por falta de pólvora», y cuando la CMQ después retomó la idea de transmitirlo, el cañonazo ya no era un evento puntual sino más bien casual, y entonces los locutores de radio y sus oyentes se quedaban muchas veces realmente «en el aire». Otro problema relacionado con este símbolo de la puntualidad cubana fue el hecho de que era difícil captar el sonido original de manera convincente y muchas veces había que imitarlo en vez de grabarlo. El cañonazo de las nueve se convirtió así en un mito y hasta se hicieron canciones sobre él, porque había llegado a ser parte de la representación nacional cubana: simbolizaba una tradición cubana difícilmente sincronizable con el pulso moderno de la radio.

> En todos los ámbitos de nuestro planeta, los hombres representativos han abierto cátedras desde el micrófono, trasmitiendo conferencias y cursos académicos; los artistas han hecho obra de concierto y de escena; y la información periodística ha corrido por las ondas, en menos palabras y en más vasta extensión.

A la radio se le considera un modo relativamente barato para instruir y difundir la información, un espacio, sobre todo, desde donde pueden entrar noticias, programas y música del resto del mundo.

En este espíritu, Jorge Mañach, periodista y miembro del Grupo Minorista, empieza a usar la radio cubana como medio para instruir a las multitudes y transmitir así, a través de las ondas, el sentido de una nueva identidad cubana consciente de su propia historia, pero también conectada más allá de sus fronteras geográficas. Mañach crea el programa de la *Universidad del Aire* a principios de 1932. Se presentó como un programa ambicioso donde destacados intelectuales cubanos presentaban conferencias semanales sobre temas de interés general. La primera serie se emitió durante entre 1932 y 1933, la segunda época duró desde 1949 hasta 1952. Escribe Mañach en la introducción a los *Cuadernos de la Universidad del Aire*: «La *Universidad del Aire* quisiera ser, no un simple programa radial más, [...] sino algo así como el centro de una comunidad invisible de hombres y mujeres que, a lo largo de toda la Isla y aún más allá de sus orillas, comulguen con espíritu fraterno en un noble afán de claridad y de superación» (Mañach 1949: 3). Citando a Martí, «ser culto es el único modo de ser libre», Mañach desea crear a través de la radio una cultura nacional que se base, por un lado, en una cultura que todo el mundo pueda adquirir por radio y, por el otro, en un ideal de libertad sobre todo con respecto a la problemática relación con Estados Unidos. Para Mañach, el origen de la dependencia cubana de Estados Unidos se hallaba en la crisis de la alta cultura nacional. Ya en 1923, en un discurso hecho famoso sobre «La crisis de la alta cultura en Cuba», Mañach había sostenido que sólo mediante la instrucción y la enseñanza en Cuba se podía crear un espíritu social de cohesión que atravesara todas las clases. Su visión de Cuba correspondía a la de una cultura que debía incluir a todos, y no depender de unas pocas familias ilustres, sino abrirse hacia el conocimiento y la curiosidad intelectual de muchos[120].

La discusión sobre la representación radiofónica de la cultura cubana se extendió en los años cuarenta a la música. Hubo, por ejemplo, quejas en la

---

[120] Esta tesis sería la motivación principal del Grupo Minorista, animado por él y otros, entre ellos Carpentier. Véase Mañach 1923.

Revista de Avance sobre la preponderancia de la música extranjera, donde se escribe en 1948 que «Cuba es el único país de América Latina y tal vez del mundo entero donde no existe protección para su música autóctona y sus intérpretes nativos», y se critica que su música sea «avalada por la preferencia mundial» (González 1988: 170). También se funda el llamado Comité de Lucha Pro Programas Musicales que visita las emisoras para pedir menos radionovelas y más música cubana, aunque desconozcamos con cuánto éxito. Carpentier, en su libro *La música en Cuba* (1946), reaccionó a su manera contra los nacionalistas de la música cubana al mostrar que su historia estaba llena de influencias foráneas desde muy temprano, y que hubo mutua influencia entre la música popular africana y la clásica.

Podríamos decir que cierto surrealismo radiofónico entró en Cuba con Goar Mestre, el empresario que reestrucuró la radio cubana y la hizo profesional y eficiente[121]. Si al ex-surrealista Robert Desnos la publicidad le había ofrecido una nueva oportunidad para hacer poesía popular, Goar Mestre iba a la librería preferida de los surrealistas neoyorquinos, Brentano's, para comprar no poesía surrealista, sino libros de teoría publicitaria. Los textos prácticos sobre anuncios y estrategias de publicidad representaban nuevas retóricas que rivalizaban con la literatura del momento. Comercio y arte se confundían más que nunca. El anuncio cambió la manera de escuchar del público: de una manera lenta de presentar programas e informaciones se pasó al bombardeo de anuncios y a una estética de choque[122]. Al surrealismo le debían Desnos, Carpentier y Varèse el haber reconocido que la poesía del momento se podía encontrar en la voz radial, aún en su vertiente publicitaria[123]. Los principios de la yuxtaposición de lo disparatado, de una poética del azar y de la presencia de la voz se volvieron omnipresentes en Cuba tanto como en Francia o en Estados Unidos y aproximaban el arte a la realidad cotidiana[124]. Se creó una cultura

---

[121] Con Mestre realmente empezó en Cuba el afán de hacer de la radio una empresa no sólo didáctica y cultural, sino también económicamente eficaz. Mestre se dio cuenta, por ejemplo, de la importancia de dosificar la publicidad en radio, y de hacerla inteligente y no abrumadora (Salwen 1994: 20-23).

[122] Reynaldo González cita a Charles Hull Wolfe, quien escribe en 1949: «Planee sus comerciales siguiendo la ley de los extremos: tan interesantes que puedan crear una respuesta placentera inmediata; tan fuertes, agresivos y repetidos que produzcan una reacción desagradable momentánea, pero aseguren las ventas» (González 1988: 131).

[123] Véase Carpentier 1980. Carpentier menciona la fascinación de Varèse con los businessmen: «D'après lui, les businessmen avaient le sens des architectures et des structures nouvelles» (24).

[124] Este sentido de la poesía salida de la radio lo parodia de manera hábil el anuncio de la CMQ –ya bajo Goar Mestre– que se ve en la ilustración 20: las palabras de los anuncios

Ilustración 20: Anuncio CMQ. *Bohemia* 20 (mayo 20, 1945), página 43.

global de la velocidad y del choque cuyo principio productivo era una especie de escritura automática, rápida como una máquina y a la vez reveladora de las obsesiones y las neurosis de cada uno. Alfred Appel escribe alrededor de esta época en Nueva York, a la que él denomina *Jazz Modernism*: «What isn't art? is now the challenging question for a culture that has all but eliminated the distinctions between 'high' and 'low' art» (Appel 2002: 39). En la cultura radiofónica moderna y global las jerarquías entre lo culto y lo popular, entre el arte y el oficio no existen, y sobre todo «arte surrealista» y «comercio» se confunden como nunca antes.

Hasta los programas radiofónicos más sencillos tienen un tufo surrealista. Los juegos de azar, por ejemplo, empiezan a popularizarse en radio a partir de los años cuarenta. Se organizan concursos radiales y a fines de la misma década se pasa a hacer «planes de regalos»: los oyentes deben escuchar un bloque de programas y armar una frase que se compone de palabras sueltas dichas durante la emisión. Se descompone y se fragmenta el discurso hablado como si fuera un *collage* o un puzzle. Los premios pueden consistir en dinero y hasta en una casa entera. La única ley de estos concursos y estas rifas es el azar: la suerte es absolutamente democrática, todo el mundo puede ser afortunado. Es como si enfrentáramos las consecuencias inadvertidas de una cultura surrealista que había inspirado las mentes creativas de la publicidad en radio.

Otro programa popular en Cuba se inspiraba en el poder supuestamente mágico de las ondas que curaban males de amores y de salud. En el programa de Miguel Alfonso Pozo, «El buzón de Clavelito», la transmisión de «ondas» se interpretaba como si fuera telepatía, y se creía sinceramente que el locutor tenía poderes terapéuticos especiales, como sugiere el refrán introductorio de Clavelito, quien llegó a ser el moderador de radio más famoso de la época en Cuba:

> Pon tu pensamiento en mí:
> verás que en este momento
> mi fuerza de pensamiento
> ejerce el bien sobre ti.

Clavelito aconsejaba además que los oyentes pusieran vasos de agua sobre el aparato de radio, que debían ingerir al terminar el programa para curarse de sus males. Esta fe algo esotérica en sus poderes especiales había sido provocada

---

demasiado largos de otras emisoras, sugiere esta página, no tienen sentido y son apenas reconocibles, aunque rimen –casi como si fueran poesía surrealista.

por Clavelito de manera hábil. Su programa empezó a tener mucho éxito desde el momento en que al locutor se le ocurrió agradecer en el programa envíos de unos pesos o de billetes de lotería y hasta de una jaula de pollos. Parecido al pago necesario del psicoanalista, según Freud, este intercambio económico le otorgó literalmente «valor» a su oficio de terapeuta. Esto sucedía en explícita analogía con la santería: hasta el precio estipulado finalmente por Clavelito[125] era igual al $1.05 que solía pagarse por consultas espirituales. La radio se instalaba así en el lugar de lo trascendente sin dejar de ser comercio.

Así es como lo que podríamos denominar la cultura del surrealismo se hizo prominente en la radio cubana. Era, al menos al principio, una cultura del espectáculo variada y divertida en la que se expresaban las aspiraciones de muchos. Como vimos, en Cuba intelectuales de la vanguardia de los años veinte como Jorge Mañach vieron en la radio una oportunidad para complementar una enseñanza pública defectuosa en muchos aspectos. Pero aun en su etapa más comercial, el hecho de que la radio fuera el primer medio masivo oral hizo que varias técnicas surrealistas pasaran a los anuncios y los programas, como el uso de la asociación libre, el *collage* y la interpretación juguetona de los sueños.

Carpentier por su parte, mantuvo a distancia esta tendencia a hacer entrar todo en la gran cultura global moderna, donde arte y comercio quedaban confundidos. En vez de ello, empieza en los años cuarenta a escribir una literatura difícil, alejada del idioma diario de los medios. Frente a la difusión masiva de la televisión y la radio empieza a volver sobre la escritura, pero incorporando en ella las voces, el ruido y la música que había conocido tan bien en la radio.

IV.6. Voces lejanas: La radio y el gramófono en las novelas americanas de Carpentier

Es a partir de *El reino de este mundo* (1949) que Carpentier empieza a hacerse conocido como novelista. Continuará escribiendo en relativamente

---

[125] En su apogeo, la cifra de cartas mandadas en un mes a Clavelito ascendió a sesenta mil (abril de 1952). Sin embargo, en 1952, cuando el culto esotérico alrededor de Clavelito se hizo demasiado notorio, se creó una ley que prohibió que los sueños y las adivinaciones fueran objetos de un programa radial, lo cual significó el final de su programa. Sobre la historia de «Clavelito» consúltese González 1988: 212-244 («Espiritismo radial o El hermano 'Clavelito'»). Oscar Luis López también menciona a «Clavelito» (López 1981: 147-150: «El caso Clavelito»). López cita, entre otras cosas, un poema de Nicolás Guillén sobre «Clavelito», publicado en sus *Coplas de Juan Descalzo* (1952), donde se le acusa de ser títere del régimen de Batista.

pocos años la obra que le daría fama mundial: *Los pasos perdidos* (1953), *El acoso* (1956) y *El siglo de las luces* (terminada en 1959 y publicada en 1961). Quiero concentrarme en las tres primeras de estas grandes novelas, que pertenecen al llamado «ciclo americano», es decir, a las novelas escritas entre la vuelta de París a Cuba en 1939 y la Revolución cubana en 1959, para analizar cómo las tecnologías de la radio y del gramófono inciden sobre la obra escrita de Carpentier. Pretendo mostrar que la experiencia radiofónica de Carpentier y a la vez su deseo de volver a la literatura lo condujo a la creación de una poética de la «oralidad mediatizada» que se expresa en la perspectiva narrativa usada en estas novelas, en los eventos músicales y en los aparatos, como el radio y el gramófono de los que se hace mención.

Me interesa específicamente la presencia de radios, gramófonos y otros medios de escuchar música en estas novelas americanas de Carpentier. La radio o el gramófono representan en estas novelas voces que surgen aparentemente de la nada, voces del subconsciente o de otras latitudes, o voces del pasado. Son voces, en todo caso, que siempre sorprenden y revelan sucesos, manifestaciones inesperadas del subconsciente que presentan una versión propia de «escritura automática», en la medida en que estas voces hablan como si uno estuviera soñando, sin usar la razón. De cierta manera, estas voces tipifican la escritura desde el punto de vista del habla o la escritura desde la perspectiva de la oralidad. Forman parte de una nueva voz narrativa mediada y a la vez «oral», que se expresa en muchos registros y se aprovecha de los aparatos de la modernidad para lograr momentos de autenticidad –lo que se ha llamado lo «real» latinoamericano–. Carpentier asume una perspectiva americanista nueva al incorporar sus intereses etnográficos y su experiencia radiofónica en el desarrollo de un idioma musical en sus novelas que se basa a la vez en una combinación de técnicas sonoras y linguísticas y en una nueva comprensión de las dinámicas sociales de la música.

Quiero detenerme una vez más sobre los años en los cuales Carpentier empieza a escribir de esta manera. La desilusión de Carpentier con la radio y su renovada atención a la escritura se puede vincular con cierta saturación de la cultura radiofónica de la postguerra, que se puede intuir en Europa tanto como en América. Dos anuncios de la revista *Time*, típicos de estos años, nos ayudarán a perfilar la importancia social de la radio durante el período. El primer anuncio, de la compañía Stromberg-Carlson, data de 1943; el otro, de la RCA Victor, de 1947. En el anuncio de Stromberg-Carlson se nos presenta el aparato de radio en el centro de la pieza principal de la familia. Se erige como un mueble macizo, que ha desplazado incluso el árbol de navidad y que trae música a la casa –el título dice «All is calm...» en alusión a la canción

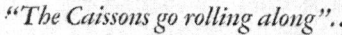

Ilustración 21. Stromberg-Carlson. Advertisement. *Time*. 1943.

Ilustración 22. RCA Victor. Advertisement. *Time*. 1947.

navideña, e indica que esta calma ya dejó de existir con el radio–. El acabado del mueble es caro y hace juego con el papel de la pared; evidentemente el aparato se ha diseñado para llamar la atención; fascina a todos los que aparecen en el cuadro[126]. Pero el anuncio es, principalmente, un relato de la guerra, dividido en tres episodios: el marido compra el radio antes de la guerra; dos años más tarde se ha convertido en un soldado que regresa de sorpresa de su campo de entrenamiento a casa; en el último episodio, el marido está en la guerra y la radio ha pasado a ser la única cosa que lo conecta con su esposa. El texto dice: «Tonight she'd sit and listen to music... and, in the soft sweet strains, she'd reach across the world and be with John... tonight». El radio trae la presencia de la guerra a las casas particulares, toca música de guerra a cuyo compás marchan los niños, pero también conecta a la gente en el mundo entero –al soldado en la guerra con su mujer en casa, que escucha el mismo programa de música que él–. La transmisión radial refleja esta nueva trabazón global: una guerra en la que el mundo entero participa pero en la cual la gente de un lado y del otro escucha los mismos programas. El sonido de la radio parece trascender la distancia y el tiempo: el soldado y su mujer se pueden reunir en una misma experiencia a la misma hora, aunque los separen miles de kilómetros. La compañía de la radio, por su parte, exhibe patriotismo en este anuncio. Stromberg-Carlson dice que, por ahora, tienen que concentrarse en «acelerar la victoria», pero que después de la guerra piensan usar la experiencia adquirida para mejorar los equipos radiales domésticos –la experiencia militar es la que impulsa los avances tecnológicos, como se ve–. El marco temporal también interesa aquí: los tres episodios ocurren en tres navidades, el primero «hace tres años», en 1940, el segundo con el soldado de vuelta a casa en 1942, y el tercero coincide con el presente, es decir, 1943. Todo forma parte de una ideología de crisis y de progreso[127].

El anuncio de la RCA Victor de 1947, por su parte, se dirige a un público muy diferente. Todavía el radio se presenta como un buen regalo de navidad

---

[126] Si cotejamos estos dos anuncios con algunos anuncios de radio aparecidos en *Bohemia*, la impresión es similar. General Electric, por ejemplo, tiene en 1945 una serie de anuncios con un mueble radio y estrellas de cine como Marlene Dietrich a su lado (en *Bohemia* 40, 7 octubre de 1945), que sugieren que el aparato no sólo conecta con el mundo del cine, sino que trae sus ídolos a la propia casa.

[127] Este mismo vínculo de la radio con la guerra se da también en varios anuncios cubanos, aunque no de manera tan prominente. En *Bohemia* se puede ver un anuncio con un soldado que dice «Ayer teléfono, hoy radio». El texto sigue: «Esto muestra la importancia adquirida por esta ciencia llena de posibilidades para el porvenir. Prepárese...» (*Bohemia* 39, 30 de septiembre 1945, p. 53).

pero carece ahora de un contexto familiar y político. Se ha convertido en una mercancía: los aparatos son pequeños, se les elogia por su peso liviano y su tamaño reducido, por su sencillez y modernidad. Se adaptan a decoraciones interiores diferentes y tienen diseños variados. El radio y el gramófono aparecen aquí juntos y representan el entretenimiento, el baile o los «humores más serios que piden sinfonías», como dice la descripción del fonógrafo. También transmiten programas de música popular según vemos abajo en el anuncio: «Robert Merrill, singing "Music America Loves Best"». El énfasis recae ahora sobre una música del gramófono o del radio que estimule nuestro humor, una música ambiental. La música ya no se concibe como un evento, está siempre presente y a la orden, lista para ser consumida. Mientras que durante la guerra todos le habían agradecido a la radio sus noticias instantáneas y en vivo, ahora la radio tiende a servir como música de fondo.

El contraste entre estos dos anuncios sugiere las razones antes discutidas por las que Carpentier y otros intelectuales y artistas se desilusionaron con la radio. Volvieron a la literatura como una forma de alta cultura capaz de resistir la apariencia de objetividad de la radio y más tarde de la televisión. Aunque la radio había conectado a la gente en el mundo entero e informado a todos sobre la guerra, también había traído la voz de Hitler a las casas americanas y francesas. Mientras que en un principio Carpentier y sus amigos se habían fascinado por la inmediatez de la radio, ahora se preocupaban por su capacidad de explotación política y comercial. La radio, por otro lado, había creado una nueva esfera pública que había cambiado la relación entre la sociedad y la política, la nación y el mundo, fenómeno que también afectaba la literatura. El aparato instalado en las salas sugería la presencia del mundo entero en la privacidad de cada casa particular. Esta intimidad tendría sus efectos psicológicos tanto en la política como en la literatura. Hans Ulrich Gumbrecht (1997: 248) escribe:

> While telepathy transforms the divine privilege of seeing the human soul from inside into a psychological method, technical devices based on wireless communication begin to transform the erstwhile divine privilege of omnipresence into everyday reality. Both developments seem informed by a desire for unrestrained immediacy in the sphere of human interactions. But despite the idea underlying the military's utopian view of television, this is not just a desire to be present as an agent, yet corporeally absent. It is also a desire for closeness and company.

El teléfono y la radio fascinaban, además, por ser inmateriales; evocaban una suerte de oreja divina que trascendía el tiempo y el espacio, y que estaba siempre al alcance de todos. El gobierno y el ejército americanos explotaban la inmediatez y la omnipresencia de la radio sobre todo para ganar el apoyo de Latinoamérica en su política exterior y su participación en la guerra –ésta es la época de los programas radiales panamericanos trasmitidos en español desde los Estados Unidos–. De hecho, Carpentier afirma haber tenido una oferta de la CBS para trabajar en uno de estos programas a principios de los años cuarenta[128].

¿Cuál puede haber sido el impacto psicológico de la radio sobre la literatura? ¿De qué manera se hizo sentir en los escritores de la época de la posguerra? En Carpentier, fue un deseo de aproximarse al lector y lograr que éste se identificara con la escritura.

Carpentier siguió una idea de escritura transparente, o en todo caso, de escritura expresiva, para lograr el objetivo de una identificación inmediata entre lector y relato. En cuanto a las razones de esta preferencia, por cierto, muy latinoamericana por la escritura transparente de la novela, Carpentier señala la importancia de la fe para el mundo latinoamericano. Según él, la religión –el catolicismo, la santería o cualquier otra creencia– ha dado pie a creer en el poder de la palabra y el poder de la visión, constitutivos de la cultura latinoamericana. No es tanto una naturaleza excesiva o la presencia de culturas primitivas con sus creencias supersticiosas o «mágicas», sino también el legado colonial que continúa marcando las relaciones sociales tanto en la ciudad como en el campo –a ello se refiere en su ensayo sobre lo real maravilloso (1948) al hablar de la falta de fe de los europeos en contraste con los latinoamericanos–. Una poética de la voz depende por ello de la fe, que ofrece una especie de garantía a la autenticidad de la palabra. Es la religión la que había garantizado en el pasado que todos hablaran un mismo idioma y se rigieran por un mismo sistema de valores y de leyes. En *Los pasos perdidos*, el sacerdote fray Pedro de Henestos administra, junto con el gobernador, la nueva ciudad de Santa Mónica de los Venados. La palabra como acto, con todo su poder performativo, proviene del cura. Cuando éste dice «los pronuncio esposa y esposo» crea un hecho legal, así como cuando dice «te bautizo Pedro», y crea así a una persona legal. La tarea edénica del escritor latinoamericano, frente a una naturaleza sin nombres, consiste en bautizarla, tema muchas veces evocado por Carpentier y repetido por los escritores del *boom*. Dar nombres a lo que no ha sido reconocido hasta entonces como parte de la realidad representable repite esta misma actividad lingüística del sacerdote católico. El escritor latinoamericano asume el lugar del cura e

---

[128] Conversación de Roberto González Echevarría con Carpentier, Yale, 1979.

insiste en el poder performativo de su lenguaje. Su problema no es tanto la crisis del sujeto, el «quién habla», como ocurre en la literatura europea de entreguerras, sino el quién responda a la voz del escritor, quién forma parte de la comunidad que reconoce su palabra como válida. La conexión entre el cura y su comunidad presenta también en eso un modelo, porque el cura crea un lenguaje aceptado por todos. El escritor latinoamericano imita este acto en su literatura. *El reino de este mundo* ejemplifica más claramente esta cohesión social y esta legitimación de la palabra ofrecida por la religión, que en el caso de los esclavos haitianos es el vudú. En el sermón del negro Boukman, los cantos vudú y el sacrificio siguiente confirman que los esclavos aceptan a Boukman como su líder, y sobre todo que aceptan su palabra y están preparados a rebelarse con él. En *Los pasos perdidos*, el catolicismo forma la base de la sociedad latinoamericana; luego, en *El acoso,* el protagonista se acoge a un catecismo de santería para implorar su redención. Es decir, poco importa el tipo de creencia y poco importa la época, puede ser el siglo XVIII o el siglo XX, pero la religión sigue siendo la instancia principal que garantiza la justicia. Esta visión teológica del lenguaje permite el pasaje transparente de la voz a la escritura y viceversa. El lenguaje literario imita la autoridad del lenguaje de la doctrina.

El resultado de esta apreciación del poder performativo de la voz se observa en la hechura misma de las novelas. Contrariamente a lo que se esperaría, Carpentier acude, a partir de *El reino de este mundo*, lo menos posible a la voz directa; sólo la emplea cuando remite a una voz poderosa y colectiva. Así, cuando Mackandal se libera de sus cadenas y la multitud grita «Mackandal sauvé» (41), la palabra surge naturalmente, manifestando la fe de los negros en el mandinga y su resistencia contra los amos blancos. La parquedad de las novelas carpenterianas en cuanto a diálogos es suficientemente conocida, y su discurso directo, cuando aparece, sigue una tendencia a lo proverbial: «on leur fera bouffer du noir» (79) dice el gobernador haitiano después de la primera revuelta de esclavos, y la frase resume de la manera más contundente y cínica los planes del gobierno para vengarse[129]. Con más frecuencia aparecen versos de liturgias o de romances que muchas veces enmarcan un evento importante. La narrativa incluye pequeñas poesías que introducen secciones importantes como si fueran *jingles* radiofónicos.

---

[129] Carpentier mismo indica que trata de evitar el diálogo en sus novelas lo más posible: «El excesivo diálogo es una solución por la facilidad. Además, es un diálogo ficticio. Todavía está por escribirse una novela con un diálogo que corresponda al diálogo real» (Carpentier 1985: 472).

La renuencia de Carpentier al diálogo le viene, sin duda, de la radio. En su artículo de 1933 sobre el medio, Carpentier enfatiza que el diálogo es «anti radiofónico», y que confunde al público (1933c: 14). Una emisión radiofónica debe, para él, seguir un ritmo rápido, evitar los silencios y usar un locutor neutral. El ideal de una clara jerarquía narrativa se nota también en la escritura novelística, donde la perspectiva de un solo protagonista –o locutor– predomina generalmente. Éste no siempre ocupa el centro de la acción, sino que puede simplemente comentar sobre ellos como en el caso del esclavo Ti Noel en *El reino de este mundo* o del taquillero en *El acoso*. También las narrativas carpenterianas se dividen en unidades bastante regulares –los capítulos–, como si fueran episodios de radio, los «silencios» entre un capítulo y otro marcan los cortes entre períodos históricos y lugares. Carpentier no deja que su escritura cobre un afán épico, las unidades de su narrativa siguen más bien la respiración natural del idioma hablado, como el protagonista de *Los pasos perdidos*, quien al final de su viaje ha aprendido a andar al ritmo de su respiración (306). Así, Carpentier adapta a la literatura la noción del *tempo* proveniente de la radio:

> Entonces me impuse lograr un *tempo* en la prosa, así como en la música hay un *tempo andante, tempo lento, tempo maestoso*, hay un *tempo allegro*. Hacer capítulos monolíticos, casi sin punto y aparte. No es invento mío; quien coja una edición original de *El Quijote*, verá que casi todos los prosistas del Siglo de Oro escribían sin punto y aparte y el poco diálogo que hay, aparece siempre en momentos decisivos, en que sirve acortar una situación[130].

Como la radio, la literatura posee una calidad musical y un ritmo que Carpentier cultiva en su ficción. Evitar el diálogo también significa así lograr que el idioma hablado cobre su propio ritmo, sin interrupciones por el cambio de enunciación. Es un ideal de frase musical con su arco armonioso, contrario a la ficción joyceana, por ejemplo, que se construye a partir de fragmentos y voces en superposición.

En las pocas instancias en las que hay discurso directo, se dota a quienes hablan de una autoridad especial. En *Los pasos perdidos*, la única mujer que habla en estilo directo es Rosario, mientras que Ruth, la esposa, y Mouche, la amante, solo se representan en estilo indirecto. Los que más frecuentemente «tienen la palabra» son Fray Pedro y el Adelantado, que gobiernan la nueva ciudad de Santa Mónica de los Venados. Sin embargo, son otras voces, sólo

---

[130] Carpentier 1985: 472 («Los adjetivos son las arrugas del idioma»).

semiconscientes, las que realmente manipulan al protagonista y guían sus acciones. Estas voces el lector no las oye ni las puede leer, únicamente las percibe a través de la reacción del protagonista: por ejemplo, al llegar un piloto a Santa Mónica de los Venados para buscar al protagonista, éste, al oír su voz, tiene la sensación de que un telón se cierra: «En medio de este infinito correr del agua, oigo la voz del piloto como algo distinto del lenguaje que emplea: es algo que había de suceder, un acontecimiento expresado en palabras, una convocatoria inaplazable». Se sorprende por la palabra que se le dirige desde lejos y que lo somete de manera irresistible como si estuviera bajo hipnosis. Las palabras del piloto logran que el protagonista le obedezca, a pesar de su intención de quedarse, y que le siga de vuelta a la gran ciudad[131]. Otras instancias donde se evidencia el poder manipulador y semiconsciente de la voz ocurren cuando el protagonista se enfurece y pierde control de sus palabras. Esto sucede con Mouche, que queda tan asombrada por esta voz «desconocida» de su amante que huye corriendo (188). Al final se presenta una situación parecida, cuando el protagonista le dice a su esposa Ruth la verdad sobre su viaje a la selva y le termina pidiendo el divorcio: «Esa distensión de mí mismo dentro de la intervención verbal daba a mi voz un sonido tan firme y asentado que Ruth, viéndose amenazada por un real peligro, se colocó frente a mí para escuchar con más atención» (305). Oírse hablar a sí mismo provoca una tensión demasiado grande en el protagonista, que lo lleva un discurso apasionado. Le salen las palabras a pesar suyo, aunque hubiera querido guardarlas para más tarde; pero al pronunciarlas han tomado su propia realidad y cobrado una dinámica que se diferencia de lo que él pensaba, y que lo asegura sólo en el momento mismo. La voz tiende así a engañarlo y a manipularlo, y lo conduce a tomar decisiones equivocadas. La oralidad instaura su propia realidad y sobre todo produce una emoción que causa reacciones instantáneas que ya no se gobiernan por la reflexión pausada. La voz del protagonista expresa la de su subconsciente reprimido, le resulta ajena y lo sorprende de igual manera que la voz del piloto. Ejerce un poder incontrolable y peligroso.

Como hemos visto al principio de este capítulo, los pioneros de la radio reconocían la gran afinidad de la voz radial con el subconsciente freudiano. Paul Deharme sostenía que la radio podía inducir un sueño artificial, que luego se prestaba al análisis, pues se basaba en asociar imágenes a través de pala-

---

[131] Pérez Firmat nota en esta misma escena el cambio de idioma del español, lengua materna del protagonista, de vuelta al inglés, idioma en el que se siente más seguro actualmente (Pérez Firmat 1984: 344-345).

bras. El nombre de la empresa fundada por él, evoca, de hecho, esta relación: Phoniric es una palabra *porte-manteau* entre *phone*, el sonido, y *onírico*, lo soñado. Deharme quería desarrollar un arte radiofónico que usara, en términos prácticos, el acceso al subconsciente individual a través de la radio. Recuerdo su tratado *Pour un art radiophonique*:

> La poésie surréaliste c'est bien, mais c'est peu. Quels changements a-t-on apportés à la pédagogie? Quelles règles pratiques a-t-on vulgarisées pour affranchir nos enfants des refoulements et des complexes qui, depuis 5.000 ans, nous torturent et nous assassinent? [...] L'art radiophonique, tel que je le propose, peut, quis sait! devenir le cadre d'un mode d'enseignement, d'une maieutique nouvelle qui accoucherait le subconscient? (1930: 85)

Deharme, Desnos y Carpentier trabajaban en los años treinta para favorecer la identificación del oyente con la voz radial. Pero Carpentier veinte años más tarde ha sobrepasado este entusiasmo inicial por crear una nueva mayeútica de la radio y desconfía de la voz.

En *Los pasos perdidos* la desconfianza hacia la radio y más generalmente hacia la voz grabada es notable. El protagonista, en su viaje a la selva, al contemplar el fuego en una taberna, oye por radio una transmisión de la Novena Sinfonía de Beethoven. Al principio se queda maravillado:

> Esta noche, cerca de los leños que se rompían en pavesas, con los grillos sonando entre las vigas pardas del techo, esa remota ejecución cobraba un misterioso prestigio. Los ejecutantes sin rostros, desconocidos, invisibles, eran como expositores abstractos de lo escrito. El texto, caído al pie de estas montañas, luego de volar por sobre las cumbres, me venía de no se sabía donde con sonoridades que no eran de notas, sino de ecos hallados en mí mismo. Acercando la cara, escuché. (150)

Esta música de la radio contiene un elemento mágico, porque viene de tan lejos y de un contexto tan diferente al ambiente cervantino de la taberna que parece como si fuera un milagro, una repentina vuelta al futuro gracias al aparato. Lo que ve el protagonista –los leños en la chimenea– desaparece ante lo que escucha. Se acerca al aparato como si de él le viniera la imagen de la sala de conciertos donde se produce la obra. El oído necesita la vista, y el protagonista casi cree ver a los músicos, y acerca la cara, es decir, los ojos, al aparato. La música luego inicia una especie de memoria involuntaria parecida a la que asalta a Proust en varios pasajes de *A la recherche du temps perdu*. Nos parece una especie de «dialéctica de la ilustración» a su manera, experimentada en un viaje del protagonista por una Europa donde, en vez de encontrarse con multitudes educadas que escucharan música clásica, solo se topó con nazis cantando la «Oda a la Alegría». El protagonista critica justamente a las sociedades europeas el haberse «sincronizado» totalmente y el haber perdido sus lazos con la propia tradición[132]. En vez de hallar una cultura musical viva e instructiva, el protagonista encuentra un exceso de discursos y de consignas. Sobran, en su opinión, demasiadas palabras y demasiada transmisión radial; encuentra poca música real en la Europa del momento, es decir, hay demasiado texto y pocas voces auténticas. Este desencanto con la civilización europea también lo desilusiona con respecto a la música de Beethoven y especialmente en relación a su grabación y transmisión radial. Es música «escrita» –como vimos en la cita anterior–, un «texto» que nos llega mediante el altoparlante, cuyo valor depende de un contexto muy específico, y que es, como toda obra de arte, proclive a deformaciones y malentendidos. En el mundo latinoamericano del protagonista en este momento, la radio no tiene nada nuevo que ofrecerle. La plenitud, al contrario, le parece residir en el tacto y el sentido del olfato. El protagonista apaga la radio y se dedica a oler un ají y un puñado de hojas secas.

La confrontación entre naturaleza y cultura misma parece algo maniquea en este pasaje. Precisamos matizarla en el contexto de la novela. Aunque pareciera que hay una actitud generalizada de desconfianza ante la cultura europea, su música y sus tecnologías, las opiniones del protagonista sobre su propia educación y maduración no se pueden considerar del todo fidedignas. Eso tiene que ver con que la novela es, como dice González Echevarría, una especie de *bildungsreise* del protagonista, cuyo aprendizaje consiste en reconocer su imposibilidad de volver a vivir en unión con la naturaleza: «la restitución, la reintegración, es imposible. Sólo le es dada una pluralidad-en-el-presente» (González Echevarría 1993: 212). El protagonista reconoce, al final de la novela, que no hay regreso posible al mundo que había conocido en la selva y que a lo mejor este mundo ni siquiera existía, sino que también fue un «gran teatro», tan grande como el melodrama montado por su esposa, la actriz Ruth, para reintegrarlo al mundo moderno. La selva se revela como espejismo de la ciudad: es un mundo donde la realidad se oculta, y donde la gente no es lo que pretende ser. El caos de la ciudad hace eco al caos de la selva. La novela oscila así entre la representación teatral de la ciudad y el «gran teatro de la selva», como dice el epílogo (332).

---

[132] «Y era terrible pensar que no había fuga posible fuera de lo imaginario, en aquel mundo sin escondrijos, de naturaleza domada desde siglos, donde la sincronización casi total de las existencias hubiera centrado las pugnas en torno a dos o tres problemas puestos en carne viva. Los discursos habían sustituido a los mitos; las consignas a los dogmas» (156).

Aunque el protagonista se desocupe entonces de la radio y se adentre en la selva, pensando que deja atrás la cultura escrita de su padre, no se escapa de ella ni lo intenta seriamente. Toda su percepción funciona siempre a partir de comparaciones con textos o piezas musicales leídos o escuchados previamente. Cuando piensa haber captado algo nuevo y original, su lenguaje siempre vuelve, a pesar de sí mismo, a ser el de un intelectual. En una disputa con su amante Mouche sobre cómo juzgar la cultura indígena que acaban de conocer, el protagonista opone nociones de un folklore milenario al interés arquitectónico de ella (187), pero el problema no es ése, sino el de que ambos actúen como etnólogos –y malos etnólogos, porque sólo observan y no participan en el ambiente que los fascina tanto. La conciencia y educación del protagonista siempre funciona de mediadora entre lo que ve y lo que escucha, como si el locutor radiofónico en él nunca pudiera callarse.

Carpentier experimentó el cambio de una cultura musical «en vivo» a una de la reproducción mecánica desde dentro y con gran intensidad. La ubicuidad de la música de gramófono o de radio creó un nuevo tipo de música popular que se difundió por la radio a gran escala. Se podría decir que los años de oro de la radio en los treinta y cuarenta fueron también el límite en el que la música popular y la música clásica empezaron a separarse y a ser percibidas como géneros distintos, con un público de clases sociales distintas –Andreas Huyssen exploró esta escisión moderna en su libro *After the Great Divide* (1986)–. Lo que a Carpentier le molesta de esta tendencia a la diversificación es no tanto la calidad de la música popular, sino el cambio del uso de la música en el espacio público. Como la música ya no se confina al evento único, su apreciación ha bajado y el sentido de una comunidad musical de oyentes ha desaparecido. Carpentier escribe lo siguiente sobre el disco:

> Además de que el disco no nos da una idea aproximada del volumen y relieve sonoro de los instrumentos, por su imposibilidad de establecer una necesaria escala de distancias, la ejecución directa, aunque sea bajo una batuta menos ilustre que la tomada por modelo, tiene algo importantísimo, a mi modo de ver, para toda manifestación musical. Y ese «algo» es lo que podriamos llamar EL RITMO COLECTIVO. [Carpentier 1952c: 501]

En sus novelas, Carpentier siempre describe la música en un contexto de evento social que se distingue de la recepción en radio o en disco, como vimos en la escena de la taberna de *Los pasos perdidos* donde la radio separa al protagonista de su ambiente. El «aura» de la música, para hablar con palabras de Benjamin, lo forma este marco necesario de una sala de conciertos o de una reunión religiosa, un evento, en todo caso, en el que la música surja naturalmente y que lo perciba una colectividad receptiva. En *El reino de este mundo* unos cantos populares haitianos cantados en rituales vudú habían creado el lazo social necesario para la rebelión de los esclavos, según se vio.

El acoso parece ser todo lo contrario, una historia donde la música sale del gramófono y perturba a los individuos que la escuchan. Mientras que el taquillero se obsesiona con la *Eróica* de Beethoven escuchándola en un gramófono recién adquirido, el terrorista, escondido en una azotea y acosado por sus propios aliados a los que había traicionado, está molesto por el sonido del gramófono vecino del taquillero. Para colmo, el terrorista tendrá que escuchar la misma obra en una sala de conciertos en la que se había refugiado al ser perseguido por sus futuros asesinos, que lo matarán cuando haya acabado la función. La música parece ser aquí mero acompañamiento, un ruido de fondo para una historia policíaca y, a lo sumo, un momento retardatario hasta que el protagonista finalmente tiene que morir. La *Eróica* de Beethoven, sin embargo, representa más que eso en la historia. Es proléptica y anuncia la muerte por venir en el momento en que el terrorista no tiene todavía consciencia de su situación. Éste solo lo entiende cuando se encuentra sentado en el concierto:

> Comparezco ante el Señor manifiesto en un canto, como pudo estarlo en la zarza ardiente: como lo vislumbré, alumbrado, deslumbrado, en aquella brasa que la vieja elevaba a su cara. Sé ahora que nunca ofensor alguno pudo ser más observado, mejor puesto en el fiel de la Divina Mira, que quien cayó en el encierro, en la suprema trampa –traído por la inexorable Voluntad a donde un lenguaje sin palabras acaba de revelarle el sentido expiatorio de los últimos tiempos. (95)

La música del gramófono era este lenguaje sin palabras; esta «Divina Mira» el acosado la reconoce sólo ahora como el lenguaje del destino. El gramófono es el instrumento de la trascendencia por haber estado siempre latente pero reprimido. El significado completo de la sinfonía se revela como tal en la sala de conciertos, donde el acosado por fin reconoce la estructura de la pieza –allegro, marcha fúnebre, scherzo y finale–, donde analiza ahora con conciencia lo que lo había acompañado semiconscientemente. La música del gramófono había sido simplemente evocativa: «Hay algo de trompeta llamando al Juicio Final en eso que vuelve a sonar en lo alto» (122), nota el protagonista, o más tarde «Y en el edificio moderno esta música tan triste, tan monótona y triste, que parece un responso en oficio de vigilia» (125). Es en la sala de conciertos donde cae en la cuenta de que en el fondo esta sinfonía se identifica con su propia misa fúnebre que terminará con su castigo y redención. El público le enseña esta lección: «Y es, en todo el público que está como en la iglesia, el casi imperceptible vuelo de manos, de mangas, de dedos vueltos al cuerpo, el enderezo, el recuento de lo traído, que acompaña en la iglesia el ita misa est. Respiro a lo hondo, serenado, muy serenado» (167). En esta novela, el gramófono anuncia y trae una voz lejana que sólo en la experiencia colectiva del concierto se revela como voz autoritativa y divina.

De ahí que la primera reacción del acosado al escuchar la música de la sala de conciertos en vivo, es violenta:

> ¡Oh! esos instrumentos que me golpean las entrañas, ahora que estoy mejor; aquel que pega sobre sus calderos, pegándome, cada vez, en medio del pecho; esos de arriba, que tanto suenan hacia mi, con esas voces que les salen de hoyos negros; esos violines que parecen aserrar las cuerdas, desgarrando, rechinando en mis nervios; esto crece, crece, haciéndome daño; suenan dos mazazos; otro más y gritaría; pero todo terminó; ahora hay que aplaudir... (93)[133]

Los instrumentos musicales se han convertido en instrumentos de tortura, el lenguaje musical le entra directamente al cuerpo sin que pueda oponer resistencia. Esta sensación no sería posible con el gramófono, se vincula con la vista de los instrumentos en un espacio tridimensional. La vista, el oído y las sensaciones del cuerpo expresan todos lo mismo y se precipitan y provocan incontrolablemente. La percepción semiconsciente de la música a través del gramófono es reemplazada por el choque de la música en la sala de conciertos. Este choque se agrava por el hecho de que el terrorista no puede reaccionar abiertamente, se siente observado y rechazado por el público. En ambos, *Los pasos perdidos* y *El acoso*, la música como evento en vivo se dirige a la colectividad, algo que se nota en la reacción histérica del individuo excluido. La voz mecánicamente reproducida, al contrario, representa el subconsciente o, por lo menos, algo que está lejos y presente a la vez. Carpentier, entonces, confronta la música en vivo con la música grabada de manera perturbadora, para ilustrar las diferencias de su impacto sobre el oyente.

---

[133] Es interesante que en una grabación que Carpentier hizo de una selección de obras suyas, extractos de *El reino de este mundo*, *Los pasos perdidos*, *El acoso* y *El siglo de las luces*, el pasaje escogido de *El acoso* haya sido precisamente éste de los primeros minutos pasados por el acosado en la sala de conciertos. *Alejo Carpentier. Fragmentos de El acoso, Los pasos perdidos, Guerra del tiempo, El siglo de las luces*, record, UNAM, México, 1967.

En estas novelas, el contraste entre la música en vivo y la música grabada se puede comparar con el que hay entre la voz oral y la escritura. Eso se ve sobre todo en *Los pasos perdidos*, donde el personaje central es un compositor. Sin embargo, lo único que el lector ve de él es su «escritura», el diario que constituye la novela. Su proyecto de una cantata llamada «El treno» tiene que fracasar justamente porque se propone lo imposible: captar, en una partitura «escrita», los mismos orígenes «orales» de la música. El mismo narrador dice que «El treno» es una indagación de la «palabra célula» de la música, sin darse cuenta de la imposibilidad de un retorno al origen mediante la tecnología. Así, el compositor fracasa a mitad de camino y deja el manuscrito del «Treno» en la jungla.

Las aproximaciones entre palabra y música abundan en la historia. Al menos desde los románticos, la música representaba una interioridad que trascendía la referencialidad de la escritura y constituía un elemento excesivo pero necesario, que no estaba contenido en la literatura. Como ha mostrado Jacques Derrida, aún antes de Rousseau existió una larga tradición fonocéntrica que se remontaba hasta Aristóteles y que distinguía entre el origen «sensual» de la lengua y la organización más referencial y lexical de la escritura[134]. El elemento musical del sonido siempre representaba lo sensual, lo misterioso y lo melódico, mientras que el significado de la palabra se consideraba una esfera intelectual, formal y contrapuntística. Fue Richard Wagner el que insistió en que el drama musical, donde la palabra y la música aparecen de manera indiferenciada, guardaba una relación privilegiada con la religión y constituía el núcleo desde donde renacía el mito: «Uno podría decir que cuando la religión se hace artificial, es el arte el que puede salvar el núcleo de la religión mediante sus símbolos míticos» (Wagner 1880: 362). Según él, se necesitaba una síntesis cultural y artística entre la palabra y la música, representada en la idea del *Gesamtkunstwerk*, para recuperar un efecto de expresividad total que incluyera lo indecible, el gesto y el baile (262)[135].

«El treno» parece inspirarse en este deseo wagneriano de la vuelta a una expresión total. Efectivamente, en un ensayo sobre Wagner llamado «Tristán e Isolda en tierra firme» (1949), que data de cuando ya estaba trabajando en lo que se convertiría en *Los pasos perdidos*, Carpentier aboga por una estética wagneriana en América Latina que sería, en este sentido, sintética, y lograría fundar una mitología propiamente latinoamericana. En la ficción carpente-

---

[134] Veáse Derrida 1967: 15-42 («La fin du livre et le commencement de l'écriture»).
[135] Sobre las divergencias entre Mallarmé y Wagner véase Bucknell, 2001: 11-37.

riana, sin embargo, estos proyectos siempre se revelan como ilusorios. Para los protagonistas de *Los pasos perdidos* y *El acoso* resulta imposible volver al orígen donde palabra y música, escritura y sonido se confunden. Las nuevas tecnologías de reproducción mecánica, como la radio o el gramófono, expresan de esta manera simplemente la mediación necesaria de la condición moderna. Ni con ellas es posible lograr una vuelta al poder originario de la voz.

Como se ve en estas novelas, la radio y su manera de combinar el habla con la música influyó sobre el lenguaje novelesco carpenteriano de varias maneras. A partir de su trabajo en ella, Carpentier evitó el uso de diálogos en su ficción, y acrecentó la importancia de eventos musicales en el texto como elementos que enmarcan ciertas escenas relevantes. Como hemos visto, la música generalmente marca eventos «sagrados», diferentes de la vida cotidiana. Sin embargo, la música en las novelas de Carpentier no es órfica, no expresa un universo armonioso sino que, al contrario, desempeña funciones problemáticas en la vida de los protagonistas, los sobrecoge y confronta su situación actual con sus deseos subconscientes o les revela su destino. Es una música diferente de la voz humana, y que impone su propio control sobre ella.

La radio y el gramófono que hemos visto en las novelas, sobre todo en *Los pasos perdidos* y *El acoso,* trastornan la ilusión romántica de una nueva identidad cultural americana construida mediante un nuevo mito o un nuevo lenguaje musical. Estos aparatos marcan una modernidad latinoamericana transnacional menos preocupada por los parámetros del regionalismo latinoamericano. Y lo que resulta aún más importante, los medios de reproducción mecánica del sonido han logrado efectivamente ampliar la gramática del realismo en la novela latinoamericana. Han ayudado a crear nuevas «personas» gramaticales, que son las voces anónimas del subconsciente y las de la música, las cuales se manifiestan no sólo en la ficción de Carpentier sino también en la de otros escritores latinoamericanos. Es una ampliación asombrosa de la esfera de lo real que vemos (y oímos) en estas voces que nos llegan de todas partes, así sean éstas las voces del pasado, las de los muertos –como en Juan Rulfo o en Gabriel García Márquez– o las voces del subconsciente individual, como en el caso de Carpentier. Otro ejemplo de la incidencia de la voz hablada es el género del testimonio latinoamericano, que hubiera sido impensable sin la tecnología de la grabación y la síntesis escrita que resultó en *Biografía de un cimarrón* (1966) de Miguel Barnet o en *Me llamo Rigoberta Menchú* (1985) de Elizabeth Burgos. En un nivel temático podemos ver la herencia de la radio en las novelas *Muelle de caballería* (1973) de César Leante y *La tía Julia y el escribidor* (1977) de Mario Vargas Llosa.

Diría que fue la combinación entre etnología, estética surrealista y la tecnología de la radio la que hizo posible esta toma de conciencia del potencial múltiple de la voz. Así, el surrealismo sigue estando presente de manera sublimada en la narrativa de Carpentier, como también en la radio cubana de los años cuarenta y cincuenta que hemos visto. El interés surrealista por las manifestaciones del subconsciente humano –el poder sugestivo de la voz hablada y de la música, el lenguaje simbólico del sueño–, forman parte, a partir de los años cuarenta, del inventario poético moderno usado libremente por Carpentier y por los periodistas de la radio. Aún después de haber sido declarado muerto, es decir, aún después de la Segunda Guerra mundial, cuando se publicaron las primeras historias retrospectivas del surrealismo y cuando muchos latinoamericanos volvieron a dedicarse a los problemas y la política de sus propios países, el surrealismo proporcionó un vocabulario, usado por todos, que impulsó los ámbitos más diferentes de la cultura latinoamericana.

V

CONCLUSIÓN: CARPENTIER HOY

> *La novela empieza para mí donde termina la novela.*
>
> Alejo Carpentier[1]

¿Podemos decir, entonces, que con Carpentier la novela latinoamericana se ha vuelto total, como sostiene Carlos Fuentes? Sería, en todo caso, una literatura que se ha hecho versátil en la actitud tomada hacia lo que no es ella por principio, hacia aquello que no es literatura: la etnografía y su método de observación científica, lo cotidiano y banal, y el lenguaje oral y musical de los nuevos medios. Carpentier y otros escritores después de él responden a los cambios rápidos del mundo moderno latinoamericano mediante esta nueva novela, género devenido central en Latinoamérica después de la Segunda Guerra Mundial. Pero, sobre todo, he tratado de mostrar que la empresa literaria de Carpentier se inspira en una cultura surrealista que ha devenido global. Esta cultura surrealista no está en contradicción con la reivindicación carpenteriana de una diferencia latinoamericana; al contrario. La nueva novela creada por Carpentier usa un inventario de tópicos surrealistas que tiene su origen no tanto en los textos de Breton, sino en las discusiones de los años treinta sobre la función del arte y en experimentos radiofónicos y musicales hechos por los ex-surrealistas y por los nuevos profesionales de los medios masivos. O sea, la ficción de Carpentier se relaciona con el surrealismo no tanto mediante la cita literaria –al menos no en la ficción analizada aquí, de la primera mitad de su carrera– sino mediante métodos y perspectivas narrativas aprendidas también de la radio y de disciplinas como la etnografía[2]. La novela de Carpentier, podríamos decir, es también más «completa» que sus

---

[1] Carpentier 1985: 121.
[2] En este sentido, mi libro es complementario al excelente estudio de Rita De Maeseneer, *El festín de Alejo Carpentier. Una lectura culinario-intertextual* (2003). Para De Maeseneer la obra de Carpentier se caracteriza sobre todo por su regocijo en las referencias intertextuales.

predecesoras en el sentido en que se empeña en representar no sólo el discurso consciente y racional de una cultura –vinculado con la escritura– sino también lo pasajero, lo puramente asociativo y hablado, lo que pertenece a las leyendas orales, lo sugerido por los gestos y la voz musical. No abandona del todo la realidad palpable y el relato de acciones para pasar a una realidad interior al estilo del *stream-of-consciousness* de algunos escritores del modernismo angloparlante, como James Joyce o Virginia Woolf. Los autores latinoamericanos tienden más bien, creo, hacia el énfasis en una realidad propia de lo oral –la música, el folclore, el subconsciente– que coexiste con la escritura. Paradójicamente, esta inclusión del ámbito de la oralidad y de la cultura popular en la novela se caracteriza tanto por la competición con la oralidad espectacular de los medios masivos como por el uso de los mismos principios del habla radiofónica en la novela.

Por lo tanto, no es cuestión de reducir a Carpentier a su contacto con el movimiento surrealista. Se trata, más bien, de mostrar que hubo en los años veinte y treinta preocupaciones en común y un discurso surrealista de la modernidad compartido por los artistas europeos y latinoamericanos que produjo, sin embargo, resultados diferentes, sobre todo en el género de la novela. Hemos visto las categorías de común interés para los de acá y los de allá, como la etnología y la mitología comparada, o más adelante, la sensación de simultaneidad creada por los nuevos medios, junto a un sentido de revelación poética de la cotidianidad aportado por los surrealistas.

No fue necesariamente a través de la figura de Carpentier que sus contemporáneos y las siguientes generaciones de escritores latinoamericanos vivieron y se inspiraron en esta modernidad surrealista. Otros escritores o artistas tuvieron otros puntos de contacto con el surrealismo, o incluso pueden haber desarrollado una estética ecléctica que no necesitaba de los surrealistas para llegar a procedimientos formales parecidos. Este sería el caso de categorías como el *collage*, usado ya antes por los pintores del cubismo, por ejemplo. También he mencionado en el capítulo anterior que ese tipo de contaminación ideológica entre el surrealismo y la cultura popular, determinado por las necesidades de los medios modernos más que por un contacto real entre franceses y latinoamericanos, tuvo lugar con las radionovelas y luego las telenovelas latinoamericanas, que exploraban un subconsciente colectivo afín al de los programas radiofónicos más experimentales de Robert Desnos, pero sin que hubiera habido conocimiento mutuo entre ellos. Por otra parte, la pintura surrealista llegó a ser internacionalmente conocida ya desde fines de los años treinta, cuando muchos se tuvieron que exilar en los Estados Unidos o en México, Brasil u otros lugares[3]. Entre los pintores y escritores se estableció así un idioma artístico surrealista de carácter internacional.

Aparte de fijar los detalles históricos, el vínculo que me ha interesado en este trabajo es la afinidad sorprendente entre una cultura latinoamericana que experimentó en los años treinta y cuarenta cambios decisivos –recesión económica, el auge de gobiernos populistas, una urbanización radical y la creciente dominación norteamericana– que la hicieron buscar una expresión artística que lograra traducir la modernización y a la vez la creciente dependencia de otros países y, del otro lado, una cultura europea que se sentía en declive y se abrió por eso hacia otras culturas. Desde ambos lados los intelectuales sintieron más que nunca la necesidad de escribir una literatura que provocara un cambio de consciencia en la sociedad y la hiciera asumir responsabilidades colectivas. El surrealismo fue el movimiento que catalizaba este movimiento hacia la acción o, en todo caso, el que mejor representaba sus contradicciones. Finalmente, el auge global de los medios masivos de comunicación, como la radio y el cine, afectó a los intelectuales latinoamericanos y europeos por su apropiación del favor público y su introducción de una cultura popular de amplia difusión. Es decir, existían factores políticos y sociales en común, que hicieron que sus preocupaciones coincidieran.

1

Si Carpentier fue uno de los primeros en incorporar la percepción surrealista de la vida moderna a la literatura latinoamericana, quiero en lo siguiente mencionar algunas obras en las que se puede entrever una continuación o una marca similar del discurso surrealista. Son, desde mi punto de vista, sobre todo los escritores del *boom* los que tuvieron afinidades electivas con el surrealismo.

Se ha escrito mucho sobre Carpentier como predecesor de los escritores del *boom*. Emir Rodríguez Monegal, por ejemplo, adscribe al vanguardismo de los treinta, tal como se lo ve en Carpentier, Borges y Asturias, la presencia en los escritores del *boom* de diferentes dimensiones de la realidad y de una preocupación mítica (Rodríguez Monegal 1972). Muchos han asociado también a Carpentier con las novelas de Cortázar, García Márquez y Fuentes por su creación de un idioma propiamente latinoamericano, mezcla entre diferentes zonas regionales –y hasta de épocas– de Latinoamérica. Carlos Fuentes, por ejemplo, sostuvo que la escritura de Carpentier creaba realidades nuevas por

---

[3] Véase, al respecto, Mehlman 2000 y Sawín 1995.

su amor al detalle concreto y por su introducción de nombres precisos para las cosas. Para Fuentes, era evidente que la novela era el arte total de su época; era la manera más poderosa de reescribir y fijar la historia latinoamericana para la posteridad. La calidad escrita y adrede artificiosa de la novela latinoamericana del *boom* fue advertida también por Rodríguez Monegal, quien veía el origen de su «antirrealismo novelístico» en Jorge Luis Borges, y por González Echevarría, para quien la figura del autor fue remplazada en el siglo XIX por la del escritor, más interesado en la objetividad del papel y de la escritura que en la representación de la realidad del sujeto en la ficción (González Echevarría 2001: 121). Fue así cómo, a partir de los años sesenta, la novela latinoamericana participó del debate crítico estructuralista sobre el texto como escritura. Para Jacques Derrida, la tradición occidental siempre había privilegiado el lenguaje hablado sobre la escritura cuando en realidad el habla funcionaba de la misma manera que la escritura, en tanto había necesitado desde siempre mediadores, y estaba necesitada de la escritura para conservarse (Johnson 1995). Esta crítica derridiana del «logocentrismo» de la literatura occidental confirió al libro una importancia renovada que benefició a los escritores del *boom*. Aníbal González continua este argumento en su *Killer Books*, donde muestra que la obsesión latinoamericana con la escritura reposaba en una larga tradición de lo que él llama «grafofobia» de los escritores, que consideraron demoníaco el poder de la letra (González: 2001).

Creo, sin embargo, que se puede añadir otra dimensión a este debate sobre la novela latinoamericana como escritura. Quisiera enfatizar más bien el sentido de revelación o de evocación de una realidad escondida o invisible a través de la voz oral contenida en la escritura misma de Carpentier y de otros. Esta voz ya no representa tan sólo lo fantástico o la magia primitiva, donde se escuchan voces divinas o sobrehumanas, sino que representa más generalmente una realidad dividida y profundizada en un nuevo sentido, entre lo que sólo parece real y lo que lo es aunque no lo parezca. Esta preocupación por un discurso transparente que a la vez llama la atención sobre su mediatez me parece que surgió en Carpentier a partir de su experiencia con el medio más alejado de la literatura, la radio. Otros lo pueden haber imitado sin conocimiento de causa, o con él. O pueden haber pasado por experiencias similares sin saber de Carpentier. Habría que tomar en cuenta también la otra innovación de los escritores latinoamericanos, que era su énfasis sobre la música y el gesto, sobre todo lo que no es idioma por definición, pero sí tiene funciones esenciales para una sociedad. Hay una profusión de voces orales, musicales y mecánicas, conflictivas y muchas veces anónimas, que reclamaban su derecho en nombre de una colectividad o de un destino nunca antes expresados de esta manera[4]. Habría que tomar en cuenta también la otra innovación de los escritores latinoamericanos, que era la incorporación de voces menos oídas a una ficción que apelaba al lector, por un lado, por su experimentalismo formal «escrito», pero que por otro lo hacía también por su complejidad psicológica y por la aparición de voces orales, musicales y mecánicas, conflictivas y muchas veces anónimas, que reclamaban su derecho en nombre de una colectividad o de un destino nunca antes expresados de esta manera. Lo fantástico fue una modalidad de interpretar esta segunda realidad profunda; el surrealismo fue otra. Mucho antes de que empezara a hacerse conocido lo que Rodríguez Monegal llamó la «cultura pop» o la cultura de masas, representada en escritores como Guillermo Cabrera Infante, Manuel Puig o Severo Sarduy, surgieron en Carpentier y en otros autores voces populares o voces desde el más allá que eran nuevas en la literatura latinoamericana[5]. El mismo Fuentes en su *La nueva novela hispanoamericana* se muestra consciente de cierta calidad no narrativa de la prosa de Carpentier, y la compara con la música:

> Las novelas de Carpentier pertenecen, por pleno derecho, al movimiento universal de la narrativa. Movimiento de renovación que sustituye la convención crucial, personajes-argumento (similar al cruce vertical-horizontal de melodía y armonía en la música) por una fusión en la que personajes e intriga desalojan al centro para convertirse en resistencias a *un lenguaje que se desarrolla, a partir de sí mismo, en todos los sentidos de lo real*. Así como la música ha ganado el derecho a ser sonido total o la pintura una facultad semejante en el orden visual, la novela reivindica la necesidad evidente de ser ante todo escritura, conexión del lenguaje con todos los niveles y conexiones, no de la «realidad», sino de «lo real» [énfasis mío].[6]

Fuentes se refiere aquí al término psicoanalítico de lo «real» para destacar una noción más intuitiva y menos mimética de la realidad. El nuevo lenguaje novelesco de Carpentier y de otros, según él, ya no depende de una realidad externa, donde las palabras significan porque tienen un referente preciso, sino

---

[4] Difiero así de Evelyn Picón Garfield, para quien esta «realidad dual», como la llama, se inspira en el surrealismo en tanto se basa fundamentalmente en la oposición entre vigilia y sueño, razón e intuición (Picón Garfield 1975: 13-73). Para mí se trata de niveles de mediación de un discurso, no de niveles de consciencia.

[5] Rodríguez Monegal 1972: 94-102. Para una perspectiva actualizada sobre la relación entre novela latinoamericana y cultura de masas véase el informativo ensayo de Ricardo Gutiérrez Mouat (2001) sobre «The Modern Novel, the Media, and Mass Culture in Latin America».

[6] Reimpreso en Carpentier 1967: 1-3.

que hace entrever una realidad más profunda y completa a través del juego entre el signo, su referente y su propio cuerpo, su voz. La asociación de Fuentes entre el lenguaje y la música alude, me parece, al privilegio conferido por Carpentier a la escritura como escritura, y a la vez, como un medio que puede incorporar no tanto el referente, pero la misma voz, o el cuerpo del lenguaje, su musicalidad por así decirlo. Como en la «escritura automática» surrealista, la voz que se hace sentir a través de la transcripción revela un coherencia propia, algo que antes era la voz de Dios y ahora es el subconsciente. Así, la voz le da fuerza a lo «real» porque habla desde un dominio situado más allá de la lengua y sugiere un sentido profundo de lo que parece fortuito y accidental.

Sobre todo la voz del músico, o la voz en forma de música, entra con frecuencia en la ficción carpenteriana y en la de otros escritores en confrontación con la escritura. Entre los autores del *boom*, un cuento que verdaderamente congenia con las novelas americanas de Carpentier es «El perseguidor», de Julio Cortázar. El protagonista, como en *Los pasos perdidos*, es un músico, pero descrito desde dos perspectivas, la del propio músico, Johnny Carter –personaje modelado sobre la vida de Charlie Parker–, y la de su biógrafo francés, Bruno, que acaba de publicar su libro sobre Johnny. Bruno representa la ambición del escritor por captar el genio musical de Johnny en su libro. El otro combina los típicos clichés del músico negro: su capacidad para gozar el presente, su fuerza erótica –todo lo que necesita es un saxo y el sexo, escribe su biógrafo–, la droga y la incapacidad de atenerse a reglas fijas. Su actitud hacia el jazz es, por tanto, diferente. Mientras que para Johnny éste forma parte de su vida cotidiana, Bruno la eleva a una experiencia sublime. Bruno escribe:

> Este jazz desecha todo erotismo fácil, todo wagnerianismo por así decirlo, para situarse en un plano [...] donde la música queda en absoluta libertad, así como la pintura sustraída a lo representativo queda en libertad para no ser más que pintura. Pero entonces, dueño de una música que no facilita los orgasmos ni las nostalgias, de una música que me gustaría llamar metafísica, Johnny parece contar con ella para explorarse, para morder en la realidad que se le escapa todos los días.[7]

El biógrafo distingue radicalmente entre la vida de Johnny y su arte –para él «metafísico«, o sea, más allá de la realidad–. Para Johnny, al contrario, su música existe en el momento y responde a las circunstancias de cada noche, al vestido de su esposa, la vida de sus hijos, etc. Es, para Johnny también, una experiencia única, pero que surge de su familiaridad con su público. Lo que sí

---

[7] «El perseguidor». Julio Cortázar, *Cuentos completos vol 1*. Madrid: Alfaguara, 1994: 242.

cambia con la música, según Johnny, es la perspectiva. Como en la experiencia totalizante del compositor de *Los pasos perdidos*, Johnny experimenta, cuando toca, una concentración de su ambiente: «Yo no me abstraigo cuando toco. Solamente cambio de lugar. Es como en un ascensor: estás hablando con la gente, no sientes nada raro, y de repente la ciudad se quedó ahí, abajo» (230). Su música no está más allá de la vida real sino por encima de ella, lo cual le permite una visión de conjunto. Para Johnny es el evento el que crea la música, mientras que para Bruno es la inspiración y el talento del músico[8].

La noción de realidad de Johnny se distingue por ello de la de Bruno. Real es para el músico lo que lo rodea, nada más; no permite determinismos de tipo biográfico.

> Está lo que tú y los que son como mi compañero Bruno llaman Dios. El tubo de dentífrico por la mañana, a eso le llaman Dios. El tacho de basura, a eso le llaman Dios. El miedo a reventar, a eso le llaman Dios. Y has tenido la desvergüenza de mezclarme con esa porquería, has escrito que mi infancia, y mi familia, y no sé qué herencias ancestrales... (261)

Bruno, según Johnny, quiere reducirlo al llamado de su pasado, a sus padres, su raza o su clase social. Johnny, sin embargo, niega rotundamente esta especie de *quid pro quo*, de explicación lógica de su música. Más que causas y análisis de orígenes, le interesa el efecto de su música sobre el público, la medida en que su voz musical se encuentre confirmada por el colectivo. Johnny es un perseguidor tanto como Bruno, pero no de sus orígenes sino de la sobrevivencia de su música. De ahí que Johnny permita la grabación en disco. Aunque le falte al disco la parte vivida de su música, la grabación puede evocar momentos de inspiración para un público mayor. Este público, y la inmortalidad que implica el hecho de que se escuche su música aún en su ausencia, atrae a Johnny. La biografía de Bruno también contribuye a perpetuar la presencia de la música de Bruno, aunque sea de manera escrita. El libro y el disco se completan así, y el músico está consciente de necesitarlos para que su música no muera con él.

Como las novelas de Carpentier, «El perseguidor» enfatiza así el poder de una voz directa e inmediata que se hace sentir a través de las máquinas o

---

[8] Para Saul Sosnowski, Johnny Carter representa a la perfección al poeta que quiere poseer la realidad a nivel ontológico. «La magia del verbo dará la pauta de la posesión, porque todo verso es incantación, por más libre e inocente que se ofrezca, es creación de un tiempo y un estar fuera de lo ordinario, una imposición de elementos» (430-431). Sosnowski habla de una superrealidad vista sólo por el poeta, principio obviamente inspirado por el surrealismo. Véase Sosnowski 1972: 427-444.

a través de la escritura, y que puede ser aumentada, multiplicada, traducida o transcrita pero que es esencialmente diferente de sus medios de reproducción. Carpentier y Cortázar trabajan a partir de esta idea de una presencia concreta, que se quiere convertir en duración[9].

El público es tanto un contexto social de los protagonistas como juez de sus hechos. Es sólo en presencia del grupo que se produce lo extraordinario, el momento de inspiración de Johnny o del compositor de *Los pasos perdidos*. Este grupo puede ser la familia, los amigos o una comunidad de aficionados. Tienen que ser personas, en todo caso, reunidas por algún vínculo afectivo o de convicción[10]. Por otra parte, también el público puede abandonar a su héroe –tal como se ve en *El acoso*, por ejemplo, donde el protagonista se siente excluido del público en el concierto, porque se ha convertido en un delincuente y porque se siente culpable de haber matado.

En *Tres tristes tigres*, de Guillermo Cabrera Infante, esta confrontación entre el yo y su «otro», el público, se invierte: el público mismo habla, es decir, el público de los cabarets y bares habaneros, y más específicamente el grupo de amigos de la cantante Estrella y del poeta Bustrófedon, todos del mundo de la radio, la televisión, el cabaret o el periodismo. Es típico de su énfasis en la voz anónima la manera como abre el libro con el *show* del cabaret Tropicana, donde el moderador saluda a su público[11]. Además, la novela está hecha a la manera de un montaje donde, si bien el sujeto de cada pasaje es diferente, habla siempre en primera persona. Presenta así un panorama de voces cuyos nombres pueden reconstruirse poco a poco, aunque en el fondo no interese su procedencia[12].

Tres tristes tigres admite sus modelos surrealistas y carpenterianos más directamente que otras novelas del *boom*. En cuanto a Carpentier, Cabrera Infante se inspiró especialmente en *El acoso* –en lo tocante a la manera en

---

[9] Doris Sommer enfatiza esta noción de un conflicto empecinado entre los dos «agonistas» en su «Pursuing a Present Perfect» (Sommer 1998: 223).

[10] Jean Franco escribe que las comunidades y conjuntos de Cortázar no corresponden ya a una división entre clase alta y clase baja o entre educados e ignorantes. Los nuevos estilos musicales tienen aficionados de origen diverso que se determinan a partir de afinidades selectivas y un criterio tan arbitrario como el gusto personal (Franco 1998).

[11] Es notable el uso de voces anónimas que empiezan o desencadenan relatos. La voz abre el cuento, como un locutor de radio lo haría, dando la señal para que la pieza empiece. Este es el caso también de «Viaje a la semilla», de Carpentier, donde la pregunta anónima, «¿Qué quieres viejo?» provoca el cuento a la inversa de la historia del Marqués de Capellanías.

[12] Véase Swanson 1995: 43, Cap. 3: «Guillermo Cabrera Infante and *Tres tristes tigres*: Infantile paralysis?».

que aparece la topografía de La Habana en tanto escenario de la trama y en la importancia concedida al cine en la novela, pero también en cómo usa la música popular como *leitmotiv*–. Su parodia de *El acoso*, insertada en la novela y llamada «El ocaso», es un verdadero homenaje a Carpentier. La presencia del surrealismo, por su parte, la veo en dos motivos, también parodia y homenaje. Uno de esos motivos es un juego de palabras inventado por Bustrófedon para la cantante Estrella: Dádiva ávida. Lleva a una cadena de asociaciones y palabras asociadas, como «diva» y «vida», pero las más importantes son surrealistas: Gradiva, figura mítica sobre la cual había escrito Sigmund Freud, y que había dado título a un cuadro famoso de André Masson. Luego, el apodo de Dalí en Nueva York fue «Ávida Dólares», lo cual representa otra reminiscencia surrealista en este juego de Bustrófedon[13]. Esto, por supuesto, es un tipo de asociación libre muy a tono con los dadaístas y los surrealistas, una rueda de lenguaje que continúa hasta el infinito. El episodio del bastón del Señor Campbell es otro cuento que podríamos tildar de surrealista. Se trata de una pareja americana que llega a Cuba y compra un bastón tallado con caras de facciones groseras, que llega a causarles problemas graves y enturbia su estadía en Cuba. La presencia mágica del bastón recuerda al bastón mágico de Antonin Artaud, quien, como cuenta Roger Shattuck (1960: 174), en su camino hacia México paró en Cuba y recibió al bajarse del barco un bastón que tuvo por el bastón mágico de St. Patrick. La historia del bastón es contada en la novela desde diferentes perspectivas y en registros distintos, y muestra los deseos vagos y perversos de estos dos turistas americanos que se sienten sexualmente liberados en Cuba. En ambos casos, el de Artaud y el de la historia de Cabrera Infante, los visitantes consideran Cuba como un lugar de magia y de tradiciones incomprensibles, y tanto se convencen de ello que su viaje adopta precisamente este aspecto[14].

La novela de Cabrera Infante incorpora el habla cubana de una manera totalmente nueva a su escritura. Como dice la advertencia del libro: «El libro está escrito en cubano [...] la escritura no es más que un intento de atrapar la voz humana al vuelo». Cabrera Infante trata de literalmente traducir el habla habanera a la escritura, haciéndola sonar como si fuera música. Negando el carácter escrito del idioma, le devuelve su espontaneidad y su contacto con

---

[13] Nadeau 1944 [1964: 172].

[14] En *Lunes de Revolución*, el suplemento literario que dirigió Cabrera Infante a inicios de la Revolución, apareció un artículo de José A. Baragaño sobre Artaud (Baragaño 1959: 12-13), donde escribe que Artaud fue el poeta más importante que haya dado el surrealismo. Índice de que Cabrera Infante también había leído a Artaud en Cuba. Véase Luis 2003: 67.

el presente inmediato. Carpentier, al contrario, enfatiza la densidad histórica del español, y lo funde en un idioma latinoamericano escrito, desprovisto de rasgos locales y espontáneos. La lengua de Carpentier tiene un carácter eminentemente «escrito» si se la compara con la de Cabrera Infante, quien le quita su carácter visual y la convierte en puro oído[15]. Esto se ve en la escritura fonética y a veces agramática de algunos pasajes, parecida al *stream-of-consciousness* de James Joyce. En el capítulo «Los debutantes», por ejemplo, se imita la estructura repetitiva de los cuentos hablados, que dicen una cosa dos veces para enfatizarla. Cabrera Infante crea así un idioma popular y oral que tiene una gracia espontánea, reforzada por lo fragmentario que subsiste en muchos de los pasajes.

La imposibilidad de recordar plenamente algo tan poco reproducible como la voz oral del poeta o la de la cantante y la traición efectuada por la traducción es el tema central de la novela. Es una obra de duelo y nostalgia por la desaparición de dos voces. Cabrera Infante tiene mucho en común, tanto con Carpentier como con Cortázar, en la manera en que confronta en su narrativa la escritura con la voz musical. Como en «El perseguidor», los protagonistas principales son dos: una cantante, la Estrella, y Bustrófedon, poeta. Ambos mueren en la novela, dejando atrás grabaciones que el texto de *Tres tristes tigres* transcribe o comenta.

A diferencia de Carpentier y de Cortázar, sin embargo, Cabrera Infante se aferra a un ideal de voz pura o de voz presente, que los medios de reproducción –la grabadora, o el disco– no pueden captar. El contraste con la reproducción mecánica se nota sobre todo en el caso de Estrella, de la que queda una mala grabación, un disco de boleros cantados por ella, que no logra reproducir su grandeza y que incluye en la portada una imagen obscena de la cantante. Su exceso de musicalidad hace explotar las convenciones de la grabación. Estrella es pobre, negra y obesa, una extraña en el mundo habanero nocturno, especie de monstruo sagrado de la música y obsesionada con su voz, «porque ella insiste en que no necesita música para cantar ya que la lleva adentro» (89). Es una especie de diosa de la música popular cubana, que apaga con su presencia los

---

[15] Esta diferencia entre los dos escritores cubanos puede tener que ver con su relación particular con el exilio: para Cabrera Infante, el habla habanera nocturno es su «casa», es lo que representa la Cuba de su juventud y lo que siempre anhelará desde el exilio londinense. Carpentier, al contrario, parece tener una perspectiva más distanciada hacia el habla cubana, que puede que tenga que ver con su infancia bilingüe y con su exilio temprano de Cuba. Agradezco al respecto una conversación con Gustavo Pérez Firmat, quien escribe en su libro *Tongue Ties* (2003: 107-122) sobre el oído impecable de Cabrera Infante para el habla cubana y lo contrasta con su falta de «tacto» para el inglés.

tocadiscos y las victrolas (70). Como el músico de Cortázar, Estrella es presencia absoluta, y por lo tanto, mortal. Pero a diferencia de Cortázar, la novela y la grabación en disco sólo son reflejos pálidos de lo que fue Estrella.

La muerte de Bustrófedon también es pérdida trágica de una voz excesiva, pero en el ámbito del habla. El análisis que se hace de su cerebro después de su muerte indica, dice el médico, que Bustrófedon padecía de un defecto físico, un nudo en la columna vertebral, que era la causa de «las repeticiones y los cambios y la aliteración o la alteración de la realidad hablada» (235). El médico define en términos negativos lo que es el encanto poético del habla de Bustrófedon; según él, se trata de una «pérdida del poder del habla; del discernimiento oral». El habla de Bustrófedon es todo asociaciones libres, encadenamiento de palabras por sonido e invención de sus propios poemas surrealistas, como vimos. Bustrófedon lleva el habla al extremo de ser puro sonido sin sentido; inventa palíndromos, políptonos y anagramas como solía hacerse en la poesía barroca. La nostalgia por la pérdida de aquel habla desenfrenada y esencialmente oral es similar a la nostalgia por la música de Estrella. La novela es así el recuerdo de una ausencia. Su habla es una condensación del ruido general del habla habanera de aquel momento.

En la novela, Estrella es figura de nostalgia en un doble sentido: su música ya es una reliquia de tiempos mejores de la música cubana, y su muerte sólo confirma la muerte de la música sentimental de las décadas del cuarenta y cincuenta. Sus boleros cantados *a viva voce* ya son sólo recuerdos de la música cubana de antes, «llena de nostalgia poderosa y verdadera» (71). Bustrófedon, por el contrario, muere porque es demasiado un ser de su tiempo: su don para la lengua se convierte en dolor de cabeza y el médico tiene que escribirle en el cuerpo su propio nombre –la incisión en la cabeza tiene la forma de la inicial «B»–. Es sin embargo esta incisión, esta insistencia en diseccionar el idioma la que acaba matándolo. Bustrófedon se autocombustiona, le mata el don que había sido su vida.

La música, más que el habla, indica que la ruptura con el pasado es irremediable para los protagonistas. Escuchan música clásica, pero ya sin conocerla muy bien ni encontrar en ella solaz. En el último capítulo, intitulado «Bachata» en alusión libre al compositor barroco Johann Sebastian Bach, los amigos pasean en auto por el Malecón, escuchando en la radio música clásica a una velocidad cada vez más en aumento (310-311). Pero ninguno la entiende muy bien: Bach es para ellos, más bien, el símbolo de un pasado ya tan sólo presente como reminiscencia, interesante sólo en contraste con la velocidad del auto. Arsenio Cué necesita la música de Bach para distraerse de su preocupación por la rapidez con la que todo pasa. Mientras que Cué quiere convertir su vida en un eterno presente, para Silvestre recordar el pasado es esencial. Para Arsenio las grabaciones existen sólo en el presente, no así para Silvestre: «Sería bueno que el verbo grabar (un disco, una cinta) fuera el mismo que en inglés, recordar también, porque eso es lo que es, que es lo opuesto de lo que es Arsenio Cué» (313). El gran vacío interior de los protagonistas obedece al olvido de su pasado y de su cultura, que desaparece ante un presente espectacular y sobrecogedor, pero sin sustancia.

Es en los sueños de varios personajes que los episodios procupantes de este pasado reprimido se muestran. Se vinculan sobre todo con cambios demasiado rápidos en la vida de algunos y con la falsedad en las relaciones sociales. Por ejemplo, Laura consulta con un psiquiatra sus sueños, y le cuenta su primer pseudo-noviazgo con un homosexual, o la violación de una niña –no se sabe bien si es la mujer misma o no–. También los hombres se cuentan sueños llenos de angustia, se preguntan si jamás han amado realmente, o se ven confrontados de repente con sus familiares de provincia. Hay un corte en la novela entre el mundo del espectáculo, con su música y su ritmo, sus acrobacias verbales y su apoteosis del presente absoluto, y el mundo privado de los psiquiatras y de las angustias secretas, corte subrayado a veces por las cursivas en las que se encuentran los sueños, que contrastan con el discurso normal de la novela (313, 322, 330-31, 444). Aquí de nuevo, Cabrera Infante y Carpentier se parecen en la importancia que se presta a los sueños y a las angustias relacionadas con una ciudad que está cambiando y que crece demasiado aprisa.

Las razones de la ruptura de la sociedad habanera con el pasado no importan, a fin de cuentas, demasiado: la novela no explica la muerte de los dos protagonistas Bustrofedón y Estrella. Sabemos que Cabrera Infante escribió *Tres tristes tigres* para conmemorar una Habana prerrevolucionaria que en 1966 ya había desaparecido[16]. Por otra parte, *Tres tristes tigres* describe una modernidad que no es del dominio exclusivo de Cuba. La novela de Cabrera Infante, como las de otros escritores de su generación y ámbito, describe una ciudad caracterizada por la velocidad y los contrastes entre recién llegados, turistas y habaneros. Dice Silvestre:

> Pensé que su intención [la de Cué] era pareja a mi pretensión de recordarlo todo o a la tentación de Codac deseando que todas las mujeres tuvieran una sola

---

[16] Véase Luis 2004. Luis muestra cómo el libro fue concebido como una recreación narrativa de la película *P.M.*, prohibida por el gobierno de Castro. El enfoque del libro en La Habana del pasado, es, según Luis, una alusión directa a *P.M.*, «Pasado Meridiano» (232).

vagina (aunque él no dijera exactamente vagina) o de Eribó erigiendose en el sonido que camina o el difunto Bustrófedon que quiso ser el lenguaje. Éramos totalitarios: queríamos la sabiduría total, la felicidad, ser inmortales al unir el fin con el principio. (335)

El mismo Cabrera Infante tiene una pretensión «totalitaria» con su novela al querer captar todos los aspectos de La Habana de entonces. Pero es, sobre todo, una oda a lo efímero de la cultura popular. Al comienzo de la novela se encuentra, por ejemplo, un episodio de dos hijos que poco a poco venden la biblioteca del padre para poder ir al cine[17]. La novela narra así –siendo novela– no sólo al corte en la vida de los cubanos provocado por la Revolución, sino también el cambio cultural provocado por los medios masivos, y anuncia la desaparición del libro y de la música seria. En última instancia, *Tres tristes tigres* es una provocación contra el libro.

El hablador (1987), de Mario Vargas Llosa, retoma la discusión sobre la oralidad en Latinoamérica desde el punto de vista de la etnología[18].

A pesar de los diversos problemas que presenta la práctica etnológica en el Perú, las cuestiones fundamentales sobre la relación entre el observador occidental y el indígena resultan comparables en Vargas Llosa y Carpentier. El conflicto representado en la novela entre el futuro escritor Mario y su amigo, el estudiante de etnología Saúl Zuratas, gira alrededor del problema de la transformación de una cultura en otra. El narrador, Mario, se entera, después de muchos años, que su amigo Saúl se ha ido a la selva a vivir con los machiguengas, el pueblo más retirado de todos, y no sólo eso: ha llegado a ser «hablador», el que, venerado por su talento de contar, va de pueblo en pueblo para dar noticias y contar cuentos. Saúl ha hecho una transformación al revés, que muestra que es posible no sólo convertirse, sino también transformarse en alguien diferente del que se había sido por nacimiento y educación. Esta auténtica metamorfosis de Saúl es inconcebible para el narrador:

---

[17] Stephanie Merrim escribe que sobre todo en el último capítulo, «Bachata», Silvestre empieza a proyectar sus angustias sobre las malas películas que ha visto, y que su propósito es el de retomar los propios problemas bajo el pretexto de la trama de la película (Merrim 1985).

[18] En el caso del Perú, el trabajo etnológico en la selva amazónica peruana ha sido especialmente controversial por la presencia de misioneros protestantes del Sur de los Estados Unidos. Acogidos por el Instituto Lingüístico del Verano, observan a las tribus indígenas para aprender su idioma y convertirlas a su religión. Esta etnología centrada en el reemplazo de una cultura por otra se distingue radicalmente de la etnología francesa o peruana de corte universitario, más interesada en la colección de objetos, pero también menos agresiva. Agradezco a Pepe Bunsen Cárdenas su información al respecto.

Donde encuentro una dificultad insalvable para seguirlo [...] es en el estadio siguiente: la transformación del converso en hablador. Es, por supuesto, el hecho que me conmueve más en toda la historia de Saúl, lo que hace que piense en ella continuamente, la anude y desanude mil veces, y lo que ha motivado que, a ver si así me libro de su acoso, la escriba.

Porque convertirse en un hablador era añadir lo imposible a lo que era sólo inverosímil. Retroceder en el tiempo, del pantalón y la corbata hasta el taparrabos y el tatuaje, del castellano a la crepitación aglutinante del machiguenga, de la razón a la magia y de la religión monoteísta o el agnosticismo occidental al animismo pagano, es difícil de tragar pero aún posible, con cierto esfuerzo de imaginación. Lo otro, sin embargo, me opone una tiniebla que mientras más trato de perforar más se adensa.

Porque hablar como habla un hablador es haber llegado a sentir y vivir lo más íntimo de esa cultura, haber calado en sus entresijos, llegado al tuétano de su historia y su mitología, somatizado sus tabúes, reflejos, apetitos y terrores ancestrales. Es ser, de la manera más esencial que cabe, un machiguenga raigal. (233-234)

Lo más difícil de entender para el narrador en el proceso de una transformación tan completa es la capacidad de Saúl de adoptar una de las funciones más tradicionales entre los machiguenga, la de contarles cuentos[19]. Es ahí donde se revela su rivalidad de escritor con el amigo. Durante sus estudios juntos en Lima su propósito había sido el de leer para aprender a escribir. Saúl, al contrario, ya entonces leyó y estudió para poder hablar entre los machiguenga. Haber dado el salto a ser un hablador significa no sólo haber descartado la escritura, sino haber sido capaz de regresar a una oralidad primaria perdida para la cultura occidental. La historia oral y viva de los machiguengas es, por ello, secreta y elusiva hasta para los etnólogos de la selva. La reacción del narrador ante el caso de su amigo es una de sublimación: se propone escribir la historia de su amigo, para ver si escribiendo analiza el problema lo suficiente como para poder olvidarlo. Dicho de otra manera, su mente sólo puede enfrentarse al hecho de que su amigo sea hablador escribiendo, en el intento de incluirlo así en un texto:

El acto de escribir es así un último intento de dominar algo que le es demasiado cercano al narrador para no ser amenazador. Porque es indudable que el hablador

---

[19] La transformación es tan completa como la metamorfosis en el cuento de Kafka, citado en el texto. Si al principio Saúl todavía tiene memoria de lo que ha sido antes, ésta se integra por completo en la segunda vida del personaje. El hablador mismo cuenta la historia de su transformación en el séptimo capítulo de la novela, diciendo que «aquí nací la segunda vez» (203).

mantiene un contacto directo con su público, y éste confiere a sus cuentos una atención exclusiva que el escritor moderno no percibe. Una explicación convencional hubiera sido la religiosa, a la manera de Carpentier, argumentando que el hablador tiene función de sacerdote, y forja una comunidad contándole su propia historia mítica. Pero la función del hablador machiguenga es secular, insiste el misionero Edwin Schneil, que ha visto a dos habladores: «Los entretienen, son sus películas, su televisión... Sus libros, sus circos, esas diversiones que tenemos los civilizados. Para ellos, la diversión es una sola en el mundo. Los habladores no son nada más que eso. –Nada menos que eso –lo corregí yo, suavemente». (172)

Lo que más se aproxima a la cultura oral del hablador son, irónicamente, los medios masivos, y de ellos trata de aprovecharse el narrador en su intento para captar y así domesticar al hablador. Durante seis meses el narrador dirige un programa semanal de televisión, uno de cuyos hitos consiste en un viaje a la selva amazónica para hacer un reportaje sobre los machiguenga. El propósito es incluir a los machiguenga en un programa cultural peruano que se propone ser un «caleidoscopio de temas» y enseñar una nueva noción de «cultura», más amplia de lo que se tenía antes por cultura alta: «no era sinónimo de ciencia, literatura o cualquier otro conocimiento especializado, sino, más bien, una manera de acercarse a las cosas, un punto de vista susceptible de abordar todos los asuntos humanos» (142). En realidad, sin embargo, el protagonista quiere incluir y reproducir la voz de los machiguenga y posiblemente de un hablador en un espacio público –es decir, apropiarse de ella mediante la filmación en televisión. Como es de prever, esta oportunidad no se da. Los misioneros Schneil siguen siendo los únicos prontos a dar información sobre el hablador, y significativamente lo comparan en esta ocasión con un *speaker*, palabra cuya asociación con la radio y la televisión debe sólo reforzar la ansiedad del narrador por encontrar a su *alter ego* en la selva (168-169)[20].

Oímos / leemos la voz del hablador en tres capítulos de la novela –sin saber de quien proviene al principio: es otra vez una voz anónima la que habla. El carácter oral de sus relatos se nota en las fórmulas que se usan, en cómo

---

[20] En su ensayo sobre *El hablador* (Sommer 1996: 288-323), Doris Sommer considera ambas palabras, «hablador» y «speaker», como neologismos y las confronta luego con otra traducción de «hablador» al inglés, «story-teller», término muy asociado con el conocido ensayo de Walter Benjamin. El uso por Vargas Llosa de la palabra «speaker», sin embargo, es interesante porque tanto en inglés como en español existe desde los comienzos de la radio y se refiere al locutor de radio. Carpentier usa la palabra *speaker* ya en su artículo de 1933 para *Carteles*, con muy precisa referencia al locutor de radio. Si acudimos a un diccionario de uso, como Clave (2001), vemos que el anglicismo «speaker» pasó al español a través del francés, y se usa desde entonces como sinónimo de locutor de radio o de televisión.

se encadena una historia con otra sin mayor transición, en particularidades gramaticales como el gerundio «diciendo» y en otras varias características que distinguen claramente su discurso del estilo «escrito» del narrador Mario en los otros capítulos[21]. Pero al final, los dos discursos –el de la cultura oral de los machiguenga y el discurso de afuera, representado por el narrador Mario– se contaminan mutuamente. Así, el hablador incluye en sus relatos, que generalmente tratan del significado de los tabúes, de las plantas y los animales y de ciertos personajes, un relato sobre «Tasurinchi-Gregor», que es la historia de Gregor Samsa de la «Metamorfosis» de Kafka. Más tarde en los relatos aparece la historia de Jesús, y finalmente el hablador cuenta a los machiguenga la historia de su propia transformación en hablador. Practica así la tradición de contar historias, algunas suyas propias, algunas de otros, sin preocuparse por una noción de autor o de originalidad, y sin interesarse por mantener puro o auténtico el fondo de las historias machiguenga que maneja[22]. El narrador, por su parte, busca en las bibliotecas toda la información que haya sobre los machiguenga y sus mitos, que empiezan a ejercer a su vez influencia sobre su lectura de Dante, por sus simetrías y ecos con la obra del gran italiano (103). Pero no es capaz de escribir la historia de la transformación de su amigo y rival. Sólo la foto de un hablador, vista en una galería de Florencia, logra finalmente moverlo a escribir la historia del hablador que tenemos en la mano. A partir de la reproducción mecánica el narrador finalmente logra dominar su objeto, como si la foto hubiera roto el muro de incredulidad que había cohibido al narrador. Su realismo le permite finalmente convertir en escritura lo que antes eran puras imaginaciones del narrador.

También en otra novela de Vargas Llosa, *La tía Julia y el escribidor* –escrita diez años antes de *El hablador*–, había una rivalidad entre el escritor y una cultura popular vibrante, aunque aquí el conflicto ocurre en un contexto totalmente urbano[23]. En *La tía Julia* el lugar de confrontación de ambas esferas es

---

[21] Jean O'Bryan-Knight ha enumerado muy bien estas diferencias estilísticas entre el narrador y el hablador. Véase O'Bryan-Knight 1995 (Cap. 4: «The Story of Storytelling: *El hablador*»: 75-101).

[22] La manera del hablador de compilar historias, mezclando las de diferentes autores con algunos inventos propios, es igual a la de las novelas enmarcadas de la tradición occidental, como las *Mil y una noches* o el *Decamerón* de Boccaccio, entre otras.

[23] Raymond L. Williams ha comparado estas dos novelas atendiendo a sus similitudes al yuxtaponer dos discursos alternativos con la técnica de los «vasos comunicantes»; en ambos casos la yuxtaposición de la cultura escrita con la cultura oral y popular se convierte, a lo largo de las novelas, en contaminación mutua. Williams 2000: 256-263.

una emisora de radio en Lima, donde el joven escritor y periodista Mario se encuentra con un escritor de radionovelas, Pedro Camacho. A lo largo de la novela, sin embargo, los dos tipos de escritura, el modo culto («escrito») y el modo melodramático («oral»), llegan a contaminarse mutuamente.

La rivalidad entre el escribidor de radio y el escritor de literatura es evidente en *La tía Julia*[24]. El escritor, un peruano joven que quiere ser escritor a toda costa pero que tiene que ganarse la vida trabajando en la radio, le pregunta a las mujeres de la familia por qué la radio les gusta más que los libros. Le contestan: «Qué tontería, cómo se iba a comparar, los libros eran la cultura, los radioteatros simples adefesios para pasar el tiempo. Pero lo cierto es que vivían pegadas a la radio y que jamás había visto a ninguna de ellas abrir un libro» (113). El protagonista se siente entonces amenazado y empieza a interesarse por el escribidor de radionovelas para copiar de él su técnica y usarla en su literatura. Inadvertidamente, además, su vida «real», es decir, la relación amorosa con su tía Julia, adquiere también el carácter de un melodrama como los que escribe Pedro Camacho. En ambas historias, *La tía Julia* y *El hablador*, el escritor compite con una cultura «popular» –urbana en un caso, selvática en el otro– que no se preocupa por la lectura, pero sí por escuchar la voz del escribidor o del hablador. Es de notar, sin embargo, que la radio y la televisión tienen funciones opuestas en los dos libros. En *La tía Julia*, la radionovela representa el mismo tipo de cuento que hace el hablador a los machiguenga: son historias estilizadas de la vida real que quieren, más que nada, ser pasatiempos, y que de paso crean un fondo común de historias entre los oyentes. Tanto el hablador como el escribidor no son «autores» de estas historias en el sentido común del escritor que crea a partir de su imaginación individual, sino que cuentan historias ya conocidas por muchos, cuya importancia no está en su novedad sino en la expresión de un conocimiento latente en la comunidad. Por ello el oficio del hablador y el del escribidor son reemplazables, diferentes personas pueden hacer el mismo trabajo. El programa en televisión del narrador de *El hablador*, al contrario, se parece más a los experimentos del joven escritor Mario en *La tía Julia*. Es un trabajo de compilación de informaciones con un propósito determinado, el de dar una versión particular sobre un pueblo y sus costumbres. El hecho de que no tenga éxito el viaje para ver a los machiguengas, como tampoco tiene éxito la escritura literaria de Mario en *La tía Julia*, es señal de que la

---

[24] Véase el análisis de Carlos Alonso, quien reclama la historia del «coming of age» del escritor Vargas como central para la novela, más importante que la confrontación entre alta cultura y cultura popular (Alonso 1998: 131).

«escritura» no puede representar una experiencia directa e inmediata, siempre es mediadora de algo que ya ha sido transmitido a su vez.

Los que siguieron a Carpentier –Cortázar, Cabrera Infante y Vargas Llosa– tienen, como vimos, muy presente su competición con los medios de difusión masiva y reaccionan de manera particular, incluyéndolos en su ficción. Los medios modernos les sirven, sin embargo, como pretextos para reflexionar sobre propiedades de la literatura misma. La distinción entre voz oral y voz escrita, o entre subconsciente colectivo y consciencia individual, por ejemplo, les permite cuestionar la noción misma de autor. Éste se encuentra confrontado, en mucha literatura del *boom*, con su propio público, o con un colectivo anónimo de gente con la cual se relaciona el autor, o de la cual se distingue. Muchas veces también nos encontramos en estos textos con narradores que no son fidedignos. Al decir de Lucille Kerr, ha sido sobre todo en la literatura latinoamericana que la noción del autor fue enfatizada en el nivel de la narración misma (Kerr 1992). En las ficciones que hemos visto eso ocurre mediante la introducción no sólo del autor sino también de su contrapartida, el público. Además de localizar la preocupación de Carpentier y de los autores del *boom* por la figura del autor en el ámbito de la retórica política, como discurso en contra de los «maestros» y dictadores endémicos en la historia de Latinoamérica, habría que situarlos también en el de los nuevos medios. Me parece que los textos de Vargas Llosa, Cabrera Infante y Cortázar también protestan contra el realismo incuestionado de estos medios y lo retoman y enmarcan por las múltiples voces contradictorias o competitivas que hemos visto, dirigiéndose inclusive contra el narrador mismo, que quiere fijar estas voces en su escritura[25].

Visto así, Carpentier y los escritores del *boom* toman una postura agresiva en el mercado del libro porque se ven acosados por unos medios masivos devenidos omnipresentes, que parecen apropiarse del imaginario público y amenazan con marginalizar el libro dentro de las producciones culturales latinoamericanas[26]. En vez de distanciarse de la cultura pasional y manipuladora de la radio y la televisión, estos escritores la incluirían en sus historias, haciéndola suya de esta manera. Sus novelas se pueden leer como maniobras estratégicas para conquistar y retener a su público.

---

[25] Véase «La dictadura de la retórica / La retórica de la dictadura» (González Echevarría 2001: 110-145).

[26] Esta rivalidad entre el libro y los medios masivos, la enfatizan los editores del volumen *Latin American Literature and Mass Media* con respecto a la situación actual, y preguntan si no hemos llegado ya a estar más allá de la ciudad letrada de Angel Rama (Paz-Soldán y Castillo 2001).

La carrera profesional de Carpentier después de la Revolución cubana sigue en esta misma línea de la difusión y promoción del libro como valor cultural. Volvió a Cuba con un proyecto que había empezado en Venezuela, y que era la organización de unos festivales del libro. En estos festivales, que en Cuba llegaron a ser tres, se hacían grandes tiradas –250 000 ejemplares– de textos famosos de la literatura cubana; son interesantes, de hecho, por representar un canon carpenteriano ceñido a los libros tenidos por esenciales en el momento mismo de la Revolución cubana[27]. Como se indica en una de las últimas páginas de cada uno de estos libros, los festivales formaban parte de una Organización Continental de los Festivales del Libro que llegó a organizar festivales en el Perú (bajo la dirección de Manuel Scorza), en Colombia (Alberto Zalamea), en Ecuador (Jorge Icaza), en Venezuela (Juan Liscano) y en Cuba con Alejo Carpentier. Esta Organización Continental firma con una especie de nota programática sobre su llamada Biblioteca Básica de Cultura Latinoamericana que confirma el empeño por difundir el libro contra otras fuentes de información «falseada»:

> La Biblioteca Básica de Cultura Latinoamericana que, a través de multitudinarios Festivales del Libro, se está formando en centenares de miles de hogares latinoamericanos, responde a una imperiosa necesidad: difundir los libros fundamentales de la cultura latinoamericana... es el medio más adecuado para alcanzar un conocimiento integral de la rica y variada cultura latinoamericana, tan falseada por fáciles sumarios.[28]

Cuando en 1961 se fundó la Editorial Nacional en Cuba, que entonces era la primera y única editorial estatal del país –las privadas iban desapareciendo poco a poco– Carpentier fue su presidente hasta que en 1966 se creó el Instituto Cubano del Libro. Este último tuvo a Rolando Rodríguez como su presidente y cambió de estructura editorial, lo cual probablemente estuvo en la raíz de la ida de Carpentier a París como consejero cultural de la embajada cubana. Es decir, que Carpentier hizo su profesión de la edición y difusión de la literatura

---

[27] Doy aquí la lista de los libros editados en el primer festival, que tuvo lugar en 1959: Cirilo Villaverde: *Cecilia Valdés*; José Martí: *Sus mejores páginas*; José Martí: *Poesías completas*; Alvaro de la Iglesia: *Tradiciones cubanas*; Félix Lizaso: *El pensamiento vivo de Varona*; Salvador Bueno (ed.): *Los mejores cuentos cubanos*; Cintio Vitier (ed.): *Las mejores poesías cubanas*; Nicolás Guillén: *Sus mejores poemas*; Alejo Carpentier: *El reino de este mundo*; Enrique Labrador Ruiz: *El gallo en el espejo*.

[28] Tomado de *Las mejores poesías cubanas. Antología de Cintio Vitier*. Primer Festival del Libro Cubano, s.l., s.f., p. 193.

cubana, latinoamericana y universal en los primeros y decisivos años de la Revolución cubana. El entusiasmo por el libro y su capacidad para hacer pensar al lector es una constante en Carpentier, que vemos confirmada en un artículo publicado en 1972 con el título programático de «Elogio y reivindicación del libro»[29]. Allí Carpentier se pronuncia en contra de la idea de que el libro ya se haya vuelto un instrumento ineficiente que está siendo reemplazado por los medios de información más directos. Contra este argumento, y contra los que dicen que el público sólo lee tiras cómicas y folletines, es decir, en contra de los que abogan por una intervención más fuerte de las autoridades en el mercado del libro y de los *mass media*, Carpentier afirma que el público sabe muy bien seleccionar entre las ofertas: «En el público se ha desarrollado un sentido crítico que, si bien aprecia las ventajas informativas, recreativas, instructivas, incluso, de los *mass-media*, es cada vez más adicto al Libro» (266). Optimista como lo era Benjamin en los treinta, Carpentier confía en la facultad de juicio del público, y en la autorregulación del mercado. Según él, el libro está teniendo en Latinoamérica un éxito económico importante, y se están reeditando y traduciendo a los grandes autores –Tólstoi, Mann, Proust o Joyce–. Mientras que Carpentier rechaza la división entre mala y buena literatura, folletín periodístico y novela de caballerías, ciencia ficción y *Orlando furioso*, tira cómica y códices o tapicerías, sí distingue entre *mass-media* y libros: «El negocio [del libro] rinde –como suele decirse. Y rinde, porque hay lectores. Lectores para quienes los *mass-media* no compensan la incomparable 'meditación a solas', frente a la página impresa, que constituye la lectura de un libro» (268). Es también en este punto donde convergen el proyecto personal de Carpentier como escritor y la política cultural del gobierno de Fidel Castro, que promovía la producción masiva de libros como parte de su esfuerzo por educar a las masas.

2

¿Qué queda del surrealismo en el mundo latinoamericano, a partir de los sesenta hasta hoy? Mi propósito en cuanto a la presencia del surrealismo en la cultura latinoamericana ha consistido en querer mostrar un punto de partida histórico, que fue el contacto de Carpentier en los años treinta con varios grupos asociados con el surrealismo. A partir de allí sugerí afinidades entre la cultura latinoamericana y lo que podríamos llamar un inventario surrealista de

---

[29] En Carpentier 1987: 263-269.

la cultura moderna. A modo de recapitulación quiero volver a mencionar aquí algunos términos de este inventario. Hemos visto que la escritura automática surrealista en su definición más amplia pretende revelar, mediante el dictado del pensamiento, el subconsciente en la escritura. Este subconsciente puede tener un carácter colectivo y hasta estereotipado, pero es un discurso resistente a la reducción analítica y a la teleología narrativa. Presenta un nivel de lo real que a la vez tiene algo de maravilloso; como dice Philippe Audoin, el subconsciente tiene menos que ver con los impulsos vergonzosos de Freud que, más bien, con un «Dios escondido», capaz de liberarse de la razón analítica y capaz de liberarse de la noción del tiempo[30].

Otro rasgo surrealista es una actitud del narrador afín a la del etnógrafo, lo que James Clifford ha descrito como «observación participante». Esta perspectiva del narrador sobre su «otro», que no necesariamente tiene que ser indígena o negro –sino que puede ser el rival o el subconsciente–, se caracteriza, como dice Sara Castro-Klarén, por estar bien informada desde el punto de vista científico, pero participando en una causa, no analizando desde lejos, sino invirtiendo en un compromiso político o cultural[31]. La escritura de Carpentier representa esta distancia particular hacia su objeto, caracterizada a la vez por su empatía con lo latinoamericano. Creo que esta perspectiva narrativa de distancia y cercanía a la vez marca también muchas novelas latinoamericanas posteriores a Carpentier.

El último tropo surrealista que quisiera mencionar es el de la iluminación profana. La descripción de lo banal y cotidiano que provoca el momento epifánico ha recibido, como vimos, muchos nombres según la tradición nacional o cultural. Carpentier en su poética de lo real maravilloso le dio énfasis a esta noción de revelación momentánea de una realidad superior explicada por él en términos antropológicos y en analogía con el ritual religioso. Lo que Carpentier llama «fe» tiene que surgir de una comunidad que realmente empieza a ser protagonista en sus novelas. La epifanía se vuelve así momento colectivo y fundacional, muchas veces, de una cultura.

Es como si Guillaume Apollinaire, el gran precursor, hubiera anticipado no sólo el surrealismo sino también su impacto latinoamericano. En su primer poema en forma de caligrama, «Lettre-Océan» (1918) podemos entrever la apertura de la poesía hacia la tecnología y a la vez hacia el Nuevo Mundo. El poema consiste en dos tarjetas postales, una de México, la otra aparentemente de Francia. Las dos contienen una especie de rueda con rayos o de sol,

---

[30] Audoin 1973: 24.
[31] Sobre la ambigüedad del «otro» en Vargas Llosa, véase Castro-Klaren 1996: 41.

y están separadas por las siglas TSF, es decir, la radio («transmission sans fil»). Como escribe Roger Shattuck, estas dos ruedas esbozan una especie de *mapa mundi*:

> That circular pattern of wheels and spokes carries immediate associations. Apollinaire's other poems of this period [...] refer to rails, cables, sounds, light rays, all of which link the world together in a vast circular network. [...] The poem radiates outward toward infinite space. In the end one is justified in reading these circular and divergent shapes as a map of the universe itself arranged around the centered consciousness of the poet who identifies himself with the altitude and communicating power of the Eiffel Tower.[32]

Los medios de transporte y de comunicación han creado una mayor igualdad entre diferentes culturas, y han conectado a los que se encuentran a ambos lados del océano.

3

Carpentier se encuentra en la coyuntura de las negociaciones entre la literatura, la ciencia, la política y la cultura popular. Mientras que los primeros textos carpenterianos habían experimentado con el vanguardismo afrocubano, a partir de los años cuarenta y con la vuelta a Cuba se concretiza su propósito de escribir una literatura cubana diferente.

El ritmo colectivo de las muchas canciones populares y de la música clásica, presenciada por los protagonistas de Carpentier en muchas ocasiones, representa un principio de vitalidad que es básico para cualquier cultura, pero especialmente para la latinoamericana. En *Concierto barroco*, el negro Filomeno decide al final quedarse en Venecia por los ritmos que ha visto y escuchado allí: «Lo único vivo, actual, proyectado, asaeteado hacia el futuro, que para él quedaba en esta ciudad lacustre, era el ritmo, los ritmos, a la vez elementales y pitagóricos, presentes acá abajo, inexistentes en otros lugares...» (81). Como hemos visto, la música en general estructura el caos, crea un orden cíclico, o es un elemento de estabilidad en la historia, sobre todo en los relatos de *Guerra del tiempo*. En algunos casos, pero no siempre, revela lo sagrado o representa la transición entre lo sagrado y lo profano –y entonces la música forma parte

---

[32] Shattuck 1999: 255. Más recientemente, Rubén Gallo ha analizado el poema desde una perspectiva mexicana en su libro *Mexican Modernity: the Avant-Garde and the Technological Revolution* (2005: 132-141).

de un ritual religioso–. Pero en otros casos, el ritmo simplemente es una forma de coherencia interior, presente en las canciones, o en la secuencia regular de los capítulos, o en las repeticiones textuales como hemos visto en *El acoso*. El ritmo es por ello no simplemente la pulsión del subconsciente, sino, afín al principio de vibración usado por Varèse en sus composiciones, es la oscilación necesaria que da estabilidad a un sistema orgánico, el vaivén que confirma la cohesión de todo, y de toda una sociedad. La novela de Carpentier tiene ese ritmo colectivo como su centro.

Como dice Carpentier en su entrevista con Mario Vargas Llosa (1965), la novela empieza cuando deja de ser novela: «Para mí la novela va más allá del relato, va más allá de la narración, y a medida que la novela va avanzando hacia un terreno diríamos de investigación en cuanto al estilo, en cuanto al entendimiento de ciertos medios, es cuando realmente la novela está cumpliendo su labor»[33].

---

[33] En Carpentier 1985: 120-125.

BIBLIOGRAFÍA

1. Bibliografía activa

Bibliografías sobre la obra de Carpentier
— (1984): «Colaboraciones de Alejo Carpentier en Tiempo (1940-1941). Complemento a su bibliografía, en el 80 aniversario de su nacimiento». En: *Anuario L/L* 15, pp. 195-219.
GARCÍA CARRANZA, Araceli (1984): *Biobibliografía de Alejo Carpentier*. La Habana: Letras Cubanas.
— (1989): *Biobibliografía de Alejo Carpentier. Suplemento I.* La Habana: Biblioteca Nacional José Martí.
GONZÁLEZ ECHEVARRÍA, Roberto & MÜLLER-BERGH, Klaus (1983): *Alejo Carpentier: bibliographical guide / guía bibliográfica*. Westport, Conn.: Greenwood Press.

Obras y ediciones selectas de Alejo Carpentier en orden cronológico
Si los artículos periodísticos de Carpentier se encuentran en las *Obras Completas de Alejo Carpentier* (1983-87; México: Siglo Veintiuno), doy la referencia a la publicación original y además a las Obras Completas, usando las siguientes abreviaturas:

M1 = (1987): *Ese músico que llevo dentro 1. Obras Completas de Alejo Carpentier.* Vol. X. México: Siglo Veintiuno.
M2 = (1987): *Ese músico que llevo dentro 2. Obras Completas de Alejo Carpentier.* Vol. XI. México: Siglo Veintiuno.
M3 = (1987): *Ese músico que llevo dentro 3. La música en Cuba. Obras Completas de Alejo Carpentier.* Vol. XII. México: Siglo Veintiuno.
C1 = *Crónicas 1. Arte, literatura, política. Obras Completas de Alejo Carpentier.* Vol. VIII. México: Siglo Veintiuno, 1985.
C2 = *Crónicas 2. Arte, literatura, política. Obras Completas de Alejo Carpentier.* Vol. IX. México: Siglo Veintiuno, 1986.

— (1927): «Música nueva: Stravinsky última hora». En: Diario de la Marina. 5 de junio, p. 33.
— (1927b): «Honegger y el canto a la velocidad». En: *Social* 12.8, agosto [C2: 68-74].
— (1927c): «Erik Satie, profeta y renovador». En: *Social*, 12.9, septiembre [C2: 74-80].

— (1927d): «Música nueva: Francis Poulenc». En: *Diario de la Marina*, 23 de octubre, p. 44.

— (1928): «Un invento sensacional y sus consecuencias». En: *Carteles* 12.27, 1 de julio 1928, pp. 18; 48; 50 [M1: 569-573].

— (1928b): «Un gran compositor latinoamericano: Heitor Villa Lobos». En: *Gaceta musical* (París), julio-agosto [M1: 34-42].

— (1928c): «Blue» [poema]. *Diario de la Marina*, 26 de agosto, p. II.

— (1928d): «1830-1930 (Para Félix Pita Rodríguez, Maziques, Delahoza, Guirao, hombres de mi generación)». En: *Carteles* 12.52, 28 de diciembre, pp. 16; 58.

— (1928e): «En la extrema avanzada. Algunas actitudes del "surrealismo"». En: *Social*, 13.12, diciembre [C2: 125-131].

— (1929): «Lettre des Antilles». En: *Bifur*, pp. 91-105.

— (1929b): «El estudiante». En: *La Gaceta de Cuba*, diciembre de 1989, p. 3.

— (1929c): «El milagro del ascensor (cuento para un apéndice de la leyenda áurea)». En: *Unión* 27, 1997, pp. 45-48.

— (1929d): «Temas del lira y el bongó». En: *Carteles* 13.17, 28 de abril [M2: 425-433].

— (1929e): «La musique cubaine». En: *Documents*: 324-327. Paris: Editions Jean-Michel Place, 1991. Prefacio de Denis Hollier.

— (1930): «Liturgia». En: *Revista de Avance* 4.50, 15 de septiembre, p. 260.

— (1930b): «Cuban Magic». En: *Transition* 19-20: 384-390. New York: Kraus Reprint Corporation, 1967.

— (1930c): «El escándalo de Maldoror». En: *Carteles* 15.16, 20 de abril [C1: 255-261].

— (1931): «Misticismos contemporáneos». *Carteles* 17.1, 4 de enero, pp. 32; 56.

— (1931b): «André Malraux o el anhelo de evasión». En: *Social* 16.5, mayo, pp. 37; 74; 78-79.

— (1931c): «Primer viaje a la Exposición Colonial». En: *Carteles* 17.30, 27 de septiembre, pp. 10; 56; 58.

— (1931d): «Segundo viaje a la Exposición Colonial». En: *Carteles* 17.1, 4 de octubre, pp. 32; 40.

— (1931e): «Desde París. Leyes del Africa». En: *Carteles* 17.43, 27 de diciembre, pp. 46-47; 50.

— (1933): ¡*Écue-Yamba-Ó!*. Madrid: Editorial España [¡*Écue-Yamba-Ó! y otras obras afrocubanas*. Obras Completas de Alejo Carpentier. Vol. 1. México: Siglo Veintiuno, 1983]

— (1933b): «La agonía de Montparnasse». En: *Carteles*, 19.26, 20 de abril [C1: 310-315].

— (1933c): «El radio y sus nuevas posibilidades». En: *Carteles* 19.36 (17 de diciembre, pp. 14; 96; 98.

— (1933d): «Histoire de lunes». En: *Cahiers du Sud* 10, 157, diciembre, pp. 747-759.

— (1937): «La Exposición Internacional de París». En: *Carteles* 29.27, 4 de julio, pp. 38-39 [C2: 418]

— (1939): «Las zonas inexploradas del sonido. Conferencia pronunciada por Alejo Carpentier el día 27 en el Instituto Zapata». En: *Ultra* 38, agosto, pp. 175-177.

— (1940): «Lecciones de una ausencia». En: *Carteles* 21.1, 7 de enero, pp. 32-33.

— (1940b): «Nueva York o la nueva mitología de la publicidad». En: *Tiempo Nuevo* 1.4, 14 diciembre, p. 3.

— (1943): «L'évolution culturelle de l'Amérique Latine, I». En: *Haïti-Journal*, 23 de diciembre, pp. 1-2.

— (1943): «L'évolution culturelle de l'Amérique Latine II». En: *Haïti-Journal*, 28 de diciembre, pp. 1; 4.

— (1944): *Viaje a la semilla*. La Habana: Imprenta Úcar García.

— (1944b): «La poesía del objeto». En: *Información*, 24 de mayo, p. 14.

— (1944c): «Novelas de América». En: *Información*, 3 de junio, p. 14.

— (1944d): «Wifredo Lam en Nueva York». En: *Información*, 21 de junio, p. 4.

— (1944e): «Las danzas populares». En: *Información*, 8 de julio, p. 14.

— (1944f): «Ignorancia de valores». En: *Información*, 19 de julio, p. 14.

— (1944g): «Cuestión de ritmo». En: *Información*, 26 de julio, p. 14.

— (1944h): «Dispersión peligrosa». En: *Información*, 12 de agosto, p. 14.

— (1944i): «Reflexiones acerca de la pintura de Wifredo Lam». *Gaceta del Caribe*. La Habana, julio. En: *Conferencias*. Ed. Virgilio López Lemus. La Habana: Letras Cubanas, 1987. 223-26.

— (1944j): «Don Ramón». En: *Información*, 2 de septiembre, p. 14.

— (1944k): «Oficio de tinieblas». En: *Orígenes* 1.4, pp. 32-38.

— (1946): *La música en Cuba*. México: Fondo de Cultura Económica.

— (1948): «Lo real maravilloso en América (prólogo del libro inédito *El reino de este mundo* de Alejo Carpentier)». En: *El Nacional*, 8 de abril, p. 8.

— (1949): *El reino de este mundo (Relato)*. Ciudad de México: Edición y Distribución Iberoamericana de Publicaciones.

— (1949b): *Tristan e Isolda en tierra firme*. Caracas: Imprenta Nacional.

— (1951): «El milagro de la técnica». En: *El Nacional*, 16 de junio [M1: 574-575].
— (1951b): «Maurice Chevalier». En: *El Nacional*, 27 de junio [M1: 405-406].
— (1951c): «Música en conserva». En: *El Nacional*, 25 de agosto [M1: 504-506]
— (1952): «Semejante a la noche». En: *Orígenes* 9.31, pp. 3-11.
— (1952b): «Los trotamundos del jazz». *En: El Nacional*, 18 de enero [M2: 174-176].
— (1952c): «El disco y la ejecución directa». En: *El Nacional*, Sección «Papel Literario», 31 de enero [M1: 501-503].
— (1952d): «Un amante de la música». En: *El Nacional*, (Caracas) 17 de abril [M3: 7-9].
— (1952e): «Amor milonguero». En: *El Nacional*, 26 de abril [M2: 197-199].
— (1952f): «La novela y la historia». En: *El Nacional*, 2 de octubre.
— (1952g): «Abuso de la palabra folklore». En: *El Nacional*, 22 de octubre [M2: 195-197].

— (1953): *Los pasos perdidos. Novela*. México: Edición y Distribución Iberoamericana de Publicaciones [1985: edición crítica a cargo de R. González Echevarría. Madrid: Cátedra].
— (1953): «El micrófono y la música». En: *El Nacional*, 2 de mayo [M1: 576-578].
— (1953): «La jornada del estrépito». En: *El Nacional*, 9 de septiembre [M3: 54-56].

— (1954): «El Acoso (fragmento de novela)». En: *Orígenes* 6, 36, pp. 6-16.
— (1954b): «El coleccionista de discos». En: *El Nacional*, 6 de enero [M1: 507-509].
— (1954c): «El ocaso de la radio». En: *El Nacional*, 16 de enero.
— (1954d): «Una edición del Museo del Hombre». En: *El Nacional*, 23 de mayo [M2: 401-403].
— (1954e): «Reproducción y traducción». En: *El Nacional*, 27 de junio [M1: 521-523].
— (1954f): «¿Visible o invisible?». En: *El Nacional*, 12 de agosto [M1: 561-562].
— (1954g): «El invento sin porvenir». En: *El Nacional*, 1 de ocubre [M1: 581-582].

— (1955): «Evocación de la pianola». *El Nacional*, 7 de junio [M1: 539-540].
— (1955b): «El mundo del ritmo». *El Nacional*, 22 de septiembre [M1: 545-546].
— (1955c): «El jazz y la música culta». *El Nacional*, 28 de septiembre [M2: 165-167].
— (1955d): «El porvenir de la grabación». En: *El Nacional*, 28 de octubre [M1: 523-525].
— (1955e): «Novela y música. En: *El Nacional*, 8 de noviembre [M3: 96-97].
— (1955f): «El sonido y la realidad». En: *El Nacional*, 17 de noviembre [M3: 98-100].

— (1956): «La Havane - Cuba - la musique... et Robert Desnos». En: *Simoun* 22-23 (1956). Recogido también en: *Miguel Ángel Asturias, París 1924-1933. Periodismo y creación literaria*. Madrid: Archivos, 1988.
— (1956b): «Literatura cantada». *El Nacional*, 6 de abril [M2: 199].
— (1956c): «Un problema actual». *El Nacional*, 13 de mayo [M1: 583-584].
— (1956d): «El jazz y los jóvenes». En: *El Nacional*, 24 de agosto [M2: 163-165].

— (1957): «El inventor del fonógrafo». En: *El Nacional*, 13 de junio [M1: 485-486].
— (1957b): «La ópera y el sound-tape». En: *El Nacional*, 10 de agosto [M1: 589-591].

— (1958): *Guerra del tiempo, El acoso y otros relatos*. México: Compañía General de Ediciones [Ed. María Luisa Puga. Obras Completas de Alejo Carpentier. Vol. 3. México: Siglo Veintiuno, 1983].
— (1958b): «El concierto y la grabación». En: *El Nacional*, 16 de marzo [M1: 529-531].
— (1958c): «El jazz y la literatura». En: *El Nacional*, 2 de abril [M2: 171-173].
— (1958d): «Rita Montaner». En: *El Nacional*, 19 de abril [M1: 403-404].
— (1958e): «Peligros del disco». En: *El Nacional*, 26 de abril, [M1: 525-527].
— (1958f): «El disco y la cultura musical». En: *El Nacional*, s.f. [M1: 527-529].

— (1964): «El surrealismo. 1924-1964». En: *El Mundo* Septiembre 24: 4

— (1967): *Alejo Carpentier. Fragmentos de El acoso, Los pasos perdidos, Guerra del tiempo, El siglo de las luces*. Grabación en disco. México: UNAM.

— (1972): «Música y emoción». Publicado originalmente en inglés como «A feeling for music». En: *The Times Literary Supplement*, 22 de septiembre: 1097-1098. [M3: 175-184].

— (1974): *Concierto barroco*. México: Siglo Veintiuno.
— (1974): *El recurso del método*. México: Siglo Veintiuno.

— (1978): *La consagración de la primavera*. México: Siglo Veintiuno [Edición a cargo de Julio Rodríguez Puértolas. Madrid: Clásicos Castalia, 1998].

— (1979): *Bajo el signo de la Cibeles. Crónicas sobre España y los españoles, 1925-1937*. Edición a cargo de Julio Rodríguez Puértolas. Madrid: Editorial Nuestra Cultura.
— (1979): «Prólogo». En: *¡Écue-Yamba-Ó!*. Barcelona: Editorial Bruguera.

— (1980): *Varèse vivant*. Paris: Le Nouveau Commerce.

— (1980b): «Varèse en vida». En: *Plural: Crítica, Arte, Literatura*, Segunda época, X-III.111, pp. 2-9.

— «Correspondencia» (1927-1940). [Contiene correspondencia de Alejandro García Caturla y algunas cartas de Amadeo Roldán y otros]. En: *Obras completas*. Vol. 1. México: Siglo Veintiuno, 1983: 278-313.

— (1984): «La leyenda del jardinero». En: *Revolución y Cultura*, Omar González, ed. 12 de diciembre, pp. 35-40.

— (1985): *Entrevistas*. Ed. Virgilio López Lemus. La Habana: Letras Cubanas.

— (1987): *Conferencias*. Selección y edición Virgilio López Lemus. La Habana: Letras Cubanas.

— (1991): *Crónicas del regreso (1940-1941)*. Selección y prólogo de Salvador Arias. La Habana: Unión [1996: La Habana: Letras Cubanas].

— (1993): *Letra y Solfa. Artes Visuales*. Ed. Alejandro Cánovas Pérez. Vol. 3. La Habana: Letras Cubanas.

— (1997): *Letra y Solfa. Mito e Historia*. Ed. Raimundo Respall Fina. Vol. 5. La Habana: Letras Cubanas.

— (1997): *Letra y Solfa. Literatura, autores*. Ed. América Díaz Acosta. Vol. 6. La Habana: Letras Cubanas.

— (1997): *Literatura. Libros*. Vol. 7. Ed. América Díaz Acosta. La Habana: Letras Cubanas.

— (1998): *Visión de América*. Prólogo de Alejandro Cánovas Pérez. La Habana: Letras Cubanas.

— (1999): «Puntos cardinales de la novela en América latina». En: *La Gaceta de Cuba* 6, pp. 39-42.

— (2002): *El camino de Santiago*. Edición crítica a cargo de Ana Cairo. La Habana: Arte y Literatura.

— (2003): *Essais littéraires*. Traducido del español por Serge Mestre. Prefacio de Carmen Vásquez. Paris: Gallimard.

— (2003b): *La cultura en Cuba y en el mundo*. Edición a cargo de Daniel Díaz Santos. La Habana: Letras Cubanas.

Libretos y escenarios de ballet de Alejo Carpentier

— (1927): *El milagro de Anaquillé*. Misterio coreográfico afrocubano en un acto. *Obras Completas de Alejo Carpentier*. Vol. 1. México: Siglo Veintiuno, 1983. 263-277.

— (1927): *La rebambaramba*. Ballet afrocubano en un acto y dos cuadros. *Obras Completas de Alejo Carpentier*. Vol. 1. México: Siglo Veintiuno 1983. 195-207.
— (1930): *Dos poemas afro-cubanos* [Mari-Sabel; Juego-Santo]. Música de Alejandro García Caturla. Paris: M. Sénart.
— (1930): *Poèmes des Antilles*. Neuf chants sur des textes de Alejo Carpentier. Musique de Marius François Gaillard. Paris: M. Senart.
— (1931): «The One All Alone». Libreto de Alejo Carpentier, Robert Desnos y Georges Ribemont-Dessaigne. Colección Edgar Varèse. Fundación Paul Sacher, Basilea.
— (*ca.* 1932): Gaillard, Marius François. «A la mémoire de Jean Sébastien Bach. La passion noire: cantate pour soli, choeurs et orchestre». Texto de Alejo Carpentier. Partitura orquestal. Ms. 21702. Biblioteca Nacional, París.
— (*ca.* 1932): «La passion noire». Texte d'Alejo Carpentier pour la cantate de Marius François Gaillard. Libreto con notas del compositor Dou 91-85 (278). Biblioteca Nacional, París.
MILHAUD, Darius (1939): *Incantations. Pour Choeur d'hommes*. Texte de Alejo Carpentier. Paris: Editions Max Eschig, 1987.

Radioprogramas impresos de Alejo Carpentier
— (1939): «El hundimiento de la casa Usher. Versión radiofónica de un cuento de Edgar Allan Poe». Radiado por la Estación CMZ el 4 de octubre. En: Carpentier 1991 [1996: 238-56].
— (1940): «El último viaje de Noé. Acción radiofónica». 30 de octubre. Con Fedora Capdevilla, Araceli Torres, Enrique Santiesteban, Antonio Valladares, René Miranda. La Habana. Estación C.M.Z. En: Carpentier 1991 [1996: 221-37].
— (s.f.): «Santacilia, un revolucionario cubano en México». En: López 2003: 160-167.
Véase también Carpentier 2003b (serie de 32 conferencias pronunciadas por Carpentier y transmitidas en vivo por Radio Habana Cuba entre 1964 y 1966).

2. Bibliografía crítica
ACOSTA, Leonardo (1981): «El doctor Fausto se interna en la selva». En: *Música y épica en la novela de Alejo Carpentier*. La Habana: Letras Cubanas, pp. 47-88.
ADES, Dawn & MATTHEW, Gale (2004): «Surrealism». En: *The Grove Dictionary of Art Online*, Oxford University: http://www.groveart.com (última consulta 27 marzo 2004).
ADORNO, Theodor W. (1934): «Musik im Hintergrund». En: *Gesammelte Schriften*. Ed. Rolf Tiedemann. Vol. 18. Francfort / Main: Suhrkamp, 1997, pp. 819-823.
— (1938): «Über den Fetischcharakter in der Musik und die Regression des Hörens». En: *Gesammelte Schriften*. Ed. Rolf Tiedemann. Francfort / Main: Suhrkamp, 1997, pp. 14-51.
— (1953): «Zeitlose Mode. Zum Jazz». En: *Prismen. Kulturkritik und Gesellschaft*. Primera edición en *Merkur*. Francfort / Main: Suhrkamp, 1976, pp. 119-134.
— (1945): «A Social Critique of Radio Music». En: *Kenyon Review* 7.2, pp. 208-217.

— (1963): «Über die musikalische Verwendung des Radios». En: *Gesammelte Schriften*. Ed. Rolf Tiedemann. Vol. 15. Francfort / Main: Suhrkamp, 1997, pp. 369-402.

— (1974): «Rückblickend auf den Surrealismus». En: *Noten zur Literatur*. Francfort / Main: Suhrkamp, pp. 100-105.

— (1978): *Philosophie der neuen Musik*. Suhrkamp Taschenbuch Wissenschaft 239. Francfort / Main: Suhrkamp.

ALONSO, Carlos J. (ed.) (1998): *Julio Cortázar. New Readings*. Cambridge Studies in Latin American and Iberian Literature. Cambridge: Cambridge University Press.

— (1998b): *The Burden of Modernity. The Rhetoric of Cultural Discourse in Spanish America*. New York - Oxford: Oxford University Press.

ALTWEGG, Jürg (2002): «Wahn und Wirklichkeit». En: *Frankfurter Allgemeine Zeitung*, 28 de octubre, p. 42.

ANDREW, Dudley (1995): *Mists of Regret. Culture and Sensibility in Classic French Film*. Princeton - Chichester: Princeton University Press.

APPEL, Alfred Jr. (2002): *Jazz Modernism. From Ellington and Armstrong to Matisse and Joyce*. New York: Alfred A. Knopf.

ARCHER-STRAW, Petrine (2000): *Negrophilia. Avant-Garde Paris and Black Culture in the 1920s*. New York: Thames & Hudson.

ARIAS, Salvador (ed.) (1977): *Recopilación de textos sobre Alejo Carpentier*. La Habana: Casa de las Américas.

ARNHEIM, Rudolf (1936): *Radio*. Traducción Margaret Ludwig y Herbert Read. London: Faber & Faber.

— (1957): *Film as Art*. Berkeley - Los Angeles - London: University of California Press.

— (1985): *Zwischenrufe. Kleine Aufsätze aus den Jahren 1926 bis 1940*. Leipzig, Weimar: Gustav Kiepenheuer Verlag.

ARTAUD, Antonin (1931-1932): «Il n'y a plus de firmament». En: *Oeuvres complètes*. Tome II. Paris: Gallimard, 1961, pp. 93-109.

ASHCROFT, B. & GRIFFITHS, G. & TIFFIN, H. (eds.) (1995): *The Post-Colonial Studies Reader*. London - New York: Routledge.

ASTURIAS, Miguel Ángel (1930): *Leyendas de Guatemala*. Letras Hispánicas. Ed. Lee L'Clerc. Madrid: Cátedra, 1999.

AUDOIN, Philippe (1971): «Préface». En: *André Breton, Philippe Soupault, Les Champs magnétiques*. Poésie. Paris: Gallimard, pp. 9-24.

— (1973): *Les surréalistes*. Paris: Seuil, 1995.

AUGÉ, Marc & COLLEYN, Jean-Paul (2004): *L'anthropologie*. Paris: Presses Universitaires de France.

BACIU, Stefan (ed.) (1974): *Antología de la poesía surrealista latinoamericana*. México: Joaquín Mortiz.

— (1979): *Surrealismo latinoamericano: preguntas y respuestas*. Valparaíso: Ediciones Universitarias de Valparaíso.

BALAKIAN, Anna (1959): *Surrealism. The Road to the Absolute*. Edición revisada y aumentada. London: George Allen & Unwin Ltd., 1972.
BARAGAÑO, J. A. (1958): *Wifredo Lam*. La Habana: Sociedad Colombista Panamericana.
— (1959): «Antonin Artaud, el poeta. Antonin Artaud, el anti-Artaud». En: *Lunes de Revolución* 24, 31 de agosto, pp. 12-13.
BARQUET, Jesús J. (1996): «El grupo Orígenes ante el negrismo». En: *Afro-Hispanic Review* 15.2, pp. 3-10.
BARRADAS, Efraín (1981): «Cigarro, Colón: Ciclón: Ciclo: Nota para una relectura de Ecue-Yamba-O». En: *Sin Nombre* 12.2, pp. 81-95.
BARROSO, Juan (1977): «*Realismo mágico» y «Lo real maravilloso» en El reino de este mundo y El siglo de las luces*. Miami: Ediciones Universal.
BARTHES, Roland (1982): «L'effet de réel». En: Genette & Todorov (eds.) 1982: 81-91.
BATAILLE, Georges (1930): «Musée». En: *Documents* [Hollier (ed.) 1991: II, 300].
— (1957): *L'érotisme*. Arguments. Paris: Éditions de Minuit.
— (1973): *Théorie de la religion*. Ed. Thadée Klossowski. Paris: Gallimard.
— (1994): *The absence of myth: writings on surrealism*. Edición, traducción e introducción de Michael Richardson. London - New York: Verso.
BÉNÉZET, Mathieu & BON, François & MARGANTIN, Laurent (2002): «Te brader, non». 2 de marzo 2002: http://www.remue.net/litt/breton_01.html.
BENÍTEZ ROJO, Antonio (1983): «"El camino de Santiago" de Alejo Carpentier y el *canon perpetuus* de Juan Sebastian Bach: paralelismo estructural». En: *Revista Iberoamericana* 123-124, pp. 293-322.
— (1983b): «"Semejante a la noche" de Alejo Carpentier y el "Canon per tonos" de J.S. Bach». En: *Eco* 258, pp. 645-667.
— (1989): *La isla que se repite*. Hanover: Ediciones del Norte.
BENJAMIN, Walter (1929): «Der Sürrealismus. Die letzte Momentaufnahme der europäischen Intelligenz». En: *Gesammelte Schriften*. Ed. Hermann Schweppenhäuser; Rolf Tiedemann. Vol. II.1. Francfort / Main: Suhrkamp, 1980, pp. 295-310.
— (1930): «Briefwechsel Ernst Schoen». En: *Gesammelte Schriften*. Ed. Hermann Schweppenhäuser; Rolf Tiedemann. Vol. II.3. Francfort / Main: Suhrkamp, 1991, pp. 1497-1505.
— (1930-31): «Reflexionen zum Rundfunk». En: *Gesammelte Schriften*. Ed. Hermann Schweppenhäuser; Rolf Tiedemann. Vol. II,3. Francfort / Main: Suhrkamp, 1991, pp. 1506-07.
— (1931-32): «Theater und Rundfunk. Zur gegenwärtigen Kontrolle ihrer Erziehungsarbeit». En: *Gesammelte Schriften. Blätter des hessischen Landtheaters*, Darmstadt, pp. 184-190 (Heft 16: «Theater und Rundfunk»). Ed. Hermann Schweppenhäuser; Rolf Tiedemann. Vol. II.2. Francfort / Main: Suhrkamp, 1991, pp. 773-76.
— (1936): «Das Kunstwerk im Zeitalter seiner technischen Reproduzierbarkeit». En: *Gesammelte Schriften*. Ed. Rolf Schweppenhäuser Tiedemann, Hermann. Vol. I.2. Francfort / Main: Suhrkamp, 1991, pp. 471-509.

— (1985): *Aufklärung für Kinder. Rundfunkvorträge*. Francfort / Main: Suhrkamp.
BERNHEIMER, Charles (2002): *Decadent Subjects. The Idea of Decadence in Art, Literature, Philosophy, and Culture of the Fin De Siècle in Europe*. Baltimore - London: Johns Hopkins University Press.
BÉTANCOURT, Enrique C. (1986): *Apuntes para la historia. Radio, televisión y farándula de la Cuba de ayer*. San Juan: Ramallo Bros., Printing Inc.
BIRKENMAIER, Anke (2004): "Carpentier y el Bureau d'Ethnologie Haitienne. Los cantos vodú de *El reino de este mundo*". En: *Foro Hispánico* 25.1, pp. 17-33.
BIRKENMAIER, Anke & GONZÁLEZ ECHEVARRÍA, Roberto (eds.) (2004): *Cuba: Un siglo de literatura (1902-2002)*. Madrid: Colibrí.
BONNET, Marguerite (ed.) (1970): *Perspective cavalière*. Paris: Gallimard.
BOURGET, Paul (1920): *Essais de psychologie contemporaine*. 2 series. Paris: Plon.
BRAVO, José Antonio (1978): *Lo real maravilloso en la narrativa latinoamericana actual. Cien años de soledad, El reino de este mundo, Pedro Páramo*. Lima: Editoriales Unidas.
BRECHT, Bertolt (1967): «Radiotheorie. 1927 bis 1932». En: *Schriften zur Literatur und Kunst*. Ed. Werner Hecht. Vol. 1. Frankfurt: Suhrkamp: 121-140.
BRENNAN, Timothy (1997): At Home in the World. Cosmopolitanism Now. Cambridge - London: Harvard University Press.
BRETON, André (1937): «L'amour fou». En: *Oeuvres complètes*. Paris: Gallimard, Vol. II. Ed. Marguerite Bonnet. Paris: Gallimard. Editions de la Pleiade, 1992, pp. 673-785.
— (1945): *Le surréalisme et la peinture. Suivi de Genèse et perspective artistiques du surréalisme et de Fragments inédits*. New York: Brentano's.
— (1952): *Conversations: The Autobiography of Surrealism*. Traducción e introducción de Mark Polizzotti. New York: Paragon House, 1993 (traducido de *Entretiens*. Paris: Gallimard, 1952).
— (1954): «L'un dans l'autre». En: *Médium* n° 2, février [citado por Bonnet 1970: 53-61].
— (1996): *Manifestes du surréalisme*. Folio Essais. Paris: Gallimard.
BROOKS, Peter (1976): *The Melodramatic Imagination. Balzac, Henry James, Melodrama, and the Mode of Excess*. New Preface. New Haven: Yale University Press, 1995.
BUCKNELL, Brad (2001): *Literary Modernism and Musical Aesthetics*. Cambridge: Cambridge University Press.

CABANILLAS, José Julio (1995): «La revista *Orígenes*: Cuba y el tema de la insularidad». En: *Diversidad sociocultural en la literatura hispanoamericana (siglo XX)*. Ed. Carmen de Mora. Literatura 8. Sevilla: Universidad de Sevilla, pp. 87-95.
CABRERA, Lydia (1936): *Cuentos negros de Cuba*. Ed. y prólogo de Rosario Hiriart. Barcelona: ICARIA editorial, 1989.
— (1942): «Un Gran Pintor». En: *Diario de la Marina. Mayo 17*. Suplemento literario, sin número de páginas.

CABRERA INFANTE, Guillermo (1967): *Tres tristes tigres.* Barcelona: Seix Barral, 1994.
CAILLOIS, Roger (1939): *L'homme et le sacré.* Paris: Leroux, Presses universitaires de France.
— (1941): *Le roman policier.* Buenos Aires: Editions de lettres francaises.
— (1942): *El hombre y lo sagrado.* Trad. Juan José Domenchina. México: Fondo de Cultura Económica.
CAILLOIS, Roger & OCAMPO, Victoria (1997): *Correspondance (1939-1978).* Ed. Odile Felgine & Laura Ayerza de Castilho. Paris: Stock.
CAIRO BALLESTER, Ana (1978): *El Grupo Minorista y su tiempo.* La Habana: Editorial de Ciencias Sociales.
— (2002): «"El camino de Santiago". Un romero en el ajiaco americano». En: Carpentier 2002: 34.
CANETTI, Elias (1960): *Masse und Macht.* Reihe Hanser 124. Regensburg: Claassen.
CASTRO-KLARÉN, Sara (1996): «Monuments and Scribes: *El hablador* Addresses Ethnography». En: Standish Peavler & Terry (eds.) 1996: 39-57.
CAWS, Mary Ann (1981): *The Eye in the Text. Essays on Perception, Mannerist to Modern.* Princeton: Princeton University Press.
— (1984): «Singing in Another Key: Surrealism Through a Feminist Eye». En: *Diacritics: A Review of Contemporary Criticism*, 14.2, pp. 60-70.
— (1997): *The Surrealist Look: an Erotics of Encounter.* Cambridge: MIT Press.
CELORIO, Gonzalo (1976): *El surrealismo y lo real maravilloso americano.* México: SEP/SETENTAS.
Cent ans de radio. Ed. Jean-Marc Printz. Mayo 2000. http://100ansderadio.free.fr/
CÉSAIRE, Aimé (1947): *Cahier d'un retour au pays natal.* Préface de André Breton. Paris: Bordas.
CHADWICK, Whitney (ed.) (1998): *Mirror images: women, surrealism, and self-representation.* Cambridge - London: MIT Press.
CHANADY, Amaryll (1985): *Magical Realism and the Fantastic. Resolved Versus Unresolved Antinomy.* Garland Publications in Comparative Literature. New York - London: Garland Publishing, Inc.
CHAO, Ramón (1985): *Palabras en el tiempo de Alejo Carpentier.* La Habana: Editorial Arte y Literatura.
CHAPLE, Sergio (1993): *La primera publicación de Alejo Carpentier. Consideraciones en torno a la génesis de su narrativa y labor periodística.* La Habana: Unión de escritores y artistas de Cuba.
CHÉNIEUX-GENDRON, Jacqueline; LE ROUX, Francoise & VIENNE, Maité (1994): *Le surréalisme autour du monde. 1929-1947. Inventaire analytique de revues surréalistes ou apparentées.* Surréalismes. Paris: CNRS Éditions.
CHIAMPI, Irlemar (1981): «Alejo Carpentier y el surrealismo». En: *Revista de la Universidad de México* 37. Nueva época. 5, pp. 2-10.
CLAIR, Jean (2003): *Du surréalisme considéré dans ses rapports au totalitarisme et aux tables tournantes.* Paris: Mille et une nuits.

CLIFFORD, James (1981): «On Ethnographic Surrealism». En: *Comparative Studies in Society and History* 4, pp. 539-564. También en Clifford 1988: 117-152.
— (1988): *The Predicament of Culture. Twentieth-Century Ethnography, Literature, and Art*. Cambridge - London: Harvard University Press.
COHEN, Margaret (1993): *Profane Illumination. Walter Benjamin and the Paris of Surrealist Revolution*. Berkeley - Los Angeles - London: University of California Press.
COLONNA-CÉSARI, Annick (2002): «Le surréalisme, quelle histoire». En: *L'Express*, 7 de marzo, pp. 36-37.
CONLEY, Catharine (2003): *Robert Desnos, Surrealism, and the Marvelous in Everyday Life*. Lincoln & London: University of Nebraska Press.
CORTÁZAR, Julio (1947): «Teoría del túnel». En: *Obra Crítica 1*. Ed. Saúl Yurkiévich. Madrid: Santillana, 1997.
— (1959): «El perseguidor». En: *Las armas secretas*. Buenos Aires: Sudamericana, 1959.
— (1965): *Fantomas contra los vampiros multinacionales*. Barcelona: Destino, 2002.
— (1994): *Cuentos completos 1*. Colección Unesco de obras representativas. Madrid: Alfaguara.
COURLANDER, Harold (1939): *Haiti Singing*. Chapel Hill: The University of North Carolina Press.
CRUZ, Nilo (2003): *Anna in the Tropics*. New York: Theatre Communications Group.
CULLER, Jonathan (1981): «Presupposition and Intertextuality». En: Culler 2001: 100-118.
— (2001): *The Pursuit of Signs. Semiotics, Literature, Deconstruction*. Cornell Paperbacks. Ithaca: Cornell University Press.

DASH, Michael J. (1981): *Literature and Ideology in Haiti, 1915-1961*. London - Basingstoke: Macmillan Press.
— (1995): «In Search of the Lost Body. Redefining the Subject in Caribbean Literature». En: Ashcroft, Griffiths & Tiffin (eds.) 1995: 332-335.
DEBICKI, A. & PUPO-WALKER, E. (eds.) (1974): *Estudios de literatura hispanoamericana en honor a José Juan Arrom*. Chapel Hill: University of North Carolina.
DEHARME, Paul (1928): «Proposition d'un art radiophonique». En: *La Nouvelle Revue Française* XXX.174, pp. 413-422.
— (1930): *Pour un art radiophonique*. Les essais. Vol. 17. Paris: Le rouge et le noir.
DENIS, Lorimer (ed.) (1953): *Le musée du Bureau d'ethnologie d'Haiti*. Port-au-Prince: Imprimerie de l'Etat.
DEPESTRE, René (1968): «Jean Price-Mars, el mito del Orfeo negro o las aventuras de la negritud». En: *Cuadernos de Ruedo ibérico* 17, pp. 41-51.
DEREN, Maya (1953): *Divine Horsemen. The Living Gods of Haiti*. London - New York: Thames y Hudson [Documentext. New Paltz: McPherson & Company, 1970].

DERRIDA, Jacques (1967): *De la grammatologie*. Paris: Éditions de Minuit.
— (1972): *La voix et le phénomène. Introduction au problème du signe dans la phénoménologie de Husserl.* Épiméthée. Ed. Jean Hyppolite. Paris: Presses Universitaires de France.
DESNOES, Edmundo (1963): *Lam: azul y negro*. Cuadernos de la Casa de las Américas. La Habana: Editorial Nacional de Cuba.
DESNOS, Robert (1924): «Fait divers.» En: Journal Littéraire, 6 diciembre, 1924 [recogido en Desnos 1992: 48]
— (1927): «*Fantômas, Les vampires, Les mystères de New York*». En: *Le Soir*, 26 fevrier 1927 [recogido en Desnos 1992: 83-85]
— (1928): «Puissance des fantômes». En: *Le Soir*, 19 avril 1928 [recogido en Desnos 1992: 116].
— (1929): «Imagerie moderne». En: *Documents* 7, [Hollier (ed.) 1991: I, 377-380].
— (1929b): «Cinéma d'avant-garde». En: *Documents* 7 [recogido en Desnos 1992: 188-191].
— (1992): *Les rayons et les ombres. Cinéma*. NRF. Édition établie et présentée par Marie-Claire Dumas avec la collaboration de Nicole Cervelle-Zonca. Paris: Gallimard.
— (1999): *Oeuvres*. Paris: Gallimard.
DÍAZ, Roberto Ignacio (2002): *Unhomely Rooms. Foreign Tongues and Spanish American Literature*. Lewisburg: Bucknell University Press; London: Associated University Presses.
DIENST, Richard & SCHWARZ, Henry (eds.) (1996): *Reading the Shape of the World. Toward an International Cultural Studies*. Politics and Culture 4. Boulder: Westview Press.
DONOSO, José (1972): *Historia personal del boom*. Madrid: Alfaguara, 1999.
DUMAS, Marie-Claire (1980): *Robert Desnos ou L'exploration des limites*. Bibliothèque du XXe siècle. Paris: Librairie Klincksieck.
DUVAL, René (1979): *Histoire de la radio en France*. Bibliothèque des media. Ed. Jean C. Texier. Paris: Editions Alain Moreau.
DYSON, Frances (2000): «The Last Pulse. Artaud, Varèse and the Exhaustion of Matter». En: Scheer (ed.) 2000: 83-103.

EARLE, Peter G. & GULLÓN, Germán (eds.) (1976): *Surrealismo/Surrealismos. Latinoamérica y España*. Philadelphia: Department of Romance Languages.
ECK, Hélène (1990): «A la recherche d'un art radiophonique». En: Rioux (ed.) 1990: 269-292.
ELLIS, Keith & LEVY, Kurt L. (eds.) (1969): *El ensayo y la crítica literaria en Iberoamérica*. 14 Congreso Internacional de literatura iberoamericana, 1969. Toronto: Universidad de Toronto.
FARIS, Wendy (1995): «Scheherazade's Children: Magical Realism and Postmodern Fiction». En: Parkinson Zamora & Faris (eds.) 1995: 163-191.

FASS EMERY, Amy (1993): «The "Anthropological Flâneur" in Paris: *Documents, Bifur*, and Collage Culture in ¡*Ecue-Yamba-O!*». En: *Hispanic Journal* 14.2, pp. 145-155.
FERNÁNDEZ DE CASTRO, José Antonio (1943): *El tema negro en las letras de Cuba (1608-1935)*. La Habana: Ediciones Mirador.
FERNÁNDEZ RETAMAR, Roberto (1983): «Alejo: siempre el domingo». Casa de las Américas 137, marzo-abril, p. 114.
FISHER, Margaret (2002): *Ezra Pound's Radio Operas. The BBC Experiments, 1931-1933*. Cambridge: The MIT Press.
FOUCHET, Max-Pol (1976): *Wifredo Lam*. Barcelona: Ediciones Polígrafa.
FRANCO, Jean (1998): «Comic Stripping: Cortázar in the Age of Mechanical Reproduction». En: Alonso (ed.) 1998: 36-57.
FRANK, Claudine (ed.) (2003): *The Edge of Surrealism. A Roger Caillois Reader*. Durham - London: Duke University Press.
FRAZER, James (1922): *The Golden Bough. A Study in Magic and Religion*. London: Penguin Books, 1996.
FREEMAN, Alma S. (1988): «Androgyny». En: Seigneuret *et al.* (eds.) Vol. 1, 1988: 49-59.
FRYE, Northrop (1957): *Anatomy of Criticism*. Princeton - Oxford: Princeton University Press, 1990.

GALISON, Peter (2003): *Einstein's Clocks, Poincaré's Maps. Empires of Time*. New York - London: W.W. Norton & Company.
GALLO, Rubén (2005): *Mexican Modernity: the Avant-Garde and the Technological Revolution*. Cambridge: MIT Press.
GARCÍA CANCLINI, Néstor (2002): *Culturas populares en el capitalismo*. México: Grijalbo.
GARCÍA CANCLINI, Néstor & MONETA, Carlos (eds.) (1999): *Las industrias culturales en la integración latinoamericana*. Buenos Aires: Editorial Universitaria de Buenos Aires.
GARCÍA CARRANZA, Araceli (1985): «Apuntes bibliográficos de una etapa precursora en los años jovenes de Alejo Carpentier». En: *Revista de la Biblioteca Nacional José Martí*. 76. 2 (mayo-agosto), pp. 73-91
— (2003): «Una aproximación a la bibliografía consultada por Alejo Carpentier». En: *Revista Bimestre Cubana* 94.19, pp. 169-183.
GARCÍA CASTRO, Ramón (1972): *Perspectivas temporales en la obra de Alejo Carpentier. Tesis Doctoral*. University of Pennsylvania.
— (1980): «Notas sobre la pintura en tres obras de Alejo Carpentier: "Los convidados de plata", *Concierto barroco* y *El recurso del método*». En: *Revista Iberoamericana* XLVI.110-111, pp. 67-85.
GARCÍA CATURLA, Alejandro (1960): *Canciones. Para voz y piano* La Habana: Ediciones del Departamento de Música de la Biblioteca Nacional José Martí.

García Marruz, Fina (1984): «La poesía es un caracol nocturno (en torno a "Imagen y posibilidad")». En: *Coloquio internacional sobre la obra de José Lezama Lima*. Ed. Cristina Vizcaino Vol. 1: Poesía. Madrid: Editorial Fundamentos, pp. 243-277.

García-Noriega, Lucía (ed.) (1992): *Wifredo Lam. Obra sobre papel*. México: Fundación Cultural Televisa.

Garscha, Karsten (1991): «Alejo Carpentiers Verhältnis zur europäischen, besonders zur französischen Avantgarde». En: *Europäische Avantgarde im lateinamerikanischen Kontext. Akten des internationalen Berliner Kolloquiums 1989*. Ed. Harald Wentzlaff-Eggebert. Frankfurt: Vervuert Verlag, pp. 511-519.

Genette, Gérard & Todorov, Tzvetan (eds.) (1982): *Littérature et réalité*. Paris: Seuil.

Giacoman, Helmy F. (ed.) (1970): *Homenaje a Alejo Carpentier. Variaciones interpretativas en torno a su obra*. New York: Las Americas Publishing Co.

— (ed.) (1972): *Homenaje a Julio Cortázar. Variaciones interpretativas en torno a su obra*. New York: Las Américas Publishing Co.

Girard, René (1972): *La Violence et le sacré*. Paris: Bernard Grasset [*Violence and the Sacred*. Trad. Patrick Gregory. Baltimore: Johns Hopkins University Press, 1977].

Glissant, Edouard (1956): «Alejo Carpentier et "l'autre Amérique"». En: *Critique* 10.105, pp. 113-119.

— (1981): *Le Discours Antillais*. Paris: Seuil [*Caribbean Discourse. Selected Essays*. Trad. e introducción de J. Michael Dash. Charlottesville: University Press of Virginia, 1989].

González, Aníbal (2001): *Killer Books. Writing, Violence, and Ethics in Modern Spanish American Narrative*. Austin: University of Texas Press.

González, Hilario (1982): «Introducción. Alejo Carpentier: precursor del "movimiento" afrocubano». *Obras completas de Alejo Carpentier*. Vol. 1. México: Siglo veintiuno editores. 11-20.

González Echevarría, Roberto (1977): *Alejo Carpentier. The Pilgrim at Home*. Cornell University Press. 2nd edition, Austin: University of Texas Press, 1990.

— (1983): *Isla a su vuelo fugitiva. Ensayos críticos sobre literatura hispanoamericana*. Madrid: José Porrúa Turanzas.

— (ed.) (1984): *Historia y ficción en la narrativa hispanoamericana*. Caracas: Monte Ávila.

— (1985): *The Voice of the Masters. Writing and Authority in Modern Latin American Literature*. Austin: University of Texas Press.

— (1993): *Alejo Carpentier, El peregrino en su patria*. México: Coordinación de difusión cultural, Dirección de literatura, UNAM.

— (1990): *Myth and Archive. A Theory of Latin American Narrative*. Cambridge: Cambridge University Press (Durham and London: Duke University Press, 1998).

— (2000): *Mito y archivo: una teoría de la narrativa latinoamericana*. Trad. Virginia Aguirre Muñoz. México: Fondo de Cultura Económica.

— (2001): *La voz de los maestros. Escritura y autoridad en la literatura latinoamericana moderna*. Verbum Ensayo. Madrid: Verbum.
— (2004): *Alejo Carpentier: El peregrino en su patria*. Segunda edición corregida y aumentada. Madrid: Gredos.
GONZÁLEZ, Hilario (1983): «Introducción». En: *Obras Completas de Alejo Carpentier*. Vol. 1. México: Siglo Veintiuno.
GONZÁLEZ, Reynaldo (1988): *Llorar es un placer*. La Habana: Letras Cubanas.
GOUTIER, Jean Michel (2005): «Les raisons de la vente». 20 de enero: http://breton.calmelscohen.com/index.cfm?fuseaction=coll
GRAY DÍAZ, Nancy (1988): *The Radical Self. Metamorphosis to Animal Form in Modern Latin American Narrative*. Columbia: University of Missouri Press.
GREGOR-DELLIN, Martin (ed.) (1982): *Richard Wagner. Mein Denken*. München: Piper.
GRIAULE, Marcel; Leiris, Michel & Bataille, Georges (1929): «Metamorphose». En: *Documents* [Hollier (ed.) 1991: 332-334].
GUMBRECHT, Hans Ulrich (1997): *In 1926. Living at the Edge of Time*. Cambridge - London: Harvard University Press.
GUTIÉRREZ MOUAT, Ricardo (2001): «The Modern Novel, the Media, and Mass Culture in Latin America». En: *Latin American Literature and Mass Media*, edited by Edmundo Paz-Soldán and Debra A. Castillo. New York and London: Garland Publishing: 71-103.

HARTMAN, Geoffrey (2002): *Scars of the Spirit. The Struggle against Inauthenticity*. New York: Palgrave Macmillan.
HAVARD, Robert (1988): *From Romanticism to Surrealism. Seven Spanish Poets*. Cardiff: University of Wales Press.
— (2001): *The Crucified Mind. Rafael Alberti and the Surrealist Ethos in Spain*. London: Tamesis.
HOFMANNSTHAL, Hugo von (1902): «Ein Brief». En: *Erzählungen, erfundene Gespräche und Briefe. Reisen*. Ed. Bernd Schoeller. Gesammelte Werke. Vol. 7. Francfort / Main: Fischer Taschenbuch Verlag, 1979, pp. 461-473.
HOLLIER, Denis (ed.) (1979): *Le Collège de Sociologie (1937-1939)*. Paris: Gallimard.
— (ed.) (1991): *Documents*. 2 vols. Edición facsimilar. Paris: Jean Michel Laplace.
— (ed.) (1994): *A New History of French Literature*. Cambridge - London: Harvard University Press.
— (1996): «The Death of Paper: A Radio Play». En: *October* 78, pp. 3-20.
— (1997): *Absent without Leave. French Literature under the Threat of War*. Trad. de Catherine Porter. Cambridge - London: Harvard University Press.
HUIZINGA, Johan (1939): *Homo ludens; versuch einer bestimmung des spielelementest der kultur*. Amsterdam - Leipzig: Pantheon akademische verlagsanstalt [trad esp 1943: *Homo ludens, el juego y la cultura*. Versión española de Eugenio Imaz. México: Fondo de Cultura Económica].

HUTH, Arno (1942): *Radio Today. The Present State of Broadcasting in the World.* Vol. xii, n° 6. Geneva: Geneva Research Centre.
HUYSSEN, Andreas (1986): *After the Great Divide. Modernism, Mass Culture, Postmodernism.* London: Macmillan Press.

JAY, Martin (1993): «The Disenchantment of the Eye: Bataille and the Surrealists». En: Jay 1993: 211-263.
— (1993): *Downcast Eyes. The Denigration of Vision in Twentieth-Century French Thought.* Berkeley, Los Angeles, London: University of California Press.
JAMES, C. L. R. (1963): *The Black Jacobins. Toussaint L'Ouverture and the San Domingo Revolution.* Second edition, revised. New York: Vintage Books, 1989.
JAMES, Herbert D. (1998): *Paris 1937: Worlds on Exhibition.* Ithaca: Cornell University Press.
JANNEY, Frank (1980): *Alejo Carpenter and his Early Works.* London: Tamesis.
JANOVER, Louis (1989): *La révolution surréaliste.* Paris: Plon.
JIMÉNEZ FRONTÍN, J. L. (1978): *Conocer el surrealismo.* Barcelona: Dopesa.
JITRIK, Noé (1975): «Blanco, negro, ¿mulato? Una lectura de *El reino de este mundo* de Alejo Carpentier». En: *Texto Crítico* 1, pp. 32-60.
JOHNSON, Barbara (1995): «Writing». *Critical Terms for Literary Study.* Ed. Thomas McLaughlin Frank Lentricchia. 2nd ed. Chicago: Chicago University Press. 39-49.
JOLAS, Eugene (1949): «Pan-Romanticism in the atomic age». En: Jolas (ed.) 1949.
— (ed.) (1949): *Transition Workshop.* New York: The Vanguard Press.

KAHN, Douglas (1999): *Noise, Water, Meat. A History of Sound in the Arts.* Cambridge: MIT Press.
KAHN, Douglas & WHITEHEAD, Gregory (eds.) (1992): *Wireless Imagination. Sound, Radio, and the Avant-garde.* Cambridge: MIT Press.
KANT, Immanuel [1793]: *Kritik der Urteilskraft* (2ª edición). Werkausgabe. Ed. Wilhelm Weischedel. Vol. X. Francfort / Main: Suhrkamp Taschenbuch, 1974.
KERN, Stephen (1982): *The Culture of Time and Space, 1880-1918.* Cambridge - London: Harvard University Press, 2003.
KERR, Lucille (1992): *Reclaiming the Author. Figures and Fictions from Spanish America.* Durham - London: Duke University Press.
KIMMELMANN, Michael (2002): «An Erotic Revolution Made Tame by Time». En: *New York Times* 8 de febrero: E31.
KLENGEL, Susanne (1994): *Amerika-Diskurse der Surrealisten. «Amerika» als Vision und als Feld heterogener Erfahrungen.* Stuttgart - Weimar: J. B. Metzler.
KLOSSOWSKI, Pierre (1938): «La Tragédie». En: Hollier (ed.) 1979: 294-333.
KORSI, Demetrio (1932): «El estreno de la Pasión Negra. Un triunfo de Alejo Carpentier». En: *Carteles* 18.32, pp. 16; 53; 60.

KUTZINSKI, Vera M. (1987): *Against the American Grain. Myth and History in William Carlos Williams, Jay Wright, and Nicolás Guillén.* Baltimore - London: Johns Hopkins University Press.
— (1993): *Sugar's Secrets. Race and the Erotics of Cuban Nationalism.* New World Studies. Ed. A. James Arnold. Charlottesville - London: University Press of Virginia.

LADRA, Luis Antonio (1944): «Alejo Carpentier: Viaje a la semilla». En: *Orígenes*, La Habana, año 1, n° 3, pp. 45-46, otoño.
LAFOURCADE, Enrique (1968): *Frecuencia modulada.* México: Joaquín Mortiz.
LAPLANCHE, Jean & PONTALIS, J.-B. (1967): *Vocabulaire de la psychanalyse.* Paris: Quadrige / Presses Universitaires de France, 1998
LARREA, Juan (1944): *El Surrealismo entre Viejo y Nuevo Mundo.* Mexico: Ediciones Cuadernos Americanos.
LASTRA, Pedro (1971): «Aproximaciones a *¡Écue-Yamba-Ó!*». En: *Eco* 23.1-2, pp. 50-69.
LATACHAÑERÉ, Rómulo (1942): *Manual de santería. El sistema de cultos «Lucumís».* Estudios afro-cubanos. La Habana: Editorial Caribe.
LEANTE, César (1964): «Confesiones sencillas de un escritor barroco». En: *Cuba* 3.24 (abril), pp. 30-33 [También en: Arias (ed.) 1977: 57-70].
— (1973): Leante, César. *Muelle de caballería.* La Habana: Instituto Cubano del Libro.
LE BON, Gustave (1908): *Psychologie des foules.* Bibliothèque de Philosophie Contemporaine. 13ᵉ ed. Paris: Félix Alcan.
LE BOT, Marc (1963): «Surréalisme à Cuba». En: *Europe.* 409-410, pp. 198-206.
LEIRIS, Michel (1929): «L'ile magique». En: *Documents* [Hollier (ed.) 1991: I, 334].
— (1929b): «A propos du "Musée des sorciers"». En: *Documents* [Hollier (ed.) 1991: I, 109-116].
— (1930): «L'oeil de l'ethnographe (A propos de la Mission Dakar-Djibouti)». En: *Documents* [Hollier (ed.) 1991: II, 405-414].
— (1934): *L'Afrique fantôme.* Paris: Gallimard [Bibliothèque des Sciences humaines. Paris: Gallimard, 1981].
— (1939): *L'âge d'homme.* Paris: Gallimard.
— (1997): *Wifredo Lam.* Bruxelles: Didier Devillez Éditeur.
LEO, Octavio di (2001): *El descubrimiento de África en Cuba y Brasil. 1889-1969.* Madrid: Colibrí.
LEVINE, Lawrence W. & LEVINE, Cornelia R. (2002): *The People and the President: America's Extraordinary Conversation with FDR.* Boston: Beacon Press.
LEVITT, Annette S. (1999): *The genres and genders of surrealism.* Basingstoke: Macmillan.
LEYBURN, James G. (1966): *The Haitian People.* New Haven: Yale University Press.
LEZAMA LIMA, José (1945): «Después de lo raro, la extrañeza». En: *Orígenes* n° 6, pp. 51-55.

— (1970): *La cantidad hechizada*. La Habana: UNEAC.
— (1989): *La dignidad de la poesía*. Travesías. Barcelona: Versal.
— (1998): *Cartas a Eloísa*. Edición a cargo de José Triana. Madrid: Verbum.
LIENHARD, Martin (1990): *La voz y su huella. Escritura y conflicto étnico-social en América Latina (1492-1988)*. La Habana: Casa de las Américas.
LÓPEZ, Oscar Luis (1981): *La radio en Cuba. Estudio de su desarrollo en la sociedad neocolonial*. La Habana: Letras Cubanas.
— (2003): *Alejo Carpentier y la radio*. La Habana: Letras Cubanas.
LORD, Albert B. (1960): *The Singer of Tales*. Cambridge - London: Harvard University Press, 2000.
LUDMER, Josefina (1981): «TTT: órdenes literarios y jerarquías sociales». En: *Revista Iberoamericana* 45, pp. 493-512.
LUIS, William (2003): *Lunes de Revolución. Literatura y cultura en los primeros años de la Revolución Cubana*. Madrid: Verbum.
— (2004): «'Aire puro me gusta el aire puro': P.M., *Lunes de Revolución* y la composición de *Tres tristes tigres*, de Guillermo Cabrera Infante». En: Birkenmaier & González Echevarría (eds.) 2004: 221-44.
LUNN, Eugene (1982): *Marxism & Modernism; an historical study of Lukacs, Brecht, Benjamin and Adorno*. Berkeley - Los Angeles - London: University of California Press.

MABILLE, Pierre (1940): *Le miroir du merveilleux*. Paris: Sagittaire [Minuit, 1962].
— (1944): «La manigua». En: *Cuadernos Americanos* XVI.4, pp. 241-256.
MAESENEER, Rita de (2003): *El festín de Alejo Carpentier. Una lectura culinario-textual*. Geneve: Librairie Droz.
MAGNY, Claude-Edmonde (1948): *L'age du roman américain*. Paris: Seuil.
MALINOWSKI, Bronislaw (1940): «Introducción». En Ortiz 1940 [1999: xii].
MANGANARO, Marc (1997): «Anthropological Theory and Criticism». En: Groden & Kreiswirth 1997.
MAÑACH, Jorge (1923): *La crisis de la alta cultura en Cuba (conferencia)* [conferencia leída en la Sociedad Económica de Amigos del País y publicada por acuerdo especial de dicha Corporación]. La Habana: Imprenta y papelería «La Universal».
— (1949): «Introducción al Curso». En: *Cuadernos de la Universidad del aire del circuito CMQ* 1, «Ideas y problemas de nuestro tiempo», pp. 3-9.
MARCUSE, Herbert (1963): *Eros et civilisation*. Paris: Éditions de Minuit.
MARÉCHAL, Denis (1994): *Radio Luxembourg 1933-1993. Un média au coeur de l'Europe*. Nancy - Metz: Presses Universitaires de Nancy; Editions Serpenoise.
MARIÁTEGUI, José Carlos (1930): «El balance del suprarrealismo». En: *Variedades*, 19 febrero 1930; 5 marzo 1930 [Schwartz 1991: 431-433]
MARINELLO, Juan (1937): «Una novela cubana». En: *Literatura hispanoamericana. Hombres, meditaciones*. México: Ediciones de la Universidad Nacional de México, pp. 167-178.

MARINETTI, F.T. & MASNATA, Pino (1933): «La radia». En: Kahn & Whitehead 1992: 265-268.

MARS, Louis (1946): *La crise de possession dans le vaudou. Essais de psychiatrie comparée*. Bibliothèque de l'Institut d'Ethnologie de Port-au-Prince. Port-au-Prince: Imprimerie de l'Etat.

MARTIN, Claire Emilie (1995): *Alejo Carpentier y las crónicas de Indias: orígenes de una escritura americana*. Hanover: Ediciones del Norte.

MARTIN, Richard (1996): *Fashion and surrealism*. New York: Thames & Hudson.

MARTÍN BARBERO, Jesús (1987): *De los medios a las mediaciones*. Barcelona: Gustavo Gili.

MARTÍNEZ, Juan A. (1994): *Cuban Art & National Identity. The Vanguardia Painters 1927-1950*. Gainesville, Florida: University Press of Florida.

MATTHEWS, J. H. (1977): *The Imagery of Surrealism*. Syracuse, New York: Syracuse University Press.

MAXIMILIEN, Louis (1945): *Le vodou haïtien. Rite radas - canzo. Preface du Dr. Pierre Mabille*. Port-au-Prince: Imprimerie de l'état.

MCLUHAN, Marshall H. (1962): *The Gutenberg Galaxy. The Making of Typographic Man*. Toronto: University of Toronto Press.

— (1964): *Understanding Media. The Extensions of Man*. With a new introduction by Lewis H. Lapham. Cambridge: MIT Press, 1994.

MÉADEL, Cécile (1994): *Histoire de la radio des années trente. Du sans-filiste à l'auditeur*. Paris: Anthropos/INA.

MEHLMAN, Jeffrey (1993): *Walter Benjamin for Children. An Essay on His Radio Years*. Chicago y London: University of Chicago Press.

— (2000): *Emigré New York. French Intellectuals in Wartime Manhattan, 1940-1944*. Baltimore y London: Johns Hopkins University Press.

MENÉNDEZ, Andrés (1985): «La sombra de Agüero». En: *Plaza. Revista de Literatura* 9-10, pp. 23-27.

MENTON, Seymour (1985): «El realismo mágico y la narrativa del asalto inminente». En: *Iberoromania: Zeitschrift fur die Iberoromanischen Sprachen und Literaturen in Europa und Amerika* 19, pp. 45-52.

MEREWETHER, Charles (1992): «On the Crossroads of Modernism: a Liminal Terrain». En: Merewether (ed.) 1992: 13-35.

— (ed.) (1992): *Wifredo Lam. A Retrospective of Works on Paper*. New York: Americas Society.

MERRIM, Stephanie (1985): «Through the Film Darkly: Grade «B» Movies and Dreamwork in *Tres tristes tigres* and *El beso de la mujer araña*». En: *Modern Language Studies* 15.4, pp. 300-12.

MÉTRAUX, Alfred (1959): *Voodoo in Haiti*. Oxford University Press. Trad. Hugo Charteris. Introducción por Sydney W. Mintz. New York: Schocken Books, 1972.

MIKICS, David (1995): «Derek Walcott and Alejo Carpentier: Nature, History, and the Caribbean Writer». En: Parkinson Zamora & Faris (eds.) 1995: 371-404.

MONAHAN, Laurie J. (2001): «Printing Paradoxes: André Masson's Early Graphic Works». En: Parke-Taylor (ed.) 2001.
MOORE, Robin (1997): *Nationalizing Blackness. Afrocubanismo and Artistic Revolution in Havana, 1920-1940.* Pittsburgh: University of Pittsburgh Press.
MORA, Carmen de (ed.) (1995): *Diversidad Sociocultural en la Literatura Hispanoamericana (siglo XX).* Sevilla: Universidad de Sevilla
MOREAU DE SAINT-MÉRY, M. L. E. (1796): «Danse». En: *Article. Extrait d'un ouvrage ayant pour titre: Répertoire des Notions Coloniales.* Filadelfia: Imprimé par l'auteur, Imprimeur-Libraire, au coin de Front & de Walnut Streets, n° 84.
MÜLLER-BERGH, Klaus (1970): «Oficio de Tinieblas de Alejo Carpentier». En: Ellis & Levy (eds.) 1970: 249-255.
— (1972): «Corrientes vanguardistas y surrealismo en la obra de Alejo Carpentier». En: Müller-Bergh (ed.) 1972: 13-38.
— (ed.) (1972): *Asedios a Carpentier. Once ensayos críticos sobre el novelista cubano.* Santiago de Chile: Editorial Universitaria.
MUNDY, Jennifer (ed.) (2001): *Desire Unbound.* London: Tate Publishing.
MUÑIZ, Mirta (1974): «También escritor de radio». En: *Revolución y Cultura,* diciembre [también en Carpentier 1985: 239-42].
Museo de Bellas Artes, Caracas (1955). *Lam.* Caracas: Museo de Bellas Artes, mayo 8 al 22.

NADEAU, Maurice (1944): *Histoire du surréalisme.* Paris: Seuil, 1964.
NELLE, Sebastian (1994): *Atlantische Passagen. Paris am Schnittpunkt südamerikanischer Lebensläufe zwischen Unabhängigkeit und kubanischer Revolution.* Berlin: Tranvia Sur.
NEULANDER, Joelle (2000): *Broadcasting Morality: Family Values and the Culture of the Radio.* Tesis Doctoral. University of Iowa.
NOUGÉ, Paul & BRETON, André (1973): *Music is Dangerous. Silence is Golden.* Soundings Book 1. New York: Peter Garland.

O'BRYAN-KNIGHT, Jean (1995): *The Story of the Storyteller: La tía Julia y el escribidor, Historia de Mayta, and El hablador by Mario Vargas Llosa.* Portada Hispánica. Amsterdam, Atlanta: Rodopi.
ONG, Walter J. (1982): *Orality and Literacy. The Technologizing of the Word.* New Accents. London - New York: Routledge, 2002.
ORIOL, Jacques & VIAUD, Leonce & AUBOURG, Michel (eds.) (1952): *Le mouvement folklorique en Haiti.* Port-au-Prince: Imprimerie de l'état.
ORTEGA Y GASSET, José (1930): *La rebelión de las masas.* Ed. Thomas Mermall. Madrid: Clásicos Castalia, 1998.
ORTIZ, Fernando (1906): *Hampa afro-cubana. Los negros brujos (Apuntes para un Estudio de Etnología Criminal). (Con una carta prólogo de Lombroso).* 2a ed. Alberto N. Pamies. Miami: Universal, 1973.

— (1939): «La cubanidad y los negros». En: *Estudios Afrocubanos. Revista Trimestral* III.1, 2, 3 y 4, pp. 3-15.
— (1939b): «Reseña. Harold Courlander, *Haiti Singing*. The University of North Carolina Press, Chapel Hill, 1939». En: *Estudios Afrocubanos. Revista Trimestral* III.1, 2, 3 y 4, pp. 123-125.
— (1924): *Glosario de afronegrismos*. La Habana, Imprenta «El siglo XX». La Habana: Editorial de Ciencias Sociales, 1990.
— (1940): *Contrapunteo cubano del tabaco y el azúcar (Advertencia de sus contrastes agrarios, económicos, históricos y sociales, su etnografía y su transculturación)*. Madrid: EditoCubaEspaña, 1999.
— (1950): *Wifredo Lam y su obra vista a través de significados críticos*. La Habana: Publicaciones del Ministerio de Educación.
ORY, Pascal (1994): *La belle illusion. Culture et politique sous le signe du Front Populaire. 1935-1938*. Paris: Plon.
OUELLETTE, Fernand (1989): *Edgard Varèse*. Collection Musique Passé Présent. Édition revue et augmentée par l'auteur. Paris: Christian Bourgeois.

PANCRAZIO, James J. (2004): *The Logic of Fetishism. Alejo Carpentier and the Cuban Tradition*. Lewisburg: Bucknell University Press.
PARKE-TAYLOR, Michael (ed.) (2001): *André Masson inside/outside surrealism: prints and illustrated books from the Gotlieb Collection*. Toronto: Art Gallery of Ontario.
PARKINSON ZAMORA, L. & FARIS, W. B. (eds.) (1995): *Magical Realism. Theory, History, Community*. Durham - London: Duke University Press.
PARKINSON ZAMORA, Lois (1997): *The Usable Past: The Imagination of History in Recent Fiction of the Americas*. New York: Cambridge UP.
PAZ, Octavio (1974): *Los hijos del limo. Del romanticismo a la vanguardia*. Biblioteca de bolsillo. Barcelona: Seix Barral, 1987.

PÉRET, Benjamin (1942): *Anthologie des mythes et légendes et contes populaires d'Amérique*. Paris: Albin Michel, 1960.
PÉREZ FIRMAT, Gustavo (1984): «El lenguaje secreto de *Los pasos perdidos*». En: *Modern Language Notes* 99.2, pp. 342-358.
— (2003): *Tongue Ties. Logo-Eroticism in Anglo-Hispanic Literature*. New York: Palgrave Macmillan.
PICÓN GARFIELD, Evelyn (1975): *¿Es Julio Cortázar un surrealista?* Madrid: Gredos.
PIEDRA, José (1982): «A Return to Africa with a Carpentier Tale». En: *MLN* 97.2, pp. 401-410.
POTELET, Jeanine (1989): «Surrealismo y afrocubanismo. Historia de lunas de Alejo Carpentier». En: Wentzlaff-Eggebert (ed.) 1991: 493-509.
PRICE-MARS, Jean (1928): *Ainsi parla l'oncle. Essais d'ethnographie*. Bibliotheque Haïtienne. Compiegne: Imprimerie de Compiegne.

PAZ-SOLDÁN, Edmundo & CASTILLO, Debra A. (2001): «Introduction: Beyond the Lettered City.» En: *Latin American Literature and Mass Media*, edited by Edmundo Paz-Soldán and Debra A. Castillo. New York and London: Garland Publishing: 1-21.
QUELLETTE, Fernand (1966): *Edgar Varèse*. Montreal: Seghers.

RABINOVITCH, Celia (2002): *Surrealism and the Sacred. Power, Eros, And the Occult in Modern Art*. Cambridge: Icon Editions, Westview Press.
RAMA, Angel (1984): *La ciudad letrada*. Hanover, N.H.: Ediciones del Norte.
REMOS, Juan J. (1937): *Micrófono*. La Habana: Molina & Compañía.
RIBEMONT-DESSAIGNES, Georges (1958): *Déja jadis ou du mouvement Dada à l'espace abstrait*. Les lettres nouvelles. Ed. Maurice Nadeau. Paris: René Julliard.
RICHARDSON, Michael & FIJALKOWSKI, Krzysztof (eds.) (2001): *Surrealism against the current: tracts and declarations*. London: Pluto Press.
RIDING, Alan (2002): «Surrealism For Sale, Straight From the Source». En: *New York Times*, 17 de diciembre, pp. E1; E3.
RIOUX, Jean-Pierre (ed.) (1990): *La vie culturelle sous Vichy*. Bruxelles: Complexe.
RIVET, Paul (1929): «L'étude des civilisations matérielles; ethnographie, archéologie, préhistoire». En: *Documents* ? [Hollier (ed.) 1991: I, 130-134].
RIVIÈRE, Georges-Henri (1929): «Le musée d'ethnographie du Trocadero». En: *Documents* [Hollier (ed.) 1991: I, 58].
RODÓ, José Enrique (1900): *Ariel*. Montevideo: Imprenta de Dornaleche y Reyes.
RODRÍGUEZ FEO, José (1944): «La obra de Mariano y su nueva estética». En: *Orígenes*, Año 1, nº 3, pp. 43-45.
RODRÍGUEZ MONEGAL, Emir (1972): *El Boom de la Novela Latinoamericana*. Caracas: Tiempo Nuevo.
— (1972b): «Lo real y lo maravilloso en *El reino de este mundo*». En: Müller-Bergh (ed.) 1972: 101-132.
ROLLAND, Romain (1909): *Beethoven. Les grandes époques créatrices*. Deuxième édition Paris: Editions du Sablier, 1928.
ROSEMONT, Penelope (ed.) (1998): *Surrealist women: an international anthology*. London: Athlone Press.
ROSENBAUM, Jonathan (1998): *This is Orson Welles*. Nueva York: Da Capo Press.
ROTH PIERPONT, Claudia (2004): «The Measure of America. How a rebel anthropologist waged war on racism». En: *The New Yorker*, 8 de marzo, pp. 48-63.
ROUMAIN, Jacques (1943): *Le sacrifice du tambour Assoto(r)*. Port-au-Prince: Imprimerie de l'Etat.
RUIZ BARRIONUEVO, Carmen (1995): «Universalismo y periferia en *Orígenes* y *Ciclón*». En: Mora (ed.) 1995: 47-61.

SAID, Edward W. (1991): *Musical Elaborations*. The Wellek Library Lectures at the University of California, Irvine. New York: Columbia University Press.

SALTZ, Jerry (2002): «Sex and Sensibility». En: *Village Voice*, 26 de febrero, p. 57.
SALWEN, Michael B. (1994): *Radio and Television in Cuba. The Pre-Castro Era*. Ames: Iowa State University Press.
SÁNCHEZ CAMEJO, Modesto Gaspar (1972): «La elaboración artística de *El acoso*». Tesis de maestría, Trinity College.
SARDUY, Severo (1992): «Wifredo Lam». En: García-Noriega (ed.) 1992: 27-31
SARTRE, Jean-Paul (1948): *Qu'est-ce que la littérature?* Paris: Gallimard.
SAWÍN, Martica (1995): *Surrealism in Exile and the Beginning of the New York School*. Cambridge: MIT Press.
SCHAEFFNER, André (1929): «Des Instruments de musique dans un musée d'ethnographie». En: *Documents* ? [Hollier (ed.) 1991: I, 248-254].
SCHEER, Edward (ed.) (2000): *100 Years of Cruelty. Essays on Artaud*. Sydney: Power Publications and Artspace.
SCHJELDAHL, Peter (2002): «Surrealism Revisited. Heavy breathing at the Met». En: *The New Yorker* 18 y 25 de febrero 2002: 184-87.
SCHILLER-LERG, Sabine (1984): *Walter Benjamin und der Rundfunk. Programmarbeit zwischen Theorie und Praxis*. Rundfunkstudien. München, New York, London, Paris: K.G. Saur.
SCHWARTZ, Jorge (1991): *Las vanguardias latinoamericanas. Textos programáticos y críticos*. Trad. Estela dos Santos. Madrid: Cátedra.
SEABROOK, William (1929): *The Magic Island*. New York: Harcourt Brace & Company.
SEIGNEURET, Jean Charles et al. (eds.) (1988): *Dictionary of Literary Themes and Motifs*. Vol. 1. New York - Westport: Greenwood Press.
SELLMER, Robert (1946): «Douglas Leigh. The man whose gadgets brightened up Broadway now turns to Main Street». En: *Life*, 1 abril, pp. 47-51.
SENN, Bryan (1998): *Drums of Terror. Voodoo in the Cinema*. Baltimore: Midnight Marquee Press, Inc.
SHALK, David (1979): *The Spectrum of Political Engagement. Mounier, Benda, Nizan, Brasillach, Sartre*. Princeton: Princeton University Press.
SHANNON, Magdaline W. (1996): *Jean Price-Mars, the Haitian Élite and the American Occupation*. London: Macmillan Press.
SHATTUCK, Roger (1960): *The Innocent Eye. On Modern Literature & the Arts*. New York: Farrar Straus Giroux.
— (1999): *Candor and Perversion. Literature, Education, and the Arts*. New York - London: W.W. Norton & Company.
SHAW, Donald (1985): *Alejo Carpentier*. Boston: Twayne Publishers.
SKLODOWSKA, Elzbieta (2004): «La presencia de Haití en la narrativa de Antonio Benítez Rojo». En: Birkenmaier & González Echevarría (eds.) 2004: 289-313.
SKULSKY, Harold (1981): *Metamorphosis. The Mind in Exile*. Cambridge - London: Harvard University Press.
SMITH, Verity (1984): «Ausencia de Toussaint: Interpretación y falseamiento de la historia en *El reino de este mundo*». En: González Echevarría (ed.) 1984: 275-287.

— (1984b): «"Capítulo de novela" y la génesis de *El reino de este mundo*». En: *Bulletin Hispanique* 86.1-2, pp. 205-214.
SOMMER, Doris (1996): «About Face: The Talker Turns». En: Dienst & Schwarz, (eds.) 1996: 288-323.
— (1998): «Pursuing a Present Perfect». En: Alonso (ed.) 1998: 211-37.
SOMMERS, Joseph (1974): «*¡Ecue-Yamba-O!*: Semillas del arte narrativo de Alejo Carpentier». En: Debicki, A. & Pupo-Walker, E. (eds.) 1974: 227-238.
SONTAG, Susan (2002): «Looking at War. Photography's view of devastation and death». En: *The New Yorker*, 9 de diciembre, pp. 82-98.
SOSNOWSKI, Saúl (1972): «Conocimiento poético y aprehensión racional de la realidad. Un estudio de "El perseguidor", de Julio Cortázar». En: Giacoman 1972: 427-45.
SPERATTI-PIÑERO, Emma Susana (1980): «Creencias afro-antillanas en *El reino de este mundo* de Alejo Carpentier». En: *Nueva Revista de Filología Hispánica* 29.2, pp. 574-596.
— (1981): *Pasos hallados en El reino de este mundo*. México: Colegio de México.
SQUIER, Susan Merrill (ed.) (2003): *Communities of the Air. Radio Century, Radio Culture*. Durham - London: Duke University Press.
STEINER, Georges (1989): *Real Presences: Is There Anything in What We Say?* London: Faber and Faber.
STOEKL, Allan (1994): «1937, March. Three Former Surrealists Found the Collège de Sociologie. The Avant-Garde Embraces Science». En: Hollier 1994: 929-935.
STANDISH PEAVLER, P. & TERRY, J. (eds.) (1996): *Structures of Power. Essays on Twentieth-Century Spanish-American Fiction*. Albany: State University of New York Press.
STOKOWSKI, Leopold (1934): «New Vistas in Radio». En: *Atlantic Monthly* 1-16. Reprint enero 1935.
STRAVINSKY, Igor (1947): *Poetics of Music*. Cambridge: Harvard University Press.
SULEIMAN, Susan (1989): «1937, 12 July. Committed Painting. Picasso's Guernica is Exhibited in the Spanish Pavilion at the Paris World's Fair». *A New History of French Literature*. Ed. Denis Hollier. Cambridge, Mass.: Harvard University Press. 935-41.
SWANSON, Philip (1995): *The New Novel in Latin America. Politics and Popular Culture after the Boom*. Manchester - New York: Manchester University Press.

TAYLOR, Sue (ed.) (1987): *Art of the Fantastic: Latin America, 1920-1987*. Indianapolis: Indianapolis Museum of Art.
THOMAS, Hugh (1971): *Cuba or The Pursuit of Freedom*. New York. Updated edition with a new afterword, New York: Da Capo Press, 1998.
THOMPSON, Robert Farris (1983): *Flash of the Spirit. African and Afro-American Art and Philosophy*. New York: Random House.
TODD, Christopher (2002): «Gabriel Germinet and the 'Livre d'or du théatre radiophonique francais' (1923-1935)». En: *Modern and Contemporary France* 10.2: 225-41.

TROTSKI, León (1938): «Manifesto: Towards a Free Revolutionary Art». *León Trotski on Literature and Art*. Ed. Paul N. Siegel. New York: Pathfinder Press. 115-22.

UNRUH, Vicky (1994): *Latin American Vanguards. The Art of Contentious Encounters*. Berkeley - Los Angeles - London: University of California Press.

URIBE, Marcelo (1989): «Introducción. El camino a *Orígenes*». En: *Orígenes. Revista de arte y literatura. La Habana, 1944-1956*. Edición Facsimilar. Vol. 1. México, Madrid: El Equilibrista / Ediciones Turner.

VALÉRY, Paul (1931): *Regards sur le monde actuel*. Paris: Librairie Stock, Delamain et Boutelleau.

VALLEJO, César (1930): «Autopsia del superrealismo». En: *Amauta* 30 (abril-mayo) [Schwartz 1991: 433-337].

VARÈSE, Louise (1972): *Varèse. A Looking-Glass Diary. Volume I: 1883-1928*. New York: W.W. Norton & Company.

VARGAS LLOSA, Mario (1977): *La tía Julia y el escribidor*. Biblioteca de bolsillo. Barcelona: Seix Barral, 1988.

— (1987): *El hablador*. Biblioteca de Bolsillo. Barcelona: Seix Barral, 1991.

VÁSQUEZ, Carmen (1978): *Robert Desnos et le monde hispanique*. Tesis doctoral, Université de Paris III.

— (1983): «El mundo maravilloso de Alejo Carpentier». En: *Revista de Estudios Hispánicos (Universidad de Puerto Rico)*, pp. 17-27.

— (1992): «Petite chronique des incroyables Florides: Roger Caillois, "La Croix du Sud" et Alejo Carpentier». En: *Río de la Plata. Culturas* 13-14. *Roger Caillois-Julio Cortázar*.

— (1999): *Robert Desnos et Cuba*. Histoire des Antilles Hispaniques. Vol. 19. Paris: L'Harmattan.

— (ed.) (2003): *Alejo Carpentier et Los pasos perdidos*. Paris: Indigo et Côte-Femmes.

VIOLA, Manuel (1996): *Escritos surrealistas, 1933-1944*. Teruel: Museo de Teruel.

VIVIER, Odile (1973): *Varèse*. Paris: Seuil.

VITIER, Cintio (1945): En torno a la poesía de Jorge Luis Borges». En: *Orígenes* 5, abril 1945: 33-34.

VOLEK, Emil (1970): «Análisis del sistema de estructuras musicales e interpretación de "El acoso" de Alejo Carpentier». En: Giacoman 1970: 385-439.

VOSSLER, Karl (1951): *Die Dichtungsformen der Romanen*. Stuttgart: K. F. Koehler.

WAGNER, Richard (1880): «Religion und Kunst (1880)». En: Gregor-Dellin 1982: 362-400.

WALZ, Robin (2000): *Pulp Surrealism. Insolent Popular Culture in Early Twentieth-Century Paris*. Berkeley: University of California Press.

WARNER, Marina (2002): *Fantastic Metamorphoses, Other Worlds. Ways of Telling the Self*. Oxford: Oxford University Press.

WEISS, Jason (2003): *The Lights of Home. A Century of Latin American Writers in Paris*. New York, London: Routledge.
WENTZLAFF-EGGEBERT, Harald (1991): Europäische Avantgarde im lateinamerikanischen Kontext: Akten des internationalen Berliner Kolloquiums 1989 / La vanguardia europea en el contexto latinoamericano: Actas del Coloquio Internacional de Berlin 1989. Frankfurt: Vervuert.
WHITE, Charles W. (2003): *Alejandro García Caturla. A Cuban Composer in the Twentieth Century*. Lanham, Maryland - Oxford: The Scarecrow Press, Inc.
WICKE, Jennifer A. (1988): *Advertising Fictions. Literature, Advertisement, and Social Reading*. The Social foundations of aesthetic forms series. New York: Columbia University Press.
WIEGAND, Wilfried (2002): «Die Hölle, das ist unsere Phantasie». En: *Frankfurter Allgemeine Zeitung*, 13 de marzo, p. 49.
WILLIAMS, Raymond L. (2000): *Vargas Llosa: Otra historia de un deicidio*. México: Taurus.

ZAMBRANO, María (1948): «La Cuba secreta». En: *Orígenes*, año 5, n° 20.
— (1950): «Lydia Cabrera, poeta de la metamorfosis». En: *Orígenes*, año 5, n° 25, pp. 19-23.
— (1987): *María Zambrano en Orígenes*. México: Ediciones del Equilibrista.
ZOLA, Émile (1869): «Différences entre Balzac et moi». En: *Les Rougon Macquart*. Edición a cargo de Henri Mitterand. Paris: Gallimard (Bibliothèque de la Pléiade) 1960, pp. 1736-1737.

ÍNDICE ONOMÁSTICO

Adorno, Theodor W. 5, 9, 17, 51, 166, 168, 196-199, 201, 202, 207
Alonso, Carlos J. 251
Andrew, Dudley 9, 174
Apollinaire, Guillaume 37, 255, 256
Aristóteles 136, 199, 231
Arnheim, Rudolf 17, 164, 166-168, 179
Artaud, Antonin 177, 185, 190-192, 243
Asturias, Miguel Ángel 14, 59, 80, 237
Barthes, Roland 134
Bataille, Georges 12, 14, 23, 52, 55-57, 82, 83, 93-95, 97, 100, 116, 127, 151, 168, 208
Beethoven, Ludwig van 145-148, 152, 198, 203, 226, 227, 229
Benítez Rojo, Antonio 138, 143
Benjamin, Walter 13, 15, 17, 49, 51, 59, 80, 94, 100, 110, 118, 133, 164-170, 174, 197, 228, 249, 254
Brecht, Bertolt 165, 201
Breton, André 11-14, 22, 34, 37, 49-52, 56, 89, 90-94, 97, 98, 103, 104, 110, 116, 119, 121, 135, 137, 151, 153, 156, 157, 159, 170, 199, 207, 235
Brooks, Peter 207, 208
Buñuel, Luis 15, 79, 173, 174, 207, 208
Cabrera, Lydia 14, 58, 59, 119, 120, 122, 128
Cabrera Infante, Guillermo 24, 239, 242-244, 246, 247, 252
Caignet, Félix B. 155, 208, 210
Caillois, Roger 14, 15, 93-96, 136, 141, 153
Cairo Ballester, Ana 142
Castro, Fidel 119, 125, 209, 254
Castro-Klarén, Sara 255

Césaire, Aimée 103, 116
Chiampi, Irlemar 34, 133, 136
Chibás, Eduardo 209
Christophe, Henri 105, 115
Clavelito (Miguel Alfonso Pozo) 215, 216
Clifford, James 16, 27, 73, 105, 255
Conley 157, 181
Cortázar, Julio 23, 90, 201, 237, 240, 242, 244, 245, 252
Courlander, Harold 106-109
Deharme, Paul 14, 17, 155, 157-165, 169-172, 174-176, 203, 208, 209, 225, 226
De Maeseneer, Rita 9, 235
Denis, Lorimer 101-103, 112
Derrida, Jacques 158, 231, 238
Desnos, Robert 14, 20, 37, 90, 155-157, 159, 170-181, 184, 185, 190-193, 201, 208, 213, 226, 236
Dumas, Marie-Claire 175-178
Durkheim, Emile 94
Fass Emery, Amy 53
Fisher, Margaret 163
Franco, Jean 242
Frazer, James 47, 59, 62, 113, 133, 190
Freud, Sigmund 41, 104, 110, 159, 161, 216, 243, 255
Frye, Northrop 92
Fuentes, Carlos 235, 237- 240
Gaillard, Marius-François 18, 23, 38, 39, 41, 193, 195
Gallo, Rubén 170, 256
García Carranza, Araceli 10, 38, 44, 92, 102, 175-177, 193, 204
García Caturla, Alejandro 18, 43-45, 182, 193, 206

Garscha, Karsten 34
González, Aníbal 238
González, Hilario 38, 42, 43, 44
González Echevarría, Roberto 9, 10, 18, 19, 39, 50, 54, 102, 133, 222, 227, 238, 252
Guillén, Nicolás 19, 25, 39, 45, 47, 117, 118, 128, 202, 216, 253
Gumbrecht, Hans Ulrich 221
Havard, Robert 135, 173, 174
Hofmannsthal, Hugo von 49, 137
Hollier, Denis 18, 93-96, 136, 141, 158
Huizinga, Johan 94, 151-153
Huyssen, Andreas 228
Kant, Immanuel 88, 89, 130
Kern, Stephen 15, 183, 188
Kerr, Lucille 252
Klossowski, Pierre 148
Kutzinski, Vera 9, 19, 20, 27, 39
Lam, Wifredo 5, 10, 14, 23, 81, 83, 116-129, 131, 132, 153
Larrea 52, 53, 133
Latachañeré, Rómulo 149
Lautréamont, Conde de 32, 33, 50, 129
Leiris, Michel 14, 23, 56, 60, 82, 93, 94, 97, 100, 101, 124, 135, 138, 168
Lezama Lima, José 10, 116, 126-132, 135
López, Oscar Luis 2, 203-205, 216
Louverture, Toussaint 105
Mabille, Pierre 104, 111, 114, 122, 133, 135
Mañach, Jorge 126, 161, 212, 216
Mariátegui, José Carlos 48
Marinello, Juan 26, 118
Marinetti 163
Mars, Louis 101, 102, 104, 106, 109, 111-114, 116
Martín Barbero, Jesús 205-207
Mauss, Marcel 94, 104, 112
Maximilien, Louis 111, 114
McLuhan, Marshall 15
Merrim, Stephanie 247

Mestre, Goar 213
Milhaud, Darius 43, 193, 202
Moore, Robin 206, 207
Moreau de Saint-Méry, M. L. E. 102, 105, 115
Nadeau, Maurice 38, 50, 91, 243
Ong, Walter J. 16
Ortega y Gasset, José 187
Ortiz, Fernando 27, 55, 57-59, 64, 65, 73, 75, 76, 106, 111, 113, 114, 120, 122, 203, 205
Pancrazio, James J. 15
Parkinson Zamora, Lois 50
Péret, Benjamin 13, 15, 49, 59, 80, 100, 110, 111, 133
Pérez Firmat, Gustavo 9, 84, 225, 244
Pound, Ezra 163, 166
Price-Mars, Jean 101, 102, 104, 106, 109, 111-114, 116
Rivera, Diego 91, 116, 124
Rivet, Paul 57, 112, 113
Rivière, Georges Henri 56, 112
Rodríguez Monegal, Emir 34, 237-239
Roh, Franz 133
Roldán, Amadeo 18, 44, 125, 182, 193, 206
Rolland, Romain 145, 147, 150
Roosevelt, Franlin Delano 164
Roumain, Jacques 102, 104, 112, 113, 115
Sarduy, Severo 122, 239
Saussure, Ferdinand 158
Seabrook, William 59, 60, 62, 63, 65, 66, 68, 73, 75, 100, 101, 107, 114
Shattuck, Roger 243, 256
Sklodowska, Elzbieta 105
Sommer, Doris 242, 249
Sontag, Susan 50
Speratti-Piñero, Emma Susana 98, 102, 106
Stokowski, Leopold 181, 182
Stravinsky, Igor 36, 181, 196, 197
Suleiman, Susan Robin 124

Trotski, León 36
Unruh, Vicky 25, 30
Valéry, Paul 179
Varèse, Edgar 10, 18, 20, 22, 23, 36, 182-185, 188-191, 193, 194, 204, 213, 257
Varèse, Louise 185, 189
Vargas Llosa, Mario 17, 24, 210, 232, 247, 249, 250, 252, 255, 257
Vásquez, Carmen 9, 38, 39, 90, 93, 100
Villa Lobos, Heitor 125, 200, 206
Vossler, Karl 160
Wagner, Richard 188, 197, 199, 231, 274
Walz, Robin 15, 156
Welles, Orson 163
Wen-chung, Chou 10, 20, 21, 22, 184
Whitman, Walt 163, 170, 173, 178
Zambrano, María 126, 128
Zola, Emile 54

NEXOS Y DIFERENCIAS
TÍTULOS PUBLICADOS

1. Beatriz González Stephan: *Fundaciones: canon, historia y cultura nacional. La historiografía literaria del liberalismo hispanoamericano.* 300 p. ISBN 8484890120

2. Lidia Santos: *Kitsch Tropical. Los medios en la literatura y el arte en América Latina.* 238 p. ISBN 848489021X

3. Ilia Casanova Marengo: *El intersticio de la colonia. Ruptura y mediación en la narrativa antiesclavista cubana.* 126 p. ISBN 8484890678

4. Anadeli Bencomo: *Voces y voceros de la megalópolis. La crónica periodístico-literaria en México.* 210 p. ISBN 8484890686

5. Martín Lienhard (coord.): *Ritualidades latinoamericanas. Un acercamiento interdisciplinario.* 440 p. ISBN 8484890651

6. Yana Elsa Brugal, Beatriz J. Rizk (eds.): *Rito y representación: los sistemas mágico-religiosos en la cultura cubana contemporánea.* 282 p. ISBN 8484890856

7. Sonia Mattalia: *Máscaras suele vestir. Pasión y revuelta: escritura de mujeres en América Latina.* 328 p. ISBN 8484890864

8. Friedhelm Schmidt Welle (ed.): *Ficciones y silencios fundacionales. Literaturas y culturas poscoloniales en América Latina (siglo XIX).* 418 p. ISBN 8484891011

9. Luis Duno Gottberg: *Solventando las diferencias. La ideología del mestizaje en Cuba.* 236 p. ISBN 8484890910

10 Yanna Hadatty Mora: *Autofagia y narración. Estrategias de representación en la narrativa de vanguardia iberoamericana.* 200 p. ISBN 8484890872

11 Katharina Niemeyer: *Subway de los sueños, alucinamiento, libro abierto. La novela vanguardista hispanoamericana.* 450 p. ISBN 8484891267

12 John Beverly: *Subalternidad y representación. Debates en teoría cultural.* 222 p. ISBN 848489150X

13 Kristine Vanden Berghe: *Narrativa de la rebelión zapatista. Los relatos del Subcomandante Marcos.* 224 p. ISBN 8484891771

14 Mabel Moraña, María Rosa Olivera-Williams (eds.): *El salto de Minerva. Intelectuales, género y Estado en América Latina.* 342 p. ISBN 8484892115

16 Nelson González Ortega: *Relatos mágicos en cuestión. La cuestión de la palabra indígena, la escritura imperial y las narrativas totalizadoras y disidentes de Hispanoamérica.* 276 p. ISBN 848489245X

17 Martín Lienhard (coord.): *Discursos sobre (l)a pobreza. América Latina y/e países lusoafricanos.* 442 p. ISBN 8484892492